· 中国政法大学精品系列教材 ·

行政诉讼法学

（第三版）

中国政法大学教材编审委员会 审定

主 编　张树义　罗智敏

撰稿人　（以撰写章节先后为序）

张树义　罗智敏　马 允

张 力　刘 飞　何 兵

刘 莘　蔡乐渭　张冬阳

中国政法大学出版社

2021·北京

图书在版编目（ＣＩＰ）数据

行政诉讼法学 / 张树义，罗智敏主编. —3版. —北京：中国政法大学出版社，2021.1
ISBN 978-7-5620-5092-6

Ⅰ.①行…　Ⅱ.①张…②罗…　Ⅲ.①行政诉讼法—法的理论—中国　Ⅳ.①D925.301

中国版本图书馆CIP数据核字(2020)第257444号

出 版 者	中国政法大学出版社
地　　址	北京市海淀区西土城路 25 号
邮　　箱	fadapress@163.com
网　　址	http://www.cuplpress.com (网络实名：中国政法大学出版社)
电　　话	010-58908435(第一编辑部) 58908334(邮购部)
承　　印	固安华明印业有限公司
开　　本	720mm×960mm　1/16
印　　张	18.75
字　　数	389 千字
版　　次	2021 年 1 月第 3 版
印　　次	2021 年 1 月第 1 次印刷
印　　数	1～5000 册
定　　价	56.00 元

编写说明

为了深化教学改革，提高教学质量，中国政法大学教材编审委员会组织中国政法大学长期从事教研的专家、学者，打造一套在全国有重大影响的中国政法大学精品系列教材。

本套教材力求适应高等教育教学改革的新要求，面向并体现21世纪高等教育的新思想和新观念，在内容上注意吸收国内外教育、科研的最新成果，正确阐述本学科的基本理论、基础知识，努力做到知识性、理论性和实践性的统一。具体地讲，本系列教材的编写力求体现以下特征：

一、权威性。本套教材的编写人员在专业领域中具有较高学术水准、丰富的实践经验和教学经验，从而确保了每种教材在本学科领域中具备权威影响力。

二、基础性。本套教材体现"三基"，即基本概念、基本理论和基本体系，保证传授知识的完整性和系统性。

三、新颖性。本套教材体现"三新"，即知识点新、法律法规（司法解释）新、体例新，给读者呈现出一道全新而前沿的知识盛宴。

四、实用性。本套教材注重理论和实践相结合，重视收集典型案例、整理资料索引、编写多种引导学生自测的思考练习。

五、针对性。本套教材主要是针对本科生撰写的，但对研究生入学考试和相关职业考试也有重要的参考价值。

本套教材编写体例上继承了传统教材的优点，做到科学、规范、统一，并力求有所创新，以适应新世纪高等教育发展的全新要求。

参与编写本套教材的人员，或为学界有重要影响的学科带头人，或为在各自领域有较大影响的学术骨干，或为学术研究中崭露头角的学科新秀，他们均是具有丰富教学经验的一线教师，深谙教育教学的特点与规律。本套教材即是他们在教学和研究领域长期钻研的结晶。

　　本套教材的出版虽经长期酝酿、反复推敲，但疏漏之处在所难免，希望读者不吝指正。

中国政法大学教材编审委员会

2007 年 8 月

第三版修订说明

本书第二版 2015 年出版之后，为适应行政诉讼审判发展的需要，最高人民法院于 2018 年公布了《最高人民法院关于适用〈中华人民共和国行政诉讼法〉的解释》、2019 年公布了《最高人民法院关于审理行政协议案件若干问题的规定》、2020 年公布了《最高人民法院关于行政机关负责人出庭应诉若干问题的规定》。这些内容对于行政诉讼制度的发展具有重要的理论与实践意义，为此，需要对行政诉讼法教材进行及时更新。本书对最高人民法院的司法解释以及相应一些行政法律规范进行了及时的补充与修订。此外，为了提高本科生的学术研究和思考能力，本次修订增加了学术性文章的脚注，并对一些前沿性问题进行了探讨，对相应章节部分的案例也有所更新。

参加本次修订的除原作者外，也有新人加入。修订分工如下：

第一章：张树义、罗智敏；

第二章：张树义、马　允；

第三章：张树义、张　力；

第四章、第五章：刘　飞；

第六章、第七章：何　兵；

第八章：刘　莘、蔡乐渭；

第九章：刘　莘、张冬阳；

第十章：张树义、罗智敏。

罗智敏

2020 年 6 月 25 日

第二版说明

　　本书初版于 2007 年，至今已有 8 年，其间行政诉讼法已有诸多发展变化。最高人民法院从 2007 年底开始，相继公布了《关于行政诉讼撤诉若干问题的规定》、《关于行政案件管辖若干问题的规定》、《关于审理政府信息公开行政案件若干问题的规定》和《关于审理行政许可案件若干问题的规定》等司法解释。这些针对行政诉讼实践中出现的问题所作的司法解释，极大地推动了行政诉讼的发展。在司法实务部门不断总结经验、推陈出新的基础上，全国人大在 2008 年将行政诉讼法修改列为规划立法一类项目，并与最高人民法院、国务院法制办等方面沟通协商、反复研究，在充分论证并取得基本共识的基础上，提出了《行政诉讼法修正案（草案）》，于 2013 年 12 月提请十二届全国人大常委会第六次会议进行初审，而后分别于 2014 年 8 月、10 月经十二届全国人大常委会第十次、第十一次会议进行二审和三审，直至 2014 年 11 月 1 日获得通过。

　　正式施行近 25 年后，中国行政诉讼法终于迎来第一次大规划的修改。虽然由于种种原因，行政诉讼法的修改幅度并没有人们所期待的那样大，但其间的变动也不可谓不大，举其要者，有以下方面的创举：①对立法宗旨作了重大调整，删除了"维护行政机关"的内容，司法机关回归解决争议的本位，使行政诉讼更符合其定位。②行政诉讼受案范围有所扩大，以"行政行为"标准替代"具体行政行为"标准，增加了行政协议、行政征收、行政补偿等规定。③规定了跨行政区域管辖，为行政审判体制改革预留了制度空间。④当事人资格更加明晰，有利于保障行政程序相关人的合法权益。⑤完善证据制度，确立了不能为证明行政行为合法性调取证据规则、非法证据排除规则、质证和认证规则等。⑥降低案件受理门槛，将立案审查制改为立案登记制，以解决民众"告状难"问题。⑦加大对行政权力的监督力度，如行政机关负责人出庭应诉，规定对行政机关非法干扰审判活动的制裁措施等。⑧健全判决制度，如适度扩大变更判决的适用范围，明确给付判决、确认判决和行政协议案件判决等。⑨改革审理程序，通过简易程序一并审理民事案件等，使诉讼程序更加科学。⑩明确了行政诉讼法没有规定的，可以适用民事诉讼法的规定。由此可见，此次行政诉讼法的修改是一次较为全面的修改。据统计，修订后的行政诉讼法共计 103 条，其中未修改的为 23 条，修改或增加的条文为 80 条，可见修改的力度不亚于一次立法。当然，上述行政诉讼法的重大变化也是本次教材修订的重点所在。

世易时迁，一切皆变。参加本次修订的除原作者外，也有新人加入。修订分工如下：

第一章、第二章：张树义；

第三章：张树义、张　力；

第四章、第五章：刘　飞；

第六章：何　兵、罗智敏；

第七章：何　兵、张　力；

第八章、第九章：刘　莘；

第十章：张树义、罗智敏。

张树义

2015 年 6 月 12 日

|目 录|

引　论

一、行政诉讼的源头

行政诉讼是近现代国家解决行政争议，保障公民合法权益的一项重要的法律制度。这项制度究竟源于何处？这是我们在进入行政诉讼领域之前首先要了解的问题。要想正确理解行政诉讼法在今天的重要意义，就必须从其源头开始。

行政诉讼最早起源于西方国家。西方近代革命后，代议制民主政治制度取代封建专制制度，行政机关成为代议机关的执行机关。法治政府和有限政府的观念为行政诉讼的产生提供了政治背景。随着经济的发展，国家开始直接干预经济活动和参与人民生活，行政机关与公民之间的冲突和矛盾日益增多。为了解决这些冲突和矛盾，行政诉讼在各国发展起来。

西方国家的行政诉讼制度大致可以分为大陆法系和英美法系两种模式。两大法系的行政诉讼从最初的诉讼受理机关的不同开始产生分歧，形成以后的一系列差别。以法国为代表的大陆法系国家是在普通法院之外另设行政法院系统受理行政案件，而以英国、美国为代表的英美法系国家则采取由单一的普通法院统一受理所有案件，包括民事、刑事和行政案件的模式。受理机构的差异导致行政诉讼制度在诉讼的方式、程序、根据等方面存在差别。

（一）法国行政诉讼的历史发展

法国是现代行政法的起源地，但法国行政诉讼法产生的标志却是以 1799 年国家参事院——最高行政法院的前身的设立为起点。1799 年《宪法》第 52 条规定："在执政的领导下，国家参事院负责草拟法律草案和公共行政条例，解决行政上发生的困难。"1799 年 12 月 6 日《国家参事院组织条例》规定："国家参事院对行政机关与法院之间所发生的争议和业经部长作出决定的诉讼案件进行裁决。"这为行政案件由设在行政机关系统内的行政法院审理奠定了基础。国家参事院日后几经演变，成为独立于政府的法院。法国行政诉讼的发展大概经历了四个阶段：

第一阶段为保留审判权时期。国家参事院成立之初，仅有"保留审判权"，即只能审理案件，提供解决方案，而无权独立作出判决。判决权为国家元首所保留。随着法国政局的变化，1806 年，国家参事院内增设了一个诉讼委员会，负责对国家参事院管理的一切案件进行预审，并将预审结果写成报告，交大会批准。这个时期的参事院还只能称为行政首长的审判机构。

第二阶段为委托审判权时期。1872 年法国重建了在普法战争中曾一度消失的最高行政法院，并赋予其委托审判权。从此，它开始取得独立于政府的地位，以"法国人民"的名义，而不是以国家元首的名义进行判决，成为一个名副其实的行政审判机构。但由于"部长法官制"的存在，部长拥有一般管辖权，当事人不服部长的裁决才可以向最高行政法院上诉，直到 1889 年最高行政法院对卡多案的判决，才彻底摒弃了"部长法官制"，确立了最高行政法院作为一般权限的行政法院的地位。

第三阶段为一般权限时期。1889 年至 1953 年期间，最高行政法院成为行使一般管辖权的法院，期间产生了许多重要的、原则性的判例，推动了法国行政诉讼的发展。然而，一般管辖权导致最高行政法院负荷过重，疲于应付案件的审理。

第四阶段为特定权限时期。1953 年，法国行政诉讼体制进行了重大的调整，地方行政法庭成为一般权限的法院，最高行政法院成为特定权限的法院，只受理上诉案件和重大复杂的一审案件。法国行政诉讼体制由此基本定型。1953 年的行政诉讼体制调整，基本奠定了法国现代行政诉讼制度的基础，此后只有微小调整。

（二）德国行政诉讼制度

就行政司法体制而言，德国与法国一样，都实行双轨制，即在普通法院之外，设立独立而自成体系的行政法院，行政案件由行政法院审理，普通法院无管辖权。然而，从行政法院的地位考察，两国之间有很大差别。德国的司法系统由两大类法院组成：一是宪法法院，二是普通法院。普通法院又由一般法院（民事法院和刑事法院）、行政法院、劳动法院、财政法院、社会法院组成。德国的行政法院单独设立，独立于一般法院，这一点与法国相同。但是，法国的行政法院属于行政机关系统，不属于司法机关，而德国的行政法院属于司法机关，这是两国的区别。

德国的行政法院分为三级：初等行政法院、高等行政法院和联邦行政法院。德国的审级制度很特殊，它既是一审终审制，也是二审或者三审终审制。德国实行审级不封顶原则：如果当事人在初等行政法院起诉，可以上诉到高等行政法院；对高等行政法院判决不服，又可以上诉至联邦行政法院。如果一审案件由高等行政法院审理，当事人只能上诉到联邦行政法院。如果一审由联邦行政法院审理，就不能再上诉。

（三）英美法系行政诉讼[1]

英美行政诉讼的产生并无任何确定的标志，甚至如果以法国行政诉讼为标本，英美或许可以说就不存在行政诉讼。[2] 因为英美的司法制度是在长期的历史演变中

---

[1] 英美国家并无行政诉讼的概念，类似法国司法对行政的审查被称之为司法审查或司法复审。这里只是借用其"行政诉讼"这一用语。

[2] 英国宪法学者戴雪不承认英国有行政法，认为它是"保护官吏特权的黑店"，而这一观点曾经支配几代宪法学者。即使在现代，公法以及行政法获得学界的肯认，但其观念上仍然与法国意义上的行政法有别。[英] 马丁·洛克林：《公法与政治理论》，郑戈译，商务印书馆 2002 年版，第 225 - 232 页。

逐渐形成的。就实质意义上的行政诉讼而言，英美行政诉讼表现为普通法院对行政机关的行为进行审查。该审查主要和下述事实有关：①资产阶级革命确立了权力分立的体制，立法、行政、司法各司其职。行政机关服从于议会制定的法律，法治政府的要求由此产生。②在英美的历史和观念中，法院是保证法律获得遵守和执行的机关，法治政府要求司法对行政进行监督和控制。司法对行政的监督表现为凡是不服行政机关的决定，认为其侵害合法权益，就可以提请法院进行审查判断，由法院对行政机关是否在法定权限范围内活动进行审查，行政诉讼由此产生。

英美行政诉讼的明显发展是在国家大规模干预经济时期。从自由资本主义发展至垄断资本主义后，由于经济社会发展的需要，国家开始全面干预社会生活。行政职务的扩张导致损及公民权益的可能性增加。为了及时消除行政机关在管理中与公民产生的矛盾和冲突，法院亦加强了对行政机关行为的审查，纠正行政机关的不法行为，为受到不法行政行为侵害的公民提供补救。

与法国行政诉讼相比，英美行政诉讼的主要特点是：①行政案件由普通法院管辖，没有独立的行政法院受理与行政机关及官吏有关的行政案件。按照普通法的观念，"法律面前人人平等"。因此，一切人都受同一法律支配，其必然结果是一切人都受同一法院管辖。②普通法院审理行政案件适用普通法，不存在单独适用行政案件的行政法。普通法没有行政法与民法之分，甚至对公法与私法之分也有不同的观点。因此，所有的案件适用同一的法律，对于行政活动的特殊要求，则通过法院的判例或制定法的特殊规则予以解决。

由上述对两大法系行政诉讼产生的概略描述可知，不同于渊源较早的民事诉讼与刑事诉讼，行政诉讼的产生是较为晚近的事情。这源于两方面的条件：一是现代强大的民族国家的建立；二是自由、民主、分权和法治的政治观念。两方面条件的汇合，促成宪政国家的产生。而以责任政府、有限政府为背景的宪政国家，建立将行政权控制在法律范围内的行政诉讼制度也就是顺理成章之事。

二、中国行政诉讼的历史源起

中国行政诉讼是近现代法律现代化运动的产物，而法律现代化运动最早可以溯源于清末民初时的现代化运动。1910 年清政府颁布《法院编制法》，曾拟仿德日筹设"大清行政裁判院"之制。清王朝覆灭后，1912 年 3 月南京临时政府公布的《中华民国临时约法》规定，人民对于官吏违法损害权利之行为有陈述于平政院之权。行政诉讼的审判由法律定之。1914 年北洋军阀政府公布了《平政院编制令》和《行政诉讼条例》，1914 年 3 月 31 日平政院成立。然而，平政院实际并未开展相关工作。因为"民国有势无法，少有凭借者断非由平政院所能裁判，其无势力者先自默尔，与人无竞，更不劳裁判"[1]

1926 年 1 月 23 日与 2 月 17 日，国民党政府在广州先后颁布了《惩吏院组织法》

---

〔1〕　荣孟源、章伯锋主编：《近代稗海》（第 8 辑），四川人民出版社 1987 年版，第 61 页。

和《惩治官吏法》，成立惩吏院。但惩吏院在仅仅审理1件案件后的同年5月即被撤销。1928年10月，国民政府颁布《司法院组织法》，规定司法院由司法行政署、司法审判署、行政审判署以及官吏惩戒委员会组成。1928年11月将行政审判署改为"行政法院"，并于1932年11月颁布《行政法院组织法》和《行政诉讼法》，行政法院与最高法院、官员惩戒委员会平级，同为司法院的组成部分。然而，行政法院虽具备了形式，但实际效用甚微。1933年～1947年，行政法院共审理各类行政案件712件，年均约48件，至于裁判结果，其中全部驳回的有438件，形式意义远大于实质意义。

新中国行政审判体制沿袭陕甘宁边区的司法制度而来。新中国成立后，《中国人民政治协商会议共同纲领》规定，人民和人民团体有权向人民监督机关或者人民司法机关控告任何国家机关或任何公务人员的违法失职行为。1949年12月中央人民政府委员会批准《最高人民法院试行组织条例》，规定在最高人民法院设置行政审判庭。但在国民经济恢复后随之建立的高度集权的计划经济体制下，行政审判庭一直没有建立起来。依循体制的逻辑，政府与民众之间产生的纠纷大多只能通过申诉、信访等内部途径化解。

经历了"文革"十年动乱之后，民主与法制建设开始受到重视。1978年改革开放以来，伴随着体制上的变化，我国对行政纠纷的处理有了新发展。相继有全国人大、国务院颁布的40余件法律法规，对行政相对人就行政机关的决定向法院提起诉讼的事项进行了规定，这直接促成了1982年《民事诉讼法（试行）》中"法律规定由人民法院审理的行政案件，适用本法规定"这一规定的出现，[1] 行政诉讼制度在其中"蠢蠢欲动"。1985年最高人民法院发布《关于人民法院审理经济行政案件不应进行调解的通知》。1986年10月6日，湖北省武汉市中级人民法院成立了全国第一个中级人民法院的行政审判庭，同时，湖南省汨罗市人民法院成立了全国第一个基层人民法院行政审判庭。1986年全国人大行政立法研究组成立，行政诉讼法的研究起草工作启动。截至1989年初，已有26个省高级人民法院，242个市中级人民法院，1154个基层法院陆续设立了行政审判庭。[2] 行政诉讼法已然呼之欲出。

近代以来，中国行政诉讼源起历程之艰难，主要是因为西方的入侵打断了中国社会缓慢发展的进程，中国面临着政治转型。但兴民权、行议会、立国典，这些在一个独立的民族国家建立之前都只能是草草收场。1911年辛亥革命推翻了满清王朝，1928年的国民政府结束了军阀混战，1949年新中国成立结束了国内战争，一个

---

〔1〕 据前法工委主任顾昂然介绍，1982年在起草《民事诉讼法》的时候，各地反映"官告民一告一个准，民告官没门"，全国人大向彭真同志反映了这一情况。彭真同志十分重视，指示这个问题要解决，据此在总则中增加了这一条规定。顾昂然："行政诉讼法起草情况和主要精神"，载《行政诉讼法专题讲座》，人民法院出版社1989年版，第8页。

〔2〕 江必新主编：《中国行政诉讼制度的完善——行政诉讼法修改问题实务研究》，法律出版社2005年版，第6-7页。

完全统一的民族国家由此建立。近30年的曲折经历使我们认识到，统一的国家只是独立于世界民族之林的先决条件，建立强大的国家还必须完成政治转型的任务。行政诉讼制度可以看作为政治现代化的探索。

三、中国行政诉讼背景分析

如果我们不割裂历史的话，1989年七届全国人大二次会议通过《中华人民共和国行政诉讼法》（以下简称《行政诉讼法》），在某种意义上是近代以来法律现代化运动的延续。当然，它并不是历史简单的延续。首先，相比于历史上曾经存在过的行政诉讼法，行政诉讼制度是在法律现代化背景下展开的，行政诉讼有了自己单独的程序，表明行政诉讼在一定程度上的独立，行政诉讼成为与民事诉讼、刑事诉讼并列的我国三大诉讼制度之一。其次，行政诉讼法较为完整地对行政诉讼程序作出规定，使行政诉讼的开展有了明确的、可供遵循的依据。行政诉讼法从行政诉讼的受案范围到审理程序，乃至结案方式等都作了较为完整的规定，不但当事人明确，人民法院亦有了操作规则，客观上为行政诉讼的顺利开展提供了法律依据。然而，也许这些并不是最重要的，最重要的是，强大统一的民族国家一旦建立，我们也就解除了所面临的强大的国际压力，可以从容地思考我们自己的问题。20世纪70年代兴起的体制改革提供了这样的契机。

中国行政诉讼法的制定有着深刻的社会背景和深远的社会影响。行政诉讼在我国的出现和大规模的发展根源于经济体制改革和政治体制改革。经济、政治体制改革不但为行政诉讼的产生提供了条件，而且也为行政诉讼的存在提供了基础。这一基础就是社会结构的变化，为行政诉讼提供了生存的土壤。

在有关法治的理论研究中，国家与市民社会二元结构分离被认为是西方实现法治的一个要素。国家是一种政治组织，它是应社会需要而产生的，国家一旦产生，作为一种暴力垄断组织，它就具有侵入公民生活的能力，如果在国家与市民社会之间缺少必要的界限，国家行使巨大权力的同时就会不受法律约束，社会发展常常会因此而中断。因此，市民社会的存在对于保障个人自由和政治民主具有重要意义。

中国社会结构变迁中最大的变化，是所谓的市民社会与国家二元结构分离。不同的社会结构对法院有着不同的需求。在高度集权的计划经济体制下，所有的社会组织与个人都被纳入行政隶属系统之中，在主体一元化的社会结构下，个人与单位之间的关系是依附关系，而单位与政府之间的关系是隶属关系。政府极度膨胀，国家与社会之间没有界限。因此，国家可以毫无约束地介入任何社会生活之中，权力在其中大行其道，盛行的是长官意志和行政命令。中国的市场化改革使社会主体日益多元化，在利益多元化的社会结构中，传统的行政命令已无存身之地，因为作为平等的主体，只能基于共同的规则进行管理。不仅是企业与企业之间的关系，即使是政府与企业之间的关系也是如此。企业是享有自主权的市场经济主体，享有作为独立主体的财产权、经营自主权，政府则是公共秩序的维持者，二者之间的关系只能通过法律来规范。

毫无疑问，行政诉讼并非中国"自产"，在很大程度上，它是一种"舶来品"。在行政诉讼法的研究中，我们不缺少对现实问题的关心，但却少有深入的分析。问题在于，就中国目前的现实而言，并不缺少行政诉讼存立的根基，更不乏对行政诉讼的实际需求，中国社会结构变迁就蕴涵着对行政诉讼的深刻需求。但是当我们在借鉴西方行政诉讼之时，眼中所见的是相对较为完善的行政诉讼制度。殊不知，西方行政诉讼是经历了漫长的发展过程，才形成今日之模样。因此，我们与其关注最后的结果，不如将视角移向形成之过程。即使借鉴西方某项制度，也更需要分析其何以形成今日之样态。

就过程而言，1989 年《行政诉讼法》的出台，我们可以将其视为民主这架机器的启动器。[1] 没有行政诉讼，我国民主这架机器似乎处于静止状态，因而，民主制度中所存在的问题都无法显露。而一旦这一开关按下去，机器运转起来，其所存在的问题也就逐步暴露，因而也就为我们提供了改进的机会。

迄今为止，我国行政诉讼制度的发展基本上处于一种良性循环的状态。1989 年《行政诉讼法》的制定，开了"民告官"的先河，我国行政诉讼法的制定基本上是在缺少实践经验的基础上制定的，其成就更多靠的是理论研究的成果。但理论研究成果一旦为立法所吸收，实际上也就将自己置于实践的检验之中。为了解决实践中遇到的问题，最高人民法院相继于 1991 年和 2000 年颁布《关于贯彻执行〈中华人民共和国行政诉讼法〉若干问题的意见（试行）》和《最高人民法院关于执行〈中华人民共和国行政诉讼法〉若干问题的解释》［以下简称《若干解释》（2000）］，2003 年颁布《最高人民法院关于行政诉讼证据若干问题的规定》（以下简称《行政诉讼证据规定》）。从这些规定中，一方面我们可以看到作为最高人民法院对实践中遇到的问题的回应，另一方面这也对理论研究提出了挑战。如受案范围的扩展、原告资格的明确、驳回原告诉讼请求以及确认判决的提出等，都为行政法学研究提出新的课题。2014 年《行政诉讼法》的诸多修改，以及随后的《最高人民法院关于适用〈中华人民共和国行政诉讼法〉若干问题的解释》［以下简称《适用解释》（2015）］以及《最高人民法院关于适用〈中华人民共和国行政诉讼法〉的解释》［以下简称《行诉解释》（2018）］、《最高人民法院关于审理行政协议案件若干问题的规定（2019）》、《最高人民法院关于行政机关负责人出庭应诉若干问题的规定（2020）》都可以看作理论与实务研究对这些挑战的回应。

然而，我们必须看到，中国行政诉讼法存在许多缺陷，行政诉讼在许多方面面临着危机。事实上，中国有着丰富的行政诉讼的"本土资源"。尤其是中国改革多年，现在许多方面都已成型。我们需要在宪政层面思考行政诉讼问题。例如，公民私有财产权不仅成为不争的结论，而且成为普遍的社会现实，我们需要在宪制层面谈论行政诉讼的宪制功能。诚然，我国行政诉讼法存在许多缺陷，这当然有立

---

［1］　参见张树义：《冲突与选择——行政诉讼的理论与实践》，时事出版社 1992 年版，第 3 页。

法上的不完善，但可能更为重要的并不在于立法。如果我们承认任何制度都有其
"语境"，中国行政诉讼制度也有其生存的环境，中国有中国的问题，中国问题有
其生成背景，中国问题的生成背景自有其运行机理。中国行政诉讼法学必须回应
中国问题。因此，面向中国现实是中国学界的一种自省，也是中国法学研究走向
成熟的开始。

第一章

行政诉讼法概述

[内容提要]

　　本章主要涉及行政诉讼的基本原理，解决的是行政诉讼入门的基本概念、基本原则和基本原理问题。包括以下几方面的内容：一是行政诉讼与行政诉讼法的基本概念；二是行政诉讼与民事诉讼等相关内容的区别；三是行政诉讼基本原则与基本制度。结合引论，解决为什么有行政诉讼和什么是行政诉讼两个问题。

第一节　行政诉讼概述

一、行政诉讼概述

（一）行政诉讼的概念

　　所谓行政诉讼，是指法院应公民、法人或其他组织的请求，通过法定程序审查行政行为的合法性，从而解决一定范围内行政争议的活动。行政诉讼因行政争议而起，行政争议发生于行政活动之中。行政活动是行政机关履行国家行政职能，对社会公共事务进行管理的活动。与一般社会活动不同的是，行政活动是运用国家权力的活动，而所谓权力，是一种可以强制他人服从的力量，这就意味着损害以及由此产生纠纷的可能。而且由于行政职能广泛，行政纠纷不仅难以避免，且大量存在。将这种纠纷交由法院裁判的活动就是行政诉讼。由此看来，行政诉讼具有以下涵义：

　　1. 行政诉讼的原告是公民、法人或其他组织。公民、法人或其他组织在行政管理中被称为相对人，因为他们要受到行政活动的作用和影响，其权益有可能受到侵害。当其权益受到侵害后，有必要通过诉讼维护权益。行政诉讼在本质上就是对其权益予以法律上救济的途径。

　　2. 行政诉讼的被告是行政主体。在行政法上具有行政主体资格的主要是行政机关，除此之外，还有法律法规和规章授权的组织。行政活动的性质决定其必须依法行政，违法即要承担相应的责任。行政诉讼本质上就是行政机关承担责任的一种形式。

3. 行政诉讼的主持者是人民法院。行政诉讼在人民法院的主持下进行，因此，在本质上是司法权对行政权的审查，是司法权对行政权的监督与制约。人民法院通过对行政案件的审理，发现被诉的行政行为违法，可以运用司法权撤销违法的行政行为或确认其违法，从而对行政权实行制约与监督，促使行政机关依法行使权力。

4. 行政诉讼的目的在于保护公民、法人或其他组织的合法权益，监督行政机关依法行政。行政诉讼是解决行政纠纷的一种诉讼活动，是发生纠纷的行政相对人请求与行政机关没有利害关系的人民法院，按照能确保公正的程序解决纠纷的一种活动。这种诉讼活动所承载的使命是监督行政机关依法行政，保护公民、法人或其他组织的合法权益。

（二）行政诉讼的特征

作为一项基本的诉讼制度，行政诉讼既有别于其他解决行政争议的制度或途径，又有别于民事诉讼和刑事诉讼。其特征可以概括为：

1. 与其他解决行政争议的制度或途径相比，行政诉讼是一种司法活动。在我国，行政争议的解决途径不止行政诉讼一种，既有行政系统内部的解决方式，如行政申诉处理活动以及行政复议制度，也有权力机关的个案监督方式。而行政诉讼的主持者是法院，它既有别于且独立于行政机关，又不同于权力机关，在它的主持下，行政诉讼的进行要遵循法定的诉讼程序，诸如起诉—受理—开庭举证、质证、辩论、陈述—裁判—执行等，其司法化与制度化远非其他途径可比。

2. 与民事诉讼和刑事诉讼相比，行政诉讼是解决一定范围内行政争议的诉讼活动。行政争议是行政主体与公民、法人或其他组织在行政管理过程中产生的权利、义务争执。而民事诉讼解决的是平等民事主体之间所产生的民事争议，刑事诉讼解决的是被追诉者刑事责任问题，均非行政争议。此外行政诉讼并不解决所有类型的行政争议，有的行政争议被排除于人民法院受案范围以外，而民事诉讼和刑事诉讼均无类似于行政诉讼的"受案范围"的限制，尤其是民事诉讼，几乎所有的民事争议均可通过该途径解决。

3. 与民事诉讼和刑事诉讼相比，行政诉讼体现了司法权对行政权的控制，隐含着两种国家权力之间的关系。我国行政诉讼的根本目的是保障公民、法人或其他组织的合法权益不受违法行政行为的侵害，这种目的是通过法院对被诉行政行为的合法性审查来达到的。而法院的撤销、变更以及确认违法判决，一方面结束了公民、法人或其他组织的合法权益受侵害的状态，另一方面也起到了监督行政机关依法行使职权的作用。反观民事和刑事诉讼，均不反映一种国家权力与另一种国家权力之间的关系。正是基于行政诉讼的这一特征，一些国家将行政诉讼称为司法审查。

4. 与民事诉讼和刑事诉讼相比，行政诉讼中的原被告具有恒定性。行政诉讼中的原告只能是相对人或相关人，被告只能是行政主体。也就是说，在我国只允许行政相对人或相关人起诉行政主体，不允许行政主体起诉行政相对人或相关人，也不允许行政主体反诉。而在民事诉讼中，争议双方均是平等的民事主体，原被告之间并不具有恒定的对应关系，也允许被告反诉；在刑事诉讼中，虽然公诉案件中公诉人与被告人之间也是恒定的，但在自诉案件中却允许反诉存在，因而总体而言原被告仍不具有恒定性。

二、行政诉讼法

（一）行政诉讼法的概念

行政诉讼法是规范行政诉讼活动的法律规范的总称。具体而言，行政诉讼法是规定行政诉讼活动如何进行的程序法。行政诉讼法规定了法院、当事人和其他诉讼参与人实施诉讼活动、发生诉讼关系的步骤、方法、形式、顺序和时限。因而行政诉讼法是诉讼程序法，既有别于《行政处罚法》等行政实体法，也区别于规定行政行为的步骤、方法、手段、时限的行政程序法。

行政诉讼法是以法院、当事人以及其他诉讼参与人的诉讼行为以及相互关系为调整对象，以其在诉讼活动中的职权或权利义务为主要规范内容的程序法。

行政诉讼法是规范行政诉讼活动的法律规范的总称。行政诉讼法有广义和狭义两种理解。狭义的行政诉讼法即1989年4月4日由第七届全国人大第二次会议通过的《行政诉讼法》；广义的行政诉讼法又称实质意义的行政诉讼法，只要在内容上属于规定行政诉讼问题的法律规范，不论形式如何，均属于行政诉讼法的范围。这里所称的广义的行政诉讼法，其法律渊源主要有：

1. 《中华人民共和国宪法》（以下简称《宪法》）。作为国家的根本大法，宪法的规定尤其是有关公民基本权利的规定对行政诉讼活动的进行具有基础性的指导和规范作用。

2. 国际条约。

3. 《人民法院组织法》《人民检察院组织法》中有关审判组织、审判程序以及法律监督的规定。

4. 行政诉讼法典。我国《行政诉讼法》从1989年4月4日第七届全国人大第二次会议通过之后，又进行两次修改，根据2014年11月1日第十二届全国人民代表大会常务委员会第十一次会议《关于修改〈中华人民共和国行政诉讼法〉的决定》进行了第一次修正，根据2017年6月27日第十二届全国人民代表大会常务委员会第二十八次会议《关于修改〈中华人民共和国民事诉讼法〉和〈中华人民共和国行政诉讼法〉的决定》进行了第二次修正。

5. 单行法律、法规。值得注意的是，依《行诉解释》（2018）第20条的规定，在确认谁为被告时，规章亦可成为行政诉讼法的法源。

6. 正式有效的法律解释。主要是指《行诉解释》（2018）以及有权机关对法律、法规所作的其他解释。

7. 民事诉讼的有关规定。行政诉讼法脱胎于民事诉讼法，很多程序性规定都可以适用民事诉讼法，《行政诉讼法》第101条规定："人民法院审理行政案件，关于期间、送达、财产保全、开庭审理……本法没有规定的，适用《中华人民共和国民事诉讼法》的相关规定。"

（二）效力范围

行政诉讼法的效力范围是指行政诉讼法在怎样的空间和时间范围内，对哪些人具有适用的效力。具体包括：

1. 空间效力，即行政诉讼法所适用的地域范围。原则上讲，我国行政诉讼法适用于我国国家主权所及的一切空间领域，包括我国的领土、领海、领空以及领土延伸的所有空间。但有两点例外：一是在香港和澳门特别行政区不适用我国内地的行政诉讼法；二是地方性法规、自治条例和单行条例只能在制定主体所辖的行政区域范围内有效。

2. 时间效力，即行政诉讼法的生效、失效时间以及该法对其生效前发生的行政案件是否具有溯及力。如《行诉解释》（2018）第 163 条规定，该解释自 2018 年 2 月 8 日起施行。该解释施行后，《若干解释》（2000）、《适用解释》（2015）同时废止。最高人民法院以前发布的司法解释与该解释不一致的，不再适用。根据《中华人民共和国立法法》（以下简称《立法法》）第 93 条的规定，行政诉讼法原则上不溯及既往，但为了更好地保护公民、法人和其他组织的权利和利益而作的特别规定除外。

3. 对人的效力，即行政诉讼法对哪些人有效，对哪些人无效。我国行政诉讼法原则上采取属地主义原则。如《行政诉讼法》第 98、99 条规定，外国人、无国籍人、外国组织在中华人民共和国进行行政诉讼的，适用本法，他们同中华人民共和国的公民、组织有同等的诉讼权利和义务。但属地原则有两个例外：一是如果法律有例外规定，我国的行政诉讼法对外国人、无国籍人或外国组织就不具有法律效力；二是对等原则的例外，根据《行政诉讼法》第 99 条第 2 款的规定，如外国法院对中华人民共和国公民、组织的行政诉讼权利加以限制，人民法院对该国公民、组织的行政诉讼权利实行对等原则。此时我国的行政诉讼法对这些外国公民、组织就不具有完全的效力。

（三）行政诉讼法的立法目的

行政诉讼法的立法目的，也就是我国制定行政诉讼法所欲达到的根本目的和欲让行政诉讼法承担的根本任务。行政诉讼的目的是构建行政诉讼制度的基点，不仅关系到对行政诉讼制度的定位，更关系到行政诉讼制度的具体安排、运转和实际成效。[1] 根据《行政诉讼法》的规定，行政诉讼法的立法目的有四：

1. 保证人民法院公正、及时地审理行政案件，解决行政争议。行政诉讼法主要确定人民法院审理行政案件的基本程序性制度，所以制定行政诉讼法的首要目的是保证人民法院公正、及时审理行政案件。

---

[1] 马怀德："保护公民、法人和其他组织的合法权益应成为行政诉讼的根本目的"，载《行政法学研究》2012 年第 2 期。

　　所谓公正审理行政案件，是指人民法院在查明事实的基础上，正确适用法律、法规，作出正确的判决、裁定。司法是社会公平正义的最后屏障，这一点在行政诉讼中尤其明显。行政诉讼主要解决的是公民与行政机关之间，也即公民权利与国家行政权力之间发生的纠纷，事关现代政治秩序的确立，它必须以公正为基本准则，才能建立一个对民众负责任的政府。

　　所谓及时审理行政案件，是指人民法院在行政诉讼的各个阶段，都要依照行政诉讼法规定的期间要求审理案件，避免案件久拖不决，从而使公民、法人和其他组织的合法权益得到及时的司法救济，也可以使行政行为的合法性及时得到确认。

　　2. 解决行政争议。这是 2014 年《行政诉讼法》修订新增的内容。随着社会的发展，社会利益日益多元化和复杂化，行政争议在我国日益增多。有效地解决行政争议，关系到人民群众的切身利益，也关系到社会的和谐稳定。行政诉讼是通过司法审判的方式，对引发行政争议的行政行为进行合法性审查，合法的予以确认，不合法的予以变更、撤销等，以此来化解行政争议。在立法目的中新增这一项，旨在进一步强化行政诉讼在化解行政纠纷中的作用，以法治的方式解决行政争议，有利于行政机关树立依法行政的法治意识。

　　解决行政争议离不开实质性化解"官民矛盾"，避免行政诉讼程序的空转，导致案结事不了。为此，2014 年修订《行政诉讼法》时专门增加了行政机关负责人出庭制度，要求作为被告的被诉行政机关负责人应当出庭应诉。不能出庭的，应当委托行政机关相应的工作人员出庭。2020 年 6 月，《最高人民法院关于行政机关负责人出庭应诉若干问题的规定》出台，明确了应当出庭的负责人包括"行政机关的正职、副职负责人、参与分管被诉行政行为实施工作的副职级别的负责人以及其他参与分管的负责人"。具体来说，对于涉及食品药品安全、生态环境和资源保护、公共卫生安全等重大公共利益，社会高度关注或者可能引发群体性事件等的案件，人民法院应当通知行政机关负责人出庭应诉。被诉行政行为涉及公民、法人或者其他组织重大人身、财产权益，或是行政公益诉讼、被诉行政机关的上级机关规范性文件要求行政机关负责人出庭应诉等其他需要行政机关负责人出庭的，人民法院可以通知行政机关负责人出庭应诉。行政机关负责人出庭应诉的，应当就实质性解决行政争议发表意见。

　　3. 保护公民、法人和其他组织的合法权益。这是行政诉讼法最主要的立法目的。鉴于在行政管理过程中，行政机关违法侵权现象的普遍存在，建立相应的法律救济制度，使公民、法人和其他组织受侵害的合法权益得以恢复与补救成为民主法治国家的任务。因此，保护公民、法人和其他组织的合法权益成为行政诉讼法的根本立法目的。

　　4. 监督行政机关依法行使职权。作为司法审查行政的一种手段，行政诉讼起着监督依法行政的重要作用。人民法院对被诉行政行为进行审查后，对于违法的行政行为，人民法院将适用撤销或确认违法判决，对于不成立、无效的行政行为将适用确认无效判决。这两种判决形式均意味着对被诉行政行为的否定，对行政机关无疑起着监督其依法行政的作用。此外，在行政诉讼过程中，人民法院可以依职权裁定停止执行被诉行政行为、根据原告的请求对规范性文件进行附带审查以及 2017 年修改《行政诉讼法》第 25 条第 1 款增加了行政公益诉讼等规定都体现了对行政机关依法行使职权的监督，因此行政诉讼法不仅是人权保障法，也是行政机关依法行使职权的监督法。

三、行政诉讼与民事诉讼的关系

在三大诉讼制度中，行政诉讼与民事诉讼的关系最为密切。行政诉讼和民事诉讼作为我国两种基本的诉讼形式，性质各不相同，但是两者的联系非常紧密。

（一）行政诉讼与民事诉讼的联系

1. 行政诉讼脱胎于民事诉讼，1982 年《民事诉讼法（试行）》第 3 条第 2 款规定："法律规定由人民法院审理的行政案件，适用本法规定。"由此开始适用民事诉讼程序审理行政案件。之所以适用民事诉讼程序审理行政案件，是因为它们有许多诉讼制度和程序规则是共通的。1989 年颁布的《行政诉讼法》主要规定行政诉讼特有的规则，因此人民法院在审理行政案件时，关于期间、送达、财产保全、开庭审理、调解、中止诉讼、终结诉讼、简易程序、执行等，以及人民检察院对行政案件受理、审理、裁判、执行的监督等，可以适用《中华人民共和国民事诉讼法》的相关规定。

2. 在有些案件中，行政争议与民事争议的解决往往交织在一起，一方面行政争议的解决是民事争议解决的前提条件，另一方面人民法院解决行政争议之时也很难脱离对民事争议双方当事人权利、义务适法状态的关注。在涉及行政许可、登记、征收、征用和行政机关对民事争议所作的裁决的行政诉讼中，当事人申请一并解决相关民事争议的，人民法院可以一并审理，解决行政争议的同时一并解决民事争议。

3. 在其他的行政诉讼与民事诉讼交叉的场合，一般应遵循先行后民的原则，在民事诉讼过程中，当事人对可起诉的行政行为的合法性产生争执时，人民法院应中止民事诉讼程序，等待行政诉讼的判决结果，而不应于民事诉讼过程中审查行政行为的合法性。

（二）行政诉讼与民事诉讼的区别

1. 诉讼标的不同。行政诉讼与民事诉讼的区别首先在于诉讼标的不同。民事诉讼是民事权利之争，行政诉讼是涉及行政权力的争议。行政权力与民事权利在法律性质上有所不同。民事权利具有可以自由处分的性质，行政权力则不能随意处分，只能依法行使。正是由于这一点区别，才使行政诉讼有必要从民事诉讼中脱胎而自成一体，才引出行政诉讼与民事诉讼一系列区别规则。

2. 审理对象与审理标准不同。行政诉讼的审理对象是被诉行政行为，审理标准是被诉行政行为是否达到合法标准。通过这种审查，促使行政活动纳入依法行政的轨道，从而保护公民的合法权益。民事诉讼则着眼于民事争议，定分止争是其目的所在。

3. 行政诉讼有许多不同于民事诉讼的特殊规则。由于行政诉讼的审理对象是行政行为，其在性质上与民事行为有很大的不同，因而，行政诉讼就有许多不同于民事诉讼的特殊规则。如举证责任的分配，民事诉讼是谁主张，谁举证；行政诉讼则是被告行政机关负举证责任。再如民事诉讼中调解是必经程序，而行政诉讼一般不适用调解，尤其是围绕着行政权力是否依法行使问题的判断，是不适用调解的。至于结案的方式，民事诉讼在于解决纠纷，而行政诉讼则主要是对被诉行政行为的效力作出判断。

第二节　行政诉讼的基本原则和制度

一、行政诉讼的基本原则

行政诉讼的基本原则是贯穿于行政诉讼的整个过程，对行政诉讼活动起主导、支配作用的行为规则，体现着行政诉讼的基本精神和价值取向。行政诉讼的基本原则一方面起着约束法院和诉讼参与人、指导行政诉讼活动进行的作用，另一方面有助于人们对行政诉讼具体法律规范的理解，尤其是在行政诉讼的法律条文涵义不明确时，当事人以及人民法院可直接将行政诉讼的基本原则作为诉讼依据。行政诉讼法的基本原则可分为与民事诉讼法、刑事诉讼法共有的一般原则和为行政诉讼所特有的特殊原则。

（一）一般原则

1. 人民法院依法独立行使审判权原则。人民法院依法对行政案件独立行使审判权，不受行政机关、社会团体和个人的干涉。因我国缺乏行政诉讼的传统，且现阶段的行政审判常要承受各方面压力，所以在行政诉讼中强调该原则具有特殊的重要意义。具体涵义是：

（1）行政审判权只能由人民法院统一行使。行政审判权是国家主权不可分割的组成部分，只能由人民法院代表国家行使，任何外国政府和机构均不得代行，行政机关、社会团体和个人也不得干涉，应当尊重人民法院行政审判权的运用。

（2）人民法院独立行使审判权，是指每一个法院在审理行政案件时的独立。就具体案件的审判来讲，各人民法院的审判权是独立的，上级人民法院不能要求下级法院按照自己的意志进行审理和裁判，即使下级人民法院的裁判有错误，也只能通过法律程序纠正。

（3）人民法院必须依法独立行使审判权。为确保审判权行使的合法性，人民法院要受权力机关和人民检察院的监督。我国《宪法》规定，各级人民法院受同级人民代表大会和常务委员会的监督，向其负责并报告工作；人民法院的行政审判活动还要受人民检察院的法律监督。应当注意，监督制度与人民法院依法独立行使审判权并不矛盾。

2. 以事实为根据，以法律为准绳原则。《行政诉讼法》第 5 条规定："人民法院审理行政案件，以事实为根据，以法律为准绳。"该原则的具体涵义是：

（1）以事实为根据要求人民法院审理行政案件，作出裁判之前要将相关的事实调查清楚。人民法院要查明的事实大体可以分为三类：一是查明行政机关据以作出行政行为的事实是否已经调查清楚、是否与真实情况相符，该事实是否有充分、合法的证据证明，其范围不仅仅局限于行政机关调查认定的事实，还应该查明行政案卷之中没有真实反映或遗漏的事实。二是判决作出时的相关事实。比如被诉行政行为是否需要废止，撤销判决是否会给国家利益或公共利益造成重大损失，均是人民法院作出确认判决和驳回原告诉讼请求的判决前需要调查清楚的。三是诉讼程序性事实。比如人民法院要作出合并审理的决定，则需要查明是否具有符合《行诉解释》（2018）第 73 条情形的事实。

（2）以法律为准绳要求人民法院审理行政案件时，不管是对被诉行政行为合法性进行审查、判断，还是最终作出裁判或裁定，均应依法进行。并且在审理行政案件之时应以法律、行政法规、地方性法规和自治条例、单行条例为依据，参照规章。

3. 当事人的法律地位平等原则。《行政诉讼法》第 8 条规定："当事人在行政诉讼中的法律地位平等。"该原则意味着，虽然在行政法律关系中，行政主体与公民、法人或其他组织的法律地位不平等，行政主体作为行政权力的享有者具有优越于公民、法人或其他组织的法律地位，但是在行政诉讼中，他们都是法律地位平等的诉讼当事人，均平等地受司法权的控制，行政主体不再享有行政权力，其诉讼行为也不是具有特权的行政行为。该原则要求人民法院应当保障当事人平等地享有参与行政诉讼的机会，尤其是要防止被告给原告施加压力。

4. 民族语言文字原则。该原则是指：①当事人有用本民族的语言、文字进行行政诉讼的权利。使用本民族语言文字是公民的一项宪法性权利，该项权利的行使不以当事人在民族自治地区进行诉讼活动为限。②在少数民族聚居或者多民族共同居住的地区，人民法院应该用当地民族通用的语言、文字进行审理和发布法律文书。对不通晓当地民族通用语言、文字的诉讼参与人，人民法院有提供翻译的义务。

5. 人民检察院实行法律监督原则。人民检察院是国家的法律监督机关，有权对行政诉讼实行法律监督。该原则的涵义是指：①人民检察院有权对行政诉讼整个过程，即审判与执行过程的合法性进行监督。其监督的对象既包括人民法院的审判活动和执行活动的合法性，也包括原被告等诉讼参加人诉讼行为的合法性，对他们的违法行为，人民检察院有权提出纠正意见，或要求人民法院采取纠正措施。②人民检察院实行法律监督的方式是抗诉。最高人民检察院对各级人民法院、上级人民检察院对下级人民法院已经发生法律效力的判决、裁定，发现违反法律、法规规定的，应当按审判监督程序向各同级人民法院提出抗诉；地方各级人民检察院发现同级人民法院已经生效的判决、裁定违反法律、法规的，应当建议上级人民检察院提出抗诉。对于人民检察院抗诉的案件，人民法院应当受理，人民检察院也应派员出庭，对诉讼活动的合法性进行监督。

6. 当事人有权辩论原则。《行政诉讼法》第10条规定："当事人在行政诉讼中有权进行辩论。"该原则是诉讼公正的必然要求，体现了行政诉讼的民主性。无论是在一审、二审程序还是在审判监督、执行程序中当事人均有就行政实体法问题、行政程序法问题以及行政诉讼程序问题进行辩论的权利。审判人员应确保当事人充分行使辩论权。

（二）特殊原则

1. 行政行为合法性审查原则。《行政诉讼法》第6条规定："人民法院审理行政案件，对行政行为是否合法进行审查。"与刑事诉讼和民事诉讼相比，行政行为的合法性审查原则是行政诉讼特有的、最反映行政诉讼的精神与价值取向的基本原则。该原则对行政诉讼制度的意义在于：

第一，赋予人民法院对行政行为合法性的审查权，既明确了人民法院与行政机关之间的监督与被监督的关系，又明确了人民法院在行政审判中的权限范围。即人民法院有权、也只限于对行政行为的合法性进行审查，不能审查行政行为的合理性，从而划清了司法权与行政权各自的作用领域。

第二，合法性审查原则确认了公民、法人或其他组织因行政机关的行政行为违法而受损害时，有权依法获得司法救济的权利。公民、法人或其他组织的起诉权只有与法院对行政行为的合法性审查权相结合，才能使通过司法途径保护公民、法人或其他组织的合法权益成为可能。

具体而言，该原则的涵义可概括为：

（1）合法性审查的对象是行政行为。根据《行政诉讼法》的规定，公民、法人或其他组织只有在认为自己的合法权益受到行政行为侵害时，才能提起行政诉讼，而针对行政法规、规章或者行政机关制定、发布的具有普遍约束力的决定、命令提起的诉讼，不属于人民法院的受案范围。

值得指出的是，依据《行政诉讼法》的规定，人民法院审理行政案件时，以法律、法规、自治条例和单行条例为依据，参照规章。因此人民法院在对行政行为的合法性进行审查时，不可避免地要对行政行为所依据的规章以及规章以下的规范性文件进行鉴别和评价。如果这些规范性文件不符合法律、法规的规定，人民法院将以行政行为没有法律依据为由予以撤销。但人民法院只能撤销该行政行为，无权宣告这些规范性文件违法，更不能将其撤销。对于行政相对人提起行政诉讼时，一并请求对行政行为所依据的国务院部门和地方人民政府及其部门制定的规范性文件进行审查的，人民法院经审查认为规范性文件不合法的，该规范性文件不作为认定行政行为合法的依据，人民法院应该向制定机关提出处理建议，不能直接确认其法律效力或撤销。

（2）合法性审查的深度限于行政行为的合法性，原则上不能及于其合理性。即人民法院的审查内容包括：行政机关是否有为该行为的职权，是否滥用职权、明显不当；据以作出行政行为的事实是否有充分确凿、合法有效的证据予以证明；行政行为所适用的法律是否正确；行政行为是否遵循了法定程序以及是否存在不履行或拖延履行法定职责的情形。行政机关裁量权的运用是否恰当等行政行为的合理性问题，人民法院原则上不能审查。

需要注意的是，人民法院对于明显不当的行政行为可以判决撤销，对于明显不当的行政处罚可以判决变更。因为明显不当的行为已经不再是一个不合理的行政行为，而是一个不合法的行政行为，也就是说，是否"明显不当"是一个合法性，而不是合理性的判断问题，我国行政诉讼法对于"合法性原则"进行了扩大解释[1]。

2. 保障起诉权利原则。起诉权是公民、法人和其他组织对侵害其合法权益的行政行为，通过诉讼的渠道寻求司法保护和救济的权利，因而是公民的一项基本权利。但是，由于行政机关与公民在行政领域事实上的不平等地位，也由于受几千年集权传统的影响，在行政诉讼实践中，公民、法人和其他组织的起诉权利没有得到很好的保护，这可从行政诉讼普遍存在的"三难"，即立案难、审理难、执行难问题得到证明。由此造成了行政诉讼案件数量少，公民"信访不信法"的局面。因此，为通畅行政诉讼途径，有必要强调对公民、法人和其他组织诉权的保护。

保障起诉权利原则主要有两项内容：

第一，人民法院作为为权益受侵害的当事人提供司法保护和救济的机关，应当保障公民、法人和其他组织的起诉权利，对应当受理的行政案件依法受理。2014年修改的《行政诉讼法》在此规定了相应的制度。如立案登记制度，人民法院在接到起诉状时，对符合起诉条件的，应当登记立案。对当场不能判定是否符合法律规定的起诉条件的，应当接收起诉状，出具注明收到日期的书面凭证，并在7日内决定是否立案。当事人书写起诉状确有困难的，可以口头起诉，由人民法院记入笔录，出具注明日期的书面凭证。人民法院应该履行指导与释明义务，当事人起诉状内容欠缺或者有其他错误的，应当给予指导和释明，并一次性告知当事人需要补正的内容，不得未经指导和释明即以起诉不符合条件为由不接收起诉状。当事人还享有投诉权，对于人民法院不接收起诉状、接收起诉状后不出具书面凭证，以及不一次性告知当事人需要补正的起诉状内容的，当事人可以向上级人民法院投诉，上级人民法院应当责令改正，并对直接负责的主管人员和其他直接责任人员依法给予处分。如果人民法院既不立案，又不作出不予立案裁定的，当事人还可以向上一级人民法院起诉。

第二，禁止行政机关干预受理行政案件。按照我国现行体制，地方法院受到地方政府人、财、物的管理和制约，而行政诉讼的被告是政府或其职能部门，这种被监督者制约监督者的体制导致对行政审判的干预主要来自于政府及其职能部门。实践中，有的地方政府以影响当地经济发展大局为由，干扰人民法院受理行政案件，

───────────────

[1]　参见袁杰主编：《中华人民共和国行政诉讼法解读》，中国法制出版社2014年版，第21页。

有的政府部门怕败诉，不愿意当被告，干预、阻碍人民法院受理行政案件。对此，行政诉讼法明令禁止行政机关干预受理行政案件。如果行政机关干预、阻碍人民法院受理，人民法院可以采取司法建议、予以公告，甚至追究刑事责任等措施。

二、行政诉讼的基本制度

行政诉讼中的基本制度有合议制度、回避制度、公开审判制度和两审终审制度。这些制度既是与民事诉讼和刑事诉讼所共有的，又是行政诉讼中其他制度运作的前提，因此可称为基本制度。

（一）合议制度

合议制度是与独任制度相对应的审理制度。在行政诉讼中，只有在特殊情况下，适用简易程序审理的那些事实清楚、权利义务关系明确、争议不大的第一审行政案件，可以由审判员一人独任审理。大多数情况下，根据《行政诉讼法》第68条的规定，人民法院审理行政案件，由审判员组成合议庭，或者由审判员、陪审员组成合议庭。合议庭的成员，应当是3人以上的单数。这主要是因为行政案件具有较强的技术性、知识性和专业性，独任制难以胜任，因此，大多数行政案件都是通过合议庭进行审判。

（二）回避制度

回避制度使行政诉讼具有客观公正的外在形式，增强了当事人的信任感，并使行政诉讼得以公正顺利地进行。本书后文将详述。

（三）公开审判制度

公开审判制度是指人民法院审理行政案件，除涉及国家秘密、个人隐私和法律另有规定的其他情形以外，一律应公开审判过程和审判结果的制度。该制度的意义在于将人民法院的审判活动置于诉讼当事人及社会公众的监督之下，以确保审判活动的公正。

（四）两审终审制度

其涵义是指当事人对第一审的判决、裁定不服的，可以上诉启动第二审程序，第二审人民法院的判决、裁定是终局的判决、裁定。两审终审并不意味着所有的案件均要经过第二审程序，如果当事人在法定期间内不上诉，一审的判决、裁定即为终局的判决、裁定。该制度的意义在于为当事人对一审判决、裁定的异议提供解决的途径，同时又以二审终审的方式平息争执，尽快稳定社会秩序。

【案例1】

1994年8月5日，某区公安局派出所根据居民郑某（女）提出的书面申请，为离婚归其抚养的儿子进行姓名变更登记，由张某变更为郑某某。但郑某在申请为张某变更姓名前，未与其前夫张某某（张某之父）协商，张某某为此提出异议，并于1995年7月向区法院提起行政诉讼，请求撤销区公安局作出的变更登记，恢复郑某某原名，并赔偿损失1000元。区人民法院于同日作为行政诉讼案件受理。

　　被告认为，根据《户口登记条例》第 18 条和《婚姻法》第 16 条的规定，派出所根据未成年人张某之母的申请为其进行变更姓名登记是符合法律规定的。至于郑某在申请变更张某姓名前未与张某某协商，并与张某某发生关于子女姓名的争议，应由双方协商解决，协商不一致的，应通过民事诉讼程序向人民法院起诉。公安机关可以经双方协商一致或法院确定意见再行登记。区法院将公安机关变更公民姓名的户口登记行为作为行政诉讼案件受理是错误的，应予撤销。

　　问题：本案能否作为行政案件受理？

【案例 2】

　　2007 年，某绿化公司（下称绿化公司）与某县公路养护公司（下称公路养护公司）签订了一份协议，协议约定：由公路养护公司将共管养的某公路（约 27.3KM）沿线的路肩及上下边坡提供给绿化公司栽种树木；植、管、砍等费用均由绿化公司自理，收入全部归绿化公司所有。公路养护公司现有的树木一同移交给绿化公司管养，产权双方共同所有，利润五五分成。合同期限为 30 年，期满绿化公司应保持公路两旁的绿化景观。协议签订后，绿化公司投入资金在公路两旁种植树木。2016 年上半年，由于当地扩建县城至某高速路口的公路，将该路段公路两侧树木全部砍光。绿化公司屡次找到公路养护公司的主管部门某县人民政府和某县交通运输局，要求停止侵害并赔偿损失，但均无果。绿化公司无奈，欲将某县人民政府和某县交通运输局诉至法院，要求停止继续砍伐林木的侵权行为，并赔偿直接经济损失 10 万元。

　　问题：绿化公司应提起民事诉讼还是行政诉讼？

第二章

行政诉讼范围

[内容提要]

行政诉讼范围是行政诉讼中比较重要的问题，因为它关乎公民权利、司法权与行政权三权之间的关系，对诉讼中的原告、被告和法院都具有重要意义。本章对我国行政诉讼的范围进行了详细的分析，并对现行制度进行了评价。学习重点在于确定行政诉讼范围的标准和不受理的排除案件，尤其是各种案件排除的理由。

第一节　行政诉讼范围概述

一、行政诉讼受理条件概述

行政诉讼的受理条件是指一个行政案件被法院受理所需满足的条件的总和。受理条件是行政诉讼程序的入口。换言之，案件是否符合受理条件是行政诉讼首先要考虑的问题，不符合受理条件则诉讼无从谈起。之所以设定受理条件，是因为诉讼是有成本的，法院解决纠纷的能力也是有限的，所以有必要设定一些限制性的要求。受理条件的设定涉及个人权利的保护和公共秩序的维护，也涉及司法权和行政权的关系，必须综合考虑多方面的因素。一般来说，行政诉讼的受理条件包括但不限于以下内容：①受案范围，即什么事情可以向法院提起诉讼；②原被告资格，即谁有资格起诉、应当告谁；③受诉法院管辖，即由哪个法院来审；④起诉期限，即什么时间内起诉；⑤诉讼的竞争程序，即针对复议前置的案件，起诉前是否经过复议等。

值得注意的是，对于法院而言，受理条件仅仅决定一个案件能否进入法院的门槛，并不决定一个案件的最终输赢。如果法院认为原告起诉不符合受理条件因此驳回其起诉，这并不意味着法院认可被告的行为，而只是说明法院对被诉行为的合法性没有评价。如果法院认为原告起诉符合受理条件并受理该案件，这意味着行政相对人起诉权的实现，也意味着行政机关的行为开始接受司法的审查。

二、行政诉讼范围的涵义

行政诉讼的范围，也称行政诉讼受案范围，或法院的主管范围，是指法律所规定的人民法院所受理的行政案件的范围，或者说是人民法院解决行政争议的范围和权限。由于行政诉讼所涉的是司法权和行政权的关系，二者之间存在着权限分工问题；也由于行政机关活动的复杂性，它是由许多不同性质的活动组成的。因此，解决行政领域中发生的纠纷有多种途径，并不是所有的行政纠纷都适合通过行政诉讼的途径解决。世界各国在确定行政诉讼范围之时，均根据各自不同的政治、经济、文化背景以及历史条件，不同程度地排除司法权对一些行政争议的主管。我国《行政诉讼法》对行政诉讼的受案范围也作出了明确的规定。

受案范围制度对诉讼的三方主要人员都具有重大意义。对于作为原告的相对人而言，受案范围决定其诉权的大小，同时也就意味着其寻求司法保护的范围。只有对属于人民法院受案范围的行政行为，相对人才享有诉权，才能对之提起行政诉讼，寻求司法救济；对于被告行政机关而言，受案范围意味着其受司法权监督的广度，也就是说受案范围决定着行政机关的哪些行政行为要接受法院的合法性审查，受司法权的控制；对于诉讼活动主持者的人民法院而言，受案范围意味着其审判权的范围，行政诉讼本质上是司法审查行政，即人民法院对哪些行政行为有权力进行合法性审查，对哪些行政争议可以行使司法主管权。由此确立了法院与权力机关、行政机关在处理行政争议上的分工。

三、受案范围的确立方式

受案范围需要运用一定的方式才能得到明确的表达。各个国家确立行政诉讼受案范围的方式不尽相同。英、美等国采取以判例来确立受案范围的方式，即某一行政案件是否归于法院的受案范围取决于其是否符合由法院判例形成的一些规则；而德、日等国主要采取的是以制定法来确立受案范围的方式。大致而言确立受案范围的方式又可以分为以下三种：

1. 概括式。即对受案范围确立一个统一的、原则性的标准，比如本着对公民提供全面、无漏洞保护的宗旨，《联邦德国行政法院法》第40条规定，发生非宪法性质的公法争议且争议不依联邦法由其他法院明确主管的，可提起行政诉讼。这种方式的优点是简单、全面、灵活，缺点是不易具体操作。

2. 列举式。具体包括肯定和否定列举两种方式，即由法律逐一列举属于受案范围的行政案件或不属于受案范围的行政案件或两者同时列举。这种方式的优点是具体、细致、易于法院操作，缺点是成文法有滞后性，列举不能穷尽，有挂一漏万的可能。尤其是只列举了属于受案范围的行政案件时，对属于列举范围之外的行政案件，法院常不予受理，不利于公民、法人或其他组织合法权益的保护。

3. 混合式。正是由于上述两种方式各有利弊，所以有些国家采取混合的方式，即将以上两种方式混合使用，以相互取长补短。

我国《行政诉讼法》在1989年制定之初，对受案范围的设定比较谨慎，体现在第11条以逐项列举的方式对可诉的具体行政行为予以列出，这与当时的社会条件是分不开的。全国人大常委会原副委员长、法制工作委员会原主任王汉斌在《关于

〈中华人民共和国行政诉讼法（草案）的说明〉》中指出："考虑我国目前的实际情况，行政法还不完备，人民法院行政审判庭还不够健全，行政诉讼法规定'民可以告官'，有观念更新问题，有不习惯、不适应的问题，也有承受力的问题，因此对受案范围现在还不宜规定太宽，而应逐步扩大，以利于行政诉讼制度的推行。"[1] 1989 年《行政诉讼法》颁布实施后，行政诉讼的范围实际上已得到不同程度的扩大，主要体现在如下几个方面：首先是 1999 年颁布的《行政复议法》第 6 条规定"认为行政机关其他具体行政行为侵犯其合法权益的"可以申请行政复议，一定程度上实现了可诉行政行为的全范围列举，这为扩大须与其相衔接的行政诉讼受案范围提供了契机；其次，在司法实践中，法院能动地根据个案情况回应了原告的司法需求，通过对具体行政行为和合法权益等概念进行扩大化的解释，使得行政机关侵犯公民教育权、公平竞争权、享受社会保障的权利等"新型"案件也纳入了法院的审理范围，比较典型的是"田永诉北京科技大学拒绝颁发毕业证、学位证案"；[2] 再次，《若干解释》（2000）的出台进一步确认、巩固并扩张了行政诉讼的受案范围，该解释第 1 条通过先从整体上将行政行为纳入行政诉讼的受案范围再加以逐项排除的方式，确立了一种不同于 1989 年《行政诉讼法》的设定方式；[3] 第 13 条关于原告资格的规定，间接将相邻权、公平竞争权等纳入行政诉讼范围；第 48 条关于先予执行的规定，则明确将最低生活保障费、社会保险金发放引发的行政纠纷纳入行政诉讼的范围。此外，最高法院还通过出台单行司法解释的方式扩展了行政诉讼的受案范围，例如 2002 年出台的《最高人民法院关于审理国际贸易行政案件若干问题的规定》将行政诉讼的范围扩展至国际贸易行政案件。上述许多成果都已被吸纳进 2014 年修改的《行政诉讼法》之中。

现行《行政诉讼法》在确立受案范围时基本延续了旧法混合式的立法技术。首先以概括的方式确立了行政诉讼受案范围的基本界限，第 2 条规定"公民、法人或者其他组织认为行政机关和行政机关工作人员的行政行为侵犯其合法权益，有权依照本法向人民法院提起诉讼。"[4] 其后以列举的方式列出了属于行政诉讼受案范围的各类行政案件，如《行政诉讼法》第 12 条第 1 款所列举的 12 种行政案件；同时

---

〔1〕 王汉斌：《关于〈中华人民共和国行政诉讼法（草案）〉的说明》，1989 年 3 月 28 日，第七届全国人民代表大会第二次会议。

〔2〕 (1998) 海行初字第 00142 号行政判决；该案于 2014 年被最高人民法院列入指导案例 38 号。

〔3〕 参见何海波："行政诉讼受案范围：一页司法权的实践史 1990 – 2000"，载《北大法律评论》第 4 卷第 2 辑，法律出版社 2002 年版，第 569 – 587 页。

〔4〕 实际上，第 2 条能否作为受案范围的概括标准是存疑的。从法条本身来看，第 2 条规定在总则一章，而非受案范围一章，并不具有设置"受案范围"的规范内容。学界将第 2 条解释为行政诉讼受案范围的概括标准，起到了间接推动受案范围拓展的效果，这在旧法有限受案范围的立法背景下是有积极意义的。参见朱芒："概括主义的行政诉讼'受案范围'——一种法解释路径的备忘录"，载《华东政法大学学报》2015 年第 6 期。

对一些目前难以列举全面、今后将逐步纳入受案范围的行政案件，又运用概括的方式作为补充，即《行政诉讼法》第 12 条第 1 款第 12 项以及第 2 款所规定的："……认为行政机关侵犯其他人身权、财产权等合法权益的。除前款规定外，人民法院受理法律、法规规定可以提起诉讼的其他行政案件。"最后，《行政诉讼法》第 13 条又以列举的方式列出了不属于人民法院受案范围的几类行政案件。

需要明确的是，对于上述我国行政诉讼受案范围的确定应当有完整、准确的理解。所谓"完整"，是指行政诉讼范围是由四个层次确定：确定范围的标准、正面列举受理的案件、反面排除不受理的案件和单行法律法规规定可以提起诉讼的案件，缺少其中任何一个层次，对行政诉讼范围的理解都不能说是完整的。其中最后一个层次，即单行法律法规规定可以提起诉讼的案件，首先意味着对行政诉讼范围的理解不能以行政诉讼法为限，还应当包括行政诉讼法以外的其他单行法律法规的规定。同时也意味着，立法者是在有限的行政诉讼范围前提下，为将来扩大受案范围留下余地。所谓"准确"，是指上述四个层次在确定范围上所起的作用不同，不能等量齐观。其中，确定范围的标准和反面排除不受理的案件起着决定作用，只要符合确定行政诉讼范围的标准而又没有被排除，即在可诉之列；而单行法律法规规定可以受理的案件起着补充作用，前面两个层次基本确定了行政诉讼的范围，但并不以此为限，还应当包括行政诉讼法以外其他单行法律法规规定可以提起行政诉讼的案件。至于正面列举受理的案件，则在确定范围方面仅起参考作用。

四、受案范围的确定标准

受案范围的确定标准是我们理解、掌握、适用《行政诉讼法》的一个关键问题，也是人民法院决定某一个行政案件是否属于"受案范围"、是否应受理时的重要参考因素。根据《行政诉讼法》的规定，受案范围的确定标准有以下两个：

（一）行政行为标准

根据《行政诉讼法》的规定，公民、法人或其他组织，只有在认为行政行为侵犯自己的合法权益时，才能提起行政诉讼，人民法院也只能对行政行为的合法性进行审查，因此一个行政案件是否属于行政诉讼受案范围，首先要看的就是被诉的是否是行政行为。

行政行为这一标准，是替代原法中的"具体行政行为"而来的。1989 年制定的《行政诉讼法》采用的是"具体行政行为"标准，立法中之所以采用这一概念，主要考虑是限定可诉范围，将"抽象行政行为"排除在受案范围以外。然而，具体行政行为与抽象行政行为只是学理之分，将受案范围制度建立于这种学理划分的基础之上，不仅为日后行政诉讼实践带来诸多争议，而且在"受理难"的背景下，也为将许多难处理的案件推出法院打开了方便之门。故全国人大借 2014 年修订法律之机，用"行政行为"统一取代了"具体行政行为"。

行政行为是指行政机关或者法律、法规、规章授权的组织在实施行政管理过程中运用行政职权所为的行为。对于《行政诉讼法》规定的行政行为的理解应当作广义的解释，广义的行政行为是指行政机关在实施行政管理活动中所有的与其行政职权相关联的行为。在内涵上，行政机关与行政职权相关联的作为与不作为行为，都属于行政行为的范畴；在外延上，仅仅排除行政机关与行政无关的民事行为，行政机关与其行政职权相关的事实行为、内部行为、抽象行为均属于行政行为范畴。从司法实务的角度，判断一个行为是否是行政行为，关键看其是否具备下列要素：①行政行为是行政主体所为的行为，具体包括行政机关和法律、法规、规章授权的组织。②行政行为是行政主体在行政管理活动中的行为。行政机关在民事活动、刑事侦查活动中的行为不属于行政行为。③行政行为包括行政机关作为的行为，也包括行政机关不作为的行为。因此，行政机关不履行法定职责的行为也属于行政行为。④行政行为包括行政机关行使行政职权的单方行为，也包括行政机关为履行行政职责，实施行政管理与行政相对人签订行政协议的双方行为。需要注意的是，此处"行政行为"概念旨在确定行政诉讼的受案范围，而非对行为本身进行合法性评价。因此无论是合法的还是违法的行政行为都应当纳入受案范围，例如行政机关在行政管理活动中超越自身行政职权的行为也属于可诉的行政行为。

（二）合法权益标准

根据1989年《行政诉讼法》的规定，公民、法人或者其他组织认为行政行为侵犯其人身权、财产权的才能够依据行政诉讼法的规定提起行政诉讼，2014年修订的《行政诉讼法》则将行政诉讼保护范围由人身权、财产权扩展至"人身权、财产权等合法权益"，由此，"合法权益"也成为判断行政诉讼范围的一个标准。具体而言：

合法权益是指符合法律规定的权利和利益。公民、法人或其他组织的"合法权益"有广义和狭义之分。广义的"合法权益"是指公民、法人和其他组织享有的不违反法律规定的一切权利和利益，其范围包括公民、法人和其他组织受国家法律保护的权利和利益，以及其他法律未限制的自然保有的各种权利和利益。狭义的"合法权益"是指符合法律规定的权利和利益，即仅指受法律保护的权利和利益。由于中国缺少自然法观念，修改后的行政诉讼法关于"合法权益"主要是狭义的概念。

在我国，公民的"合法权益"包括宪法和法律所规定的人身权利、财产权利、受教育的权利、劳动的权利、休息的权利、获得国家救助的权利、社会保障的权利、从事科学研究和文学艺术创作自由的权利，等等。除法定的权利之外，公民、法人或其他组织还享有广泛的利益。比如，保障各类市场主体公平竞争，保障他人采光、通风、免受噪声及其他环境污染等，这些权益是行政机关作出行政行为时必须予以充分保障的利益，公民、法人或其他组织为维护自身相关权益，对相关行政行为有权依法提起行政诉讼。

【案例1】

2013年12月27日，安徽省政府作出皖政办（2013）45号"安徽省人民政府办公厅转发省安全监管局等部门关于烟花爆竹生产企业整体退出意见（以下简称《退出意见》）的通知"（以下简称 45 号通知）。《退出意见》限定全省现有的 75 家烟花爆竹生产企业必须在 2014 年年底前整体退出，分两批进行。《退出意见》同时要求各级政府要健全和强化烟花爆竹生产企业整体退出组织协调机制，确保按时完成任务，并规定企业停产后企业所在地政府要拆除主要生产设施、设备；企业关闭后企业所在地工商、安监部门要及时注销或吊销退出企业的相关证照，公安部门停止办理《烟花爆竹道路运输许可证》，安监、公安部门要责令企业妥善保管剩余烟花爆竹成品、半成品及生产原材料，限期清理、销毁或移交。此外，《退出意见》还明确省财政按每户 80 万元的标准安排专项资金用于退出企业补助，有关市、县应根据退出企业资产等情况，给予适当补助。45 号通知作出后，省安监局等省级单位和六安市、六安市裕安区、舒城县、广德县等地方各级政府开始施行，并采取了如下发停产通知书、开动员退出会议、对厂房予以拆除等具体行为。安徽翔鹰花炮有限公司等 24 家企业均在《退出意见》确定的第二批整体退出企业名单中，它们对 45 号通知不服，欲提起行政诉讼。

问题：

1. 安徽省政府发布的 45 号通知属于何种性质的行为？
2. 24 家花炮生产企业能否对 45 号通知提起行政诉讼？

第二节　不受理的案件

不受理的案件是指明确排除的不属于人民法院受案范围的行政案件。行政机关的活动包含着许多不同性质的行为，有些不属于行政行为，如行政机关的民事行为，当然不能提起行政诉讼；即使在具有行政性质的行为中，有些行为可能属于不可诉，有些行为则可能属于不适合诉，因而被排除在行政诉讼的范围之外。因此，虽然符合行政诉讼确定范围的标准是法院受理的前提，但并不意味着符合标准就一定在行政诉讼范围之内，有些行为如果被法律明确规定排除，仍然属于不可诉之列。《行政诉讼法》第 13 条明确列举了四类法院不受理的案件，最高人民法院通过总结司法实践在《行诉解释》（2018）还明确了十类不属于行政诉讼受案范围的情形。

一、国家行为

国家行为是指国务院、中央军事委员会、国防部、外交部等根据宪法和法律的授权，以国家的名义实施的有关国防和外交事务的行为，以及经宪法和法律授权的国家机关宣布紧急状态的行为。国家行为具有如下特征：①主体法定，即国务院、中央军事委员会、国防部、外交部等；②须根据宪法和法律的授权，以国家的名义作出并实施；③性质上是一种政治性的、涉及国家主权的行为，主要包括两类：一是国防和外交行为，例如国务院和外交部所实施的与外国建交、断交、签订协定、对外国政府的承认等行为；二是宣布紧急状态的行为，国务院根据《宪法》第 89 条

第二章

的授权，可以决定在省、自治区、直辖市的范围内部分地区进入紧急状态。

国家行为是一种特殊的行政行为，它与可诉的一般行政行为有所不同。一般行政行为是一般行政机关以自己的名义在具体的管理中所为的行为，国家行为是特定行政机关以国家的名义，对外运用国家主权，对内行使统治权所为的行为，这种行为因涉及国家的主权或统治权而具有高度的政治性，不具有司法裁断的性质。在许多国家，国家行为或政治行为都被排除在行政诉讼范围之外。如法国行政法上有"政府行为不受法院管辖"之说。政府行为包括三个方面：一是政府与议会关系中的行为；二是政府在国际关系中所采取的行为；三是总统认为出现紧急情况，作出实施宪法紧急权的决定〔1〕。美国行政法上则有"问题本身的性质不适宜司法审查"之说，其中包括国防和外交行为、国家安全方面的行为等。对这类问题，法院没有责任、条件和能力予以审查〔2〕。之所以将国家行为引发的争议排除于人民法院的受案范围，主要原因是：

1. 这类行为不仅仅涉及相对人的利益，而且涉及国家的整体利益和人民的根本利益，关系到国家的荣誉、尊严和存亡，在这种情况下，不能因为利害关系人的权益受到损害而使国家行为无效。

2. 这种行为通常以国家对内对外的基本政策为依据，以国际政治斗争的形势为转移，法院很难作出合法性判断或即使作出了判决也很难执行。

3. 国家行为的失误通常只由有关领导人承担政治责任，而政治责任只能通过立法机关才能够追究。即政府领导人向人民代表大会及其常务委员会负政治责任，其称职与否不由法院审理。

对此类案件的理解，须注意不能将国务院、国防部、外交部等行政机关实施的所有与国防、外交有关的行为均视为国家行为。如果未满足国家行为的构成要素，如和平时期强制一公民服兵役的行为、对违反治安管理的外国人要求其限期出境的行为、因军事演习对被征用土地的相对人进行补偿的行为等，就不是国家行为，而是可诉的行政行为。

二、抽象行政行为

所谓抽象行政行为，是指行政机关制定行政法规、规章以及制定、发布针对不特定对象、具有反复适用性和普遍约束力的决定、命令的行政行为。之所以将抽象行政行为排除于人民法院的受案范围，主要考虑到如下因素：①依照宪法和有关组织法的规定以及我国人民代表大会的政治制度，确认行政机关抽象行政行为是否合法以及是否予以撤销、改变的权力属于国家权力机关和上级机关，人民法院无此权力。②抽象行政行为一般情况下不会直接侵害公民、法人或者其他组织的合法权益，它需要通过具体行政行为的转化才会直接影响相对人权益。③我国司法体制还处在

---

〔1〕　参见王名扬：《法国行政法（下）》，北京大学出版社 2016 年版，第 447 页。

〔2〕　参见王名扬：《美国行政法（下）》，北京大学出版社 2016 年版，第 457－458 页。

进一步完善之中，法官的素质恐难胜任对抽象行政行为的审查。

抽象行政行为是相对于具体行政行为而言的，判断一个行政行为是否属于抽象行政行为，可综合考虑以下几个标准：

1. 普遍约束力标准。即作为抽象行政行为载体的行政法规、规章以及决定、命令等规范性文件具有普遍约束力，对其效力范围所及的所有公民、法人或其他组织均具有约束力和强制适用性。具体行政行为则是针对特定的人与事作出具体处理决定，该决定只适用于所指向的对象，其规则是"一事一理"。

2. 对象不特定标准。即该行政行为所欲规范的事项，针对的相对人是不特定的、抽象的。如编制国民经济和社会发展计划以及进行国家预算的行为。如果其针对的对象特定，则是具体行政行为。

3. 反复适用性标准。抽象行政行为的结果是规范性文件的产生，规范性文件的典型特征在于反复适用性。规范性文件在其生效期间内，对调整规范对象具有反复的适用性，并不因一次适用于特定的公民、法人或其他组织而失效。具体行政行为则是一次性的，如不能将对张三的处罚适用于对李四的处罚。

值得注意的是，抽象行政行为不可诉，并不等于法院对抽象行政行为没有审查权。能否诉和法院能否审查是两个不同的概念。2014 年《行政诉讼法》第 53 条第 1 款规定："公民、法人或者其他组织认为行政行为所依据的国务院部门和地方人民政府及其部门制定的规范性文件不合法，在对行政行为提起诉讼时，可以一并请求对该规范性文件进行审查。"第 64 条规定："人民法院在审理行政案件中，经审查认为本法第 53 条规定的规范性文件不合法的，不作为认定行政行为合法的依据，并向制定机关提出处理建议。"这些规定明确了人民法院对规范性文件合法性的审查判断权、选择适用权和司法建议权。据此，相对人虽然对抽象行政行为不享有直接起诉的权利，但却享有附带的要求审查权，即要求法院对规章以下的规范性文件进行审查。

三、内部人事管理行为

行政机关对行政机关工作人员的奖惩、任免等决定可称为内部人事管理行为。此类行为不可诉的主要理由是：首先，行政行为是行政主体对外行使行政职权、实施行政管理的行为，内部人事管理行为不是行政行为，不具有外部性；其次，对于此类行为，《公务员法》等法律法规已经规定了公务员的申诉等内部救济机制。但并不是行政机关作出的任何涉及该行政机关工作人员权利、义务的行为均是内部行为。理解该项排除规定需要注意以下几点：

1. "行政机关工作人员"应作狭义理解，特指公务员。行政机关中的工勤人员、大中小学的教师、未被录用为国家公务员的应试人员、退休的公务员均不是公务员，不应纳入此条排除范围之中。

2. 决定行为作出主体与承受主体之间必须具有行政隶属关系，决定行为所涉及的事务也应该属于内部事务。从"决定"的表现形式来看，主要有：①任命或免除公务员担任一定职务的任免决定；②对达到法定年龄或丧失工作能力又不自愿申请退休的公务员作出的强制退休的决定；③有关培训、考核、回避、工资、保障福利方面的决定；④行政处分，主要指作出警告、记过、记大过、降级、撤职、开除的决定；⑤对公务员的物质或精神方面的奖励决定。

3. 决定行为所影响的权利应限于公务员基于公务员的身份而享有的权利，这些权利主要包括：①公务员的身份保障权。即只要不是出于公务员本人的意愿，若要对公务员免职、降职、辞退和行政处分，要有法定的事由和经过法定的程序。②发展权。主要是指公务员参加业务知识的培训和政治理论的学习的权利。③职位请求权。即要求获得职位和与履行该职位的职责应有权力的权利。④劳动报酬的请求权。⑤保险和福利待遇的权利。⑥申诉、控告、批评、建议权等。

综上，如果行政机关的行为对象不是公务员或者决定行为规范到了外部事务，影响了公务员的其他权利，该决定行为就是可诉的行政行为而不是内部行为。

支持内部人事管理行为不可诉的理由是所谓的"特别权力关系"理论。该理论认为，行政机关与其公务员之间的关系不同于与公民的关系，后者为一般权力关系，前者则是特别权力关系。因为它们是发生于行政组织系统之内，二者之间存在着行政隶属关系，只影响行政机关的内部事务，因而不同于行政机关与公民之间是两个独立主体之间的关系。内部行为产生内部纠纷，内部纠纷通过内部途径解决。但是，特别权力关系理论在其发源地的德国已被抛弃。因为一个人身为公务员并不丧失其公民身份，即使作为公务员，也不丧失其独立人格。因此在德国行政法上，将行政机关对其公务员的行为分为基础行为与管理行为，对于基础行为仍然在可诉之列。这是中国行政诉讼法进一步发展需要解决的问题。

四、法定行政终局裁决行为

行政终局裁决行为是指法律规定的由行政机关作出最终决定的行为。由于行政终局裁决行为意味着剥夺了公民、法人或者其他组织对该行为的诉权和人民法院对该行为的司法审查权。因此，行政终局裁决行为必须是法律规定的。所谓"法律"，是狭义而非广义的法律，狭义的法律特指全国人民代表大会及其常务委员会制定、通过的规范性文件。广义的法律包括一部分行政机关制定的规范性文件，采用广义的法律，即意味着行政终局行为可以由行政机关自己决定，而这无论如何是不能成立的。作为一个原则，行政终局裁决行为不能由行政机关自己决定，只能由国家最高权力机关决定。法律之外的其他规范性文件无权规定，即使规定也是无效的。

虽然行政终局裁决有着一定的理由，如部分行政领域高度的技术性，不适宜由司法裁断；司法的政治中立性，不适宜介入涉及国家安全的问题等，但理论界一直反对立法机关通过立法排除法院对纠纷的最终裁决权。理由是司法最终裁决是法治社会的一般原则，我们必须，也只能将司法作为公平正义的最后一道屏障。正因如此，目前法律所规定的是有限的行政终局裁决行为。现行法律规定的行政机关终局裁决包括选择兼终局和绝对复议终局两种情形，具体而言：①《行政复议法》第14

条规定："对国务院部门或者省、自治区、直辖市人民政府的具体行政行为不服的，向作出该具体行政行为的国务院部门或者省、自治区、直辖市人民政府申请行政复议。对行政复议决定不服的，可以向人民法院提起行政诉讼；也可以向国务院申请裁决，国务院依照本法的规定作出最终裁决。"②《行政复议法》第30条第2款规定："根据国务院或者省、自治区、直辖市人民政府对行政区划的勘定、调整或者征用土地的决定，省、自治区、直辖市人民政府确认土地、矿藏、水流、森林、山岭、草原、荒地、滩涂、海域等自然资源的所有权或者使用权的行政复议决定为最终裁决。"③《出境入境管理法》第64条第1款规定："外国人对依照本法规定对其实施的继续盘问、拘留审查、限制活动范围、遣送出境措施不服的，可以依法申请行政复议，该行政复议决定为最终决定。"；第81条第2款规定："外国人违反本法规定，情节严重，尚不构成犯罪的，公安部可以处驱逐出境。公安部的处罚决定为最终决定。"原《商标法》《专利法》关于终局裁决行政行为的规定，均已随着我国加入WTO、《商标法》《专利法》的修改而不复存在。

五、刑事司法行为

刑事司法行为是指公安机关、国家安全机关、监狱管理部门、海关缉私部门等依《刑事诉讼法》的明确授权实施的行为。这类行为既包括这些机关在刑事案件的立案侦查中所采取的拘传、取保候审、监视居住、拘留、逮捕等刑事强制措施，也包括在侦查过程中为搜集、取得证据而采取的诸如勘验、检查行为，搜查行为，对物证、书证的扣押行为，鉴定行为等。在我国，公安、国家安全机关根据法律规定具有双重身份。以公安机关为例，它既是行使刑事侦查权的侦查机关，也是行使治安管理的行政机关，集行政管理职能和刑事侦查职能于一身。因公安、国家安全等机关依照《刑事诉讼法》的明确授权实施的行为引发的争议不属行政诉讼的受案范围。因为这些行为的目的或是为防止犯罪嫌疑人逃避侦查、起诉和审判，或是为调查犯罪事实，均是为保障刑事诉讼活动的顺利进行，而不是进行行政管理。

理解本项排除性规定时，应当区别"假借"的问题，实践中大量存在公安机关假借刑事侦查之名干预经济纠纷，又逃避作为行政诉讼被告的现象，尽管最高人民法院、最高人民检察院和公安部曾经三令五申严禁假借刑事侦查之名干预经济纠纷，但却屡禁不止。为此，须注意以下两点：①公安机关、国家安全机关等所实施的刑事司法行为必须是以《刑事诉讼法》作为法律依据的行为。而以其他法律为依据的行为则须对其行为性质进行明确。比如《刑法》第17条第4款规定："因不满16周岁不予刑事处罚的，责令他的家长或者监护人加以管教；在必要的时候，也可以由政府收容教养。"行政机关依本条规定所采取的收容教养行为不是刑事司法行为，而是可诉的具体行政行为。②"明确授权"不应限定为有明确的授权依据，还应包括满足授权的目的，即刑事强制措施的采取是为了保障刑事诉讼活动的顺利进行。举例来说，对于公安、国家安全机关所实施的查封、扣押或冻结等强制手段的法律性质，应当对其实施该行为的过程进行综合、全面的分析，最终确定实施该行为的目的。如果一个行为确实属于为了追究犯罪而搜集证据，应当认定其属于刑事司法行为；如果假借刑事司法行为之名而行干预经济纠纷之实，虽然行为表面上可能具备刑事强制措施的所有合法手续，但也不是刑事司法行为，应当将其定性为可诉的具体行政行为。

六、行政调解、仲裁行为

行政机关所作的调解以及法律规定的仲裁行为之所以不能纳入行政诉讼的受案范围，是由调解、仲裁的性质所决定的。行政调解是指由国家行政机关主持的，以争议双方自愿为原则，通过行政机关的调停、斡旋等活动，促成民事争议双方当事人互让以达成协议，从而解决争议的行政活动方式。我国许多法律法规对行政调解作了规定，将其作为一种为了解决民事纠纷而设置的行政救济机制。《农村土地承包法》第 55 条规定，因土地承包经营发生纠纷的，双方当事人可以通过协商解决，也可以请求村民委员会、乡（镇）人民政府等调解解决。

行政调解行为虽然也是行政机关的活动，但却不是具体行政行为，原因在于：①行政调解虽然由行政机关主持，但是却不涉及行政权力的行使。在整个的行政调解过程中，行政机关始终处于"居中第三人"的地位，无论是程序的进行还是最终达成调解协议，行政机关始终与一个民事主体无异，并未运用行政权力。②行政调解所遵循的是"自愿原则"，从调解的开始，进行到最后达成或不能达成调解协议，民事争议双方当事人的意志完全处于自治状态，他们可以不经过调解程序或不达成调解协议而直接起诉，即使是已经达成了调解协议，该调解协议也不具强制执行力。由此可见，调解是以自愿为前提，以双方当事人同意为原则。因此，双方当事人经调解如果达成协议，作为承诺当然要履行；如果达不成协议，其纠纷仍然属于民事性质，如果提起诉讼，也应当是民事诉讼。即使对调解协议不满意，也不能以行政机关为被告提起行政诉讼，而应将原始的民事争议交人民法院裁判。

行政仲裁行为是指行政主体以第三人的身份对平等民事主体间的民事纠纷依照法定程序作出具有法律效力的裁决的行为。仲裁就其起源而言，是一种民间的、自愿的活动。在高度集权的计划体制下，受苏联的影响，我国建立了大量的由行政机关解决民事纠纷的行政仲裁制度。但随着改革的推进，这种做法在实践中有了改观。1995 年 9 月 1 日《仲裁法》实施后，大量的民事纠纷改由非官方的仲裁委员会裁断。由行政机关进行的仲裁也发生了变化，总体趋势是淡化行政色彩，增加民间、自愿的本色，渐渐与行政诉讼脱钩。

《行诉解释》（2018）第 1 条第 2 款第 2 项在"仲裁行为"之前加了"法律规定的"这一定语，因此不可诉的仲裁行为主要包括：①劳动争议仲裁：《劳动法》第 79 条规定，劳动争议发生后，当事人可以向本单位劳动争议调解委员会申请调解；调解不成，当事人一方要求仲裁的，可以向劳动争议仲裁委员会申请仲裁。当事人一方也可以直接向劳动争议仲裁委员会申请仲裁；②农村土地承包经营仲裁：《农村土地承包法》第 55 条第 2 款规定，因土地承包经营发生纠纷的，若当事人不愿协商、调解或者协商、调解不成的，可以向农村土地承包仲裁机构申请仲裁，也可以直接向人民法院起诉。将上述仲裁行为排除出受案范围，主要考虑是：①行政仲裁虽然是以国家公权力为基础的裁决行为，不以当事人一方或双方的意志为前提，但它不属于行政行为，而是一种特殊的司法行为；②劳动争议仲裁和农村土地承包经营仲裁仅是诉讼的前置程序，并不是一裁终局，对仲裁结果不服，双方当事人均可以向人民法院提起民事诉讼，没有必要以仲裁委员会为被告，提起行政诉讼。

七、行政指导行为

行政指导是国家行政机关对特定的公民、法人或其他组织，运用说服、教育、劝告、建议、协商、示范、鼓励、政策指导等非强制性手段或以提供经费帮助、提供知识技术帮助为利益诱导促使其自愿作出或不作出某种行为，以实现一定行政目的的行为。作为一种行政管理手段，行政指导在实践中大量存在，如工业发展的指导，中小企业经营管理的指导，空气、水污染防治指导，农业科技成果的推广等。面对复杂的市场经济，政府的基本管理方式有三种：对应于"看不见的手"的无为之手，对应于秩序维持的"干预之手"，以及介于二者之间的行政指导。行政指导行为的特征在于非强制性，即行政指导对相对人并没有强制适用性和法律约束力，不能作为强制执行的标的。相对人对行政指导的服从是任意的、可选择的，是否服从行政指导、是否按照行政机关的意志作或不作某种行为取决于相对人自由意志的判断和选择，即使不服从行政指导也不会招致不利的后果。因此，行政指导并不是行政行为，因之引发的争议不属于行政诉讼的受案范围。

对行政指导的理解有以下两点值得注意：①行政指导不可诉的真实原因是不具有强制力。实践中许多行政机关的所谓行政指导行为实际上对相对人具有强制的适用性与法律拘束力，相对人没有选择是否服从的权利与自由。如某乡政府为发展本乡经济建议本乡所有的农田均种植烟草，不种植者将铲除其所种的经济作物。这类所谓的行政指导行为应是可诉的行政行为。因此，我们与其说行政指导不可诉，还不如更准确地说是因为没有强制力而不可诉。②相对人因为信赖行政机关所具有的专业性、技术性和权威性，服从了错误的行政指导，从而造成损失的，应享有对行政指导行为提起行政诉讼、申请国家赔偿的权利。如某乡政府未经实验证明，建议乡内所有棉田种植某品种棉花，结果因该棉花品种质量低劣而导致所有棉田当年绝收。对于这种毫无责任心、滥用行政指导权的行政指导行为，相对人仍然可以提起行政诉讼。

八、重复处理行为

重复处理行为是指行政机关作出的没有改变原有法律关系，没有对当事人的权利义务产生新影响的行为。这种行为通常是行政机关在作出处理决定后，应当事人提出的不服申诉请求，作出的与原行政处理决定相同的行为。这种与原行政处理决定相同的行为，可能是以明示或默示拒绝当事人的请求，也可能是在拒绝的同时为前具体行政行为增加理由的批驳行为。该批驳行为实际上是告知当事人前一个行政行为的正确性，是对前一个行政行为所确定的权利义务状态的维持。因其与前一行政处理决定相同，故称之为"重复处理行为"。

重复处理行为是德国行政法上的一个概念，称之为"重复处置（行为）"，并为我国台湾地区所借鉴。台湾学者许宗力对此有较为清晰的界定："倘官署对其后的申请并未作成新的实质决定，也就是未重新作实质审查，而只是重申过去所作成处分，亦即第一次处分的内容，因其本身不生任何法律效果，故不能认系行政处分，学说上称之为重复处置。反之，倘对其后申请重新为实质审查，根据新的观点作成新的实质决定，即便其结果与过去第一次处分的内容并无二致，依然认为其属一个新的行政处分，学说上称之为第二次裁决。重复处置因其本身非属行政处分，故不能对其提起行政救济，第二次裁决则反是，亦即具行政处分性格，可为行政救济对象。究为重复处置或第二次裁决，应以个案就官署意思表示内容解释之。"[1]

无论前行政行为的起诉期间是否届满，重复处理行为都没有改变既存的法律关系，没有对当事人的权利、义务产生新的影响。正是基于这个原因，《行诉解释》（2018）第1条第2款第4项将该行为引发的争议排除在人民法院的受案范围之外。尤其是在前行政行为已经过了起诉期限的前提下，允许当事人起诉重复处理行为就等于允许任何一个不遵守起诉期限的人都可以用最简单的申诉引起起诉程序，从而使法律规定的起诉期间制度失去意义。而在前一个行政行为的起诉期限没有届满的情形下，公民、法人或其他组织可以起诉该行政行为达到维护自己合法权益的目的，而不能起诉重复处理行为。

理解与适用重复处理行为的不可诉性时，有以下三点需要注意：①当事人的申诉既可以向前一行政行为的作出机关提出，也可以向上级机关提出，因此重复处理行为既可以由前行政行为的作出主体作出，也可以是其上级机关作出。并且这里的"申诉"不等于申请行政复议，行政复议机关的维持决定不是重复处理行为的载体。②并非行政机关对当事人所为的答复均是重复处理行为。如果行政机关的行为改变或撤销了原行政行为，对公民、法人或其他组织的权益产生了新的影响，那么该行为就不是重复处理行为，而是可诉的行政行为。③作为不可诉的重复处理行为必须是已过起诉期限，这种已过起诉期限当然是指第一次裁决。在前行政行为的起诉期间未届满的情形下，即使存在重复处理行为，前行政行为的起诉期间也不能重新计算。

九、不产生外部法律效力的行为

行政机关作出的不产生外部法律效力的行为，又称内部行为，包括行政机关的内部沟通、会签意见等行为。此外，如果一个行政机关在作出特定的行为之前，依法需要有其他机关的批准、同意、附和或参与才能完成，此种行为被称作多阶段行政行为，例如下级机关的行政行为须经上级机关批准才能对外生效。在多阶段行政

---

〔1〕　翁岳生主编：《行政法》，中国法制出版社2002年版，第553页。

行为中，其他机关的同意、核准等行为，对于最后作出行政行为的机关来说，是一种行政内部的表示，亦属于不产生外部法律效力的行为。

外部性是可诉的行政行为的重要特征之一。内部行为不可诉的原因是因为它并不直接处分相对人的权利义务，相对人可以针对最终的后续行政行为提起诉讼从而获得救济，不必单独将内部行为作为独立的诉讼客体。在"颍上县恒运矸石厂等诉颍上县人民政府强制案"[1] 中，最高法院指出"在存在复数行政行为的情况下，只有直接对外发生法律效果的那个行为才是可诉的行政行为，其他阶段的行政行为只是行政机关的内部程序"。虽然本案中颍上县政府制定了被诉的《刘庄煤矿和谢桥煤矿周边区域环境综合治理方案》且对不符合法律规定的污染企业提出了总体治理要求，但它的法律效果只有通过有关职能部门依职权针对特定相对人作出相应处理决定才能加以实现，因此该治理方案本身只是行政机关的内部工作安排，是不可诉的。

需要注意的是，如果内部行为基于某种原因突破了内部行为的界限，完成了一个所谓的外部化的过程，此时我们可以例外地承认它的可诉性。在指导案例 22 号"魏永高、陈守志诉来安县人民政府收回土地使用权批复案"中，来安县国土资源行政主管部门在来安县政府作出批准收回国有土地使用权方案批复后，并未按照法律规定向原土地使用权人（本案原告）送达对外发生法律效力的收回国有土地使用权通知，而是直接交来安县土地储备中心根据该批复实施拆迁补偿安置行为。最高人民法院指出地方人民政府对其所属行政管理部门的请示作出的批复，一般属于内部行政行为，不可对此提起诉讼。但行政管理部门直接将该批复付诸实施并对行政相对人的权利义务产生了实际影响，行政相对人对该批复不服提起诉讼的，人民法院应当依法受理。

十、过程性行为

行政机关在尚未作成完全和终局的决定之前，为了推动行政程序之进行须为准备、论证、研究、层报、咨询等行为，一般称其为过程性行为。过程性行为不可诉，原因在于它并不是一个最终决定，还不成熟，并不会对当事人的权利义务产生实际影响。行政诉讼存在起诉时机的问题，可诉的行政行为需要具备成熟性、终结性，即行政程序必须发展到适宜由法院介入处理的阶段，才能允许司法审查。在行政机关的准备程序之后，如果存在后续的终局的行政决定，则后续行为才是真正发生法律效果的行政行为。过程性行为的效力通常为最终的行政行为所吸收和覆盖，当事人可以通过对最终行政行为的起诉获得救济。

过程性行为本质上是一种程序性行为，指"在行政程序开始或进行过程中针对程序而非就最终实体问题所为之决定或行为，其具有促进程序之进行而最终以达成

---

〔1〕（2017）最高法行申 295 号。

实体决定之目的"〔1〕在"陈银花诉黄冈市人民政府等公告行为案"〔2〕中，最高法院指出"类似本案被诉《公告》这样的通知，只是行政机关的一种程序行为，其目的只是在于开始一个行政程序。对于这种程序行为，并不能单独诉请撤销，而只能以程序违法为由诉请撤销此后作出的实体决定。这是为了防止单独诉请撤销程序行为而拖延行政程序的进行，同时也符合法律保护利益的观点，即程序违法只有在影响实体决定的情况下才予以救济。此外，也是为了防止出现针对程序行为和针对实体决定同时进行诉讼的危险。"

值得注意的是，如果过程性行为具有独立的价值且对当事人权利义务产生实际影响，则应当纳入行政诉讼的受案范围。在多阶段行政程序中，若参与行为和最终的决定都有法定的独立程序，都对相对人单独地告知，则每一个行为都具有可诉性。例如行政许可中有一些前置审批程序，每一个前置审批都构成独立的行政行为。根据《城乡规划法》第36条的规定，按照国家规定需要有关部门批准或者核准的建设项目，以划拨方式提供国有土地使用权的，建设单位在报送有关部门批准或者核准前，应当向城乡规划主管部门申请核发选址意见书。本例中，城乡规划部门核发的选址意见书是批准核准建设项目的前置审批程序，是独立的行政行为，具有可诉性。

十一、协助执行行为

行政机关的协助执行行为，是指行政机关根据人民法院的协助执行通知书作出的执行行为。根据《中华人民共和国民事诉讼法》第251条的规定："在执行中，需要办理有关财产权证照转移手续的，人民法院可以向有关单位发出协助执行通知书，有关单位必须办理。"行政机关根据人民法院的协助执行通知书作出的执行行为，属于履行法律规定的协助义务，并非行政机关自身依职权主动作出的行为。一般情况下，行政机关不能对法院的生效法律文书和协助执行通知书进行实体审查，只能对法院提出审查建议。协助执行行为属于人民法院司法行为的延伸，具有一定的"司法性"，是不可以提起行政诉讼的行为。对于行政机关协助执行错误的，应当由人民法院来承担相应的赔偿责任。

在"皖东三宝有限公司诉明光市人民政府登记再审案"〔3〕中，最高法院指出："行政机关作出的协助执行行为在性质上属于人民法院司法行为的延伸和实现，当事人要求对行政机关协助执行人民法院生效裁判的行为进行合法性审查，事实上就是

---

〔1〕 董保城："行政程序中程序行为（Verfahrenshandlung）法律性质及其效果之探讨"，载《政大法学评论》1994年6月（总第51期），第74页。

〔2〕 (2018) 最高法行申538号。在该案中，黄冈市政府在《黄冈日报》上刊登《公告》，内容是："陈银花：你在位于黄冈市路口镇城铁黄冈站前广场的一处房产，在2014年已被政府列入征收范围，请你见此公告后，7日内速与黄冈市白潭湖片区征收指挥部联系办理房屋征收补偿事宜。逾期不联系者，将依法对该房屋进行处理。联系电话：……黄冈市白潭湖片区征收指挥部2017年1月11日"。原告陈银花不服《公告》提起诉讼。

〔3〕 (2018) 最高法行申904号。

要求人民法院对已被生效裁判羁束的争议进行审查，因而不能得到准许。如果当事人认为行政机关的协助执行行为侵犯其合法权益，应当针对人民法院生效裁判通过审判监督程序寻求救济"。

《行诉解释》（2018）第 1 条第 2 款第 7 项中还规定了行政机关根据人民法院的生效裁判所作的执行行为不可诉，这主要是针对非诉执行程序中，行政机关根据法院的准予执行裁定所作的执行行为。法院在对行政机关的非诉执行申请进行合法性审查后作出的准予执行裁定，实际上体现了法院的意志，行政机关基于该裁定所作的执行行为不具有可诉性。[1]

需要注意的是，如果行政机关扩大执行范围或者采取违法方式实施，则行政机关的执行行为应该纳入到行政诉讼的受案范围。这是因为行政机关的此种行为已经失去了人民法院裁判文书的依托，超出了人民法院准予执行裁定或协助执行通知书的范围和本意，在性质上不再属于实施司法协助的执行行为，应当受到司法审查并独立承担法律责任。

十二、层级监督行为

层级监督行为，是指上级行政机关基于内部层级监督关系对下级行政机关作出的听取报告、执法检查、督促履责等行为。上级行政机关对下级行政机关负有监督职责，这在很多法律法规中属于比较常见的表述。例如《国有土地上房屋征收与补偿条例》第 6 条规定，上级人民政府应当加强对下级人民政府房屋征收与补偿工作的监督。但是该种监督职责是基于上下级行政机关之间的层级监督关系，属于行政机关的内部监督管理范畴。上级行政机关对下级行政机关监督职责的履行与否，一般并不直接设定当事人新的权利义务关系。当事人可以通过直接起诉下级机关作出的行政行为来维护自己的合法权益，对层级监督行为提起诉讼不具有权利保护的必要性和实效性，也不利于纠纷的及时解决，容易形成讼累。

在"李清林诉安阳市人民政府监督职责案"[2] 中，原告李清林请求法院确认被告安阳市政府不履行监督、监管、纠正安阳市食药局违法行为的法定职责的行政不作为违法。最高人民法院指出"从司法权与行政权的关系出发，人民法院也不宜过多地介入行政机关的内部关系当中。此外，从诉的利益考虑，当事人如果认为下级行政机关的行政行为侵犯其合法权益，可以通过直接针对下级行政机关提起行政诉讼的方式寻求救济，在有更为便捷直接的救济方式的情况下，较为'迂回'和'间接'的方式就不能被容许。"

---

〔1〕　需要注意，虽然行政强制执行行为是《行政诉讼法》明确列举的可诉的行为种类之一，但原则上没有产生新的权利义务影响的单纯执行行为不可诉。详见下文第三节"受理的案件"类型中"行政强制案件"的相关分析。

〔2〕　（2017）最高法行申 7109 号。

十三、信访办理行为

根据 2005 年《信访条例》的定义，信访是指公民、法人或者其他组织采用书信、电子邮件、传真、电话、走访等形式，向各级人民政府、县级以上人民政府工作部门反映情况，提出建议、意见或者投诉请求，依法由有关行政机关处理的活动。最高法院在 2005 年的一则批复中表示：①信访机构……依据《信访条例》作出的登记、受理、交办、转送、承办、协调处理、监督检查、指导信访事项等行为，对信访人不具有强制力，对信访人的实体权利义务不产生实质影响。信访人对信访工作机构依据《信访条例》处理信访事项的行为或者不履行《信访条例》规定的职责不服提起行政诉讼的，人民法院不予受理。②对信访事项有权处理的行政机关根据《信访条例》作出的处理意见、复查意见、复核意见和不再受理决定，信访人不服提起行政诉讼的，人民法院不予受理。[1] 该则批复构成了长期以来司法实践将信访答复行为排除行政诉讼受案范围的主要依据。《行诉解释》（2018）延续了批复的主要内容，第 1 条第 2 款第 9 项规定"行政机关针对信访事项作出的登记、受理、交办、转送、复查、复核意见等行为"不属于行政诉讼的受案范围。

在"杨中国诉枣阳市人民政府受理行政复议决定并请求行政赔偿案"[2] 中，最高法院指出"对于能够通过诉讼、仲裁、行政复议等法定途径解决的事项，信访途径是排斥的；基于同样理由，对于信访工作机构处理信访事项的行为、不履行《信访条例》规定的职责的行为，或者行政机关依据《信访条例》作出的处理意见、复查意见、复核意见和不再受理决定，行政复议和诉讼途径亦是排斥的。《信访条例》对不服信访答复意见提供了复查、复核等充足的救济途径，信访人穷尽救济途径或者自愿放弃救济，信访事项即告终结"。

需要注意的是，在适用该条款判断可诉性时，要准确理解信访办理行为的概念。实践中，当相对人向行政机关提出履行法定职责申请时，有的行政机关会以信访事项告知书、信访答复意见书等名义回应其申请。法院不宜将上述告知书、意见书一概认定为信访办理行为而拒绝受理，应当对其内容进行审查。如果行政机关的信访答复中具有可能影响公民权益、对公民权利义务产生不利影响的内容的，应当属于可诉的行政行为。

十四、不产生实际影响的行为

对公民、法人或其他组织权利义务不产生实际影响的行为，包括但不限于①尚未成立的行政行为，例如行政机关仍在调查取证阶段，尚未对外作出终局的行政处罚决定；②尚在行政机关内部运作的行为，例如在多阶段行为中，需要经过上级机

---

[1] 最高人民法院关于不服县级以上人民政府信访行政管理部门、负责受理信访事项的行政管理机关以及镇（乡）人民政府作出的处理意见或者不再受理决定而提起的行政诉讼人民法院是否受理的批复（［2005］行立他字第 4 号）。

[2] （2017）最高法行申 364 号。

关批准而尚未获得批准的下级机关的初步意见；③行政行为实施前有关程序事项的告知、通知等预备性行为，例如对相对人许可证申请的受理、行政处罚前的传唤和听证通知、行政机关申请法院强制执行前对当事人的催告等；④行政机关依据法律规定或委托其他机关或组织进行的检查、检验、化验、分析等鉴定行为，例如伤情鉴定、评审结论、技能鉴定等。不产生实际影响的行为不可诉，因为该行为并未发生法律上的效果，未对相对人的权利义务关系产生调整作用，不具备行政行为的效果要素，因此不属于行政诉讼的受案范围。

　　实际上，上文列举的若干不可诉行为与不产生实际影响的行为存在一定的重合。例如行政指导、重复处理的行为等，都不具备行政行为应当具有的处分性，不对相对人的权利义务产生实际影响。当然，不同列举事项的角度和侧重点可能不一样，例如行政指导是从尊重当事人意愿的角度进行定义，重复处理行为是从"一事不再理"等角度进行定义，而不产生实际影响是从权利义务关系的角度进行定义。[1]《行诉解释》（2018）中列举的不可诉事项，与其说是逻辑上的并列关系，不如说是针对司法实践中比较常见的、争议比较大的事项进行的专项列举。在司法实践中，法院认定被诉行政行为不可诉时往往综合采取多种理由，其中常见的一种就是对当事人的权利义务不产生实际影响。例如上文提到的"李清林诉安阳市政府不履行监督职责案"，法院在判决中便综合使用了层级监督行为不可诉、不产生外部效力的行为不可诉、不产生实际影响的行为不可诉三个标准。在"广州某某贸易有限公司诉中华人民共和国国家工商行政管理总局商标局作出的行政通知纠纷案"[2]中，法院同样使用了无外部效力和无实际影响两项理由认定被诉行为不具有可诉性。从这个角度而言，"不产生实际影响"可以被视为是一种隐含的不可诉行为的概括标准。基于此，可以把调解仲裁行为、行政指导行为、重复处理行为、不发生外部效力的行为、过程性行为、层级监督行为、信访办理行为等均归入"未对当事人产生实际影响"这一事项中来。[3]

【案例2】

　　薛某系大方县响水乡响水中学教师，在2015年度职称申报中，申报贵州省中学高级教师任职资格，经初审后由毕节市2015年度中学教师系列高级评审委员会对申报材料进行评审，评审未通过。2015年12月22日，毕节市人力资源和社会保障局在其网站上公示中学高级职称评审结果，薛某对评审结果不服，向毕节市教育局、

〔1〕　参见最高人民法院行政审判庭编：《最高人民法院行政诉讼法司法解释理解与适用》，人民法院出版社2018年版，第53页。

〔2〕　（2011）一中行初字第2430号。

〔3〕　参见杨伟东："新司法解释受案范围规定的思路、逻辑及未来发展"，载《行政法学研究》2018年第5期。

毕节市人力资源和社会保障局申请复核。2016 年 1 月 16 日，毕节市人力资源和社会保障局、毕节市教育局、毕节市第二纪工委及专家组成立了职称评审复核组进行了复核，薛某仍未通过评审。2016 年 1 月 18 日，毕节市职称改革工作领导小组办公室将复核结果书面告知薛某。薛某不服，向毕节市人民政府申请行政复议。毕节市人民政府认为，职称评审是一种专业性、学术性的行为，不属于具体行政行为，2015年毕节市中学教师系列高级职称评审是由贵州省人力资源和社会保障厅组成评审委员会，最终由贵州省人力资源和社会保障厅决定，毕节市人力资源和社会保障局仅是履行公示义务，对被答辩人不产生实质影响，因此，申请人申请复议的内容不属于行政复议的受案范围，于 2016 年 3 月 21 日作出毕府行复不字［2016］10 号《行政复议申请不予受理决定书》。薛某不服，提起行政诉讼，请求法院判定不予受理决定无效，判令毕节市人民政府依法履行复议义务。

问题：

1. 教师职称评审行为是什么性质，是否具有可诉性？

2. 行政复议的受案范围和行政诉讼的受案范围有何区别？

【案例 3】

2017 年 2 月 28 日，国家测绘地理信息局向各省、自治区、直辖市测绘地理信息行政主管部门，局所属各单位，机关各司室作出《关于对两家公司测绘违法行为的处理通报》（简称《通报》），主要内容是甲公司将承包的测绘项目转包和乙公司无测绘资质从事测绘活动，违反了《中华人民共和国测绘法》的相关规定。但根据《中华人民共和国行政处罚法》（以下简称《行政处罚法》）关于追诉时效的规定，上述违法行为至今已经超过两年，依法不再给予行政处罚。为了严肃法纪，决定给予甲乙两公司以下处理：①约谈两家公司的主要负责人，对其予以严肃批评教育；②将甲公司转包测绘项目纳入该单位严重失信信息，记入测绘地理信息行业信用管理平台向社会发布。自该信息生效之日起两年内，其不得申请新增测绘专业范围；③将两家公司测绘违法情况通报国家工商行政管理总局，记入国家企业信用信息公示系统；④取消甲公司 2017－2018 年国家基础航空摄影项目投标资格；⑤将乙公司涉嫌非法获取、持有国家秘密载体情况通报国家保密局，依照保密管理法律法规予以处理；⑥将甲公司列为 2017 年度重点监管对象，对其测绘资质、质量、成果保密等情况进行全面检查。国家测绘地理信息局作出该通报后，在其门户网站的政务公开栏目下予以公开。甲乙公司不服，欲提起诉讼。

问题：

1. 本案中《通报》的性质是什么？是否具有可诉性？

2. 甲乙公司对《通报》中"认定两公司实施了违法行为，但因超过追诉时效而不给予处罚"的内容不服，能否单独提起行政诉讼？

3. 约谈的性质是什么？若甲公司对约谈措施不服，能否单独提起行政诉讼？

第三节 受理的案件

受理的案件是明确肯定的属于人民法院受案范围的案件。为了明确行政诉讼的受案范围，行政诉讼法具体列举了人民法院可以受理的案件。需要明确的是，受理的案件在确定行政诉讼范围时只起参考作用。行政机关的活动是形式多样的，某一具体的行为是否在行政诉讼范围之内，由于标准过于原则、抽象，判断起来殊为不易，此时可以参考法条明确列举的"受理的案件"。因为列举受理的案件都符合确定行政诉讼范围的标准，某一具体的行为属于列举的某一类案件，自然也就在行政诉讼范围之内。因此，明确列举受理的案件的涵义，有助于更好地把握行政诉讼的范围。

一、行政处罚案件

行政处罚行为是行政机关对相对人违法行为的一种惩戒制裁，是典型的行政行为。由于行政处罚直接关系到被处罚者的人身权与财产权，为保护公民、法人或其他组织的合法权益，《行政诉讼法》明确规定行政处罚案件属于行政诉讼的受案范围。《行政处罚法》第8条规定："行政处罚的种类：①警告；②罚款；③没收违法所得、没收非法财物；④责令停产停业；⑤暂扣或者吊销许可证、暂扣或者吊销执照；⑥行政拘留；⑦法律、行政法规规定的其他行政处罚。"在学理上，这些行政处罚可以分为：申诫罚、财产罚、行为罚和人身自由罚。一般而言，公民、法人或其他组织对上述行政处罚行为不服而提起的行政诉讼均属于人民法院的受案范围。换言之，《行政诉讼法》第12条所规定的"对行政拘留、暂扣或者吊销许可证和执照、责令停产停业、没收违法所得、没收非法财物、罚款、警告等行政处罚不服的"中的"等"应该理解为"等外等"。

二、行政强制案件

行政强制是对行政机关具有强制性行为或措施的总称，它包括行政强制执行和行政强制措施。行政强制措施是指行政机关在行政管理过程中，为制止违法行为、防止证据损毁、避免危害发生、控制危险扩大等情形，依法对公民的人身自由实施暂时性限制，或者对公民、法人或者其他组织的财物实施暂时性控制的行为。行政强制执行是指行政机关或者行政机关申请人民法院，对不履行行政决定的公民、法人或者其他组织，依法强制履行义务的行为。《行政强制法》对行政强制措施的种类、行政强制执行的方式以及实施程序作出了规定，其他法律、法规对行政强制措施、行政强制执行也有实体规定，认为行政机关违反有关《行政强制法》的程序和其他法律法规的实体规定，可以向法院提起行政诉讼。

行政强制措施按内容可分为限制人身自由的强制措施和限制或剥夺财产的强制措施两类。前者主要有强制传唤、强制拘留、强制遣送出境、强制遣回原地、强制隔离治疗等；后者主要有查封场所设施或财物、扣押财物、冻结存款汇款等。上述行为有的是为查明事实而采取，有的是为避免危害发生而采取，有的是为有效控制或制止违法、危险状态而采取。公民、法人或其他组织因不服这些行为而提起的行政诉讼，属于人民法院的受案范围。行政强制执行可以分为直接强制和间接强制，前者包括划拨存款、汇款、拍卖或者依法处理查封、扣押的场所、设施或财物、排除妨碍、恢复原状等，后者包括代履行、加处罚款、加处滞纳金等。需要注意的是，行政强制执行本质上是执行先前的基础性行为，对相对人权利义务产生实质影响的是先前的基础性行为而非执行行为，所以原则上对于没有产生新的权利义务影响的单纯执行行为不能起诉。如果行政强制执行行为违反了程序和实体的相关规定，对相对人造成了额外的不利影响，则可以单独起诉。

三、行政许可案件

行政许可是指行政机关根据公民、法人或者其他组织的申请，经依法审查，准予其从事特定活动的行为。行政许可属于一种法律禁止的解除行为，直接关系到公民、法人和其他组织的合法权益。《行政许可法》对行政许可的实施程序作出规定，其他法律、法规对行政许可也有实体规定。公民、法人或其他组织认为行政许可行为侵犯其合法权益的，可以向法院提起行政诉讼。

2014 年《行政诉讼法》第 12 条第 1 款第 3 项对可诉行政许可行为的范围作出了规定："申请行政许可，行政机关拒绝或者在法定期限内不予答复，或者对行政机关作出的有关行政许可的其他决定不服的"，人民法院应予以受理。根据《最高人民法院关于审理行政许可案件若干问题的规定》，以下几种情形的行政许可均属可诉的行政许可行为：①公民、法人或者其他组织认为行政机关作出的行政许可决定以及相应的不作为；②行政机关就行政许可的变更、延续、撤回、注销、撤销等事项作出的有关具体行政行为及其相应的不作为；③行政机关未公开行政许可决定、未提供行政许可监督检查记录的行为；④行政许可过程中导致许可程序事实上终止的通知行为。

四、自然资源确权案件

根据《土地管理法》《矿产资源法》《水法》《草原法》《渔业法》《海域使用管理法》等法律的规定，县级以上各级政府对土地矿藏、水流、森林、山岭、草原、荒地、滩涂、海域等自然资源的所有权或者使用权予以确认和核发相关证书。这应当是行政法上的行政确认行为。行政确认包括颁发确认所有权或者使用权证书，也包括所有权或者使用权发生争议，由行政机关作出的裁决。对行政确认自然资源的所有权或者使用权的决定不服的，有权向人民法院提起行政诉讼。

值得注意的是，根据《行政复议法》第 30 条第 1 款的规定，公民、法人或者其他组织认为行政机关的具体行政行为侵犯其已经依法取得的土地、矿藏、水流、森林、山岭、草原、荒地、滩涂、海域等自然资源的所有权或者使用权的，应当先申请行政复议；对行政复议决定不服的，可以向人民法院提起行政诉讼。即自然资源确权类案件属复议前置的类型。需注意，该种复议前置仅适用于当事人对自然资源权属发生争议后，行政机关对争议的自然资源的所有权或者使用权所作的确权决定，不包括有关自然资源权属的初始登记行为以及涉及自然资源权属的行政处罚、行政强制措施等行为。[1]《行政复议法》第 30 条第 2 款还规定，根据国务院或者省、自治区、直辖市人民政府对行政区划的勘定、调整或者征用土地的决定，省、自治区、直辖市人民政府确认土地、矿藏、水流、森林、山岭、草原、荒地、滩涂、海域等自然资源的所有权或者使用权的行政复议决定为最终裁决，不得向人民法院起诉。上节已提到过，此类决定为复议终局型行为，不在行政诉讼的受案范围之内。具体而言，该种最终裁决包括两类，一是国务院或者省级人民政府对行政区划的勘定、调整或者征用土地的决定；二是省级人民政府据此确认自然资源的所有权或者使用权的行政复议决定。[2]

五、行政征收、征用案件

《宪法》第 13 条第 3 款规定："国家为了公共利益的需要，可以依照法律规定对公民的私有财产实行征收或者征用并给予补偿。"行政征收是行政机关为了公共利益的需要，依法将公民、法人或者其他组织的财物收归国有的行政行为。例如根据《土地管理法》第 45 条和《国有土地上房屋征收与补偿条例》第 8 条的规定，为了公共事业、基础设施建设需要，政府可以征收农村集体土地和国有土地上居民房屋。行政征用是行政机关为了公共利益的需要，依法强制使用公民、法人或者其他组织财物或者劳务的行政行为。例如根据《传染病防治法》第 45 条的规定，为了控制传染病疫情，有权政府可以临时征用房屋、交通工具以及相关设施、设备。征收和征用的核心区别在于是否发生所有权的改变。二者有一些共同的要素，包括必须出于公共利益的目的、必须遵循法定程序、必须履行补偿要求等。公民、法人或者其他组织如果认为征收、征用决定及其补偿决定侵犯其合法权益的，都可以提起行政诉讼。

六、人身权、财产权等合法权益保护案件

保护公民、法人或其他组织的人身权、财产权等合法权益是许多行政机关的法定职责，比如我国《人民警察法》第 2 条规定，人民警察的任务之一就是保护公民的人身安全、人身自由与合法财产。这种法定职责是行政机关在享有法律赋予的行政职权的同时所负有的义务，同时为公民、法人或者其他组织提供这种保护也是许多行政机关的存在目的。尤其是在现代社会，公力救济对自力救济的取代使得公民、法人或其他组织人身权、财产权的保护很大程度上依赖于行政机关对该义务的履行。

---

[1] 参见《最高人民法院关于适用〈行政复议法〉第三十条第一款有关问题的批复》（法释〔2003〕5 号）和《最高人民法院行政审判庭关于行政机关颁发自然资源所有权或者使用权证的行为是否属于确认行政行为问题的答复》（〔2005〕行他字第 4 号）。

[2] 《最高人民法院关于适用〈中华人民共和国行政复议法〉第三十条第二款有关问题的答复》（〔2005〕行他字第 23 号）。

如果行政机关在公民、法人或其他组织申请履行该项义务时拒绝履行、不予答复、拖延履行、不适当履行等，一方面构成违法失职，另一方面则使公民、法人或其他组织的人身权、财产权受到的威胁无法排除，有时甚至造成无法弥补的损失。比如，甲公民接到匿名信，信中称如果甲公民还像现在这样张扬，将会受到殴打。甲为保护自己以及家人的安全遂要求当地公安机关处理此事。如果公安机关拒绝履行，甲所受到的人身威胁将无法解除，一旦甲真正遭到殴打，这种损害就是无法弥补的。因此，甲公民不论对公安机关的拒绝履行行为，还是迟迟不作答复的消极不作为提起的行政诉讼，均属于人民法院的受案范围。

理解此类案件需要注意：①行政主体须对保护公民、法人或其他组织的合法权益负有特定的作为义务，一般不允许公民泛泛地就行政机关未履行法律为其设定的一般义务提起诉讼，例如相对人不能仅因某街区的商店被抢就起诉警察不作为，只有在其向行政机关报案或行政主体主动发现商店被抢，但因没有采取措施导致相对人人身财产受损的情况下，才可以向法院起诉；②一般而言，公民、法人或其他组织须先向行政机关提出申请，以使行政机关知晓相应的情况。但是如果行政机关已知晓公民、法人或其他组织人身权、财产权受威胁的情况，其法定职责的履行就不以申请的存在为必要。比如，当某公民遭到一歹徒抢劫时被进行治安巡逻的民警看见，此时即使该公民未申请民警保护，民警也必须主动履行保护职责。如果民警躲避离去，该公民事后有权对民警所在的行政机关提起行政诉讼。

七、侵犯经营自主权、农村土地承包权、农村土地经营权案件

经营自主权是企业、个体经营者等依法享有的自主调配和使用其人力、财产和物力，自主组织生产经营活动的权利。在市场经济体制下，享有经营自主权是各市场参与主体，主要包括个体经营户、农村承包经营户、各类企业和经济组织，以及实行企业管理的事业单位，保持自身的独立性、参与市场竞争、获取经济利益的必要条件。该权利的外延依市场参与主体类型的不同而宽窄不一。根据《全民所有制工业企业转换经营机制条例》的规定，全民所有制企业享有的经营自主权主要有：生产经营决策权、产品劳务定价权、产品销售权、物资采购权、进出口权、投资决策权、留用资金支配权、资产处置权、联营兼并权、劳动用工权、内部人事管理权、工资奖金分配权、内部机构设置权、拒绝摊派权等14项。而个体工商户、各私营企业因拥有对自己或企业财产的所有权，因此在经营活动中几乎享有对财产的完全的占有、使用、收益和处分的权利，对经营事项几乎享有完全的决定权。尽管经营自主权可以使市场主体充分发挥主观能动性，从而维系市场经济的良性运作，但实践中经常发生行政机关侵犯市场主体经营自主权的现象。如强行上缴税收利润；强制变更企业名称、改变企业性质；强行联营、分立或者兼并、改变企业隶属关系等。对此，市场主体可以向法院提起行政诉讼。

农村土地承包经营权是农村集体经济组织的成员或者其他承包经营人依法对其承包的土地享有的自主经营、流转、收益的权利。农村土地承包经营一般是采取承

包合同的方式约定双方的权利义务，农村集体经济组织是发包方，农户是承包方，二者之间发生的纠纷属于民事争议，可以通过仲裁或民事诉讼解决。但如果乡镇政府或其他行政机关干涉农村土地承包，变更、解除承包合同，或者强迫、阻碍承包方进行土地承包经营权流转的，可以提起行政诉讼。

农村土地经营权是从土地承包经营权中分离出的一项权能，是承包农户将其承包土地流转出去，由其他组织或者个人经营，其他组织或者个人取得土地经营权。随着农村土地承包经营权流转改革的推进，行政机关侵犯农村土地经营权的行为也应当纳入行政诉讼受案范围，故行政诉讼法修订时增加了此项内容。

八、滥用行政权力排除或者限制竞争的案件

1989 年《行政诉讼法》受案范围中关于企业经营自主权、其他财产权的规定很难囊括公平竞争权，导致对于实践中行政垄断行为的司法审查缺乏规范上的明确依据。2014 年修订的《行政诉讼法》明确将行政机关滥用行政权力排除或者限制竞争的案件纳入了受案范围。行政机关滥用行政权力排除或限制竞争的行为一般包括以下情形：①指定交易，例如有的民政部门在办理结婚登记时限定办证申请人到指定照相馆照相；②限制商品流通，例如对外地商品设定歧视性收费项目；③排除或者限制招标投标；④排斥或者限制投资或设立分支机构，例如限制外地企业对本地企业的收购；⑤强制经营者从事垄断行为，例如强令经营者达成固定价格、划分市场、限制数量等垄断协议；⑥制定相关排除、限制竞争的规定。

九、违法要求履行义务案件

依法行政原则要求行政机关作出行政行为之时必须有法律依据，遵循一定的程序，尤其是当具体行政行为要科以公民、法人或其他组织义务时更是如此。也就是说行政机关要求公民、法人或其他组织所履行的义务必须是由能够设定该项义务的法律、法规、规章所设定，且要遵循一定的程序，否则即是对公民、法人或其他组织人身权或财产权的侵犯。

行政机关所违法要求履行的义务可以是财产上的义务，即要求相对人交付一定的金钱或实物；也可以是行为上的义务，如强制不满 18 周岁的公民甲服兵役。大体而言，违法要求履行义务的表现形式主要有：①行政机关以无权设定某项义务的规范性文件为依据要求相对人履行该义务或者没有任何法律依据随意要求相对人履行义务，如乱收费、乱摊派等；②公民、法人或其他组织已经依法履行了应有的义务，但行政机关仍重复要求履行该义务；③行政机关在要求履行义务时违反法定程序，如收费不出具法定的收据等；④行政机关要求相对人所履行的义务超出了相应的规范性文件规定的种类、幅度和方式等。这些行为不仅有违依法行政原则，更使相对人的生活缺乏可预测性，由此引发的争议属于行政诉讼的受案范围。

十、社会保障案件

社会保障案件包括由抚恤金、最低生活保障待遇或者社会保险待遇引发的案件。抚恤金是行政机关依法发放给某些伤残人员或死亡人员遗属的专项费用，目的

是对他们进行抚慰和保障他们的生活。抚恤金的发放对象分为以下两种：①伤残抚恤金，发放对象是革命残废军人、因公致残的职工以及其他人员；②遗属抚恤金，发放对象是革命烈士、牺牲人员或者其他死亡人员的遗属。最低生活保障是国家对共同生活的家庭成员人均收入低于当地最低生活保障标准的家庭给予社会救助，以满足低收入家庭维持基本的生活需要。最低生活保障待遇主要是按照家庭成员人均收入低于当地最低生活保障标准的差额，按月发给的最低生活保障金。社会保险是公民在年老、疾病、工伤、失业、生育等情况下，由国家和社会提供的物质帮助。根据《社会保险法》的规定，我国的社会保险包括基本养老保险、基本医疗保险、工伤保险、失业保险和生育保险。

在现代社会，享受社会保障是每个公民的权利。正因如此，1989 年《行政诉讼法》规定"认为行政机关没有依法发给抚恤金"属于行政诉讼受案范围。随着国家在社会保障事业方面的发展，公民还享有最低生活保障待遇、工伤保险待遇等其他各项社会保障权利，因此，2014 年《行政诉讼法》修订时扩大了该项列举的覆盖范围。公民的社会保障权利对应着行政机关的职责义务。有关公民认为行政机关没有依法支付抚恤金、最低生活保障待遇或者社会保险待遇的，可以通过行政诉讼获得司法救济。

十一、行政协议案件

行政协议制度是现代行政管理的重要方式，与行政命令不同，行政协议蕴含着平等、自由、协商和合意的价值，能够为相对人提供以平等主体的身份参与行政机关最终决定之机会，补充和替代行政机关的单方高权行为，实质性解决行政争议和减少行政争讼。修改后的《行政诉讼法》明确将行政协议案件纳入了行政诉讼的受案范围。但是由于民法学者对行政合同是否存在持有异议，行政法学界和民法学界对行政合同与民事合同界限如何划分分歧较大，2014 年《行政诉讼法》没有明确使用"行政合同"概念而是采纳了"行政协议"这一称谓。

在行政协议法律关系之中，行政机关与公民、法人或其他组织的权利义务并不是完全对等的，行政机关所拥有的诸如选择协议相对方的权利，对协议履行的监督权，单方面变更、解除协议的权利，对不履行协议义务相对方的制裁权等，均是相对人所不具有的。实际上，行政机关的这些权利是行政权力，其运用具有单方性和强制性。因此，2014 年《行政诉讼法》明确规定，认为行政机关不依法履行、未按照约定履行或者违法变更、解除政府特许经营协议、土地房屋征收补偿协议和其他行政协议的，属于行政诉讼的受案范围。

《适用解释》（2015）曾对行政协议问题进行过概要规定（第 11 - 16 条），该解释于 2018 年被《行诉解释》（2018）取代，2019 年公布的《最高人民法院关于审理行政协议案件若干问题的规定》［以下简称《行政协议司法解释》（2019）］对行政协议的审理问题进行了更为全面的规定。根据《行政协议司法解释》第 1 条的界定，行政协议是指行政机关为了实现行政管理或者公共服务目标，与公民、法人或者其他组织协商订立的具有行政法上权利义务内容的协议。行政协议包含了如下四个要素：①主体要素，即行政协议一方当事人须为行政机关；②目的要素，即为了实现行政管理或者公共服务目标而签订的协议；③内容要素，即协议内容须具有行政法上的权利义务；④意思要素，即协议双方当事人须协商一致。就类型而言，行政协议包括政府特许经营协议，土地房屋等征收、征用补偿协议，矿业权等国有自然资源使用权出让协议，政府投资的保障性住房的租赁、买卖等协议，符合行政协议核心要素的政府与社会资本合作协议等类型。《行政协议司法解释》第3条还规定行政机关之间因公务协助等事由而订立的协议以及行政机关与其工作人员订立的劳动人事协议不属于行政协议，因此不属于行政诉讼的受案范围。

十二、侵犯其他人身权、财产权等合法权益的案件

此类案件实际上提供了概括性的标准，前面列举的案件不同程度地涉及公民的人身权和财产权等合法权益，但并不足以概括全部的人身权、财产权等合法权益案件，据此，此类案件实际上给我们提供了这样一个标准：只要涉及公民或组织的人身权、财产权等合法权益的案件，都可以提起行政诉讼。

【案例4】

2017年3月19日21时左右，徐某的配偶张某驾驶苏FYD026小型面包车由北向南行驶至苏225线42KM+875M处南通市通州区石港镇通港大桥路段时，车前部左侧与由北向南依次排队停在左侧车道等候绿灯放行刘某驾驶的鲁JD5026重型半挂牵引车牵引的鲁JL899重型普通半挂车后部右侧发生碰撞，造成张某当日死亡。南通市通州区公安局交通警察大队出具了《道路交通事故认定书》（通公交认字[2017]第040号），认定张某夜间驾驶机动车对路面情况观察不够，未能降低行驶速度，未能按照操作规范确保安全通行，应承担本次事故的全部责任。另查明，2010年5月31日，南通市通州区交通运输局（招标单位）向江苏省交通科学研究院股份有限公司发出《中标通知书》，确定由江苏省交通科学研究院股份有限公司对南通市通州区225省道改线工程勘察设计。2014年3月12日，南通市通州区交通运输局组织南通市公路管理处、南通市通州区公安局交巡警大队等有关单位和部门、特邀专家召开"225省道改线工程施工图设计安全设施专项审查会"，会议认为江苏省交通科学研究院股份有限公司编制的《225省道改线工程施工图设计安全设施专项设计》基本满足相关标准和规范要求，同意通过审查。2015年12月24日，南通市通州区交通运输局组织225省道改线工程交工验收会议，会议同意工程通过交工验收。2015年12月底，南通市通州区225省道通车。

徐某认为南通市通州区交通运输局在事发路段设置红绿灯，与其配偶张某死亡事故之间存在因果关系，欲提起行政诉讼，请求确认南通市通州区交通运输局在苏S225线42KM+875M处南通市通州区石港镇通港大桥南侧桥口处设置红绿灯的行为违法并赔偿其损失。

问题：

1. 南通市通州区交通运输局设置交通信号灯的行为是什么性质的行为？本案是否属于行政诉讼的受案范围？

2. 南通市通州区交通运输局出具的《道路交通事故认定书》是什么性质？能否单独对该认定提起行政诉讼？

【案例5】

2015年2月10日，爱蕊公司厂区内发生火灾，造成周边房屋和企业财产受损。2015年4月13日，兰溪市公安消防大队作出火灾事故认定书，认定起火原因为爱蕊公司操作工陈文兵在化料过程中，化料锅中油料沸溢流淌至煤炉上引起火灾。2015年2月11日，兰溪市政府成立由公安局、消防大队、监察局、安监局等有关单位组成的"2.10"火灾事故调查组。同年4月20日，事故调查组作出火灾事故调查报告，认定该火灾事故为一起责任事故，爱蕊公司应对事故负主要责任，法定代表人曹国庆负有重要领导责任，事故当事人陈文兵负事故直接责任，建议由公安、司法机关进一步处理。同年4月22日，兰溪市政府批复同意火灾事故调查报告。2016年6月13日，兰溪市人民法院作出了（2015）金兰刑初字第480号刑事判决，认定曹国庆犯重大事故责任罪，判处有期徒刑3年。曹国庆不服，提出上诉。2016年9月22日，金华市中级人民法院作出（2016）浙07刑终821号刑事裁定，驳回上诉，维持原判。2018年2月10日，曹国庆刑满释放。2018年7月24日，爱蕊公司提起行政诉讼，请求撤销兰溪市政府对"2·10"火灾事故调查报告的批复。

就本案的争议焦点，即火灾事故调查报告的批复是否具有可诉性，存在三种不同观点。第一种观点认为，涉案调查报告具有建议性，只是建议司法、行政机关对相关单位和人员作出处理，并未直接设定当事人的权利义务，故其批复不可诉；第二种观点认为，涉案调查报告具有证据性，既然在刑事诉讼中作为证据使用，意味着不一定会被采纳，对当事人权利义务的影响是不确定的，故其批复不可诉；第三种观点认为，涉案调查报告经批复后对当事人的权利义务产生实际影响，批复是一种独立的行政行为，故可诉。

问题：火灾事故调查报告以及兰溪市政府对该报告的批复分别是什么性质？本案能否纳入行政诉讼的受案范围？

第二章

第 三 章
行政审判体制与行政诉讼管辖

[内容提要]

　　"行政案件的审理由何种组织承担"这一简单的问题，涉及行政审判权运用的行政审判体制。本章主要阐明我国行政审判体制。我国采取的是由普通法院承担行政审判职能，由行政审判庭具体审理行政案件的行政审判体制。进而对人民法院内部在受理第一审行政案件权限分工的管辖进行介绍。级别管辖是解决纵向上不同审级的人民法院之间权限分工的制度；地域管辖是解决横向上同级人民法院之间权限分工的制度；裁定管辖则是人民法院内部灵活调整权力的运用，以解决特殊案件或情况的管辖。近年来，根据《行政诉讼法》第18条第2款的规定，更是以渐进改革的思路，借助跨区域管辖设计，探索管辖制度的发展方向。

第一节　行政审判体制

一、行政审判体制概述

　　行政诉讼活动之开展，以行政审判组织的存在为前提条件，没有行政审判组织，行政诉讼就无法进行。但审判组织又不是一个简单的机构设置问题，它既关乎审判组织与其他国家机关的关系问题，又涉及审判组织内部各机关、机构的相互关系问题。行政审判权在各组织之间的权限划分可以称之为行政审判体制。

　　行政审判体制主要包括两方面的内容：①行政机关与司法机关之间的关系，它主要解决的是行政审判组织的外部关系；②司法机关的内部运行体制，它主要解决司法机关行政审判的权限分工问题。

　　就外部关系而言，行政审判体制首先要解决的是审判组织如何设立的问题。行政机关与司法机关的分野是现代国家的普遍特征。虽然行政案件应当由司法机关受理，否则难以称之为行政诉讼。但是，受理行政案件的审判组织设在何处，并不存在固定不变的模式。总体来看，可以有两种选择：设在行政机关系统内或普通法院系统内。

如果受理机构设在行政机关系统内，由于它较为接近于行政机关，可以熟悉行政活动，了解行政活动的需求，因而有利于正确裁判行政案件。但受理机构的独立审判会受到影响，人们不免怀疑其公正性。这正是受理机构设在普通法院系统内的国家所持的理由。如果受理机构设在普通法院系统内，虽可以不受行政机关的干扰而独立审判，但也存在弊端，即不熟悉行政活动，不了解行政活动的需求，而这正是行政案件的审理所不能忽视的问题。无论就行政案件所涉及的专业技术知识，还是行政案件所涉及的公共利益、公共政策，在行政诉讼中都应当予以适当的考虑。围绕着这些基本考虑，产生了两种不同的模式。

在法国，行政诉讼的受理机构是采用设立与普通法院平行并列的行政法院系统模式，行政法院设在行政机关系统内，但与行政机关保持相当的独立性。这种受理机构模式，使法国的行政法院法官能够了解行政活动、适应行政活动的需求。但法国模式的最大问题是如何划分行政法院与普通法院的管辖权限，以及如何区分行政案件与民事案件。围绕于此产生了相当复杂的规则。

在英美国家，行政诉讼的受理机构是采用由普通法院审理模式。英美国家只存在一套普通法院系统，由普通法院受理包括行政案件在内的所有案件。英美国家的审判体制省却了划分普通法院与行政法院、行政案件与民事案件的麻烦，但其最大的问题在于处理行政机关与普通法院之间的关系。行政机关的许多活动不同于民事活动，它有着特殊的要求，由此引起的案件也就对诉讼活动有着特殊的要求。诸如涉及专业技术知识的案件、涉及公共政策的案件等，其在处理程序上都有着特殊的要求。围绕于此，英美国家的行政审判体制也产生了大量复杂的规则。

当然，行政审判体制的确定与各国的国情有着不可分割的联系。从法律部门划分来看，法国的法律历来区分为公法与私法，公法与私法分别调整不同的社会活动，具体规则也就不同，当然也就决定了要由不同的机构分别受理不同性质的案件。英国自古相沿形成普通法传统，按照普通法的观念，法律面前人人平等，所有的人都应当受同一法律支配，所有的案件当然也就都归同一法院管辖。从法院历史沿革来看，在大革命前，法国就已经存在专门的行政法庭和有审判职能的国王参事院，加上普通法院在大革命时期被视作封建旧时代代表，选择设立一个新的机构来受理行政争议有着历史和现实基础[1]英国则基于历史上设立专门法庭，如15－17世纪设立星室法庭导致王权恣意干预司法活动的教训，不愿意设立行政法院来受理行政争议。

就我国的情况而言，由于我国的法律划分为不同的部门，这就决定了设立行政审判机构的必然性。1949年以前，我国曾在1914－1928年期间设立平政院审理行政案件，随后又用行政法院取代平政院。无论是平政院还是当时的行政法院，都属于专门的行政审判机构。选择这种模式的背后动力就在于从晚清以来，我国从日本移

---

[1]　参见周佑勇、王诚："法国行政法院及其双重职能"，载《法国研究》2001年第1期。

植了大陆法系的法律发展模式。既然划分了不同的法律部门，自然就会考虑移植相对应的审判体制。有观点便认为，行政法院"具有极为成熟的制度形态，便于后起国家加以继受"，可惜，这种行政审判体制在二十世纪上半叶中国的初次尝试并不成功。[1] 从另一面来看，我国法制还具有极为强烈的内在统一性需求，以及对行政机关实行有效监督的强烈需求，前者促使由一个统一的法院系统来审理所有类型的案件，如1949年12月，《最高人民法院试行行政组织条例》规定，最高人民法院下设民事、刑事、行政三个审判庭，行政案件的处理不能游离在外；后者则意味着我国行政诉讼不会首选采用在行政机关系统内设立行政审判机构的法国模式。

二、我国的行政审判体制

（一）行政审判机关

行政审判机关通常是指对行政案件行使审判权的机关。在我国，根据职能分工的原则设立有权力机关、行政机关、监察机关、审判机关、检察机关等。行政案件的审判权由谁承担，这是行政审判体制首先要解决的问题。综合各种因素，我国行政案件的审判权由人民法院承担。根据我国《宪法》和《人民法院组织法》规定，人民法院根据法律规定独立行使国家审判权。人民法院有地方各级人民法院、军事法院等专门法院和最高人民法院。也就是说，我国的行政审判机关并没有采用法国在行政机关系统内设立行政法院的模式，也没采用德国在普通法院系统内设立专门的行政法院模式，而是由普通法院作为行政审判机关，这种模式也不同于英美国家。

在我国，确立由人民法院行使行政审判权主要是基于以下考虑：

1. 确定人民法院为行政案件的审判机关是贯彻《宪法》的需要。根据《宪法》规定，人民法院是国家审判机关，人民政府是国家行政机关，二者有不同的职能，人民法院审理行政案件，符合国家机关职权分工的原则，有利于国家审判权的统一行使。

2. 确定人民法院为行政案件的审判机关是公平裁决行政案件之必需。行政案件的一方为行政机关，如果行政纠纷在行政机关内部解决，难以避免不公平的裁决。因此，行政案件的特殊性，要求由无利害关系的第三者来裁决。由人民法院审理行政案件，独立行使审判权，能够排除干扰，保障对行政案件进行公正、合理的审判，切实保护相对人的合法权益。

当然，上述理由都是当初立法者的考虑。经验表明，无论行政审判权由谁承担，独立审判都是关键。行政审判体制的核心是行政审判权，但行政审判权的精髓是独立行使。就此而言，无论是英美法系的普通法院审理行政案件，还是法国在行政机关系统内设立行政法院，由于都能独立行使审判权，因而也都能公正解决行政纠纷。我国由于权力结构仍存在一些弊端，尽管是由与行政机关互不隶属的人民法院对行政案件行使审判权，但若隐若现的行政干预，导致行政诉讼不能充分发挥完整作用。

---

〔1〕　参见张生："中国近代行政法院之沿革"，载《行政法学研究》2002年第4期。

有鉴于此，我国行政法理论界和实务界都曾认真研究过设立行政法院的可行性，有观点认为其不存在宪法和法院组织法上的障碍，也不存在太大的成本，更不会对现行体制造成冲击[1] 还有观点从保证人民法院能够独立行使行政审判权角度，主张行政法院在破除人财物制约、破除受案瓶颈、破除不当干预、破除司法地方化、破除有限监督藩篱等方面具有积极意义[2] 可见，如何保证人民法院独立行使行政审判权，乃是一个核心问题，同时也是一个有待进一步解决的问题。

（二）行政审判机构

行政审判机构是指行政审判机关中具体承担行政审判职能的组织。行政审判机关的确定，实质上是国家机关在行政案件审判权力上的分工，从而为人民法院审理行政案件提供了权力保障。确定行政案件的审判机构，实际上是人民法院内部机构审理行政案件的职能分工，即由哪一个机构具体承担审理行政案件的职能。

人民法院根据案件的性质，设立了民事、刑事等审判庭，各司其职。行政案件的审判职能究竟由哪一个机构承担有两种途径：①法院内部设立行政审判庭，专门负责行政案件的审判；②确定法院内部现有的其中一个审判庭，兼管行政案件。《行政诉讼法》第4条第2款规定："人民法院设行政审判庭，审理行政案件。"据此规定，人民法院审理行政案件，是通过专门设立的行政审判庭进行，而不是由已设立的其他专业审判庭审理。同时，《行诉解释》（2018）第3条第2款规定："专门人民法院、人民法庭不审理行政案件，也不审查和执行行政机关申请执行其行政行为的案件。铁路运输法院等专门人民法院审理行政案件，应当执行行政诉讼法第十八条第二款的规定。"这表明，专门人民法院原则上无权审理行政案件，铁路运输法院、海事法院等专门人民法院要审理行政案件，主要通过两种途径：①经最高人民法院批准，然后由高级人民法院根据审判工作的实际情况，确定某个专门人民法院跨行政区域管辖行政案件，典型如某些地区的铁路运输法院；②由最高人民法院通过司法解释，批准某类专门人民法院审理特殊类型的行政案件，如《最高人民法院关于海事法院受理案件范围的规定》批准海事法院审理因不服海事行政机关作出的涉及财产等部分行政行为而提起的行政案件。

行政审判庭作为行政审判机构是基于下述理由：

1. 设立行政审判庭是人民法院内部机构职能分工的需要。人民法院基于职能分工而分设各种审判机构的目的，在于确定各种案件的审判机构，各司其职，对各种案件具体行使审判权，保障及时、正确地审判案件。如果行政案件由其他审判庭来兼管，就会直接影响到人民法院对各种案件审判权的具体行使。

2. 设立行政审判庭是审理行政案件本身的需要。行政案件不同于其他案件，具有一定的特殊性，这种特殊性决定了其本身需要专门的审判机构。行政案件发生于

---

〔1〕 参见马怀德："行政审判体制改革的目标：设立行政法院"，载《法律适用》2013年第7期。
〔2〕 参见梁凤云："关于对中国特色行政法院体系的基本设想"，载《行政法学研究》2015年第1期。

国家管理活动之中，而行政诉讼的目的在于确认行政机关行政行为的合法性，保护相对人的合法权益。因此，要求审判人员不仅要有熟悉行政机关业务的素质，还要具备熟练、准确掌握大量国家行政管理法律、法规乃至政策的专业素质。如果由其他审判庭兼管，审判人员的专业素质就带有一定的局限性，因而只能确定特定的审判机构，以解决行政案件对审判人员业务素质上的要求。

3. 行政管理范围广泛，因而行政案件大量产生是不可避免的，需要人民法院组织足够的力量，确定相应的审判机构从事行政案件的审理。如果由法院内部审理其他案件的审判机构兼管，显然不符合行政案件自身的要求。

（三）审判组织形式

一般而言，审判组织形式是指人民法院审理行政案件的具体组织。人民法院受理行政诉讼后，就要对案件进行具体的审理，并通过审理作出判决。但审判机关与审判机构只是享有行政审判权力和承担行政审判职能的组织，其本身并不具体审理行政案件，具体审理行政案件还需要借助一定的组织形式。根据《行政诉讼法》和《人民法院组织法》的规定，我国行政案件的审判组织形式有合议庭、独任庭和审判委员会。而人民法院审理案件的审判组织形式有两种：①合议庭，它是由数人组成的审理具体案件的审判组织形式；②独任庭，它是由一人组成审理具体案件的组织形式。在一般情况下，行政审判不采用独任制，只能通过合议庭的方式审理行政案件。我国《行政诉讼法》第68条规定："人民法院审理行政案件，由审判员组成合议庭，或者由审判员、陪审员组成合议庭。合议庭的成员，应当是三人以上的单数。"

1. 合议庭。采用合议庭的形式审理行政案件，是由行政案件的性质决定的：①行政案件发生于不平等的行为主体之间，一方是行使国家行政管理权的行政机关，另一方则是接受管理的相对人。这种地位上的差异为人民法院审理行政案件带来困难，需要由多数人组成一个审判集体，即合议庭，集体负责审理行政案件，排除各种干扰，保障行政案件得到合理、公正的审判。②行政案件发生于行政活动之中，涉及面广，关系复杂。作为行政案件的审判人员，必须全面掌握有关的行政法知识，并具有较丰富的社会经验。在一般情况下，如果采取独任的审判组织形式，不能适应具体审判活动的要求。因此，只有采取合议庭的审判组织形式，发挥集体的智慧和力量，才能保证行政案件的审判质量。

2. 独任庭。经过多年的司法实践，人们慢慢发现，在行政诉讼中采取一刀切式的合议庭审判组织形式并不符合行政诉讼的发展需要。虽然与民事诉讼相比，现在行政案件数量较少，但是，行政诉讼作为一种司法活动也有资源优化整合、探索案件类型化以及诉讼体系科学化和现代化的需要。在特定情况下，对这种需要的考量超过了笼统意义上行政案件本身的复杂性和专业化要求，有必要采用独任庭的审判组织形式。更为具体的理由包括：①民事诉讼、刑事诉讼早已采用了独任庭的审判组织形式，实现了繁简分离，行政诉讼同样属于诉讼活动，也有繁简分离的需要，

第三章

并能够从实践多年的民事诉讼、刑事诉讼中得到借鉴。②独任庭符合行政诉讼活动节约资源和成本的需要，在特定的情况下，这种需要不会影响到公正。一方面，它有助于节约人民法院运作的司法资源，从时间和人力上节约资源；另一方面，因为独任庭的设置是与简易程序联系在一起的，它意味着人民法院将尽快作出司法裁判，可以帮助当事人节约诉讼成本，及时保障公民、法人或其他组织的合法权益。③独任庭可以帮助进一步细化行政案件的分类，积累不同类型案件的审理规律，通过给诉讼当事人提供一定的程序选择权以实现诉讼程序的分流，这也是司法活动探索创新的要求。

2014 年修订的《行政诉讼法》明确规定了审理行政案件的简易程序，其制度效果及其适用问题有待进一步观察，尤其是观察简易程序是否能够真正实现繁简分流、节约资源、提高效率和减少当事人讼累的效果。同时，也要避免出现理解和实践误区，即认为简易程序"越简越好"，随意乃至过分简化诉讼程序。[1]

3. 审判委员会。审判委员会是行政审判组织内部对审判工作实行集体领导的一种组织形式。根据法律规定，审判委员会的任务是总结审判工作经验，讨论决定重大、疑难、复杂案件，讨论决定本院已经发生法律效力的判决、裁定、调解书是否应当再审，以及其他有关审判工作的重大问题。[2] 最高人民法院审判委员会的主要职能体现在制定和发布司法解释、发布指导性案例，地方各级人民法院审判委员会则主要是对重大、疑难、复杂案件进行讨论并作出决定。各级人民法院院长对本院已发生法律效力的判决和裁定，如果发现在认定事实上或者适用法律上确有错误，以及发现规范性文件合法性认定错误，必须提交审判委员会处理。

根据法律规定，审判委员会的成员由本院院长提请本级人民代表大会常务委员会任免，其成员必须是人民法院的法官，一般包括院长、副院长、各审判庭庭长。审判委员会根据具体情况召开会议，会议由院长或者院长委托的副院长主持。审判委员会在讨论案件和其他与审判有关的问题时，实行民主集中制原则。在讨论过程中如果有分歧意见的，应当按照少数服从多数的原则进行表决并作出决定。

第二节　行政诉讼管辖

一、行政诉讼管辖概述

行政诉讼的管辖是法院体系内部各人民法院之间受理第一审行政案件的权限分工。行政审判权虽然由人民法院行使，但人民法院有不同审级的法院设置，而同一审级的人民法院又根据地域划分设置相应的人民法院。因此，一个行政案件诉至人民法院，就需要在不同审级以及不同地域设置的人民法院之间进行管辖的确定。行

---

〔1〕　参见刘一玮："行政诉讼简易程序的理性反思与完善路径"，载《行政法学研究》2019 年第 4 期。

〔2〕　《人民法院组织法》第 37 条。

政诉讼管辖的功能在于明确第一审行政案件所属的具体法院，即解决具体行政案件应当由何级、何地人民法院受理的问题。对于法院来说，管辖是明确法院之间审理行政案件的权限分工，由此解决的是哪个行政案件或申请执行行政行为案件应由哪个人民法院受理与审判或审查与执行的问题；对于公民、法人或其他组织以及行政机关来说，管辖解决的是他们应该向哪个人民法院起诉或申请执行行政行为的问题，相对人必须向具有管辖权的人民法院提起行政诉讼，否则不能为人民法院所受理。

行政诉讼的管辖不同于主管。行政诉讼的主管所涉及的是审判权，即由谁行使行政审判权。行政审判权的具体表现也就是其受理案件的范围，它解决的是人民法院审理行政案件的权限范围，以及与其他国家机关之间处理行政争议的权限划分问题。一般而言，行政诉讼的审判权是管辖的前提。如果法院对一个行政案件不拥有主管权，也就谈不上该由哪个法院行使管辖权。

行政诉讼的管辖也不同于主审。行政诉讼的主审所涉及的也是审判权，是指在拥有审判权的法院内部应由哪一个审判机构具体负责行政案件的审理，它所解决的是审判权由法院内部哪一个审判机构承担的问题，不同于管辖解决的是法院之间在受理行政案件上的权限分工问题。《行诉解释》（2018）第 3 条第 1 款所规定的就是行政诉讼的主审问题。该条规定，各级人民法院行政审判庭是行政诉讼的主审机构，具体负责行政案件的审理和行政机关申请执行其行政行为案件的审查。而其派出的人民法庭不能作行政案件的主审机构。

上述分析可知，行政审判权是管辖权的前提和基础，没有审判权也就不可能有管辖权；然而，管辖权又是审判权的具体落实。因此，在确定行政审判权归属之后，必须进一步明确管辖权。

二、确定行政诉讼管辖的原则

行政诉讼管辖的确定涉及许多因素，必须综合考虑影响行政诉讼管辖的各种因素，按照相关原则才能合理地确定行政诉讼的管辖。

（一）影响行政诉讼管辖的因素

1. 法院。行政诉讼管辖确定首先要考虑的因素是法院。因为管辖首先是相对于人民法院而言，是人民法院内部在受理行政案件上的权限分工。人民法院在设置上有审级之分，也有地域之别，法院的设置当然是确定行政诉讼管辖中应当考虑的因素。例如，法院有审级，行政机关则有等级，法院审级与行政等级二者之间应否存在某种关联。按照法律面前人人平等的原则，自然不应当在法院审级与行政等级之间有对应关系，但行政等级作为客观存在的实际影响力又不能不加以考虑，收到诉状的人民法院以自身审级较低，与被告行政等级不对等，不方便审理为由，请求上级人民法院审理，这种情况在行政诉讼实践中并不少见。[1] 当然，这种考虑并不一

〔1〕 参见应星、徐胤："'立案政治学'与行政诉讼率的徘徊——华北两市基层法院的对比研究"，载《政法论坛》2009 年第 6 期。

定就是简单机械地在法院审级与行政等级之间画等号。围绕法院审级与行政等级之间的关系，同时考虑到这种关系事实上对行政诉讼的潜在影响，最高人民法院通过司法解释，采用适当提高审级、调整司法辖区等方式，部分调整了有关管辖的具体规定。

2. 原告。确定行政诉讼管辖最应当考虑的是原告。因为，司法活动是被动的，它应原告的诉求而开始。但这是一种不平等的活动，一方是享有强权的行政机关，另一方则是处于被命令、受支配地位的相对人。不到万不得已，公民不会轻易走上行政诉讼这条"蜀道"。因此，行政诉讼管辖的规则确定必须充分照顾原告的利益。根据《行政诉讼法》第1条的规定，我国行政诉讼制度设计的目的之一便是维护公民、法人或者其他组织的合法权益，亦即原告的合法权益。管辖规则作为整个行政诉讼制度的一部分，将原告利益纳入其中应是题中之义。

3. 被告。充分照顾原告的利益，并不意味着对被告全然不加考虑，作为行政诉讼一方的当事人，被告行政机关既然要加入到诉讼活动中去，如果对行政机关一方丝毫不加考虑，同样会给行政诉讼活动的正常进行带来障碍。法律的基本精神是寻求社会各方利益平衡。从公平的角度出发，行政诉讼管辖的确定，在充分照顾原告利益的情况下，也应当尽可能考虑到被告的利益。

（二）确定行政诉讼管辖的原则

综合上述因素，行政诉讼管辖的确定应当遵循以下原则：

1. 方便当事人，尤其是方便原告参加诉讼。在行政关系中，行政机关处于管理者的优越地位，相对人一方则处于被管理者和服从的地位，而行政诉讼正是相对人认为行政行为侵犯其合法权益时，由法律所提供的一种救济手段。其目的在于通过人民法院对行政行为的司法审查，保护其合法权益。因此，在确定管辖时，首先应当为原告进行行政诉讼提供便利，以保障原告能够充分行使诉权。例如，对于限制人身自由的强制措施案件，被告所在地法院和原告所在地法院都可以管辖，由原告选择确定，就是充分考虑原告行使诉权的方便。

当然，我国行政诉讼的管辖也为被告参加行政诉讼提供了便利。一般地域管辖中以最初作出行政行为的行政机关所在地来确定管辖的法院，就体现了方便被告参加诉讼活动的原则。但是，这种考虑只能是优先考虑便于原告行使诉权的前提下，适当兼顾便于被告行政机关参加诉讼。

2. 有利于人民法院行使审判权。行政审判权由人民法院行使，法院主导着诉讼活动的进行，因此，行政诉讼的管辖应当有利于人民法院行使审判权。在行政诉讼中，法院所在地和当事人所在地可能有着地域上的距离，如果管辖的确定与法院距离过大，就会因为存在地理空间的区隔给法院审理案件带来一定的困难，尤其是考虑到行政争议的发生意味着在行政诉讼启动之前，相关事实和法律已经经过了一次公权力机关的处理，即行政机关的处理。因此，确定管辖时，必须为人民法院办理行政案件提供便利，便于人民法院调查取证，便于审查被诉行政行为的事实基础和法律依据，以及便于执行行政诉讼的裁判文书。特殊地域管辖中因不动产引起的行政案件的专属管辖，即体现着有利于法院行使审判权的原则。

3. 均衡负担原则。行政诉讼管辖是在人民法院内部解决受理案件的权限分工问题，因此，在确定行政诉讼管辖时，应当考虑各级人民法院的职能分工和工作负担的均衡性。不同审级的法院，承担职能上略有不同。基层人民法院的主要职能是审判、执行行政案件；而中级以上的人民法院，除承担审理行政案件职能之外，还要担负对下级人民法院进行审判监督、总结审判经验等职能，因此不宜过多地受理、审理一审行政案件，尤其是最高人民法院。基于这样的考虑，我国《行政诉讼法》规定，第一审行政案件原则上由基层人民法院管辖。

当然，均衡原则还有着实质上的均衡，这意味着法院能力与受理案件之间的配适问题。如果基层人民法院面对某些类型的行政案件出现力不能及的情况，那么，一味固守要求其审理所有的一审行政案件，便不符合均衡原则。事实上，在2014年修订《行政诉讼法》之前，有论者明确指出，对于基层人民法院来说，行政案件立案难、审理难、执行难的状况长期难以改变，涉及集体土地征收、房屋拆迁等特定行政案件时，更是容易遭遇阻力，基层法院从受理到审判压力都很大。即便一审审结，也普遍存在上诉率高、申诉率高，实体裁判率低、被告败诉率低、发回重审和改判率低、原告服判息诉率低的"两高四低"现象。[1] 对此，2014年修订的《行政诉讼法》也作出了两方面明显的直接调整：①吸收总结了2008年颁布的《最高人民法院关于行政案件管辖若干问题的规定》施行成功经验，[2] 进一步明确扩大了可由中级人民法院管辖的特殊类型被告的范围。②明确承认行政诉讼管辖的确定需要具有一定的灵活性，以适应复杂多变的实际情况。行政诉讼管辖的确定应当使人民法院有灵活调整的权力，行政诉讼的裁定管辖实际上就是赋予人民法院灵活调整的权力，因此，提级管辖、跨区域管辖成为人民法院摆脱行政诉讼立案难、审理难困境的有益探索，同时也可以为未来行政审判体制改革预留试验的合法通道。

第三节　行政诉讼的级别管辖

级别管辖是不同审级的人民法院之间审理第一审行政案件的权限划分。我国人民法院的设置分为基层人民法院、中级人民法院、高级人民法院和最高人民法院四个审级，一个案件诉到法院，首先要在不同审级的人民法院之间进行权限分工，确

---

〔1〕 参见沈福俊："基层法院行政诉讼管辖制度改革论析——《行政诉讼法修正案（草案）》相关内容分析"，载《东方法学》2014年第2期。

〔2〕 《最高人民法院关于行政案件管辖若干问题的规定》第1条规定：有下列情形之一的，属于行政诉讼法第14条第3项规定的应当由中级人民法院管辖的第一审行政案件：①被告为县级以上人民政府的案件，但以县级人民政府名义办理不动产物权登记的案件可以除外；……

定由哪一审级的人民法院管辖。根据行政案件的性质、简繁程度、影响大小等因素,《行政诉讼法》分别确定了各不同审级的人民法院审理第一审行政案件的权限范围。

一、基层人民法院的管辖

《行政诉讼法》第14条规定:"基层人民法院管辖第一审行政案件。"该条规定实质上确立了级别管辖的一般原则,即所有行政案件,除有法律特别规定的,都由基层法院管辖。该原则意味着行政案件的起审点定在基层法院,一般案件除中级、高级以及最高人民法院管辖的特殊第一审行政案件外,均由基层人民法院管辖。因此对于级别管辖,所应着重把握的是分别归中级、高级以及最高法院管辖的特殊案件,除此之外的行政案件均归基层法院管辖。

确立基层法院管辖第一审行政案件原则的理由是:基层人民法院作为我国审判机关的基层组织,位于最基层的行政区域内,都配置了相对完善的人、财、物,有能力审理大量的行政案件。同时,行政纠纷的发生地大多是在基层人民法院辖区内,由基层法院审查行政案件,既有利于法院调查取证,也方便当事人进行诉讼。相反,如果起审点定在中级人民法院则多有不便,这不仅会使中级人民法院负担过重,而且使大量的基层法院无事可做。但经验同时表明,按照行政区划设立法院,并由此确定行政案件的管辖,很容易使行政案件的审判受到行政干预。故最高人民法院开始采取提级管辖、异地管辖等方式,有人甚至提出划分司法区,按照司法区来确定行政诉讼管辖的改革设想。[1] 这些都反映现行级别管辖存在着一定的弊端。

二、中级人民法院的管辖

中级人民法院对下列特殊的行政案件拥有一审管辖权:

(一)对国务院部门或县级以上地方人民政府所作的行政行为提起诉讼的案件

行政机关的级别是客观存在的,而级别越高,掌握的权力或资源就越多,其所能发挥的影响力就越大,因而在确定管辖时需适当考虑这一点。以国务院部门或县级以上地方人民政府为被告的案件由中级人民法院管辖就是适当考虑到了被告行政机关的级别,此类行政案件一般较为复杂、疑难或在中级人民法院辖区以内具有重大影响,由中级人民法院管辖,有助于人民法院排除干扰、公正审判。

(二)海关处理的案件

海关处理的案件主要是指由海关处理的纳税案件和因违反《海关法》被海关处罚的有关行政案件。这类案件由中级人民法院管辖的主要理由是:①海关大多设置在大中城市,职权范围与中级人民法院管辖范围基本吻合;②海关的业务与政策要求较高,由中级人民法院管辖,可以保证办案质量;③海关处理的案件往往标的额较大,不少案件有涉外因素。

---

〔1〕 参见江必新主编:《中国行政诉讼制度的完善——行政诉讼法修改问题实务研究》,法律出版社2005年版,第35页。

（三）本辖区内的重大、复杂案件

在诉讼中，重大、复杂的案件一般都需要适当提高管辖级别，重大、复杂的行政案件同样需要提高审级来确保审判的公正性。一般来讲，所谓"重大、复杂"，是指影响重大、案情复杂。但是它在不同的诉讼中可能涵义不同。在行政诉讼中，何为"重大、复杂"？《行政诉讼法》并没有明确，《行诉解释》（2018）基于司法经验对此作出了补充规定，以下行政案件是"本辖区内的重大、复杂案件"，需要由中级人民法院管辖：

1. 社会影响重大的共同诉讼案件。共同诉讼是指诉讼当事人一方或双方为 2 人以上，就同一诉讼标的或同一种类诉讼标的提起的，人民法院认为可以合并审理的案件，此类案件由于通常会涉及较多数量的当事人，利益关系更为错综复杂，容易引起一定的社会影响，因此交由中级人民法院更为合理。共同诉讼案件并非都是由中级人民法院审理，只有达到"社会影响重大"程度时才由中级人民法院管辖，对此，通常由人民法院自行判断，或由较高审级的人民法院明确标准。

2. 涉外或者涉及香港特别行政区、澳门特别行政区、台湾地区的案件。涉外行政案件是指原告、第三人是外国人、无国籍人或者外国组织的行政案件。在我国境内设立的涉外企业不属于这里所说的"外国组织"。"涉外"案件通常视为重大复杂的案件，因为这可能涉及两种文化传统、两种不同的法律制度、两个国家之间的关系等因素，而且一般会在经济上或政治上产生一定影响。涉及香港特别行政区、澳门特别行政区、台湾地区的案件与涉外案件也有许多相似之处，因此统一由中级人民法院管辖。

3. 其他重大、复杂案件。行政案件是十分复杂的，不排除还可能有其他因素的存在导致案件"重大、复杂"。比如诉讼标的的经济价值很高或者金额巨大、案件的处理可能存在较大的社会群体性事件可能性等，也应当由中级人民法院管辖。

（四）其他法律规定由中级人民法院管辖的案件

作为一项兜底性和衔接性的规定，之所以在以上三种由中级人民法院管辖的案件类型外允许其他法律规定可以设置由其管辖一审行政案件的范围，原因在于：①为以后的改革预留空间，全国人大及其常委会如果发现某种类型的行政案件基于公正审判、排除干扰以及提高审判质量等需要，可以据此作出规定；②为适当扩大中级人民法院对一审行政案件的管辖权做准备，以便于平衡司法公正和司法资源合理配置之间的关系。就目前来看，最典型的"其他法律规定"是全国人大常委会《关于在北京、上海、广州设立知识产权法院的决定》，根据这一决定，作为中级人民法院的知识产权法院有权管辖有关专利、植物新品种、集成电路布图设计、技术秘密等专业技术性较强的一审知识产权行政案件。

三、高级人民法院、最高人民法院的管辖

高级人民法院和最高人民法院管辖的都是本辖区内重大、复杂的第一审行政案件，所不同的是各自辖区的不同。对于高级人民法院而言，"本辖区内重大、复杂"

第三章

是指在一个省、自治区、直辖市范围内，案情重大、涉及面广、案情复杂、影响重大的行政案件；对最高人民法院而言，则是在全国范围内重大、复杂的第一审行政案件。这主要考虑到高级人民法院还承担着对辖区内中级人民法院和基层人民法院的审判工作进行监督和指导，以及对上诉案件的审理任务；而最高人民法院的主要任务是针对全国各级人民法院的审判工作进行监督和指导，并对审判中的法律适用问题进行司法解释，而且作为最高级别的法院，其判决为终审判决，如果管辖一审行政案件过多，将会影响两审终审制作用的发挥。而对是否"重大、复杂"的判断则由高级人民法院和最高人民法院自行把握。

第四节　行政诉讼的地域管辖

地域管辖是指同一审级的不同人民法院之间受理第一审行政案件的权限分工。地域管辖以级别管辖为基础，级别管辖主要解决的是不同审级人民法院在受理行政案件上的权限分工，即纵向的权限分工。但是，由于同一审级存在着若干法院，因而在解决了哪一审级的法院管辖之后，要进一步确定同一审级的不同法院之间的权限分工。地域管辖一般是根据法院的辖区和当事人所在地、诉讼标的所在地等的关系来确定行政案件管辖。行政诉讼的地域管辖可以分为一般地域管辖和特殊地域管辖。

一、一般地域管辖

一般地域管辖是指适用于一般行政案件、按照一般标准确定的管辖。地域管辖的一般标准是：行政案件原则上应该由最初作出行政行为的行政机关所在地人民法院管辖。该标准包含着两层涵义：

1. 行政诉讼中地域管辖是根据被告行政机关所在地来确定的，即被告行政机关在哪，就由哪里的法院管辖。在民事诉讼中，地域管辖一般遵循"原告就被告"的原则，行政诉讼也不例外。据此，公民、法人或其他组织应该向被告行政机关所在地人民法院起诉。

2. 公民、法人或其他组织应该向"最初"作出行政行为的行政机关所在地人民法院起诉。之所以加"最初"这一限定，是因为有些行政案件是经过行政复议的。经过行政复议的行政案件，客观上存在两个行政机关，即原行为机关和复议机关，因此，需要予以明确由哪一个行政机关所在地法院管辖。"最初"即意味着，原行为机关所在地人民法院具有管辖权。

据此，一般地域管辖遵循的是："最初作出行政行为机关所在地法院管辖"原则。

行政诉讼的地域管辖不是根据原告所在地，也不是根据违法行为的发生地等因素确定，而是根据被告行政机关所在地来确定。这是因为，诉讼地域管辖确定的一般原则是"原告就被告"，行政诉讼也不例外。行政诉讼之所以不例外，是因为，被告行政机关所在地，通常也就是原告所在地以及违法行为发生地，根据"行政机关所在地"来确定并无冲突和矛盾。因为行政机关的职权有着地域的界限，它只能对所管辖地域范围内的人和事进行处理。

二、特殊地域管辖

特殊地域管辖是指特殊案件，按照特殊标准来确定的管辖。行政案件是复杂的，有时因为某种特殊因素的存在，根据一般标准来确定地域管辖可能会导致不公平，因此需要按照特殊标准来确定管辖。行政诉讼中的特殊地域管辖具体包括以下三种：

（一）经复议的选择管辖

经复议的行政案件，既可以由最初作出行政行为的行政机关所在地人民法院管辖，也可以由复议机关所在地人民法院管辖，当事人对此有选择管辖的诉讼权利。直观来看，经复议维持的行政案件，原行政行为没有被改变，诉讼标的为该行为，确定管辖的规则也应当依循该行为来制定。但是，长期以来在实践中却形成了复议机关为了避免做被告而一味维持的情况，这使得行政复议制度不能充分发挥其权利救济和纠纷解决的功能，也影响了当事人对复议机关的信任。鉴于此，无论复议机关的决定是维持还是撤销原行政行为，立法者都将其作为行政诉讼的共同被告，因此在管辖问题上便出现了选择管辖的情况，由当事人自行选择，这样更有利于确保行政案件得到公正审理。这里对于复议机关维持的理解，除了其明确作出维持决定，还包括复议机关驳回复议请求，以及复议机关认为被申请人已经作为或无作为义务而作出的驳回复议申请决定。换言之，只要经过复议机关对案件实体问题的处理，便属于这里所说的"经复议案件"。

需要注意的是，经复议的选择管辖规定不能与前述级别管辖内容简单机械地结合运用。对于经复议维持的案件，当事人可以选择向复议机关所在地人民法院提起诉讼，但在这里指的是基层人民法院。即便作出维持决定的复议机关为县级以上地方人民政府，当事人也不能根据级别管辖的规定向该复议机关所在地的中级人民法院提起诉讼。

（二）因不动产提起诉讼的，由不动产所在地人民法院专属管辖

所谓不动产，是指形体不能移动，或者在移动以后会引起性质、价值改变的财产，如土地、山岭、荒地、草原、房屋、林木以及水流等。根据《行诉解释》（2018）第9条的规定，"因不动产提起的行政诉讼"是指因行政行为导致不动产物权变动而提起的诉讼。因此，诸如不动产登记行为直接引发起诉人的物权变动，无疑属于此列。此外，如果被诉行政行为侵犯到了起诉人的不动产物权，比如因违章建筑的拆除而提起的诉讼、污染鱼塘或水流提起的诉讼等，该行政案件也应该由不动产所在地人民法院管辖。

专属管辖具有排他性，不动产所在地法院以外的其他法院无权管辖此类案件。涉及不动产的案件之所以采用专属管辖，主要是考虑到了法院调查、勘验、测量以及判决执行的方便。如果管辖法院远离不动产，就会带来诉讼的不方便。因此，不

动产案件专属于不动产所在地法院管辖。至于如何判断"不动产所在地",对于已登记的,以不动产登记簿记载的所在地为准,未登记的,以其实际所在地为准。

（三）对限制人身自由的行政强制措施不服而提起诉讼的,由被告所在地或原告所在地人民法院管辖

此时也是一种选择管辖。行政诉讼中的原告所在地包括原告的户籍所在地、经常居住地和被限制人身自由所在地。其中的经常居住地是指公民离开其户籍所在地起至诉讼时已连续居住满1年以上的地方,但公民住院就医的地方除外。因此,如果公民对限制人身自由的行政强制措施不服提起行政诉讼的,被告所在地、原告户籍所在地、原告经常居住地和原告被限制人身自由地的人民法院均有管辖权。

涉及人身自由的行政强制措施案件之所以作为特殊案件,按照特殊标准来确定地域管辖,主要是考虑到被限制人身自由的公民本身具有流动性,其经常居住地、被限制人身自由地与其户籍所在地以及被告所在地之间常不一致,如果严格按一般地域管辖的规则来确定管辖,往往会给起诉人造成不便。加之此时原告处于极为不利的地位,如果严格限定原告只能在被告所在地法院起诉,不利于公民行使诉权,甚至可能因此剥夺原告的诉权。

选择管辖客观上存在不同法院都有管辖权,法院管辖权取决于起诉人的选择。若起诉人向有管辖权的法院都提起诉讼,则由最先立案的人民法院管辖。

值得注意的是,如果公民、法人或其他组织认为行政行为侵犯自己的财产权（不动产物权除外）而起诉的,管辖的确定遵循一般地域管辖的规定。但依《行诉解释》（2018）第8条第2款规定,如果行政机关基于同一事实对相对人实施限制人身自由的强制措施,并且采取扣押财产等其他行政强制措施或没收财产等行政处罚的,如果相对人对行政机关的上述两个行政行为均不服,提起行政诉讼的,那么,被告所在地的人民法院和原告所在地人民法院均有管辖权。在这种情形下,财产权被给予与人身权同等的看待,相对人起诉侵犯财产权的行政行为的,不受一般地域管辖的限制。

三、跨区域管辖

所谓跨区域管辖,是指经最高人民法院批准,高级人民法院可以根据审判工作的实际情况,确定若干人民法院跨行政区域管辖行政案件,属于一种司法管辖区与行政区划适度分离的制度。由于法院审级和行政机关层级之间的微妙关系,在现实的司法实践中,管辖制度被视作破解行政诉讼困境的重要突破口之一,人们希望通过提级管辖、异地管辖等方式确保司法公正、提高审判质量。从制度沿革来看,在《行政诉讼法》明文规定跨区域管辖之前,最高人民法院已经在交叉管辖、指定管辖、集中管辖方面进行了多年探索,这些探索的共同特征都是让行政案件的审理活动适度脱离被告所在的最基层行政区划,在探索过程中也各自取得了一些效果,但是,从实践来看,它们一方面造成了包括异地执行困难等新问题,另一方面则出现

了改革效果随着时间推移逐步减小，甚至反不如改革之前的情况。[1]

　　在简单的异地管辖不能有效解决行政诉讼所面临困境，而建立专门的行政法院各方面条件均不成熟的情况下，以灵活、务实的方式为未来的制度调整留下空间便是较好的选择。跨区域管辖实际上是为可能出现的相对集中管辖行政案件的人民法院预留制度空间。它在程序上要求比较严格，即必须由最高人民法院批准，并由高级人民法院具体确定。更为重要的是确定跨区域管辖的实体条件，必须是根据审判工作的实际情况，从行政诉讼发展的客观规律来看，对实际情况内容的评判需要综合考虑是否能够节约司法资源，是否方便当事人尤其是公民、法人或其他组织进行诉讼活动，是否有助于实现司法公正等。其中，排除来自行政机关的干扰以提升司法公信力是着重需要考虑的。

　　就相对集中行使管辖权的人民法院来说，这里既包括基层人民法院，也包括中级人民法院，这意味着中级人民法院可以直接被确定为跨区域管辖的法院，未必完全随着基层人民法院跨区域管辖的变动而变动。另外，所管辖的行政案件既可以是一审行政案件，也可以是二审行政案件。

第五节　行政诉讼的裁定管辖

　　裁定管辖是指根据人民法院作出的裁定或决定来确定行政案件的管辖。级别管辖与地域管辖是最基本的管辖，它们分别从纵向和横向上解决受理案件的权限划分。但诉讼活动是十分复杂的，有时可能会出现某些管辖不明或管辖权限争议的情况，以至于无法确定管辖。如两种选择管辖：经复议改变原行为，原行为机关所在地法院和复议机关所在地法院都可以管辖，以及对限制人身自由的行政强制措施不服，原、被告所在地法院都可以管辖，都存在着产生权限争议的可能。如果产生权限争议，对此只能依靠人民法院的裁定来确定管辖。因此，裁定管辖本质上是人民法院内部灵活调整的权力。具体而言，裁定管辖主要有以下三种：

一、移送管辖

　　移送管辖是指某一个人民法院受理原告起诉后，发现自己对该行政案件没有管辖权时，将该案件主动移送到自己认为有管辖权的法院。"发现"可以是主动发现，也可以是因为当事人提出管辖权异议而发现。依《行诉解释》（2018）第10条的规定，如果当事人认为受诉法院无管辖权，应当在接到人民法院应诉通知之日起15日内以书面形式向人民法院提出管辖权异议；受诉人民法院应当进行审查，若认为异议不成立，可裁定驳回，若认为异议成立，应当将案件移送到自己认为有管辖权的法院。

---

〔1〕　参见江必新："中国行政审判体制改革研究——兼论我国行政法院体系构建的基础、依据及构想"，载《行政法学研究》2013年第4期。

之所以强调"自己认为",是因为受移送的人民法院并不一定真的拥有管辖权。但受移送人民法院在认为自己也没有管辖权时,不能再自行移送,以防止互相推诿。当受移送法院也认为自己没有管辖权时,就引出了指定管辖。

二、指定管辖

指定管辖是指上级人民法院在一定情形下指定由某一个下级人民法院管辖。"一定情形"是指:①由于法律或事实等特殊原因,比如人民法院需要整体回避或是自然灾害,使得有管辖权的人民法院不能行使管辖权时,上级人民法院可以指定其他人民法院管辖。②如果两个法院就谁拥有管辖权发生争议,双方又无法协商一致的,应当报请他们的共同上级人民法院指定管辖。这里的争议既包括积极权限争议,即对同一个行政案件两个法院均主张管辖权,也包括消极权限争议,即两个法院互相推诿管辖权。

三、管辖权的转移

管辖权的转移是指经上级人民法院决定或同意,将行政案件由下级人民法院转移给上级人民法院。管辖权的转移与上述移送管辖不同,它是把行政案件由有管辖权的人民法院转移给无管辖权的人民法院,而且发生于上下级人民法院之间;而移送管辖是把行政案件由无管辖权的法院移送给有管辖权的法院,而且一般于同级人民法院之间进行。一般而言,管辖权的转移有以下两种情形:①上级人民法院如果认为下级人民法院管辖的第一审行政案件适宜由自己管辖,可以决定该案件的管辖权移至自身;②下级人民法院如果认为自己管辖的第一审行政案件需要由上级人民法院审判的,可以报请上级人民法院转移管辖权,是否转移,由上级人民法院决定。

四、管辖权异议

行政诉讼的管辖权异议,是指行政诉讼的当事人,对已经受理案件的法院提出异议,由此改变管辖的制度。当事人提出管辖异议,必须符合下列条件:

1. 管辖异议的主体,主要是指行政诉讼案件的被告。原告向某一法院提起诉讼,被告认为该法院没有管辖权,因而提出管辖异议。有观点认为在行政诉讼中,不能排除原告也有提出管辖异议的权利,其理由是在民事诉讼中,案件受理后、实体审理之前,原告如果对管辖权有异议,可以撤诉另行起诉,其诉权不受影响。亦即,以撤诉后再行选择管辖法院的方式实现了管辖权异议的效果;而在行政诉讼中,原告撤诉后,若以同一事实和理由重新起诉的,人民法院不予受理。因此,应当赋予原告提出管辖异议的权利,这不仅可能而且必要。[1]进一步来说,原告在案件受理后,发现立案法院虽然有管辖权,但有可能受到行政干预而不适宜管辖,此时有必要通过管辖异议改变管辖法院。但是,2018年新颁布的《行诉解释》并未接受这种观点,其第10条第1款明确把主体限定在被告,原因主要在于原告向哪个法院起诉即意味着同意将案件交由该法院管辖,因而无权提出管辖异议,避免徒增诉讼

---

〔1〕　参见黄学贤、杨红:"论行政诉讼管辖困境之形成及其突破",载《法学评论》2013年第6期。

成本。

与此同理，如果行政诉讼第三人是主动申请参加诉讼的，也无权提出管辖异议，因为其主动申请行为表明其认可原告的诉讼行为。但是，如果行政诉讼第三人是经人民法院通知参加诉讼的，则有权提出管辖异议。因为其并未认可原告的诉讼行为，选择空间也极为有限，理应赋予其管辖异议的权利。对此，《行诉解释》（2018）第10条第2款和第3款采用的是"当事人"表述，可以容纳此类第三人。从理论上来说，也有观点主张，行政诉讼第三人要么与被诉行政行为有着利害关系，要么与案件处理结果有着利害关系。基于利害关系的存在，第三人就有着获得公平审判的期待。而法律设定管辖异议的目的，就在于实现公平审判。因此，行政诉讼第三人的资格与管辖异议制度存在着某种程度的契合，不能一刀切，完全排除第三人有提出管辖异议的权利。

2. 管辖异议的提出，在时间上必须是接到人民法院应诉通知之日起15日内，在形式上是以书面形式。管辖异议是对已经确定的管辖的挑战，因此，管辖异议的提出必须是在法院受理案件后，进入审理前，没有受理的案件或者已经进入实体审理的案件，不得提出管辖异议。而且时间严格规定在接到人民法院应诉通知之日起15日内，逾期提出的，人民法院不予受理。人民法院对管辖异议审查后确定有管辖权的，不因当事人增加或者变更诉讼请求等改变管辖，但违反级别管辖、专属管辖规定的除外。这里的除外规定主要是考虑到级别管辖、专属管辖所涉及的诉讼利益要大于维持管辖不变带来的利益，如诉讼成本的节约等。

同时，管辖异议必须向受理该案件的法院提出，且只能向第一审法院提出，对于第二审法院不得提出管辖异议，对发回重审或按照第一审程序再审案件的法院也不得提出管辖异议。

3. 管辖异议的内容是对受理法院管辖权有不同意见，认为受理法院无管辖权而应由其他法院管辖，或者认为虽然受理法院有管辖权，但由于特殊原因不适宜管辖而应当依法转移管辖权，这一点在行政诉讼中尤其重要。

对当事人提出的管辖异议，人民法院应当进行审查。作为案件实体审理的前提，人民法院应当先解决管辖异议。人民法院经审查后，认为异议成立的，裁定将案件移送到有管辖权的法院；认为异议不成立的，裁定驳回。驳回管辖异议的裁定，是行政诉讼中三种可上诉的裁定之一。因此，对驳回管辖异议的裁定，当事人不服的可以上诉。

【案例】

王某（男）与李某（女）在公共汽车上因座位问题发生争执，后两人互相推搡，王某出手打了李某的脸部、头部等部位，造成李某轻微伤。某市公安局A区公安分局依照《治安管理处罚法》的规定，以王某殴打他人为由，给予王某行政拘留5日和罚款100元的行政处罚。李某以处罚太轻为由，向某市公安局申请复议。市公安局作出复议裁决，王某被拘留在 C 区拘留所，维持了原处罚的处理结果。王某对复议裁决不服，以市公安局为被告，向该市公安局所在地的 B 区人民法院提起诉讼。B 区法院受理此案后，市 A 区公安分局和市公安局向法院提出管辖权异议，B 区法院裁定驳回被告对管辖权提出的异议。

问题：本案管辖权异议是否成立？应由哪个法院管辖？

第四章
行政诉讼参加人*

[内容提要]

　　本章主要涉及行政诉讼参加人的概念、共同诉讼人、诉讼代表人制度、诉讼代理人制度等；结合这些基本概念，重点介绍了行政诉讼中的原告、被告及其在行政诉讼中遇到的相关问题。

第一节　行政诉讼参加人概述

一、行政诉讼参加人的概念

（一）行政诉讼参加人的概念和特征

　　行政诉讼参加人，是指与行政争议有一定关系，作为行政诉讼主体而参加到行政诉讼活动中来的人。但一个行政争议常常涉及众多的人和事，如果将所有相关的主体都纳入诉讼中，行政诉讼将会无法进行，因此，诉讼程序需要适度的门槛。我国《行政诉讼法》上用"诉讼参加人"这一概念对有权参加行政诉讼的主体范畴进行了限定。

　　《行政诉讼法》第四章规定，诉讼参加人包括原告、被告、第三人以及诉讼代理人。原告、被告和第三人通常被称为当事人。在行政诉讼中，除了行政诉讼参加人之外，还有证人、鉴定人、勘验人和翻译人员等，他们与行政诉讼参加人共同构成行政诉讼参与人。

　　当事人与案件有利害关系，以自己的名义进行诉讼，受法院裁判的拘束，是行

---

*　鉴于我国现行法并未就行政行为的概念进行界定，学界在行政行为的边界问题上分歧颇多（成协中，2020），进而导致对于行政行为与行政协议关系的理解也莫衷一是。例如有观点认为行政协议系行政行为的亚类型，也有观点认为二者仅是部分包容关系（刘飞，2019）。从现行诉讼制度来看，二者在管辖、举证责任、法律适用等诉讼要件制度上存在明显差异，因此出于谨慎考虑，本章项下的"行政行为"仅指称单方行政行为，并不包含行政协议。参见成协中："行政行为概念生成的价值争论与路径选择"，载《法制与社会发展》2020年第1期，第154页。刘飞："行政协议诉讼的制度构建"，载《法学研究》2019年第3期，第36页。

政诉讼最重要的参加人员。而证人、鉴定人、勘验人和翻译人员等与案件本身没有利害关系，参与行政诉讼主要是为了协助人民法院查明案件事实，或者是为当事人提供帮助。诉讼代理人与案件本身也没有利害关系，其参加诉讼是为了被代理人的利益，有明确的利益方向性，因而具有类似于当事人的法律地位。审判人员和法律监督人员是履行国家审判职能和法律监督职能的国家工作人员，代表国家审理行政案件或对行政活动进行监督。

（二）行政诉讼当事人

行政诉讼当事人，是指因行政行为发生争议，以自己的名义进行诉讼，并受人民法院裁判拘束的主体。在行政诉讼中，当事人具有重要的法律地位，在行政诉讼的任何阶段都不可或缺。

行政诉讼当事人在行政诉讼的不同阶段有不同的称谓：在一审程序中，称为原告、被告和第三人；在二审程序中，称为上诉人和被上诉人；在审判监督程序中，称为申诉人和被申诉人；在执行程序中，称为申请执行人和被申请执行人。由于二审程序、审判监督程序与执行程序并非行政诉讼的必经程序，理论上通常用一审程序的称谓来概括当事人的范围，即行政诉讼当事人为原告、被告和第三人。当事人的不同称谓，表明其在不同的诉讼阶段相应地享有不同的诉讼权利和承担不同的诉讼义务。

1. 行政诉讼当事人的特征。

（1）当事人与行政案件有利害关系。行政争议是行政诉讼发生的前提，而行政争议发生的前提是公民、法人或其他组织认为行政机关的行政行为或行政协议行为侵犯了其合法权益，可见，行政诉讼的当事人就是原行政争议的各方主体。其中，原告是认为行政机关的行政行为或行政协议行为侵犯了自己的合法权益而请求法院予以救济的主体；被告是为了维护自己作出的行政行为或行政协议行为而请求法院肯定其行为合法性的主体；第三人系因与行政行为或行政协议有利害关系但未作为原告提起诉讼，在诉讼程序启动后为维护自身利益自行或经法院通知参与诉讼的主体。

（2）当事人受人民法院裁判的拘束，自行承担诉讼后果。人民法院的行政裁判是针对当事人之间的行政争议作出的，是国家意志的体现，一旦生效就对当事人产生约束力，当事人就必须自觉履行，否则，对方当事人可以向人民法院申请强制执行。

（3）当事人以自己的名义参加诉讼。当事人按自己的意志，为自己的利益参加诉讼，以解决直接涉及自身而非他人权益的争议。在此，当事人区别于诉讼代理人。

（4）行政诉讼当事人中，有权以原告身份提起诉讼的主体包括行政行为的相对人、行政协议的相对方以及其他与行政行为或行政协议有利害关系的公民、法人或者其他组织，应当以被告身份应诉的是直接作出或者委托其他主体作出行政行为或签订行政协议的行政机关或得到法律、法规、规章授权的其他组织，双方诉讼地位不可转换，即行政机关无法提出反诉，此外自然人不可能作为行政诉讼的被告。在此，行政诉讼当事人区别于民事诉讼当事人。

2. 行政诉讼当事人的诉讼权利能力和行为能力。

（1）行政诉讼权利能力。即当事人拥有的能够以自己的名义进行行政诉讼活动并享有诉讼权利、承担诉讼义务的资格和能力。《行政诉讼法》第2条第1款规定："公民、法人或者其他组织认为行政机关和行政机关工作人员的行政行为侵犯其合法权益，有权依照本法向人民法院提起诉讼。"《行政协议司法解释》（2019）第4条第1款规定："因行政协议的订立、履行、变更、终止等发生纠纷，公民、法人或者其他组织作为原告，以行政机关为被告提起行政诉讼的，人民法院应当依法受理。"第5条第3款规定："其他认为行政协议的订立、履行、变更、终止等行为损害其合法权益的公民、法人或者其他组织"有权提起行政诉讼，这表明：①具有行政诉讼权利能力的主体范围是：公民、法人或其他组织；②行政诉讼是一种主观诉讼，公民、法人或其他组织只要"认为"行政行为或行政协议行为违法侵权，就可以起诉；③作为行政相对人或行政协议相对方，或者其他与行政行为或行政协议具有利害关系人的公民、法人或其他组织与作为管理者的行政机关，其行政诉讼权利能力不完全相同，只有作为公民、法人或其他组织有权提起诉讼，而作为管理者的行政机关无权起诉或者反诉。

对于公民而言，其行政诉讼权利能力始于出生，终于死亡；对于法人和其他组织而言，其行政诉讼权利能力始于成立之时，终于注销之时。

（2）行政诉讼行为能力。即当事人亲自参加诉讼活动，独立行使诉讼权利、履行诉讼义务的能力。行政诉讼法对行政诉讼行为能力没有明确规定，可参照民事诉讼的有关理论。[1] 有行政诉讼权利能力的当事人，不一定有行政诉讼行为能力；但有行政诉讼行为能力的当事人，一定有行政诉讼权利能力，对公民来说更是如此。

3. 行政诉讼当事人的诉讼权利和诉讼义务。

（1）在行政诉讼中，当事人享有广泛的诉讼权利。例如原告的起诉权、撤诉权、上诉权、变更或增加诉讼请求的权利、申请停止执行行政行为的权利；被告的应诉权、答辩权、上诉权；原被告双方的申请回避权、辩论权、委托代理权、执行申请权等。

（2）当事人应当履行的诉讼义务主要有：按时参加诉讼的义务、举证的义务、自觉履行法院裁决的义务等。

需要注意的是：①在行政诉讼中，原告与被告的诉讼权利、诉讼义务并不完全对等；②上述的诉讼权利、诉讼义务同样适用于第三人，但不同类型的第三人，在诉讼中的地位并不完全相同，应在个案中具体加以分析。

---

〔1〕 参见谭兵主编：《民事诉讼法学》，法律出版社2004年版，第161页。

（三）行政诉讼第三人

行政诉讼第三人是指因为与被诉行政行为或行政协议有利害关系但没有提起诉讼，或者与案件处理结果存在利害关系，为维护自己的合法权益而在行政诉讼启动后申请或经法院通知参加诉讼的人。第三人是原告与被告之外的第三方诉讼参加人，可以是自然人、法人或其他组织。在一定情况下，如《行诉解释》（2018）第26条第2款规定，行政主体也可以成为第三人。在诉讼中，第三人有权提出与本案有关的诉讼主张。其主张可以是独立的诉讼请求，也可以是辅助本诉的一方当事人进行诉讼请求。由于第三人与本诉中被诉的行政行为或行政协议有利害关系，或者与案件处理结果存在利害关系，所以其具有与原告或被告相同的权利义务。第三人参诉必须以本诉被法院受理为前提，如果本诉没有被法院受理，则不发生第三人参诉的问题。

第三人参加诉讼的程序是法定的，根据《行政诉讼法》第29条的规定，第三人参加诉讼的法定方式有两种：①申请参加诉讼。对于当事人的申请，法院应当进行审查，确认其与本案有利害关系并符合其他参诉条件的，准予其以第三人身份参加该行政诉讼。②由法院通知参诉。一旦法院通知其参诉，第三人即负有参诉的义务。第三人不参诉的，不影响法院对案件的判决，法院可以缺席判决。第三人不服判决的，有权提起上诉。

二、共同诉讼人

（一）共同诉讼人的概念和构成条件

在行政诉讼中，一起争议可能牵涉两个以上利害关系人的利益，或者一个行政行为、行政协议由两个以上行政机关共同作出或签订，这就产生了诉讼的一方或双方是两人以上的情况。共同诉讼是指当事人一方或双方为两人以上，因同一行政行为或行政协议发生的行政纠纷，或者因同类的行政行为或行政协议发生的行政纠纷，人民法院认为可以合并审理的诉讼。原告方为两人以上的，称为共同原告；被告方为两人以上的，称为共同被告。共同诉讼人是指共同诉讼的当事人，包括共同原告和共同被告。法律设立共同诉讼制度的意义在于：①简化诉讼程序。共同诉讼若干主体之间的诉讼，一般都存在着事实或法律关系的共同性或相关性。如果分案审理，将导致司法资源的浪费。②避免法院对同一类案件作出不同的或互相抵触的裁判，防止因不同法官对事实认定和审查行政行为适用法律根据发生的差异而作出互相抵触的判决或裁定。

共同诉讼的构成条件如下：

1. 当事人双方至少有一方为两人以上，且每个人都是独立的诉讼主体。如果原告为两人以上，则是共同原告，如果被告为两人以上，则是共同被告。

2. 须有相互独立的诉讼存在。因为共同诉讼是基于诉的合并，而诉的合并是以独立的诉为基本要求的。因此如果人民法院认为遗漏了被告而要求原告追加，原告不同意的，人民法院不能依职权主动追加被告，只能通知其以第三人身份参加诉讼。

因为原告不同意追加，说明不存在另外一个独立的诉，缺乏诉的合并条件。

3. 诉讼标的是同一行政行为或行政协议，或者同类的行政行为或行政协议。前者可称之为必要的共同诉讼；后者可称为普通共同诉讼或非必要的共同诉讼。但在人民法院要求原告追加被告而原告不同意的情况下，不能形成共同诉讼。

4. 各个诉均属于人民法院主管且受同一个人民法院管辖，并由人民法院进行合并审理。

共同诉讼是诉讼主体的合并，按照《行政诉讼法》的规定，共同诉讼分为必要的共同诉讼和普通的共同诉讼。因此，共同诉讼人也可分为必要的共同诉讼人和普通的共同诉讼人。

（二）必要的共同诉讼人

必要共同诉讼是指当事人一方或双方为两人以上，因同一行政行为或行政协议而发生的诉讼。必要共同诉讼中的共同原告和共同被告统称为必要共同诉讼人。

必要共同诉讼的特征是被起诉的行政行为或行政协议是同一的。所谓同一的行政行为，是指一个行政行为由两个以上的行政机关共同作出，或者一个行政行为的处理对象为两个以上的相对人，或者作出一个行政行为的行政机关和该行政行为的处理对象都是两个以上，但不包含行政机关与非行政机关组织共同作出的行政行为。[1] 而所谓"同一的行政协议"与"同一的行政行为"极为类似，系指同一行政协议由两个以上的行政机关或者相对方共同签署，或者行政协议中约定的行政权利与义务涉及多个行政机关或者相对方。[2] 因此，当事人在权利义务上有共同的利害关系，是一种不可分之诉，人民法院必须合并审理。在实践中，必要的共同诉讼人主要有以下几种情形：[3]

1. 共同被处罚人。即两个以上的当事人，因共同违法被一个行政机关在一个处罚决定书中分别予以处罚，几个当事人均不服，提起行政诉讼的，为共同原告。

2. 侵权案件中的加害人和受害人都对行政决定不服，提起行政诉讼，此时，加害人与受害人成为必要的共同诉讼人。但应当注意的是，他们仅仅在程序意义上是共同的，其实体要求通常是相反的。

3. 共同受害人。即两个或两个以上的受害人不服一个行政机关对加害人的行政处罚而提起行政诉讼的，成为共同原告。

4. 两个以上的行政机关以一个共行政决定的形式，对一个或若干个当事人作出了行政行为，如果一个当事人对行政决定不服提起行政诉讼的，两个以上的行政

---

〔1〕 参见何海波：《行政诉讼法》，法律出版社 2016 年版，第 212 - 213 页。

〔2〕 参见①最高人民法院发布行政协议案件典型案例之三：成都亿嘉利科技有限公司、乐山沙湾亿嘉利科技有限公司诉四川省乐山市沙湾区人民政府解除投资协议并赔偿经济损失案；②最高人民法院发布行政协议案件典型案例之四：英德中油燃气有限公司诉英德市人民政府、英德市英红工业园管理委员会、英德华润燃气有限公司特许经营协议纠纷案。

〔3〕 方世荣、徐银华、丁丽红编著：《行政诉讼法学》，清华大学出版社 2006 年版，第 85 - 86 页。

机关为共同被告；如果若干个当事人都提起行政诉讼的，则会出现共同原告和共同被告的情形。

5. 行政机关在一个行政决定中同时对法人或其他组织及其主要负责人或直接责任人员作出了处理决定，作为处理对象的法人、组织或个人均不服，提起诉讼的，成为必要的共同诉讼人。

6. 同一行政协议的签订、履行过程中涉及多个行政机关或者相对方，几个相对方对相关协议的签订、履行、变更或者终止等均不满起诉的，成为必要共同诉讼中的共同原告，而参与行政协议的相关行政机关则应作为共同被告出庭应诉。

需要注意的是，对于必要共同诉讼中的共同原告，人民法院有义务通知没有起诉的其他共同原告起诉，如果他们不愿意起诉，法院不得强行追加，可以通知他们作为第三人参加诉讼。对于必要共同诉讼中的共同被告，原告在起诉中有遗漏的，人民法院有权征得原告同意后追加，被追加的被告不得拒绝参加诉讼，但如果原告不同意追加的，法院可以通知他们作为第三人参加诉讼，但行政复议机关作共同被告的除外。

（三）普通的共同诉讼人

普通的共同诉讼是指当事人一方或双方是两人以上，其诉讼标的是同类的行政行为或行政协议，并由人民法院合并审理的诉讼。普通共同诉讼中的共同原告和共同被告统称为普通共同诉讼人。

普通共同诉讼的被诉行政行为或行政协议是多个而不是一个，而且这些行政行为或行政协议是同类的。所谓同类的行政行为是指当事人一方或双方为两人以上，对性质相同或依据的事实、理由相同的两个以上行政行为发生争议。[1] 同类行政协议同理，系指多个主体对性质相同或者内容相近的两个以上行政协议发生争议。由于普通共同诉讼是基于几个同样的行政行为或行政协议而发生的，因而实质上是几个独立的案件而不是一个案件，并且共同原告或共同被告之间没有不可分割的联系，也没有共同的权利义务，因此，普通共同诉讼并不必然引起合并审理，是否合并审理取决于合并审理的成本及人民法院的自由裁量权。人民法院认为可以而且有必要合并审理的，才合并审理；人民法院认为可以分别审理的，也可以分别进行审理，分别作出裁决。

普通共同诉讼与必要共同诉讼之间的区别在于：①在主体方面，普通共同诉讼的共同原告或共同被告，可以共同起诉或应诉，也可以分别起诉或应诉，对于没有起诉的原告或没有应诉的被告，无须通知其参加共同原告或共同被告一方；而对于必要共同诉讼的共同原告或共同被告，人民法院有义务通知没有起诉的原告或没有应诉的被告参加诉讼。②在诉讼标的方面，普通共同诉讼是同类的行政行为或行政

---

〔1〕 参见马怀德主编：《新编中华人民共和国行政诉讼法释义》，中国法制出版社 2014 年版，第 129 - 130 页。

协议，实质上是几个行为（协议）、几个案件；而必要共同诉讼是同一行政行为或行政协议，实质是一个行为（协议）、一个案件。③在审理方面，普通共同诉讼既可以合并审理也可以分别审理；而必要共同诉讼只能合并审理。

在行政诉讼中，目前普通共同诉讼人主要存在于以下几种情形：

1. 两个以上行政机关分别依据不同的法律、法规对同一相对人作出两个以上的行政行为，公民、法人或其他组织对这些行政行为均不服而向同一人民法院起诉，人民法院认为可以合并审理的，两个以上行政机关成为共同被告。例如，某餐厅擅自变更经营范围出售药品，被工商行政管理机关处以行政处罚，税务机关同时对其从事经营活动未纳税的行为作出了税务处罚决定。该餐厅对这两项处罚决定均不服，依法向人民法院起诉工商行政管理机关和税务机关，其实质是两个诉，而这两个处罚决定是针对同一事实作出的。因此，人民法院可以将这两个诉讼请求合并审理，这两个行政机关成为共同被告。

2. 行政机关就同一事实对若干公民、法人或其他组织分别作出行政行为，若干公民、法人或其他组织均不服，分别向同一人民法院起诉的，人民法院也可以合并审理，若干公民、法人或其他组织成为共同原告。如甲、乙两个公司合作完成某一建设项目并获得应税报酬后都未依法纳税，税务机关分别对这两个公司给予行政处罚，两个公司均不服，分别向同一人民法院提起诉讼，人民法院可以合并审理。此时，两个公司在诉讼中为共同原告。

3. 行政机关基于同一行政目的与若干公民、法人或其他组织就同类事项签署行政协议，若干公民、法人或其他组织就行政协议相关事项不服，分别向同一人民法院起诉的，人民法院也可以合并审理。例如政府拟就某一地块上的多栋房屋进行行政征收，并与前述房屋的所有权人签署了征收补偿协议，后多位屋主对补偿协议不满分别向同一法院提起诉讼，人民法院可以合并审理。

三、诉讼代表人制度

（一）诉讼代表人的概念和特征

诉讼代表人制度是为解决人数众多的群体性纠纷而设计的一种制度。同时，因为非法人组织没有法律上的人格，在行政诉讼中，如果无人能够代表其意志参加诉讼，其合法权益难以得到维护。因此，需要建立诉讼代表人制度。

所谓代表人诉讼，是指在原告方或被告方人数众多的情况下，由一人或数人作为代表进行诉讼，其他当事人可以不参加诉讼，但人民法院的判决及于全体当事人的诉讼形式。代表全体进行诉讼的当事人称为诉讼代表人。

归纳《行诉解释》（2018）第29条的内容，行政诉讼代表人具有以下特征：

1. 被代表的一方当事人为10人以上。因为当事人人数众多，都参加诉讼极为不便，也给法院的审理带来困难，因此，需要建立诉讼代表人制度。

2. 众多当事人一方具有相同或者属于同一种类的诉讼标的，即多数人之间存在共同诉讼人的利益关系。

3. 诉讼代表人必须适格。诉讼代表人必须是其所代表的一方当事人中的一员，与其他成员具有共同的利害关系，通过法定程序由当事人挑选；具有相应的诉讼行为能力；能够正确履行代表人义务，善意地维护被代表的全体成员的利益。

4. 代表人在诉讼中，可以代表当事人为一般的诉讼行为，其诉讼行为的效力及于其代表的所有当事人，但如果要处分被代表人的实体权利，如需要放弃或者变更诉讼请求等，则应征得被代表的当事人同意。代表人滥用代表权或者超出代表权限，损害被代表人利益的，应当认定其诉讼行为无效。

（二）行政诉讼代表人的种类

依据《行诉解释》（2018）第15条的规定，在行政诉讼中，诉讼代表人主要是合伙企业的行政诉讼代表人。《行诉解释》（2018）第15条第1款规定："合伙企业向人民法院提起诉讼的，应当以核准登记的字号为原告。未依法登记领取营业执照的个人合伙的全体合伙人为共同原告；全体合伙人可以推选代表人，被推选的代表人，应当由全体合伙人出具推选书。"

诉讼代表人不同于诉讼代理人。诉讼代理人本身与案件没有利害关系，他们是为了被代理人的利益参加诉讼的，诉讼代理人自身不得再委托代理人。诉讼代表人则不同，他们本身是案件当事人，同时，又代表当事人为诉讼行为，兼具当事人和代理人双重身份。为保障这些代表人充分履行其职责，《行诉解释》（2018）第29条规定，诉讼代表人可以委托1~2名代理人。

代表人一般应由被代表的当事人共同推选，以充分尊重当事人的意志，但由于当事人人数众多，意见难以统一，甚至可能存在利益冲突，导致难以推选出代表人。对此，《行诉解释》（2018）第29条第2款规定："根据行政诉讼法第28条的规定，当事人一方人数众多的，由当事人推选代表人。当事人推选不出的，可以由人民法院在起诉的当事人中指定代表人。"

四、行政诉讼代理人

（一）行政诉讼代理人的概念

在行政诉讼中，有些当事人无诉讼行为能力，或者有些当事人虽有诉讼行为能力，但由于不具有法律专业知识或因其他原因不愿或不能亲自参加诉讼时，这就需要由具有诉讼经验或诉讼知识的人代为进行相应的诉讼活动，以实现诉讼目的，维护自身合法权益。我国《行政诉讼法》规定，行政诉讼当事人的诉讼行为可以由他人代为进行。

所谓行政诉讼代理人，是指在代理权限内，以当事人名义作出行政诉讼行为，以维护该当事人利益的行政诉讼参加人。诉讼代理人代理当事人进行诉讼活动的权限，称为诉讼代理权。行政诉讼代理权既可以基于法律规定而产生，也可以由当事人委托而成立。在代理中，被代理的一方称为被代理人或委托人。

（二）行政诉讼代理人的特征

1. 行政诉讼代理人只能以被代理人的名义进行诉讼活动。代理人与案件无直接的利害关系，必须以被代理人的名义进行诉讼活动，才能代替被代理人行使诉讼权利，履行诉讼义务，代理的法律后果也属于被代理人。

2. 代理人只能代理一方当事人，不能同时代理利益相冲突的双方当事人。至于代理人能否同时代理同一方的两个以上当事人，我国法律未作规定。由于同一方的当事人的利益也时常存在冲突，因此，一般也不应允许同一代理人代理两个以上的同一方当事人。同理，代理人也不得同时代理原告、被告和第三人。

3. 行政诉讼代理人只能在代理权限范围内活动。代理人的代理权取决于法律规定，如法定代理人的代理权；或者由当事人授予，如委托代理人的代理权。诉讼代理人无论通过何种方式取得代理权，都必须认真行使权利，履行职责，不能随意放弃权利，也不能超越权限，否则其代理行为不能够产生预期的法律后果。代理人越权代理的行为给被代理人造成损害的，应承担相应的法律责任。

4. 代理人的代理活动所产生的法律后果，由被代理人承担。代理人参与诉讼的目的在于维护被代理人的合法权益，其代理行为的后果也应由被代理人承担，这是由代理行为的性质决定的。如果代理人越权代理，则应承担相应的责任。

5. 诉讼代理人必须具有诉讼行为能力。诉讼代理人的职责在于通过自身的诉讼行为维护被代理人的合法权益，因此其本身必须具有诉讼行为能力。如果诉讼代理人丧失诉讼行为能力，其诉讼代理人资格也随之消灭。

（三）行政诉讼代理人的种类

按其代理权来源不同，诉讼代理人可以分为法定诉讼代理人、指定诉讼代理人和委托诉讼代理人三类。

1. 法定诉讼代理人。法定诉讼代理人是指依据法律的直接规定而享有诉讼代理权，代理无诉讼行为能力的当事人进行诉讼的人。法律赋予法定代理权人的相应代理权，称为法定诉讼代理权。法定代理人的代理权限直接来源于法律的规定而非当事人的委托，可以从事当事人有权进行的所有诉讼活动。

法定诉讼代理人有以下几个特征：

（1）法定代理人的代理权来自法律的直接规定，无须诉讼当事人就委托代理事项作出意思表示，其行为也不受诉讼当事人的意志约束。

（2）法定代理人所代理的诉讼当事人仅为没有诉讼行为能力的自然人。具有诉讼行为能力的自然人、法人和其他组织可以亲自参加诉讼或通过明确有效的意思表示委托他人代为从事诉讼活动。但是无行为能力人本身无法从事诉讼活动，为了保护其合法权益，《行政诉讼法》规定了针对无行为能力的自然人的法定代理人制度。从《民法典》规定来看，无诉讼行为能力的自然人是指不满8周岁的完全无行为能力的未成年人、8周岁以上的限制行为能力的未成年人，以及不能辨别自己行为的成年人。

（3）法定代理人与被代理人之间存在亲权或者监护关系，如法定代理人系被代理人父母、配偶、子女、兄弟姐妹等。如果被代理人没有作为监护人的亲属，则由

第四章

未成年人父母所在单位或精神病人所在单位，或者他们所在地的居民委员会、村民委员会同意的，愿意承担监护责任的关系密切的其他个人、组织作为其代理人。除此之外的其他人不能担任法定代理人。法定代理权源于监护人的监护权，一旦监护人丧失监护权，就不得再以法定代理人的身份参与诉讼。

（4）行政诉讼中法定代理人的诉讼代理权限属于全权代理。在参与行政诉讼的过程中，法定代理人有权处分被代理人的诉讼权利和实体权利，其所作出的一切诉讼行为都被视为是被代理人自己所为的行为。但是，法定代理人不等同于当事人，其诉讼地位也有所区别，如法院确定管辖时是以当事人的住所地为准，而不考虑法定代理人的住所地等。

法定代理人的代理权因下列情形而归于消灭：①被代理的未成年人成年；②被代理的成年人恢复完全民事行为能力；③代理人死亡或丧失诉讼行为能力；④被代理人和代理人之间的监护关系被合法解除；⑤其他法律事实，例如代理人恶意损害被代理人的合法权益或法院变更代理人等。

2. 指定诉讼代理人。行政诉讼中的指定代理人，是指基于人民法院的指定而享有代理权，代替无诉讼行为能力人进行诉讼活动的人。指定代理人制度同样是为无诉讼行为能力者设定的，是对法定代理人制度的补充。但指定代理既不是基于监护权，也不是因当事人委托而产生，而是源于人民法院的依职权指定。指定代理产生的原因是法定代理人互相推诿代理职责，或者事先未确定监护人而监护人之间又协商不成，由人民法院在有监护资格的人之间作出指定。指定代理人一旦被法院指定就发生法律效力，而不论被代理人是否同意。指定代理人的权限范围，依其与被代理人的关系而定：如果指定代理人属于法定代理人范围，则可以行使被代理人的所有权利，即全权代理；如果指定代理人不属于法定代理人范围，则指定代理人的代理权限由法院确定。

指定代理人的代理权因下列情形而归于消灭：①诉讼代理事项完成，诉讼结束；②被代理人产生或恢复诉讼行为能力；③法定代理人可以行使代理权等。

3. 委托诉讼代理人。行政诉讼中的委托代理人，是指接受诉讼当事人或法定代理人的授权委托，代为进行诉讼活动的人。这种代理人的诉讼代理权是在委托人与受托人双方意思表示一致的基础上产生的，既不是源于法律的明确规定，也不是因人民法院的指定。委托诉讼代理是使用最普遍的一种代理方式。

通常情况下，由当事人本人委托诉讼代理人，如果当事人无诉讼行为能力，其法定代理人可以依法委托诉讼代理人。其法定代理人委托的诉讼代理人仍然是当事人本人的代理人，而不是法定代理人的代理人。当事人、法定代理人委托代理的人数是1~2人。当事人委托诉讼代理人，应当向法院提交由委托人签名或者盖章的授权委托书，公民在特殊情况下无法书面委托的，也可以由他人代书，并由自己捺印等方式确认。

根据《行政诉讼法》第31条第2款的规定，委托代理人的范围有：①律师和基层法律服务工作者。律师享有依法查阅、复印本案有关材料，向有关组织和公民调查、收集证据的权利等。但律师作为被告的委托代理人时，除非经人民法院许可，在诉讼过程中不得自行取证；基层法律服务工作者是指符合执业条件，经核准执业登记，领取《法律服务工作者执业证》，在农村乡镇、城市街道的基层法律服务组织中执业，为社会提供法律服务的人员。②当事人的近亲属或者工作人员。当事人是自然人时，近亲属包括配偶、父母、子女、兄弟姐妹、祖父母、外祖父母、孙子女、外孙子女和其他具有扶养、赡养关系的亲属；当事人是法人或者其他组织时，可以委托其工作人员作为诉讼代理人。③当事人所在社区、单位以及有关社会团体推荐的公民。当事人所在社区、单位对当事人的情况比较了解，比较关心当事人利益，由其所推荐的公民代为诉讼是被允许的；有关社会团体是指团体的性质或目的与当事人或行政诉讼案件有一定联系的社会团体，如当事人是妇女，中华全国妇女联合会便可以作为有关社会团体推荐公民代为诉讼。

委托代理权可以因下列情形而归于消灭：①诉讼代理事项完成，诉讼结束；②委托人解除委托；③受委托人辞去委托；④受委托人死亡或丧失诉讼行为能力。

【案例1】

四川省工商行政管理局（以下简称省工商局）于2002年8月1日对泸州市工商行政管理局（以下简称市工商局）作出川工商函［2002］189号《关于纠正企业名称的通知》，认为市工商局注册的企业"泸州某饲料有限公司"的名称损害了"正大"注册商标的专用权和在先权利人的合法权利，并导致社会公众及消费者的误解、误认。根据《企业名称登记管理规定》及其他相关规定，请市工商局对"泸州某饲料有限公司"的名称予以纠正。市工商局根据省工商局的通知，于2003年2月25日对泸州某饲料有限公司作出川工商办［2003］37号责令变更企业名称的通知，责令泸州某饲料有限公司变更企业名称。泸州某饲料有限公司不服，以四川省工商行政管理局和泸州市工商行政管理局为共同被告，向泸州市龙马潭区人民法院提起诉讼。泸州市龙马潭区人民法院一审以四川省工商行政管理局和泸州市工商行政管理局为共同被告，经过审理，驳回了原告的诉讼请求。原告不服，向泸州市中级人民法院提出上诉。泸州市中级人民法院经过审理，撤销了一审判决。

问题：

1. 本案共同被告是否正确？
2. 本案被告应如何认定？

【案例2】

原告马某某等11人高中毕业后，根据当年三门峡市某大学招生简章、三门峡市招生办招生专业目录及该市教育局、市政府有关文件报考该校，被录取进入师范类汉语言文学专业及英语教育专业学习，2001年7月毕业。根据有关文件精神，师范类汉语言文学专业及英语教育专业毕业生按照国家规定安置。毕业后马某某等 11 人于 2001 年 7 月 1 日被统一调配到三门峡市教育局报到。三门峡市教育局有关部门于 2001 年 8 月 8 日统一将马某某等 11 人转渑池县教育局报到。11 名原告持全国普通高等学校本专科毕业生就业报到证到渑池县教育局报到后，一直未被安排工作。自 2001 年 9 月起马某某等 11 人多次找三门峡市教育局、渑池县教育局要求安置工作。2002 年 8 月，三门峡市教育局将马某某等 11 人的档案转到渑池县教育局，但马某某等 11 人的工作一直未得到安置。2002 年 8 月，马某某等 11 人向三门峡市湖滨区法院提起诉讼。

法院认为本案中 11 名原告对被告不履行安置工作的职责不服，遂向人民法院提起行政诉讼。从案情来看，11 名原告之间的权利义务是各自独立的，其中一人的诉讼行为，无须得到其他人的承认，对其他人也不发生法律效力。因此，如果不合并审理的话，本案亦可分解为 11 个独立的诉讼。但为了简化诉讼程序，节省诉讼时间和费用，并避免人民法院在同一或同类事件上作出相互矛盾的判决，本案可按普通共同诉讼将 11 名原告的诉讼请求合并审理。

问题：本案法院的认定是否正确？应当如何处理？

第二节　行政诉讼的原告

一、行政诉讼原告的涵义

（一）行政诉讼原告的概念

行政诉讼的原告是指认为自己的合法权益受到行政主体的行政行为的不法侵害或者不利影响，或者认为行政协议的订立、履行、变更、终止等行为损害其合法权益，依据《行政诉讼法》及相关司法解释的规定，以自己的名义向人民法院提起诉讼的人，包括公民、法人或者其他组织。

为了防止滥诉现象的发生，充分有效地利用有限的司法资源，更好地保护当事人的合法权益，并防止司法权对行政权的不当干涉，确保行政主体依法行使职权，并非任何人都可以提起行政诉讼，只有符合一定法定条件的主体才可以作为行政诉讼的原告提起行政诉讼。这里所说的法定条件就是原告的资格问题。

（二）行政诉讼原告的特征

在行政诉讼中，原告是启动行政诉讼程序的一方。这是原告区别于其他当事人的本质特征。根据《行政诉讼法》第 2 条、第 25 条和第 49 条，《行诉解释》（2018）第 12 条，以及《行政协议司法解释》（2019）第 4 条、第 5 条的规定，行政诉讼的原告资格包括以下几点内容：

1. 行政诉讼的原告是行政相对人或行政协议相对方，以及其他与行政行为或行政协议有利害关系的公民、法人或其他非法人组织。公民、法人或其他组织的主体资格的确定可以适用《民法典》的有关规定。凡是具有中华人民共和国国籍的人都是公民。当然，此处用"公民"这个法律术语并不严谨，因为有权提起诉讼的还包括外国人、无国籍人和国籍不明的人等，应改为"自然人"[1] 法人是指依法成立，具有民事权利能力和民事行为能力，并能够以自己的财产独立承担法律责任，履行法律义务的组织。非法人组织是指法人之外的社会团体。当然，并非人们之间成立的一切组织都是行政诉讼法上的非法人组织，在法律上没有独立的诉讼主体资格的社会团体，如松散的读书会、同乡会等就没有行政诉讼主体资格。参照《最高人民法院关于适用〈中华人民共和国民事诉讼法〉的解释》第 52 条的规定，非法人组织是指依法成立、有一定组织机构和财产，但又不具备法人资格的组织。至于一个组织应具备多少财产，其组织化要到何种程度才能被视为是具有行政诉讼主体资格的"非法人组织"，现行法律没有也不可能作出详细规定，由人民法院在案件审理中裁量决定。如果一个组织没有被人民法院确认为是具有诉讼主体资格的非法人组织，则其没有原告资格，涉及该组织的诉讼应由其组织成员以个人名义起诉。

建立行政诉讼制度的目的在于为相对人或行政协议相对方以及其他与行政行为或行政协议有利害关系的公民、法人或者其他组织提供法律救济，保护其合法权益，规范行政机关的行政行为或行政协议行为。因此，行政诉讼的原告恒定为受到行政行为或行政协议影响的公民、法人或者其他组织，行政机关作为行政管理者，既无起诉权也无反诉权。需要指出的是，行政机关在法律上具有双重地位，当其作为行政主体作出行政行为或行政协议行为时，不具有原告资格；当其作为行政相对人或行政协议相对方接受其他行政主体管理或签署行政协议时，行政机关就具有行政相对人或相对方身份，可以成为行政诉讼的原告。

2. 原告是与被诉行政行为或行政协议有利害关系的人。根据 2017 年 4 月最高人民法院在"刘广明与张家港市人民政府案"再审裁定（［2017］最高法行申 169 号）所作的论述，这里与行政行为的利害关系指行政法上的利害关系，除特殊情形或法律另有规定，一般不包括民事法律上的利害关系。[2] 这种利害关系既可以表现为已经发生的不利影响，也可以表现为还没有实际发生，但能够证明行政行为必然导致不利影响的情形。"无利益则无诉权"，如果原告不能证明或者合理说明其与被诉行政行为或行政协议有利害关系，法院将不予受理或者驳回起诉。目前最高人民法院尚未就《行政协议司法解释》（2019）规定的行政协议的利害关系作出解读，但考虑到《行政协议司法解释》（2019）系对《行政诉讼法》所作出的司法解释，对前者的理解不应超脱出后者的框架之外。因此，原告与行政协议的利害关系同样应当是法律而非事实上的利害关系。

行政行为一经成立和生效，其效力所及的不仅是行为直接相对的人，即行政相

第四章

---

〔1〕　参见马怀德主编：《司法改革与行政诉讼制度的完善——〈行政诉讼法〉修改建议稿及理由说明书，中国政法大学出版社 2004 年版，第 190 页。
〔2〕　参见王天华："主观公权利的观念与保护规范理论的构造"，载《政法论坛》2020 年第 1 期。

对人，而且对其他人的权利、义务也可能产生影响，增加或者减损利益，这就是行政行为的复效性，权利义务受到影响的人被称为相关人。行政相对人具有原告资格不难理解，相关人的利益损害与行政行为之间的联系则不明显，但只要两者之间的联系达到相当的因果关系程度时，相关人也享有原告资格。《行诉解释》（2018）规定，相邻权人、公平竞争权人、行政复议第三人、受害人等享有原告资格。相当因果关系包括直接因果关系和间接因果关系。在因果关系的判断上，应当注意：①因果关系的顺序性，即因果关系具有自身特有的时间上的顺序性，原因总是先于结果发生，没有行政行为就没有其对合法权益的不利影响。所以，必须首先确立行政行为已经作出，然后确认行政相对人的合法权益是否受到不利影响。②当行政行为与其他条件结合才会造成损害发生时，如果该其他条件的存在先于行政行为而且行政主体已经或者应当知道时，损害与行政行为间仍然有因果关系。也就是说损害可能是行政行为直接造成的，也可能是行政行为通过其他行为的中介间接造成的，如行政行为对相邻权的侵害就是通过相邻关系发生的。

行政协议的订立、履行、变更、终止等行为除了会影响签订协议的相对方外，也可能损害其他人的合法权益。民法理论中的契约相对性对于行政协议并不适用，因为如果行政机关以行政协议作为开展行政管理的手段（行政机关享有选择行政手段的权力），那么相关协议已然成为公共行政的一部分[1]。作为公共行政组成部分的行政协议是具备辐射效力的，可能对其他主体的权益产生影响。《行政协议司法解释》（2019）规定，招标、拍卖、挂牌等竞争性活动的参与方，征收补偿协议涉及的土地、房屋等不动产的用益物权人、公房承租人等均享有原告资格。

较之早期的法律规定乃至司法解释，《行诉解释》（2018）放宽了对原告资格的严格限制，但"放宽"并不等于"取消"。相关人的范围不能无限扩大，更不是任何人只要"认为"自己的合法权益被侵害就具有原告资格。客观、实质上存在的利害关系是确定原告资格的决定性因素。法律上的利害关系即法律上的权利、义务关系，事实上的利害关系即行政行为造成了权利、义务上的实际影响。就行政行为诉讼而言，根据最高人民法院在刘广明案中所作的论述，《行政诉讼法》中的"利害关系"是指原告与行政行为本身而非行政行为后果具有的法律上利害关系[2]。

3. 一般情况下原告必须是认为行政行为或行政协议侵犯其合法权益的公民、法人或者其他组织。

（1）"一般情况下"系指除开公益诉讼的情形下。对于非公益行政诉讼而言，作为起诉资格基础的必须是原告"自己"的合法权益。原告必须是其主张的权利、

---

[1] Donald Frenzen, Administrative Contract in the United States, *George Washington Law Review*, 37（1968）, pp. 270~279.

[2] 参见耿宝建："主观公权利与原告主体资格——保护规范理论的中国式表述与运用"，载《行政法学研究》2020 年第 2 期。

利益的享有者。同时，行政诉讼的原告不以具备民法上的权利能力、责任能力为要件。因此，民法上不具备法人资格的合伙组织，以及已经被行政机关注销、撤销、合并、强令兼并、分立的非国有企业等，均可以作为原告提起行政诉讼。外国公民、法人或其他组织，根据对等原则，也可以提起行政诉讼。

（2）所谓"合法权益"，是指根据法律规定公民、法人或其他组织享有的权利以及由此获得的利益。合法权益包括人身权、财产权以及法律、法规规定受到行政法律规范明确保护的其他权益，或者法律规范并未明确规定但值得保护的利益。只有合法的权益才有保护的必要。权益实质上是否合法需要人民法院审理后作出判断，提前列出一份所有合法权益的清单是不现实的。[1]

（3）原告"认为"其合法权益受到侵犯。这里的"认为"是原告的一种主观认识，只要原告主观上认为其合法权益受到侵犯即可，"侵害"可以是已经发生的，也可以是实际尚未发生但可预期将来必定会发生的。前者如行政机关没收了相对人的财产，后者如行政机关许可某公司建一高层建筑，该建筑建成以后必定会影响到附近居民的采光权。只要公民、法人或其他组织与行政机关之间对行政行为或行政协议行为是否违法侵权存在争议即可。至于行政行为或行政协议行为是否确实侵犯原告的合法权益，则由人民法院审查后作出判断。前者是形式性的问题，后者是实质性的问题，需要在诉讼过程中加以解决。

4. 行政公益诉讼中的原告为检察机关，其在国家利益或者社会公共利益受到行政机关作为或不作为侵害时有权提起行政公益诉讼。

2017 年修订后的《行政诉讼法》第 25 条规定"人民检察院在履行职责中发现生态环境和资源保护、食品药品安全、国有财产保护、国有土地使用权出让等领域负有监督管理职责的行政机关违法行使职权或者不作为，致使国家利益或者社会公共利益受到侵害的，应当向行政机关提出检察建议，督促其依法履行职责。行政机关不依法履行职责的，人民检察院依法向人民法院提起诉讼"。可见，我国行政公益诉讼的原告只能是检察机关，就世界范围内看来这种"检察公益诉讼"制度尚属我国"独创"。[2] 从前述规定不难看出与普通行政诉讼原告不同的是，诉讼并非《行政诉讼法》赋予检察机关对抗行政违法的唯一手段，提出检察建议也是其权力之一。事实上自 2017 年《行政诉讼法》引入公益诉讼制度以来，大部分检察机关提出的检察建议均得到了行政机关的积极回复，据统计，截至 2018 年 11 月检察建议的回复整改率高达 97.37%。[3]

第四章

---

〔1〕　参见何海波：《行政诉讼法》，法律出版社 2016 年版，第 174 页。

〔2〕　参见刘艺："论国家治理体系下的检察公益诉讼"，载《中国法学》2020 年第 2 期。

〔3〕　参见张军："最高人民检察院关于开展公益诉讼检察工作情况的报告"，载最高人民检察院官网，https://www.spp.gov.cn/spp/tt/201910/t20191024_435925.shtml，最后访问日期：2020 年 5 月 4 日。
　　转引自刘艺："论国家治理体系下的检察公益诉讼"，载《中国法学》2020 年第 2 期。

（三）原告在行政诉讼中的特殊权利

行政诉讼的原告，属于诉讼法律关系的一方当事人。因此，他们应当具有前述的诉讼当事人在诉讼中的一般权利义务。同时，作为特殊的当事人，其诉讼权利与其他当事人又有所不同。行政诉讼原告的特殊权利主要有：①起诉权。行政诉讼中，被告方只有应诉、上诉权，不可能也不应有起诉和反诉的权利，这是与民事诉讼不同的。②申请延长起诉期限的权利。③申请复议和提起诉讼的选择权。④申请停止被诉行政行为的权利。⑤申请撤诉的权利。⑥附带请求国家赔偿的权利。

二、原告资格的确认

（一）原告资格的审查

根据《布莱克法律大辞典》的解释，原告资格，是指某人在司法性争端中所享有的将该争端诉诸司法程序的足够的利益，其中心课题是确定司法争端对起诉人的影响是否充分，从而使起诉人成为本案诉讼的正当原告。依照这一经典解释，行政诉讼原告资格是指某一公民或者组织充当行政诉讼原告应当具备的条件，也就是某一公民或者组织请求人民法院保护自己的合法权益所应具备的条件。[1] 行政诉讼原告资格的确立是为了明确当事人的诉权、防止滥诉现象的发生，从而避免司法资源的浪费和保证行政秩序的稳定。

原告起诉至法院后，依照我国现行法律规定，法院应当在7日内进行审查并决定是否予以立案，7日内仍不能作出判断的，应当先予立案。原告的资格问题属于法院审查的内容，在整个诉讼程序中，法院有权继续审查原告的资格问题。

原告资格的审查主要涉及以下两个方面：

1. 利害关系的审查。如果原告起诉的事实与争议的纠纷之间不存在利害关系，法院应当以原告与争议的纠纷无利害关系为由驳回起诉。需要注意的是，法院在审查立案阶段对利害关系的审查是形式审查，而不能做实质审查。所谓形式审查，是指法院在这一阶段审查利害关系时，仅应当依据原告在起诉状中表明的事实和提出的诉讼请求，来判断其与本案有无利害关系，而不能要求原告必须确切证明并使法院确信其与本案有利害关系。因为利害关系是否存在的判断属于实质判断，应当在诉讼程序中进行。如果在立案审查阶段就进行实质审查，将会产生剥夺相对人诉权的不良后果。

2. 原告法律人格的审查。这里的法律人格，是指原告有无法律上认可的、以自己的名义独立提起诉讼的资格。公民、法人一般都被认为具有原告资格，但是非法人组织以及特定情形的公民、法人，则容易产生争议。例如，关于无行为能力或者限制行为能力人本身利益的诉讼，应当以本人为原告提起诉讼，其监护人作为诉讼代理人参加诉讼，但如果该纠纷涉及法定代理人的监护权，即法定代理人认为行政行为侵害到监护权的行使，则应当由监护人以自己的名义提起诉讼。对于法人而言，

---

[1]　参见方世荣、徐银华、丁丽红编著：《行政诉讼法学》，清华大学出版社2006年版，第78页。

在正常情况之下，应当由法人起诉，但如果法人被吊销营业执照或者处于破产清算阶段，则由清算组织作为代表人以原法人的名义提起诉讼，而不是由原法人参加诉讼。

（二）行政诉讼法中的利害关系与保护规范理论

对于我国行政诉讼制度而言，"利害关系"系一个与原告标准相伴已久的概念。《行政诉讼法》（1989）将行政诉讼的原告限定为主观上认为具体行政行为"违法"的相对人，[1] 而与具体行政行为有利害关系的其他公民，仅有权作为第三人参加诉讼。《若干解释》（2000）第 12 条将行政诉权赋予了相对人以外"与具体行政行为有法律上利害关系的"主体。2014 年《行政诉讼法》修法时，为避免因法院对"法律上利害关系"的不同理解，造成对公民行政诉权的不当限制，删去了"法律上"的措辞，将"利害关系"作为行政诉讼原告的判定标准。[2] 虽然"利害关系"进入了学界、实务界视野已久，但如何准确把握这一概念的内涵仍然是一个难题。最高人民法院在刘广明案中通过引入保护规范理论来解决该问题，有学者就该案归纳出了一个"三要件"式的行政行为利害关系判断标准：①"利害关系"应当是法律上的利害关系；②利害相关人应当对行政行为具有"法定"的权益；③作为行政行为依据的法律规范应当具备保护特定利害关系人的意图。[3]

欲理解前述判定标准的内在逻辑，需要对保护规范理论作一个简要的了解。保护规范理论源自德国的公权利理论，所谓"公权利"系与"私权利"相对应的概念，如果说后者指私法主体为实现某种利益而为或不为某种行为的可能性，[4] 那么前者就是公民因行政法律、法规享有的，指向国家的类似关系。德国行政法学者毛雷尔认为，公权利系行政法赋予公民为实现其权益而要求国家为或者不为特定行为的权能。公权利存在两个判定要件，一是国家存在行政法上的作为义务（根据行政法律、法规的要求，国家应当为某种行为），二是国家的前述作为义务应当存在保护公民个人利益之目的（国家行为所依据的行政法律、法规具有保护个人利益的意图）。[5] 保护规范理论与公权利理论之间的逻辑联系在于，根据保护规范理论，公民只有在主观公权利受到侵害或者威胁时才能请求国家予以保护。[6] 最高人民法院将保护规范理论用于行政行为利害关系的判定，实际上是确立了只有公权利受到行政行为侵害的公民，才与行政行为具有行政法意义上的利害关系的逻辑判断。[7]

---

〔1〕 参见江必新主编：《新行政诉讼法专题讲座》，中国法制出版社 2015 年版，第 110 页。

〔2〕 参见何海波：《行政诉讼法》，法律出版社 2016 年版，第 194 页。

〔3〕 参见章剑生："行政诉讼原告资格中'利害关系'的判断结构"，载《中国法学》2019 年第 4 期。

〔4〕 参见马俊驹、余延满：《民法原论》，法律出版社 2010 年版，第 57 页。

〔5〕 参见王天华："主观公权利的观念与保护规范理论的构造"，载《政法论坛》2020 年第 1 期。

〔6〕 参见耿宝建："主观公权利与原告主体资格——保护规范理论的中国式表述与运用"，载《行政法学研究》2020 年第 2 期。

〔7〕 参见王天华："主观公权利的观念与保护规范理论的构造"，载《政法论坛》2020 年第 1 期。

值得注意的是，《行政协议司法解释》（2019）虽然规定行政协议诉讼的原告是与行政协议具有"利害关系"的公民、法人或者其他组织，但并未对如何判定行政协议的利害关系作出规定，而目前学界乃至实务界均无通说。考虑到行政协议并非行政行为的亚类型，刘广明案引入的保护规范理论是否同样适用于行政协议尚不清楚。

（三）原告资格的具体确定

上述原告资格只是提供了作为行政诉讼原告所需具备的标准，但此标准在实践中如何确认，则是一个复杂的问题。在不同的情况下，对于原告资格的确认也有所不同。

1. 相邻权人的原告资格。相邻权是不动产物权的适当扩张或者限制。相邻权是指不动产的占有人在行使物权时，对相毗邻的他人的不动产依法享有一定的支配权，如通风权、采光权、排水权等。因相邻权而引起的法律关系为相邻关系。[1] 从《民法通则》第 83 条的规定看，相邻关系是民事关系，但是民事主体侵犯他人相邻权的行为，在很多情况下与行政机关的行政行为有关，许多涉及不动产物权行使的行为要通过行政机关的审批或许可。行政执法中的相邻权问题常见于行政机关在审批土地或批准建房时，没有考虑到第三人的相邻权，例如行政机关审批通过了申请人甲的房屋规划，而甲的房子建成后妨碍了邻居乙的通行。对此，乙有无资格对审批机关提起行政诉讼？一种意见认为，相邻权人可以通过民事诉讼的途径解决纠纷；另一种意见认为，应该通过行政诉讼的途径解决。《行诉解释》（2018）第 12 条第 1 项作了规定，应当赋予相邻权人以行政诉讼原告资格。因为在此情况下，行政机关的行为虽然直接指向相对人甲，但相邻权人乙的合法权益也因此受到了影响。如果乙提起民事诉讼状告甲侵犯其权益，甲会以行政机关的审批作为抗辩，乙难以通过民事诉讼来求得救济，所以必须将赋予民事行为合法性的行政行为撤销或确认其违法。行政行为侵害了公民、法人或其他组织的相邻权，该公民、法人或者其他组织就与该行政行为具有了法律上的利害关系，具备了原告资格的本质要件，应当赋予相邻权人以原告资格。

2. 受害人的原告资格。受害人主要是指受到违法行为侵害而依法应当得到行政机关保护的人。如果受害人要求行政机关追究加害人的法律责任，而行政机关对加害人不予处罚或者处罚过轻，受害人可以向人民法院提起行政诉讼。此种情况下的受害人是否有权向人民法院提起行政诉讼的问题，就是受害人的原告资格问题。

受害人的原告资格，曾经被局限在狭窄的范围内。[2] 有人认为只有在法律明确授权或者规定的情况下，受害人才可以提起行政诉讼。其主要理由是：①受害人不是行政行为直接针对的对象，不是受争议的行政法律关系的主体，受害人一般与行

---

〔1〕 参见彭万林主编：《民法学》，中国政法大学出版社 2002 年版，第 303 页。

〔2〕 参见马怀德主编：《行政诉讼原理》，法律出版社 2003 年版，第 215 页。

政处罚这一行政行为没有利害关系。②行政机关拥有自由裁量权，对加害人从轻处罚并不构成违法，其他机关无权决定作出处罚决定的机关应当如何处罚。③目前，行政机关不作为引发的纠纷很多，如果受害人都可以提起行政诉讼，会超出法院承受能力；而且有的案件审理起来难度较大，如环境行政案件等，我国现有的司法资源无法承受。

我们认为，受害人有权要求法院判令行政机关追究加害人的法律责任。理由如下：①根据《行政处罚法》第1条的规定，行政机关对加害行为施加行政处罚的目的之一就是维护受害人的合法权益，在法律规定上具备针对受害人的保护意图。此外，虽然法律在处罚形式、程度问题上赋予了行政机关部分裁量权，但《行政处罚法》第4条同样要求任何行政处罚应当"与违法行为的事实、性质、情节以及社会危害程度相当"。因此，在个案违法事实、性质、情节以及社会危害等因素均得以确定的情形下，行政机关的裁量权已然收缩，受害人有权要求行政机关作出"错罚相符"之决定。而当这种公权利受到侵害时，受害人与处罚决定之间就形成了行政法上的利害关系。②如果不允许受害人提起诉讼，将会使行政机关的行为得不到纠正。赋予受害人以原告资格，可以有效地纠正行政机关的渎职和失职行为，有助于通过行政诉讼监督行政机关依法行政。③目前我国行政机关不作为的现象较多，这给国家利益和他人利益造成了很大危害。赋予受害人原告资格，有利于强化对不作为的监督，克服行政执法中的种种弊端。《行诉解释》（2018）第12条第3项明确规定了受害人的原告资格，规定"要求行政机关依法追究加害人法律责任"的受害人可以提起行政诉讼。此处的"法律责任"包括行政责任和民事责任。

3. 公平竞争权人的原告资格。公平竞争权是公民、法人和其他组织的一项民事权利。对公平竞争权人的侵害主要来自其他竞争者违反有关公平竞争原则和法律规定的行为，行政行为也可能会破坏公平竞争的环境或规则，限制公平竞争权的享有和行使。例如，行政机关通过行政行为非法干预平等主体之间的民事关系；行政机关在作出行政行为时不平等对待具有竞争关系的各方当事人；行政机关不履行行政义务（如不依法追究违法经营者的法律责任），客观上使守法的竞争者处于不利的竞争地位。上述行政行为显然对竞争者的权利产生了影响，竞争者能否提起行政诉讼呢？我们认为，竞争权人应当具有原告资格。因为其公平竞争权的被剥夺，直接或者间接地影响了其人身权或者财产权，即使损害并未实际发生，只是产生不利影响，同样符合原告资格的本质特征，应该允许竞争权人提起行政诉讼。《行诉解释》（2018）第12条第1项对此作出了明确规定。

4. 企业被强制终止或者改变形态与隶属关系情况下的原告资格。企业包括国有企业和非国有企业两种形态。《行诉解释》（2018）第16条第3款规定："非国有企业被行政机关注销、撤销、合并、强令兼并、出售、分立或者改变企业隶属关系的，该企业或者其法定代表人可以提起诉讼。"但《行诉解释》（2018）没有规定国有企业被行政机关强制终止或者改变形态与隶属关系时，是否具有原告资格。不论国有企业还是非国有企业，都依法享有企业权利，《行政诉讼法》也明确规定了行政行为侵犯企业经营自主权的案件属于行政诉讼的受案范围。所以，国有企业被侵犯经营自主权的，该国有企业或者其法定代表人可以作为原告提起行政诉讼。

5. 企业投资者的原告资格。由两个以上投资者组成的各种类型的企业，各方投资者的权益与其所投资组建企业的权益，一般情况下是一致的、混同的，但是在个别情况下两者的利益也可能不一致。《行诉解释》（2018）第16条赋予联营、合营、合作企业的内部权利人以独立的诉讼主体地位，规定无论是企业权益还是内部权利人的合法权益受损，该内部权利人与导致权益受损的行政行为都具有利害关系，可以以内部权利人自己的名义提起诉讼。在股份制企业中，股东的权益被企业完全吸收，两者的利益完全一致，所以，投资者个人不具有原告资格，股东大会、股东代表大会、董事会等是作为企业的权力机构代表企业利益的，它们以企业的名义起诉，具有原告资格的仍然是企业。[1]

6. 招标、拍卖、挂牌等竞标性活动参与方的原告资格。在行政机关发起的招标、拍卖、竞牌等活动中，胜出方会获取与行政机关开展交易的机会。如行政机关拒绝与胜出方签订相关行政协议，或失败方认为行政机关与胜出方签订协议的行为会损害其合法权益，则相关参与方可依据《行政协议司法解释》（2019）第5条第1款提起行政诉讼。招标、拍卖、挂牌等竞标性活动的参与方有权依据相关法律的规定，通过公平竞争自行政机关处获取潜在的交易机会，此为一种受法律保护的利益，例如我国《政府采购法》就旨在为供应商构建一个公平竞争的交易环境。在某些国家（例如美国），自政府处获取交易机会的法益甚至会被认定为财产权的一种。[2]

7. 被征收征用不动产的用益物权人、公房承租人的原告资格。在2011年《国有土地上房屋征收与补偿条例》出台之前，土地上房屋拆迁由持拆迁许可的市场主体实施，为此届时的拆迁补偿协议并不属于行政协议，由此产生的争议也只能通过民事诉讼解决。《国有土地上房屋征收与补偿条例》颁行后，土地上房屋的"拆迁"易名为"征收"，统一由行政机关执行，就此签署的征收补偿协议在性质上属于行政协议。根据《行政协议司法解释》（2019）规定，被征收人乃至不动产的用益物权人、公房承租人均可就此类征收补偿协议提起行政诉讼。如果被征收的对象为土地而非地上房屋，被征收人以及土地用益物权人同样有权对征收补偿协议提起行政诉讼。

另外，根据我国法律和相关司法解释的规定，与被诉的行政复议决定有利害关系或者在复议程序中被追加为第三人的相对人，与撤销或者变更行政行为有利害关系的相对人、合伙企业、具有法人资格的其他组织以及农村土地使用权人等，都具有原告资格，有权提起行政诉讼。

---

〔1〕 参见应松年主编：《行政诉讼法学》，中国政法大学出版社2002年版，第96—97页。

〔2〕 Three Rivers Cablevision, Inc. v. City of Pittsburgh, 502 F. Supp. 1118, 1118 (1980).

三、原告资格的转移

原告资格是法律赋予特定相对人提起行政诉讼的权利，原告资格确定后，通常不能转移，如果发生法定事由致使原告客观上不复存在时，应由其他相关的人或者组织接替进行诉讼，此时即发生原告资格的转移。原告资格转移后，由接替原告的人或者组织继续行使诉讼权利，履行诉讼义务。原告此前的诉讼行为仍然有效，对新的诉讼主体具有约束力。设立原告资格转移制度，可以切实保障相对人的合法权益，如果不允许原告资格转移，则其继承人依法享有的继承权也无法实现；设立原告资格转移制度，可以监督行政主体依法行政，行政诉讼的目的之一就是纠正违法的行政行为或行政协议行为，如果不允许原告资格转移，则违法行为将继续存在，有悖于行政诉讼的宗旨。

（一）原告资格转移的条件

1. 享有原告资格的权利人在法律上不复存在。公民作为权利人的，权利人不复存在是指自然人的生理死亡或者经人民法院依法宣告死亡；法人或者其他组织作为权利人的，权利人不复存在是指该法人或者组织的终止，包括解散、撤销、注销、合并或破产等。从本质上说，只有当具有原告资格的权利人既丧失行为能力又丧失权利能力时才发生原告资格转移问题。

2. 起诉权有效存在。享有起诉权的公民死亡、法人或组织终止时，法定诉讼时效并未经过，仍处于起诉的有效期。如果诉讼时效已过，原告资格享有者的诉权也随之消失，不产生原告资格的转移和承受问题。

3. 法定权利承受人的存在。公民死亡时，其近亲属是承受人；法人或者其他组织终止时，其起诉权由承受权利的法人或其他组织承受。原告资格的承受者与原告之间有着特定的利害关系，这种利害关系在自然人之间表现为近亲属关系，在法人或其他组织之间则表现为权利的承受关系。

4. 被转移人本身不可能具有原告资格。只有在被转移人本身无法获得原告资格的情况下才可能发生原告资格转移这一问题。

（二）原告资格转移的具体情形

1. 原告死亡。原告资格转移的一种情形是原告在诉讼中死亡，其近亲属没有放弃诉讼权利的，由其近亲属继续进行诉讼，没有近亲属或者近亲属放弃诉讼权利的，诉讼终结。死亡包括自然死亡和按法定程序宣告死亡。当事人死亡时间的不同，产生不同的法律后果。《行政诉讼法》第25条第2款规定："有权提起诉讼的公民死亡，其近亲属可以提起诉讼。"近亲属包括配偶、父母、子女、兄弟姐妹、祖父母、外祖父母、孙子女、外孙子女和其他具有扶养、赡养关系的亲属。这种情形并不属于严格意义上的原告资格转移，因为有关公民尚未提起诉讼即死亡，还没有取得原告资格，自然不发生原告资格转移的问题，其近亲属和有关人员是以自己的名义，直接作为原告起诉的，其原告资格并非承继而来，而是根据法律的规定直接获得。承受原告资格的近亲属如果胜诉，则享有其应有的权利，例如其可以继承已死亡公民曾经被行政主体违法没收的财产。同样，如果公民因被限制人身自由而不能提起诉讼时，其近亲属依照其口头或者书面委托，以该公民的名义提起诉讼时，也不发生原告资格转移，近亲属只是代表该公民行使起诉权而已。

如果已经死亡的原告在原诉状中提出与本人人身直接相关的诉讼请求，则其继承人不得继续参加诉讼，因为与人身直接相关的权利依法不得继承，故继承人不得就已经死亡的原告的人身权利提起诉讼。原告资格的转移意味着原告资格的承受主体自身享有诉权，按自己的意志自由处分诉权，可以以自己名义起诉，也可以不起诉；可以申请撤诉，也可以继续参加诉讼活动。

2. 法人或者其他组织终止。法人或者其他组织终止是指法人或者其他组织解散、撤销等。在诉讼进行前，法人或者其他组织终止的，承受其权利的法人、组织有权提起诉讼。这种情形也不属于严格意义上的原告资格转移，因为承受其权利的法人或者组织是以自己的名义直接进行诉讼。在诉讼过程中，法人或者其他组织被终止的，才发生原告资格的转移，由其权利义务承受人进行诉讼，被终止的原告之前的诉讼行为对继受的原告具有法律约束力。清算过程中的法人或者其他组织，包括被行政部门吊销营业执照尚未清算完毕的企业，并未丧失诉讼主体资格，该法人或者组织并未终止，由清算组代表该组织参加诉讼。

【案例3】

2003年12月29日，无锡市锡山区物价局作出锡山价费〔2003〕58号《关于某都市花园商品房预售价格的批复》，该批复核定第三人某公司开发的某都市花园商品房预售价格为每平方米2703元，销售时市场价格浮动幅度不得超过6%。原告胡某某对此批复不服，提起行政诉讼。原告诉称：虽然其并未购买某都市花园的商品房，但无锡市锡山区物价局的批复同样侵害了原告作为潜在消费者的合法权益，并且该批复在核定商品房预售价格及销售价格浮动幅度方面均违反相关法律规定。故请求法院依法撤销该批复。被告辩称：根据法律规定，公民、法人或其他组织向人民法院起诉时，应当提供符合起诉条件的相应证据材料。本案起诉人只是虚拟的、可能的消费者，其与本案的行政行为并不存在真正的利害关系，因此不具有原告资格。

根据《行政诉讼法》第2条、第49条的规定，胡某某认为无锡市锡山区物价局的批复侵害了其作为潜在消费者的合法权益，并且该批复在核定商品房预售价格及销售价格浮动幅度方面均违反相关法律规定，因此其具有起诉权，但拥有起诉权不等于有原告资格，只有与行政行为有利害关系才具有原告资格。这里的利害关系应理解为权利义务受到了实际影响或将来必然产生影响，当事人所受到的侵害与被诉行政行为存在因果关系。当然，原告资格只是一种程序性权利，并不要求在起诉时就有足够证据证明真实发生了侵害起诉人权利的事实，这是法院在诉讼程序中进行审查、认定的事项。

问题：本案胡某某是否具有原告资格？理由何在？

【案例4】

1997年，胡某某认识了张某某并确立恋爱关系。1999年，上海市闸北区政府准备招商，改建七浦路服装市场。两人的投资改造计划和申请获得批准，注册了上海新七浦投资发展有限公司。公司当年就收回了投资，还纳税2000万元，成为闸北区的纳税大户。

2002年年初，两人到乐清市民政机关办理婚姻登记，但忘记带婚检证明和胡某某的离婚证，对方不予办理，镇党委书记林某某因为他们对家乡建设有特殊贡献，决定特事特办，工作人员答应他们先回上海，改天让胡某某的堂兄胡某把婚检证明和离婚证送去，代为办理婚姻登记。几天之后，盖着乐清市民政局大印的两本结婚证经胡某之手送到了上海。2002年9月，胡某某因肝功能衰竭去世。张某某与胡某某的母亲郑某某因遗产分割产生分歧，张某某在上海起诉，要求分割遗产，随后，郑某某以他们的婚姻登记存在瑕疵为由，状告浙江省乐清市民政局，要求撤销该婚姻登记。

被告乐清市民政局认为原告郑某某没有起诉资格。根据《行政诉讼法》第2条第1款"公民、法人或者其他组织认为行政机关和行政机关工作人员的行政行为侵犯其合法权益，有权依照本法向人民法院提起诉讼"和第25条第2款"有权提起诉讼的公民死亡，其近亲属可以提起诉讼"。但胡某某从来没有"认为"自己的合法权益因为乐清市民政局批准他与张某某婚姻登记行为而受到侵犯，他从来没有实际起诉过或者有类似的意思表示。郑某某及其代理人也没有提出任何主张或者证据证明胡某某"认为"该行为侵犯了其利益。因此在胡某某死后，郑某某无权作为近亲属提起诉讼。

问题：本案郑某某是否有权提起行政诉讼呢？理由何在？

【案例5】

2017年公民李某向广东证监局举报中某上市公司公告文件涉嫌信息披露违法违规并要予以查处。2017年12月21日，广东证监局作出59号函就李某反映的问题进行回复，表明未发现存在其所举报的系列问题。2018年1月30日，李某因不服59号函，向证监会提起行政复议。证监会于2018年4月20日作出复议决定，以是否存在证券违法违规行为进行的核查并不直接影响李某权利义务为由驳回了其复议申请。李某不服，就证监会的复议决定提起行政诉讼，一审法院经审理后认为依据《证券法》的相关规定，证券监督管理机构对上市公司的信息披露事宜负有监督和管理的法定职责，但上述监管职责旨在规范证券发行和交易行为，保护投资者的合法权益，维护社会经济秩序和社会公共利益，并不针对某一特定投资者或上市公司员工所享有的个人利益。就本案而言，李某所主张的作为股票投资者的个人投资权益、作为上市公司员工的获取劳动报酬等权益并不在广东证监局作出59号函时应考量和保护的范围之内。因此，李某与59号函不具有行政法上的利害关系，应驳回起诉。

　　李某不服一审判决提起上诉，二审法院经审理后认为，《行政诉讼法》第25第1款条规定，行政行为的相对人以及其他与行政行为有利害关系的公民、法人或者其他组织，有权提起诉讼。《行政复议法》第10条也有关于利害关系的规定。上述法条规定的"有利害关系的公民、法人或者其他组织"，不能扩大理解为所有直接或者间接受行政行为影响的公民、法人或者其他组织。所谓"利害关系"仍应限于法律上的利害关系，不宜包括反射性利益受到影响的公民、法人或者其他组织，前述法律上的利害关系，一般也仅指公法上的利害关系。也即只有主观公权利，即公法领域的权益，受到行政行为影响，存在受到损害的可能性的当事人，才与行政行为具有法律上利害关系。而以行政机关作出行政行为时所依据的行政实体法和所适用的行政实体法律规范体系，是否要求行政机关考虑、尊重和保护原告诉请保护的权利或法律上的利益，是判断是否存在公法上利害关系的重要标准。根据《证券法》的相关规定，证券监督管理机构对上市公司的信息披露事宜负有监督和管理的法定职责，但履行上述监管职责时，并不会考虑或直接保护某一特定投资者或上市公司员工个人的利益。故李某主张的其作为投资者和上市公司员工的个人权益，并不在广东证监局作出59号函时及开展59号函所对应的调查工作时，应于考虑和保护范围之内。因此，李某与59号函不具有《行政诉讼法》《行政复议法》所称之行政法意义上的利害关系。

　　问题：李某与59号函是否存在行政法意义上的利害关系？理由何在？

第四章

第三节　行政诉讼的被告

一、行政诉讼被告的涵义

（一）行政诉讼被告的概念和特征

　　行政诉讼的被告是指行政诉讼的原告认为其作出的行政行为或行政协议行为侵犯自身合法权益而提起行政诉讼，并由法院通知其应诉的行政机关或者被授权组织。被告是与行政诉讼原告相对应的另一方当事人。作为行政诉讼的一方当事人，被告具有以下主要特征：

　　1. 被告必须是具有国家行政职权的机关或者组织。①行政诉讼的被告是机关或者组织，而不是国家，也不是行政机关的工作人员。行政机关与国家之间是具体与抽象的关系，国家作为抽象的政治实体，通过设立的行政机关、立法机关、司法机关等表现出来，国家是无法成为行政诉讼的被告的；行政机关与行政机关工作人员是一种职务委托关系，工作人员实施的职务行为应被视为是其所在行政机关的行为，而不是个人行为。②只有"具有国家行政职权"的机关或者组织才能成为行政诉讼的被告。此处的机关或者组织不仅指国家行政机关，还包括法律、法规、规章授权的组织，依法能够以自己的名义对外独立行使职权的行政机关的内设机构、派出机构等，以及依法行使公共管理职权的社会公共组织，例如高等院校、行业协会等。

2. 被告必须是实施了被诉行政行为或未依法履行其法定职责，或者作出了相关的行政协议行为（订立、履行、变更、终止），并被原告认为侵犯其合法权益的主体。如果被告没有作出行政行为，也没有违法不作为，与原告之间就不存在行政争议，也就不会产生行政诉讼。

3. 被告是被原告指控并由法院通知其应诉的主体。自法院通知参加应诉之日起，有关行政主体即具备法律上的被告地位。从程序上讲，原告的指控与人民法院通知应诉这两个方面必须结合起来，才能产生被告。行政诉讼是依申请的司法审查行为，无起诉即无审查，如果公民、法人、其他组织或者检察机关（公益诉讼）不起诉某行政主体，人民法院就无权确定该行政主体为被告。没有原告的起诉，就不可能产生被告，但被告地位的确定又不是完全因为原告起诉，不能认为原告起诉书上所列的机关或者组织就是被告，只有经过法院审查确定并通知其应诉时，被告才能得以确定。

（二）被告在行政诉讼中的特殊权利义务

行政诉讼中的被告，作为诉讼当事人，具有一般诉讼当事人的权利义务，但是由于其特殊性，被告的部分权利义务受到扩张和限制。表现如下：①被告没有起诉权、反诉权；②在行政诉讼期间除非出现法定情形，被告不停止行政行为的执行。③有强制执行权的被告有对原告执行生效司法裁判的权力。

被告还必须履行下列义务：①对被诉行政行为负有举证义务，对签署行政协议的职权、程序，以及订立、履行、变更、解除行政协议等行为的合法性负有举证义务。②不得事后补证。③不得与原告自行和解。因为行政诉讼的争讼标的不是可以放弃的民事权利，而是国家行政职权行使的合法性，这应当由人民法院依法裁断，不得由当事人自我商定。

值得注意的是，原告在行政行为诉讼与行政协议诉讼中承担的举证义务存在较大区别。在行政行为诉讼中，原告作为行政机关单方意志的接受方，地位较为被动，因此对于行政行为的合法性而言，原告的举证系一种权利而非义务。但就行政协议而言，行政机关与相对方之间的意思表示具有相同价值，而非一方命令他方服从之关系，[1] 为此对于部分诉讼主张原告同样应当承担举证义务。《行政协议司法解释》（2019）第 10 条第 2 款规定，原告主张撤销、解除行政协议的，对撤销、解除行政协议的事由承担举证义务。

二、被告资格的确定

被告资格的确定是指对于某一行政行为或行政协议行为，原告及法院应当确定某一行政主体作为适格的被告。被告的确定牵涉到案件的管辖权、案件的审理对象及其他诸多问题。对于原告来说，同一纠纷可能存在多种起诉的可行性，针对不同

---

[1]　参见廖宏明：《行政契约之研究》，台湾 1995 年印行，第 28 页。

的被告起诉，可能意味着诉讼案件的整个框架发生变化。被告是否适格对于诉讼能否成立非常重要，如果原告起诉的被告不适格，又不同意变更的话，其起诉将被法院驳回，因此探讨被告的确定规则很有必要。

（一）被告的确定规则

因行政系统设置的层级繁复和机构庞杂，如何确定行政诉讼被告是一个比较复杂的问题。[1] 在不同的情况下，被告有所不同。具体而言，被告的确定要遵循以下两个规则：

1. 被告必须是被诉行政行为或行政协议行为的实施者，即要求"谁行为，谁被告"，行政行为或行政协议行为的实施者是谁，谁才能成为被告。如果公民、法人或其他组织直接向人民法院起诉的，应该以作出行政行为或行政协议行为的行政机关或者法律、法规、规章授权的组织为被告；经过行政复议的案件，如果复议机关作出了维持原行政行为的决定，虽然表面上看是原行政行为产生法律上或事实上的影响，但为了督促复议机关有效发挥其监督职能，现行立法规定复议机关与作出原行政行为的行政机关为共同被告；如果复议机关改变了原行政行为，对相对人或相关人权益产生影响的就不是原行政行为，而是行政复议决定行为，因此由行政复议机关作被告。

此外，由法律、法规或者规章授权的行政机关的内设机构、派出机构或其他组织，超出法定授权范围实施行政行为，当事人不服提起诉讼的，应该以实施该行为的机构或者组织为被告。即使该机构或组织行使了不属于自己的行政职权也要对该行为负责，而行政职权的真正归属者不能作被告。例如《治安管理处罚法》规定，派出所只有决定警告和 500 元以下罚款的权力，如果派出所作出了 500 元以上的罚款处罚，仍然是派出所作为被告，而不是派出所所属的公安局。但是，并非行为的实施者均能作被告，对被告的确定还需要遵循第二个规则。

2. 被告必须具有行政主体资格，即"谁主体，谁被告"。行政主体理论要求行政主体必须拥有法律、法规或规章授予的行政权力，具备独立承担法律责任的能力。因此如果行政行为的实施者不具备法律、法规或者规章的授权，则不能作为被告，此时承担行政行为法律后果的行政主体，或者行政权力归属的行政主体才能作为被告。[2] 对于行政协议而言，如果协议的签约主体均不具备行政主体资格，则此类协议不具备行政协议的主体要素，根本无法被认定为行政协议。[3]

一般情况下行政机关（包括派出机关）均具有行政主体资格，因此在其实施的行政行为或行政协议行为被诉时均能作被告。而行政机关的派出机构、内设机构以

〔1〕 参见杨伟东："行政诉讼法修改的基本动向及其问题"，载《国家检察官学院学报》2007 年第 2 期。

〔2〕 参见杨小君："我国行政诉讼被告资格认定标准之检讨"，载《法商研究》2007 年第 1 期。

〔3〕 参见黄永维、梁凤云、杨科雄："行政协议司法解释的若干重要制度创新"，载《法律适用》2020 年第 1 期。

及行政机关组建的机构只有在法律、法规或者规章授予相应行政权力的情况下，才具有行政主体资格，其所为的行政行为或行政协议行为被诉时，才能作被告；如果派出机构、内设机构以及组建的机构在没有法律、法规或规章授权的情况下，不论是以自己的名义还是以所属行政机关的名义为行政行为或行政协议行为，都不具有被告资格，只有其所属的行政机关才能作被告。

对于行政委托而言，只有委托者才能作被告，因为受委托人不是行政主体，其行使的行政权力属于委托者，作出行为是以委托者的名义，行政行为或行政协议行为的法律效果也归属于委托者。需要注意的是，行政机关在没有法律、法规或规章授权的情况下授权其内设机构、派出机构或者是其他组织行使行政职权的，该"授权"也应视为委托。

（二）对被告的具体认定

《行政诉讼法》第26条、《行诉解释》（2018）第19~26条以及《行政协议司法解释》（2019）第4条等对被告类型问题作了具体规定，按照现有规定，行政诉讼被告有以下几种情形：

1. 直接诉讼案件中的被告。直接起诉的案件是指原告对行政机关的行政行为不服，不经过复议程序而直接向人民法院起诉的案件。《行政诉讼法》第26条第1款规定了此类案件的被告是作出被诉行政行为的行政主体。我国行政诉讼案件根据救济途径的不同分为两类：①经过行政复议后再向人民法院起诉的；②当事人不经过复议程序直接向人民法院起诉的。前者称为经复议的案件，后者称为直接诉讼案件。对于行政机关的行政行为，法律、法规没有明确规定实行复议前置的，行政相对人既可以选择先复议后起诉，也可以选择直接起诉。

2. 经复议案件中的被告。经复议的案件，是指经过行政复议程序之后，复议申请人对复议结果不服，而向人民法院提起行政诉讼的案件。经过复议的案件，被告类型会出现以下情况：

（1）复议机关维持原行政行为的，复议机关与作出原行政行为的行政机关是共同被告；复议机关改变原行政行为的，复议机关是被告；

（2）复议机关在法定期间内不作复议决定，当事人对原行政行为不服起诉的，作出原行政行为的行政机关是被告；

（3）复议机关在法定期间内不作复议决定，当事人对复议机关不作为行为不服起诉的，复议机关是被告。

3. 共同行政行为中的被告。《行政诉讼法》第26条第4款规定："两个以上行政机关作出同一行政行为的，共同作出行政行为的行政机关是共同被告。"关于共同行为的认定，实践中主要以共同名义为标准。[1] 即两个以上行政机关以共同名义签署（以公章为准）而作出行政行为的，共同签署的机关是共同被告；如果只有一个

---

[1] 参见方世荣、徐银华、丁丽红编著：《行政诉讼法学》，清华大学出版社2006年版，第83页。

行政机关签署，则无论其他行政机关是否实质参与，都应视为系该签署行政机关的行为，由签署行政机关为被告；如果是多个行政机关实质参与的行政行为，但均无签署的法律文书，则要以所有行政机关的实质参与来作出认定；如果行政机关与非行政机关（不具备行政主体资格）共同署名作出行政决定，只能以作出决定的行政机关作为被告。但人民法院可以通知非行政机关作为第三人参加诉讼。

4. 授权关系中的被告。从《行诉解释》（2018）第 20 条、第 21 条的规定看，行政诉讼法意义上的"授权"是指法律、法规或者规章把某一国家行政职权设定给某一组织。这一"授权"有以下几个法律特征：

（1）授权关系中的一方当事人——授权方，是法律、法规或者规章的制定机关；

（2）授权关系中的另一方当事人——被授权方，是被法律、法规或者规章赋予国家行政职权的组织；

（3）授权的效果在于使被授权的组织成为独立的行政主体，其被授权后，可以以自己的名义实施行政行为。

授权关系成立后，被授权的组织行使被授予的行政职权时，该组织是行政诉讼的被告。因为授权行为实质上是"立法行为"，[1] 而不是行政行为。授权方是"立法主体"，立法机关显然不能因为实施了立法行为而成为行政诉讼关系中的一方当事人。授权关系成立后，被授权组织就拥有了行政主体的资格，被赋予了行政职权，该组织应对其作出的行政行为负责。

5. 委托关系中的被告。行政委托与授权不同，它是指行政机关委托其他组织代行使其行政职权的行为。在行政管理活动中，行政委托的现象比较常见。目前，只有《行政处罚法》对委托的条件作出了明确的规定。《行政诉讼法》第 26 条第 5 款规定："行政机关委托的组织所作的行政行为，委托的行政机关是被告。"委托关系具有以下特征：

（1）委托关系中的一方当事人——委托方，是拥有行政职权的行政机关；

（2）委托关系中的另一方当事人——被委托方，也称代理人，是其他组织，它可以是行政机关，也可以不是行政机关；

（3）委托行为的性质是行政协议行为，需要以双方合意为基础，双方当事人之间没有命令与服从的关系；

（4）委托关系成立以后，被委托的组织只能以委托方的名义代行委托方的托付的职权，行为效果属于委托方。

根据《行政诉讼法》与最高人民法院的相关解释的规定，法律、法规或者规章直接赋予其他组织拥有行政职权的，属于授权；不是法律、法规或者规章直接赋予其他组织以行政职权的，则不是授权而是委托。

---

〔1〕　参见胡建淼主编：《行政诉讼法学》，高等教育出版社 2003 年版，第 111 页。

6. 行政机关被撤销或者职权变更的被告。行政机关被撤销，在机关改革中是经常发生的，《行政诉讼法》第 26 条第 6 款对这种情况下被告如何确认作了规定。行政机关被撤销以后，继续行使其职权的行政机关可能有两种情况：

（1）一个行政机关被撤销以后，其原有职权被并入到另一个行政机关之中，此时，这一被并入职权的行政机关属于"继续行使其职权的行政机关"，由其担任被告；一个行政机关被撤销以后，其原有职权没有被并入到另一个行政机关之中，此时，应由撤销其的行政机关作为"继续行使其职权的行政机关"来担任被告。

（2）原行使某项职权的行政机关虽未被撤销，但其该项职能转移为由另一行政机关行使，则由继续行使该项职权的行政机关担任被告。

7. 行政审批关系中的被告。一个行政机关作出的行政行为，经常要经过上级行政机关批准。对此，《行诉解释》（2018）第 19 条作了规定。理解该条规定，应当把握三点：

（1）对"经上级行政机关批准的行政行为"应作广义上的理解，它既包括经上级机关批准，也包括经上级机关同意或者认可，还包括上级机关根据下级机关对其请示所作的批复等情形。

（2）"对外发生法律效力的文书"，是指对公民、法人或其他组织的权利义务具有法律效力的法律文书。

（3）以"署名的机关为被告"，是指对外发生法律效力的文书上署名或者盖章的机关，即为被告。

8. 行政协议诉讼中的被告。公民认为行政机关作出的行政协议订立、履行、变更、终止等行为损害其合法权益，进而提起行政诉讼的，作出前述行政协议行为的行政机关是被告。根据《行政协议司法解释》（2019）第 4 条的规定，行政机关委托的组织作为行政协议签约主体的情形下，委托机关应当作为被告应诉。

9. 其他情况。

（1）行政机关组建的不具有行政主体资格的组织作出行为时的被告。现实中常有这样的情况，行政机关组建了一种机构，并赋予它一定的行政管理职能，但这种机构"不具有独立承担法律责任的能力"，即不具有行政主体的资格，如乡镇的"联防大队"、城市的"城管大队"等。当这种机关以自己的名义实施管理职能时，行政相对人不服提起诉讼的，应当以组建该机构的行政机关为被告。

需要说明的是，《行诉解释》（2018）第 20 条第 1 款只对这种机构"以自己的名义作出行政行为"时如何确定被告有规定，而没有对这种机构以别人的名义作出行政行为时如何确定被告作出规定。这是因为当这种机构以别人的名义作出行政行为时，表明它处于一种行政委托关系之中，这时应在"行政委托关系"的框架内确定被告。[1]

---

[1]　参见胡建淼主编：《行政诉讼法学》，高等教育出版社 2003 年版，第 114 页。

（2）行政机关的内设机构或者派出机构以自己的名义实施行为时的被告。按照行政主体理论，行政机关的内设机构或派出机构，都不具有行政主体的资格，因此不能以自己的名义对外行为。当它得到法律、法规或者规章的授权，以自己的名义实施行政行为时，按"授权关系规则"确定被告。当它没有得到法律、法规或者规章的授权，以自己的名义实施行政行为时，《行诉解释》（2018）第20条第3款规定此时应当按"行政委托关系"确定被告，即以该行政机关，而不是以其内设机构或派出机构为被告。

（3）需要注意的是，当行政机关的内设机构或派出机构得到法律、法规或者规章的授权，以自己的名义实施具体行政行为，但超越了法定授权范围时，被告如何确定的问题。对此，《行诉解释》（2018）第20条第2款规定，由实施该行为的机构或者组织为被告。因为行政主体的违法行为，仍然属于行政主体的行为，对主体资格的认定与其行为是否合法没有关系。

三、被告资格的转移

诉讼过程中，如果被诉的行政机关被撤销或其相应行政职权发生变更，则发生被告资格的转移问题。

《行政诉讼法》第26条第6款规定了行政机关被撤销或者其职权发生变更的，继续行使其职权的行政机关为被告。也就是说，如果有关撤销或职权变动的文件中已经明确了被撤销、变更行政机关的权利义务承受机关，则由该承受机关作为被告继续参加诉讼，原行政机关此前诉讼行为对继受的被告具有约束力。

但是在实践中，作为被告的行政机关被撤销后，可能发生以下两种情形：①作出行政行为之后、原告尚未提起行政诉讼时被撤销。在这种情况下，原告应对继续行使其职权的行政机关起诉。②在诉讼过程中、人民法院作出裁判前被撤销。在这种情形下，人民法院应当更换被告，通知新的被告应诉。上述两种情形都是行政机关被撤销后，有继续行使其职权的机关存在，如果行政机关被撤销后，没有继续行使其职权的机关存在，应当如何确定被告？根据《行诉解释》（2018）第23条的规定，行政机关被撤销或者职权变更，没有继续行使其职权的行政机关的，以其所属的人民政府为被告，实行垂直领导的，以垂直领导的上一级行政机关为被告。

【案例6】

1994年9月，田某考入北京某大学，取得本科生学籍。1996年2月29日，田某在参加电磁学课程补考过程中，随身携带写有电磁学公式的纸条，中途去厕所时，纸条掉出，被监考教师发现。监考教师虽未发现田某有偷看纸条的行为，但当即停止了田某的考试。北京某大学于同年3月5日按照"068号通知"第3条第5项关于"夹带者，包括写在手上等作弊行为者"的规定，认定田某的行为是考试作弊，根据第1条"凡考试作弊者，一律按退学处理"的规定，决定对田某按退学处理，4月10日填发了学籍变动通知。但是北京某大学没有直接向田某宣布处分决定和送达变更学籍通知，也未给田某办理退学手续。田某继续在该校以在校大学生的身份参加正常学习及学校组织的活动。

1996 年 3 月，田某的学生证丢失，北京某大学为田某补办了学生证。北京某大学每学年均收取田某交纳的教育费，并进行注册、发放大学生补助津贴，还安排田某参加毕业实习设计。田某还以该校大学生的名义参加考试，先后取得了证书。田某在该校学习的 4 年中，成绩全部合格，通过了毕业实习、设计及论文答辩，获得优秀毕业论文及毕业总成绩全班第 9 名。

北京某大学的部分教师曾经为田某的学籍一事向原国家教委申诉，原国家教委高校学生司于 1998 年 5 月 18 日致函北京某大学，认为该校对田某违反考场纪律一事处理过重，建议复查。同年 6 月 5 日，北京某大学复查后，仍然坚持原处理结论。

1998 年 6 月，北京某大学以原告田某不具有学籍为由，拒绝为其颁发毕业证，进而也未向教育行政部门呈报毕业派遣资格表，没有将田某列入授予学士学位资格名单内交本校的学位评定委员会审核。田某认为自己符合大学毕业生的法定条件，北京某大学拒绝给其颁发毕业证、学位证是违法的，遂向北京市海淀区人民法院提起行政诉讼。

问题：

1. 本案是否能够提起行政诉讼？
2. 高等院校能否作为行政诉讼的被告？

第四章

第五章

行政诉讼证据[*]

第五章

[内容提要]

　　本章介绍了行政诉讼证据制度。行政诉讼的证明对象主要是被诉行政行为或行政协议行为的合法性和事实基础。被告承担主要的举证责任，其举证范围不限于被诉行政行为合法性的事实依据、行政机关作出行政行为所依据的规范性文件，以及证明被诉行政协议行为（订立、履行、变更、解除等）合法性的事实与规范依据。被告应当在一审答辩期间向人民法院提供证据。我国法律具体规定了八类法定证据。诉讼中，行政机关及其代理人不得自行向原告、第三人和证人收集证据，也不得补充提供证据。人民法院有权要求当事人提供或补充证据，也有权依申请或者依职权向有关行政机关以及其他组织、公民调取证据。

第一节　行政诉讼证据概述

一、行政诉讼证据的概念

　　要界定行政诉讼证据的概念，首先要分析诉讼证据。现行法律条文没有对诉讼证据这一概念给出定义，而学界则出现了多种学说。关于诉讼证据的概念，学界主要有"原因说"，即认为诉讼证据是确认某种事实是否存在的原因；"手段说"，即认为诉讼证据是认定某一争议事实的方法或者手段；"结果说"，即认为诉讼证据是对待证事实的举证与调查的结果；"证明说"，即认为诉讼证据是依据已知材料对待

---

　　[*] 鉴于我国现行法并未就行政行为的概念进行界定，学界在行政行为的边界问题上分歧颇多（成协中，2020），进而导致对于行政行为与行政协议关系的理解也莫衷一是。例如有观点认为行政协议系行政行为的亚类型，也有观点认为二者仅是部分包容关系（刘飞，2019）。从现行诉讼制度来看，二者在管辖、举证责任、法律适用等诉讼要件制度上存在明显差异，因此出于谨慎考虑，本章项下的"行政行为"仅指称单方行政行为，并不包含行政协议。参见成协中："行政行为概念生成的价值争论与路径选择"，载《法制与社会发展》2020年第1期，第154页。刘飞："行政协议诉讼的制度构建"，载《法学研究》2019年第3期，第36页。

证事实的推测；"事实说"，即认为诉讼证据是推断案情是否存在的事实。综合分析各种学说，我们认为证据是法官在案件审理中据以认定案件事实的基础和根据，即证据是指一切用来证明案件事实的材料。[1] 证据的特性，一般表现在两个基本方面：①证据的证据能力；②证据的证明力。

证据能力，也称证据资格，是指证据材料作为证据所应当具有的属性，在英美法系国家，证据资格称为证据的可采性。学理上一般认为客观性、关联性和合法性是证据的属性。所谓客观性，是指证据是客观存在的事实，并非人们主观猜测的。所谓关联性，是指证据与案件待证事实之间有一定联系，证据应该能够证明案件事实是否存在。所谓合法性，是指证据必须是依照法律的要求和法定程序所取得的事实材料，包括证据的形式应当符合法律的要求，证据的提供、收集和审查，必须符合法定程序。

证明力，是指证据对案件事实有无证明效力以及证明效力的程度。证据能力解决的是证据的门槛问题，不具有证据能力的证据材料，根本不能作为证据提出，更不能作为定案的根据。证明力解决的则是具有证据能力的证据对待证事实证明程度的强弱问题。因此可以说，所谓证据能力，是从形式方面观察其资格；证明力，是从实质方面考察其价值。证据的证明力与上文介绍的证据"三性"在逻辑上关系紧密：证据的客观性、关联性决定了其证明力的强弱，而证据的合法性则是其证明力存在的基础，不具有合法性的证据完全不可采纳，其证明力为零。[2]

行政诉讼证据作为证据的一种，是指在行政案件中，行政主体用以证明案件真实情况的一切事实材料。当事人提供和法院收集的证据，在法律上均无预决力，所有的证据都必须经过法院审查属实后，才能作为定案的依据。

行政诉讼的证据既有民事诉讼证据和刑事诉讼证据的共性，又有自身的特殊性。首先，行政诉讼证据具有与其他诉讼证据相同的特征：即客观性、关联性、合法性；其次，由于行政诉讼特殊的诉讼目的和举证规则，行政诉讼证据还具有不同于其他诉讼证据的特征：

1. 举证责任方面。被告对被诉行政行为的合法性，以及大部分行政协议行为合法性负有举证责任，原告只在特殊情况下对特定事项承担举证责任。而在刑事诉讼中，公诉机关是最主要的证明主体；在民事诉讼中，最主要的证明主体是原告和被告。

2. 证明对象方面。①行政行为诉讼中，法院主要围绕被诉行政行为是否合法进行审理，因此，证明对象是被诉行政行为的合法性以及是否侵犯了相对人的合法权益。②行政协议诉讼中，法院不仅审查被诉行政协议行为的合法性，还需就其合约

---

〔1〕　参见章剑生主编：《行政诉讼法学》，高等教育出版社2006年版，第201页。
〔2〕　参见何海波：《行政诉讼法》，法律出版社2016年版，第400页。

情况展开审查。[1] 因此，证明对象是被诉行政协议行为的合法性、合约性以及是否侵犯了相对人的合法权益。与此相适应，当事人所提供的证明对象包括：①被诉行政行为合法性的法律依据和事实依据；②被诉行政协议行为的合法性、合约性的法律依据和事实依据。而民事诉讼的证明对象是当事人的主张是否成立，刑事诉讼的证明对象是刑事被告人的行为是否构成犯罪或者犯罪的危害性程度。

3. 证据种类方面。行政诉讼的法定证据包括了其他诉讼证据所没有的现场笔录。此外，行政诉讼的被告还必须向法院提供作为被诉行政行为作出依据的规范性文件，规范性文件虽然不是证据，但对行政行为的合法性也起到了一定的证明作用。

4. 证据来源方面。被诉行政行为在进入法院的司法审查前，通常都经过了行政程序或行政复议程序，而行政机关作出行政协议行为前通常已经履行相应的法定程序、职责，并应当留存相关记录。由"先取证、后裁决"的行政程序规则以及举证责任分担的相对确定性所决定，行政诉讼证据主要从案卷中取得，并且主要由被告提供给人民法院。

二、行政诉讼证据的种类

按照不同的标准，行政诉讼的证据可以分为不同的种类，例如原始证据、传来证据；直接证据、间接证据；主要证据、次要证据等。现行《行政诉讼法》第33条按照诉讼证据的具体形式，把行政诉讼的证据分为以下八类：

1. 书证。书证是指以文字、符号、图形、表格等形式记载的，能够表达人的思想和行为的，能够证明案件事实的材料。其特征是通过表达或反应的思想内容来证明案件事实。在行政诉讼中，作为书证的文书主要有行政决定书、公证书、证明书、许可证、执照、通知书等。此外，还有文件、图表、账册、信函等。《行政诉讼证据规定》明确了当事人提供书证应当符合的条件。法律、法规、司法解释和规章对书证的制作形式另有规定的，从其规定。

2. 物证。物证即作为证据的物品，是指以其存在的外形、规格、质量、特征等来证明案件事实的实物和痕迹。其基本特征是以物品的自然状态来证明案件事实，不带有主观内容。作为证据的物品都是有形物，能够为人们所观察，可以在一定条件下进行比较鉴别，因此具有较强的证明力。物证与书证都属于实物证据，但物证以其存在状况、外部特征或者物质属性来证明案件事实，书证则以其记载的内容和表达的思想来证明案件事实。

3. 视听资料。视听资料是指利用录音、录像、计算机等现代科技设备反映的音像和存储的信息资料等形式来证明案件事实的材料。其特征是形象、生动，但由于需要借助于科学仪器来呈现，容易通过技术手段篡改或者伪造，如可以通过消磁、剪辑等方式改变录音、录像带的内容。

4. 电子数据。电子数据是指以数字化形式存储、处理和传输的数据，具体表现

---

[1]　参见梁凤云："行政协议案件适用合同法的问题"，载《中国法律评论》2017年第1期。

为电子邮件、网上聊天记录、手机短信、电子签名、网络访问记录等电子形式的证据。随着电子技术特别是计算机和互联网技术的发展，电子数据数量越来越多，在审判活动中作用也越来越大。由于电子数据具有复合性、高科技性、脆弱性和隐蔽性等特点，因而有必要作为一种独立的证据类型。

5. 证人证言。证人证言是指了解案件情况的非本案诉讼参加人以书面或者口头的方式，向人民法院所作的对案件事实的陈述。证人必须是能正确表达意思的自然人，凡是了解案件情况的人，都可以作为证人。证人在诉讼法上享有一定的权利并承担一定的义务。证人有权要求宣读、查阅或修改询问笔录，有权使用本民族的语言文字进行陈述，有权请求支付作证所需的一切费用。证人负有出庭作证和如实作证的义务。证人作伪证的，依法追究其法律责任。

6. 当事人的陈述。当事人的陈述是指原告、被告或第三人就自己所经历的案件事实，向人民法院所作的陈述、辩解。当事人是行政诉讼的参加者，了解案件事实，当事人的陈述是一种应用广泛且有较强证明力的证据形式。但是，由于当事人与案件结果有直接的利害关系，当事人的陈述可能存在一定的片面性和虚假性。

7. 鉴定意见。鉴定意见是指由鉴定部门指派具有专门知识和专门技能的人对某些专门性问题进行分析、鉴别和判断，从而得出能够证明案件事实的书面意见。

8. 勘验笔录、现场笔录。勘验笔录是指人民法院或行政机关工作人员对有关案件事实的现场或物品进行就地检测、勘验和分析后所作的能够证明案件情况的书面记录。例如，对有争议的建筑物进行拍照，确定方位并以文字、表格、图画等形式做成的记录。人民法院在勘验物品或现场时，勘验人员必须出示有关证明，勘验时应当邀请当地基层组织或有关单位派人参加。当事人或其成年家属应当到场，拒不到场的，不影响勘验工作的进行。

现场笔录是指行政机关工作人员在执行职务过程中对有关行政管理活动的现场情况当场所作的书面记录。它是行政诉讼中的特殊证据形式，只能在行政行为的实施过程中作出，如公安人员对违反治安管理的人所作的询问笔录。现场笔录必须现场制作，不能事后补作。行政诉讼中的现场包括行政违法行为发生的场所、作出行政行为的场所以及案件事实发生的其他场所。现场笔录应由执行职务人、当事人、见证人等有关人员签名或盖章。

现场笔录与勘验笔录有以下区别：①制作主体不同。勘验笔录的制作主体广泛，既可以是行政机关工作人员，也可以是法院审判人员；而现场笔录只能由行政机关的工作人员制作。②制作内容不同。勘验笔录是对专门的物品勘测后所作的记录，反映的多为静态的客观情况，并且一般是案件发生以后制作的；而现场笔录是对事发现场当时的情况所作的记录，一般为动态的事实，并且具有即时性，当场作出。③证明效力不同。勘验笔录是间接证据，与待证事实之间只有间接联系，不能直接证明案件事实；而现场笔录是直接证据，可以直接证明案件事实。

第
五
章

【案例1】

原告某物业管理委员会（以下简称某管委会）于 2001 年 6 月 15 日依法成立。2002 年 6 月 15 日，原告任期届满。此前，原告依照法定程序进行了改选，并于 2002 年 6 月 14 日以挂号信的方式，向被告申请备案。被告收到申请后，曾电话通知原告汇报工作，但并未在 15 日内以书面形式告知原告不予备案。直到 2003 年 8 月 14 日，原告才从被告的证词中得知被告没有对原告备案。原告认为，被告的行为损害了原告的合法权益，应当纠正，请求确认被告不履行备案职责的行为违法。

原告提交的证据有：①备案材料邮寄存根和投递签收清单，用以证明某管委会改选后即向海淀区房管局申请备案。②法院调查笔录，用以证明海淀区房管局工作人员在接受法院调查时，明确表示某管委会未备案。

被告海淀区房管局辩称：某管委会在改选过程中，未召开业主大会，以挂号信的方式申请备案时未提交应当提交的备案申请书、管委会章程等材料，均不符合《关于物业管理委员会委员补选、改选、换届选举及变更事项的通知》的规定，而且我局收到了某小区业主关于管委会不为业主办实事、以公告方式进行管委会换届选举侵害广大业主权益的举报。所以，我局认为某管委会提交的改选备案申请不符合备案条件，我局工作人员已明确告知某管委会对其申请不予备案，请求驳回某管委会的诉讼请求。

被告提交的证据有：①某小区 500 名业主签名的举报信，用以证明业主举报某管委会改选程序不合法。②某管委会寄给被告的挂号信，用以证明某管委会曾以挂号信的方式申请备案。③海淀区房管局委托代理人的陈述。主要内容是：我局经办人员接到某管委会寄来的挂号信后，打电话通知某管委会人员到本局谈话，在谈话中明确告知其提交的备案材料不齐备、不符合备案条件，不予备案。该陈述用以证明已将不备案的情况及原因明确通知某管委会。

北京市海淀区人民法院经审理后判决：确认被告海淀区房管局对原告某管委会提出的换届选举登记备案申请不履行备案职责的行为违法。

问题：本案原、被告提交了哪些种类的证据？

【案例2】

1989 年 3 月 3 日，拱北海关在中国海域东经 114 度 35 分，北纬 22 度 10 分，即珠海市担杆岛附近海域，查获台湾货轮"某二号"，并由该轮船长蔡某某在海图上定位签字。海关人员出示搜查证，经检查该船载有外国香烟 4760 箱，但随船携带的载货清单对香烟没有记录。3 月 11 日，拱北海关依法认定蔡某某没有合法证明，运载大量外国香烟进入内海，其行为属走私，故作出没收其走私香烟的行政处罚，蔡某某不服，向法院起诉。

本案争议焦点是认定查获走私轮船的地点。原告称，"某二号"是在公海上行驶时，被中国警方使用武力控制的。被告则提出，该轮船是在中国领海内被中国警方登临和检查的。原告对自己的主张提不出有力的证据；被告则提出了蔡某某签字的海关测定截停方位的图纸和笔录、原告亲笔在海图上注明的截停时间和地点等证据。一审法院经公开审理后判决维持拱北海关的行政处罚决定，驳回原告的诉讼请求。蔡某某提出上诉，二审法院经公开审理后判决维持原审判决，驳回上诉人的上诉请求。

　　问题：本案所涉是何种类型的证据？其合法有效的条件是什么？

第二节　行政诉讼的举证责任

一、行政诉讼举证责任的概念

　　举证责任一词，最早出现在罗马法中，拉丁文为"onus probandi"，并且被古罗马法学家使用。此后，英美法系国家和大陆法系国家由于存在不同的历史传统和法律制度，对于举证责任有不同的表述。在英美法系国家，学者提出将举证责任分为提供证据的责任和说服责任。[1] 前者是指当事人应提供证据证明其主张；后者是指在实体问题上，当事人应提供有足够证明力的证据，以获得法院的支持。在大陆法系国家，学者对于举证责任的性质分为主观的举证责任说和客观的举证责任说。前者认为举证责任是当事人就自己的主张向法院提供证据的一种义务或负担；后者是在法院审理终结，案件的真实性难以确定时，据以作出对某方当事人不利的裁判后果的依据。我国学者对于举证责任也有不同的观点。如"风险义务说"认为举证责任类似于诉讼义务，当事人必须承担，不得放弃，否则会带来不利的法律后果，因此是一种风险义务；"法定后果说"认为举证责任是法律预先规定，在案件真实情况难以确定的情况下，由一方当事人提供证据予以证明，否则将承担不利的法律后果；"权利义务说"认为举证责任既是当事人的权利也是当事人的义务。[2]

　　我们认为，行政诉讼的举证责任是指在行政诉讼中，由法律预先规定的，当事人应当就特定待证事实举出证据证明自己的主张，否则将承担败诉风险和不利后果的制度。这一概念包含以下三个层次的意义：①当事人对其主张的待证事实提供证据；②当事人所提供的证据能够证明其主张；③当事人对其主张不能提供证据时要承担败诉的不利后果。举证责任制度是行政诉讼制度的核心内容。

　　行政诉讼举证责任具有以下特征：行政诉讼的证明对象主要是被诉行政行为或行政协议行为，证明的重点是被诉行政行为的事实基础和合法性，以及被诉行政协议行为的合法性与合约性。在举证责任的分担上，被告承担主要的举证责任。被告必须依法提供证据证明被诉行政行为在行政程序中或被诉行政协议行为在作出时就已经合法，如果被告不能证明其作出的行政行为合法，或者不能证明具有签署行政协

〔1〕　参见马怀德主编：《行政诉讼原理》，法律出版社2003年版，第259页。
〔2〕　参见马怀德、周兰领：《行政诉讼案例教程》，中国政法大学出版社2005年版，第201页。

议的法定职权，并就此已履行相应法定程序、法定职责，或者不能证明其相应行政协议行为合法乃至合乎约定，则应当承担败诉的法律后果。行政机关的举证范围不限于被诉行政行为合法性的事实依据，还包括行政机关作出行政行为所依据的规范性文件，规范文件的提供有利于法院查明被诉行政行为的合法性，但其不同于普通的事实证据，不适用一般的证据规则；[1] 在举证时间上，也有特殊限制，即被告应当在一审答辩期间向人民法院提供证据。

二、行政诉讼举证责任的分担

行政诉讼举证责任的分担是指需要加以证明的争议事实应当由谁承担举证责任的问题。由于举证责任的分配实质是在当事人之间分配了诉讼能否成功的败诉风险，举证责任制度成为证据制度的核心问题之一。各国对举证责任的承担有不同规定，我国的法律和相关司法解释也作出了相应规定。

（一）被告承担主要的举证责任

在行政诉讼中，举证责任主要由作为被告方的行政主体承担。《行政诉讼法》第 34 条第 1 款规定："被告对作出的行政行为负有举证责任，应当提供作出该行政行为的证据和所依据的规范性文件。"《行政协议司法解释》（2019）第 10 条第 1 款规定："被告对于自己具有法定职权、履行法定程序、履行相应法定职责以及订立、履行、变更、解除行政协议等行为的合法性承担举证责任。"《行政诉讼法》及《行政协议司法解释》（2019）确定被告对被诉行政行为负举证责任，主要目的在于：

1. 由被告方承担举证责任，有利于保护原告一方的诉权。行政诉讼是作为原告的行政相对人认为行政机关的行政行为或行政协议行为侵犯其合法权益而提起的。相对人难以了解行政行为或行政协议行为的事实依据、法律依据和相关专业知识，如果要原告承担举证责任来证明行政行为或行政协议行为的违法性，显然不利于保护原告的诉权。

2. 由被告方承担举证责任，有利于促进行政主体依法行政。依法行政是国家行政管理的一项基本原则，法治原则要求行政机关在作出行政行为时应当证据确凿充分，正确认定事实，准确适用法律，遵循法定程序，而作出行政协议行为前应当履行相应的法定程序与法定职责。行政行为的程序规则是"先取证、后裁决"，而对于行政协议行为而言，行政机关依法履行职权系双方形成合意并签署协议的基础，[2] 因此被告所提供的，证明行为合法性的证据在行政行为或行政协议行为作出时都应具备，不论原告能否提供行政行为或行政协议行为违法的证据，行政主体都有义务提供其作出的行政行为或行政协议行为合法的证据。

3. 由被告方承担举证责任，有利于充分发挥行政主体的举证优势。举证能力是确定举证责任分配规则需要考虑的因素之一，如果将举证责任分配给举证能力明显

〔1〕　参见何海波：《行政诉讼法》，法律出版社 2016 年版，第 420 页。
〔2〕　参见刘飞："行政协议诉讼的制度构建"，载《法学研究》2019 年第 3 期。

偏弱的一方当事人，不符合公平原则。在国家行政管理活动中，行政主体处于主导地位，其实施行政行为时有取证的权力和有利条件，也无须征得相对人的同意。即便行政主体选择使用相对方参与度更高的行政协议作为履行行政职责的手段，其主导地位仍未发生变化。因为行政协议固然存在协议性的特征，但其"主旋律"仍是行政性，即行政主体采用行政协议作为履职方式，并不意味着其意图在相应的管理领域内实现民法意义上的意思自治，毋宁系希望通过契约形式利用市场资源配置功能实现公共资源的最大利益化。[1] 行政主体在通过行政协议使用公共资源的过程中，始终受到依法行政原则的统制，相对方的意志在触及"合法性"的红线时当归于无效。为此在确保行政协议"合法"这一层面上，行政主体占据着绝对的主导地位。在诉讼中由举证能力强的被告方负举证责任，有利于当事人双方的诉讼地位在事实上平等。

就行政行为的举证责任分配而言，《行政诉讼法》第34条规定，被告举证责任的范围包括作出行政行为的证据和所依据的规范性文件，即举证范围不限于事实依据，还包括行政主体作出行政行为的法律和行政规范依据，但规范依据并不适用证据规则。当然，被告对被诉的行政行为负举证责任，并不意味着被告对行政诉讼中的一切事实都负举证责任，在确定行政行为合法性时，必须由被告承担举证责任，在行政诉讼的其他方面，如原告资格、损害存在和发生的原因等问题，原告也要承担一定的证明责任。

就行政协议行为的举证责任分配而言，《行政协议司法解释》（2019）第10条规定，被告的举证责任范畴包含：①其具备签订相应协议的法定职权；②已履行必要的法定程序、法定职责；③被诉行政协议行为具备合法性。而原告主张撤销、解除行政协议的，应当对相关事由承担举证责任。此外，双方对协议条款是否履行发生争议的，由就相关条款负有履行义务的一方承担举证责任。

（二）原告承担有限的证明责任

《行政诉讼法》规定，原告对被诉行政行为或行政协议行为的违法性不承担举证责任，只对法律规定的特别事项以及其提出的部分行政协议主张承担举证责任，这是对被告承担主要举证责任这一原则的补充，因此不能将原告承担有限的证明责任与被告承担主要的举证责任置于同等地位。具体来说，原告有义务证明下列事项：

1. 证明起诉符合法定条件，但被告认为原告起诉超过起诉期限的除外。起诉条件是法律规定的当事人起诉所应当具备的法定条件，其目的是避免滥诉。就行政行为诉讼而言，《行政诉讼法》第49条规定了起诉应当符合四个条件：①原告是符合《行政诉讼法》第25条规定的公民、法人或者其他组织，即行政行为的相对人以及其他与行政行为有利害关系的公民、法人或者其他组织；②有明确的被告；③有具体的诉讼请求和事实根据；④属于人民法院受案范围和受诉人民法院管辖。而对于

〔1〕　参见陈国栋："行政合同行政性新论——兼与崔建远教授商榷"，载《学术界》2018年第9期。

行政协议诉讼来说，《行政协议司法解释》（2019）第 2 条至第 6 条规定起诉应当符合以下条件：①诉讼标的为行政协议，《行政协议司法解释》（2019）第 1 条规定了行政协议的定义，即"行政机关为了实现行政管理或者公共服务目标，与公民、法人或者其他组织协商订立的具有行政法上权利义务内容的协议"；②原告是符合《行政协议司法解释》（2019）第 5 条规定的公民、法人或者其他组织，即行政协议的相对方以及其他与行政协议有利害关系的公民、法人或者其他组织；③被告为行政机关；④诉讼标的不属于《行政协议司法解释》（2019）第 3 条规定的两类协议：行政机关之间因公务协助等事由而订立的协议，以及行政机关与其工作人员订立的劳动人事协议；⑤其他《行政诉讼法》所规定的条件。人民法院经审查认为公民、法人或其他组织的起诉符合法定条件的，予以立案；不符合法定条件的，则应不予立案。如果人民法院受理后发现原告不符合起诉条件的，裁定驳回起诉。在法院审查起诉条件的期限内，被告并未参与到诉讼中，对原告起诉是否符合法定条件这一事项不承担举证责任。关于是否超过起诉期限的举证责任，应由被告承担，因为这是被告的主张，依据"谁主张，谁举证"的原则，被告应对自己的主张负举证责任。被告有义务在其行政决定中告知原告起诉期限，该告知义务的履行也由被告来证明。

2. 起诉被告不作为的案件中，原告应当提供其在行政程序中曾经提出申请的证据材料，证明其提出过申请的事实。[1] 被告不作为的案件必须先有相对人申请的存在，如果没有相对人的申请，行政机关不得主动作出行政行为。原告起诉被告不作为，就有责任证明其已经提出过申请。对此，《行政诉讼法》规定了两种例外的情形：①被告应依职权主动履行法定职责的，不需要相对人提出申请。例如某公民遭到歹徒殴打时被巡逻民警看见，民警未进行救援，在这种情况下，某公民只需证明民警看见歹徒殴打他即可，不必证明自己提出申请保护的事实。②原告因正当理由不能提供证据。如原告因被告受理申请的登记制度不完备而不能提供相关证据材料并能够作出合理说明的。因我国没有统一的行政程序法，现行法律、法规也没有对行政机关受理相对人申请后，是否进行登记作出统一规定，原告因此举证不能的情况在我国行政系统中普遍存在，要求原告证明自己提出过申请是很困难的。

3. 在行政赔偿、行政补偿案件或涉及补偿、赔偿的行政协议争议中，证明其因受损害而造成损失的事实。在行政赔偿案件中，关于行政行为是否合法，行政协议行为是否合法或合约，是否侵犯公民、法人或其他组织的合法权益的确认，因为涉及行政行为或行政协议行为合法性问题，应由被告承担举证责任，而赔偿是以损害为前提的，损害的事实应由赔偿的要求者即原告承担举证责任，被告对此没有能力进行举证；在行政补偿案件中，虽然行政行为是合法的，但却给公民、法人或其他组织

---

[1]　参见甘文："规范和理论的缺失与发展——关于行政诉讼原告举证责任的几个问题"，载《法律适用》2005 年第 8 期。

的合法权益造成了损失，国家应当依法予以合理的补偿，此时损失的事实同样需要由原告承担举证责任。无论是行政赔偿案件，还是行政补偿案件，原告对损失事实的举证责任都有一个例外，即因被告的原因导致原告无法举证的，由被告承担举证责任。

4. 行政协议可撤销事由的存在。《行政协议司法解释》（2019）第 10 条第 2 款规定，原告主张撤销行政协议的，对撤销事由的存在承担举证责任。就撤销请求权的行使而言，《行政协议司法解释》（2019）第 14 条规定，原告认为存在胁迫、欺诈、重大误解、显失公平等情形的可以向法院请求撤销行政协议。因此，行政协议撤销请求权行使的前提是原告主观"认为"行政协议存在可撤销的情形，原告应当就此种主观判断提供相应的依据，因为：①可撤销事由的存在与否与"依法行政"原则的遵循并无逻辑上的必然联系，并非行政主体所必需记录、留存的信息，该部分的举证责任不宜当然地分配给行政主体；②行政主体很难就可撤销事由的"不存在"进行举证，因为某种事实"不存在"的证明难度要远高于"存在"；③可撤销事由的存在与否本系原告的主观判断，如果不同时苛以举证责任，那么等同于在某种程度赋予了原告凌驾于行政主体之上的单方解除权。

5. 行政协议解除事由的存在。《行政协议司法解释》（2019）第 10 条第 2 款规定，原告主张解除行政协议的，对解除事由的存在承担举证责任。虽然《行政协议司法解释》（2019）并未就行政协议的解除事由进行规定，但其 27 条第 2 款规定"人民法院审理行政协议案件，可以参照适用民事法律规范关于民事合同的相关规定。"事实上 2014 年《行政诉讼法》修订之前，行政协议争议一直经过民事诉讼途径解决，[1] 而 2014 年修法之后不少行政法官仍然认为行政协议的司法审查并不排除合同法规的适用。[2] 为此对于《行政协议司法解释》（2019）第 10 条提及的除协议解除事由可以参照原《合同法》进行理解。而根据原《合同法》第 93 条、第 94 条的规定，合同的解除分为约定解除与法定解除，二者的行使建立在约定或法定解除事由存在的基础之上。对于行政协议而言，在合法性框架之内行政主体与相对方可以形成不触动合法性边界的合意内容，[3] 如果关于行政协议解除的合意落在该范畴内，那么约定解除未尝不可。而至于原《合同法》规定的法定解除权是否适用于行政协议，我们认为不可一概而论，须由法院根据具体案件事实作出判断。但在依法行政原则得以遵守的情形下，法院宜允许相对方行使法定解除权。综上，无论相对方意图行使何种协议解除权，其本质均是相对方（主观）认为存在合同解除事由，理应由其自行提供相应的证据。[4]

行政诉讼是一个复杂的过程，将待证事实全部加之于行政机关并不公平。被告

〔1〕　参见吕立秋："行政协议的纠纷解决路径与思考"，载《中国法律评论》2017 年第 1 期。

〔2〕　参见梁凤云："行政协议案件适用合同法的问题"，载《中国法律评论》2017 年第 1 期。

〔3〕　参见刘飞："行政协议诉讼的制度构建"，载《法学研究》2019 年第 3 期。

〔4〕　原《合同法》第 92、93 条的内容已经被《民法典》第 562、563 条吸收。

对行政行为或行政协议行为负举证责任的原则表明只要待证问题涉及被诉行政行为或行政协议行为的合法性就应由行政机关来承担举证责任，如果待证问题并不涉及被诉行政行为或行政协议行为的合法性，只是推动诉讼继续进行的事实问题，而且这些主张又是原告所提出的，则原告应承担证明责任。[1] 例如证明起诉符合法定条件、证明向行政机关提出过申请等。原告需证明的事项基本上属于程序性的，所承担的更多是一种初步的证明责任；被告需证明的事项是实体性的，所承担的是一种最终的举证责任，与败诉风险相连。

三、行政诉讼证据规则

（一）被告的举证规则

根据法律和最高人民法院的司法解释规定，被告承担举证责任时应遵循以下规则：

1. 举证期限。被告应当在收到起诉状副本之日起 15 日内，提供据以作出被诉行政行为的全部证据和所依据的规范性文件。被告不提供或者无正当理由逾期提供的，视为被诉行政行为没有相应的证据。被告因不可抗力或者客观上不能控制的其他正当事由，不能在规定的期限内提供证据的，应当在收到起诉状副本之日起 15 日内，向人民法院提出延期提供证据的书面申请。人民法院准许延期提供的，被告应当在该正当事由消除后 15 日内提供证据。逾期提供的，视为被诉行政行为没有相应的证据。根据《行政诉讼证据规定》第 2 条、《行诉解释》（2018）第 37 条的规定，被告在特殊情况下，也可以补充证据。

《行政协议司法解释》（2019）并未就行政协议诉讼的举证期限作出特别的规定，但考虑到《行政协议司法解释》（2019）本就属于《行政诉讼法》框架下的司法解释，加之以往司法实践中行政协议争议也是通过拆分为行政行为从而进入行政诉讼程序，为此在行政协议诉讼中适用关于行政行为诉讼举证期限的规定当属妥当。

2. 被告向人民法院提交的材料包括认定事实的证据和所依据的规范性文件。是否正确适用法律法规是合法性审查的内容之一，因此，行政机关需要提交其所依据的规范性文件，但不应当将规范性文件视为证据的一种。

3. 行政机关举证责任的履行受到严格的时间限制，必须在一定期限内完成，如果超过了法定履行期限，即使其提交的证据实体上能够证明其行为的合法性，人民法院也不予采信。这一规定采纳了许多国家在行政诉讼制度中所适用的"案卷主义"原则。[2] "先取证、后裁决"是依法行政的重要程序原则，行政机关作出行政行为应当基于已经收集到的证据，同样行政机关作出行政协议行为前应当履行相应的法定程序与法定职责，并应当留存相关书面记录。法院只能根据行政机关作决定时所依据的事实和理由来判断被诉行政行为或行政协议行为是否合法。同时，行政

---

〔1〕 参见王彦："行政诉讼原告举证责任的立法完善"，载《法律适用》2006 年第 8 期。

〔2〕 参见屠振宇：《行政诉讼法实务指导》，中国法制出版社 2007 年版，第 182 页。

机关作决定时所依据的事实和理由一般都记载于行政决定作出时的记录中，所以法院通常根据行政机关作出行政行为或行政协议行为时的案卷审查行政行为或行政协议行为的合法性。

4. 行政诉讼中被告及其诉讼代理人不得自行向原告、第三人和证人收集证据。行政机关向人民法院提交的证据必须是在行政程序中收集的证据，在诉讼中不能自行向原告、第三人和证人收集证据。因为行政机关在作出行政行为时遵循"先取证、后裁决"规则，以及在作出行政协议行为前应当履行相应的程序，只有在收集到确实、充分的证据，以及充分履行相关程序、职责后，行政机关才能作出行政决定，行政机关向人民法院提交的证据应是行政程序中收集到的证据。如果人民法院要求行政机关补充证据的，行政机关可以补充取证。

5. 被告的委托代理律师在诉讼中也不能自行向原告和证人收集证据。因为被告与律师之间是委托和被委托的关系，根据委托代理原理，只有委托人享有的权利才能委托给被委托人，委托人没有的权利自然不能委托给被委托人。因此，被告的律师在行政诉讼中不能自行向原告和证人取证。

（二）原告和第三人提供证据的规则

《行诉解释》（2018）第35条规定了原告和第三人在行政诉讼中举证的期限："原告或者第三人应当在开庭审理前或者人民法院指定的交换证据清单之日提供证据。因正当事由申请延期提供证据的，经人民法院准许，可以在法庭调查中提供。逾期提供证据的，人民法院应当责令其说明理由；拒不说明理由或理由不成立的，视为放弃举证权利。原告或者第三人在第一审程序中无正当事由未提供而在第二审程序中提供的证据，人民法院不予接纳。"

与原告、被告在行政诉讼中的举证期限制度相适应，人民法院在行政诉讼中负有告知义务。人民法院向当事人送达受理案件通知书或者应诉通知书时，应当告知其举证范围、举证期限和逾期提供证据的法律后果，并告知因正当事由不能按期提供证据时应当提出延期提供证据的申请。

四、提供证据的要求

《行政诉讼证据规定》以及其他相关司法解释规定了当事人提供的各类证据所应当符合的要求。

（一）书证的要求

1. 提供原件。原本、正本和副本都属于书证的原件，提供原件确有困难的，可以提供与原件核对无误的复印件、照片、节录本。

2. 提供由有关部门保管的书证原件的复制件、影印件或者抄录件的，应当注明出处，经该部门核对无异后加盖其印章。

3. 提供报表、图纸、会计账册、专业技术资料、科技文献等书证的，应当附有说明材料。

4. 被告提供的被诉行政行为所依据的询问、陈述、谈话类笔录，应当有行政执法人员、被询问人、陈述人、谈话人签名或者盖章。

法律、法规、司法解释和规章对书证的制作形式另有规定的，从其规定。

（二）物证的要求

1. 提供原物。提供原物确有困难的，可以提供与原物核对无误的复制件或者证明该物证的照片、录像等其他证据。

2. 原物为数量较多的种类物的，提供其中的一部分。

（三）视听资料的要求

1. 提供原始载体。提供原始载体确有困难的，可以提供复制件。

2. 注明制作方法、制作时间、制作人和证明对象等。

3. 声音资料应当附有该声音内容的文字记录。

（四）电子数据

1. 无法提取电子数据原始载体或者提取确有困难的，可以提供电子数据复制件，但必须附有不能或者难以提取原始载体的原因、复制过程以及原始载体存放地点或者电子数据网络地址的说明，并由复制件制作人和原始电子数据持有人签名或者盖章，或者以公证等其他有效形式证明电子数据与原始载体的一致性和完整性。

2. 收集电子数据应当依法制作笔录，详细记载取证的参与人员、技术方法、步骤和过程，记录收集对象的事项名称、内容、规格、类别以及时间、地点等，或者将收集电子数据的过程拍照或录像。

3. 收集的电子数据应当使用光盘或者其他数字存储介质备份。监管机构为取证人时，应当妥善保存至少一份封存状态的电子数据备份件，并随案移送，以备法庭质证和认证使用。

4. 提供通过技术手段恢复或者破解的与案件有关的光盘或者其他数字存储介质、电子设备中被删除的数据、隐藏或者加密的电子数据，必须附有恢复或破解对象、过程、方法和结果的专业说明。对方当事人对该专业说明持异议，并且有证据表明上述方式获取的电子数据存在篡改、剪裁、删除和添加等不真实情况的，可以向人民法院申请鉴定，人民法院应予准许。

（五）证人证言的要求

1. 写明证人的姓名、年龄、性别、职业、住址等基本情况。

2. 有证人的签名，不能签名的，应当以盖章等方式证明。

3. 注明出具日期。

4. 附有居民身份证复印件等证明证人身份的文件。

（六）当事人陈述

关于当事人陈述这一证据类型，目前立法和司法解释中并没有具体的要求，但应当是当事人对案件事实情况的描述，而非其主观意见。

（七）鉴定意见的要求

被告向人民法院提供的在行政程序中采用的鉴定意见，应当载明委托人和委托鉴定的事项、向鉴定部门提交的相关材料、鉴定的依据和使用的科学技术手段、鉴定部门和鉴定人鉴定资格的说明，并应有鉴定人的签名和鉴定部门的盖章。

通过分析获得的鉴定结论，应当说明分析过程。

（八）勘验笔录、现场笔录的要求

对于勘验笔录，应记录勘验的时间、地点、勘验人、在场人、勘验的经过、结果，由勘验人、在场人签名或者盖章。对于绘制的现场图应当注明绘制的时间、方位、测绘人姓名、身份等内容；被告向人民法院提供的现场笔录，应当载明时间、地点和事件等内容，并由执法人员和当事人签名。当事人拒绝签名或者不能签名的，应当注明原因。有其他人在现场的，可由其他人签名。法律、法规和规章对现场笔录的制作形式另有规定的，从其规定。

（九）其他证据要求

其他证据主要包括域外形成的证据和外文证据，它们分别具有不同的要求。

1. 域外形成的证据的要求。当事人向人民法院提供的在我国领域外形成的证据，应当说明来源，经所在国公证机关证明，并经中华人民共和国驻该国使领馆认证，或者履行我国与证据所在国订立的有关条约中规定的证明手续。

当事人提供的在我国香港特别行政区、澳门特别行政区和台湾地区内形成的证据，应当具有按照有关规定办理的证明手续。

2. 外文证据的要求。当事人向人民法院提供外文书证或者外国语视听资料的，应当附有由具有翻译资质的机构翻译的或者其他翻译准确的中文译本，由翻译机构盖章或者翻译人员签名。

另外，对于案情比较复杂或者证据数量较多的案件，人民法院可以组织当事人在开庭前向对方出示或者交换证据，并将交换证据的情况记录在卷。

【案例3】

2000年6月30日，昆明市工商局五华分局在检查中发现，昆明某技术有限公司（以下简称某公司）的委托代理人白某某冒用某公司名义进行经营活动，昆明市工商局五华分局以五工商消扣字（2000）第005号扣留财物通知书及清单扣留现金25 000元人民币及相关物品。某公司认为现金25 000元人民币是其给予白某某采购商品的货款，并非白某某的个人财物，昆明市工商局五华分局的处罚行为侵害了某公司的合法财产权益，向昆明市五华区人民法院提起行政诉讼，请求判令撤销被告作出的五工商消扣字（2000）第005号行政处罚决定书中侵害原告财产权益的部分。被告辩称：其作出的处罚决定是对白某某处以罚款25 000元，不是针对原告，与原告无关，故请求驳回原告的诉讼请求。

问题：行政诉讼举证责任的分担规则是什么？本案争议事实应由谁举证？

第五章

【案例4】

原告杭某于 1996 年 9 月～2000 年 7 月在某理工大学完成四年制本科学习并获得毕业证书和学士学位证书。2001 年 9 月杭某考取某理工大学硕士研究生，于当年 9 月 8 日入学。某理工大学在对 2001 级硕士研究生政审复查中，发现杭某隐瞒其在本科阶段与曹某恋爱期间的违纪及越轨行为，不符合军工专业硕士研究生入学条件。2002 年 5 月 6 日，某理工大学根据《某理工大学研究生学籍管理规定实施细则》，作出"关于取消杭某硕士研究生入学资格的决定"。杭某对此处罚决定不服，于 2002 年 10 月 8 日向某市某区人民法院提起行政诉讼。

某理工大学在一审中败诉，于是向某市中级人民法院提起上诉。但是某理工大学收到法院的应诉通知书和举证期限通知书后，没有在法定举证期限内提供其作出行政行为的证据和依据，也没有向法院提出延期提供证据、依据的书面申请，只是在法庭上提出"因为各部门工作衔接问题和对行政诉讼举证期限不了解"而导致没有在法定期限内提供证据和依据的抗辩理由。

问题：在法律上应如何评价某理工大学所提出的抗辩理由？

第三节　人民法院对证据的收集、调取和保全

一、人民法院对证据的收集

行政诉讼证据的收集，是指人民法院及诉讼当事人对与案件事实有关的证据进行收集的活动。收集证据是任何诉讼活动都必然包含的内容，在行政诉讼中又有其特殊之处，这主要是由行政诉讼所特有的被告对行政行为或行政协议行为合法性负举证责任的制度决定的。

（一）被告对行政诉讼证据的收集

在行政诉讼中，被告对其作出的行政行为或行政协议行为合法性承担举证责任，这就决定了行政机关向法院提交的证据应当在其作出行政决定之前即已获得，即必须是在行政程序中获得的。进入诉讼程序，被告应当向法院提供这些证据。在诉讼过程中，被告不得自行向原告、第三人和证人收集证据，作为被告诉讼代理人的律师也不能收集证据。因为根据委托代理的原理，委托人不具有的权利，不能委托给代理人。

禁止行政机关在诉讼中收集证据也有例外。《行政诉讼法》第 39 条规定，人民法院有权要求当事人提供或补充证据，因此当人民法院要求被告提供或者补充证据时，被告的取证行为是合法的，在下列情况下，被告经人民法院准许可以补充相关证据：

1. 被告在作出行政行为或行政协议行为时已收集，但因不可抗力等正当事由不能提供的，经人民法院准许，可以延期提供。

2. 原告或第三人在诉讼中，提出了其在被告实施行政行为过程中没有反驳的理

由或者证据的，经人民法院准许，被告可以补充证据。实践中不可避免地存在有些相对人在行政程序中故意不提出申辩的理由或相关的证据，被告可能因此而不能收集相关的证据，原告在诉讼中提出在行政程序中没有提出的反驳理由或证据，使行政机关无以应对。为了维护司法的公正性，法律给予被告基于原告提出新的反驳理由和证据而收集新证据的机会。

（二）人民法院对证据的收集

行政诉讼中人民法院有权要求当事人提供或补充证据，也有权向有关行政机关以及其他组织、公民调取收集证据。人民法院收集证据有利于其全面客观地了解案情真相，从而准确地运用法律作出裁判。在行政诉讼中，人民法院应当根据具体情况，合理地运用此项权力，人民法院在行政诉讼中的任务是审查行政行为或行政协议行为的合法性，不能代替行政机关收集证据。

人民法院收集证据的方式有两种：一是要求当事人提供或补充证据。人民法院准许被告补充证据的两种情形上面已经述及。二是法院主动调取证据。有下列情形之一的，人民法院有权主动调取证据：涉及国家利益、公共利益或者他人合法权益的事实认定的；涉及依职权追加当事人、中止诉讼、终结诉讼、回避等程序性事项的。此处的当事人包括原告、被告和第三人。除上述主动收集证据的权力外，人民法院还具有对专门问题指定鉴定部门鉴定的法定职权。在诉讼过程中，人民法院认为专门性问题需要鉴定的，应当交由法定鉴定部门鉴定。

二、人民法院对证据的调取

行政诉讼证据的调取，是指法院依照职权或者依据原告或第三人的申请调取其因客观原因难以提供的证据。人民法院调取证据，有助于其全面、客观地了解案件事实，从而准确地适用法律作出裁判，有效解决行政争议。

（一）人民法院可依职权向有关行政机关及其他组织、公民调取证据

在行政诉讼的审理过程中，有些证据与当事人的利益无直接利害关系，或者不直接涉及案件事实，因此，当事人不向法院提供，但这些证据对于案件审理是必要的，法院需要依职权调取。《行政诉讼证据规定》第22条规定，有下列情形之一的，人民法院有权向有关行政机关以及其他组织、公民调取证据：①涉及国家利益、公共利益或者他人合法权益的事实认定的；②涉及依职权追加当事人、中止诉讼、终结诉讼、回避等程序性事项的。

人民法院需要调取的证据在外地的，审理案件的人民法院可以书面委托证据所在地人民法院调取，受托人民法院应当在收到委托书后，按照委托要求及时完成调取证据的工作，送交委托人民法院。受托人民法院不能完成委托事项的，应当告知委托人民法院并说明理由。

（二）人民法院可以根据原告或第三人的申请调取证据

原告和第三人由于自身条件的限制，有些证据无法收集，需要法院调取。《行政诉讼法》第41条规定，与本案有关的下列证据，原告或者第三人不能自行收集时，

可以申请人民法院调取：①由国家有关部门保存而须由人民法院调取的证据材料；②涉及国家秘密、商业秘密、个人隐私的证据材料；③确因客观原因不能自行收集的其他证据。

人民法院根据申请调取证据仅限于解决当事人举证困难的情形，不能代替当事人举证。此外，法院不得为证明被诉行政行为或行政协议行为的合法性，而调取被告在作出行政行为或行政协议行为时没有收集到的证据。

1. 原告或者第三人申请人民法院调取证据，应当遵循一定的程序：

（1）提出申请的期限及方式。当事人申请人民法院调取证据的，应当在举证期限内提交调取证据申请书。申请书应当写明以下内容：证据持有人的姓名或者名称、住址等基本情况；拟调取证据的内容；申请调取证据的原因及其要证明的案件事实。

（2）人民法院对申请的处理。人民法院收到申请后，经审查认为符合调取条件的，应当及时决定调取。对不符合调取证据条件的，应当向当事人或者其诉讼代理人送达通知书，说明不准许调取的理由。当事人及其诉讼代理人可以在收到通知书之日起 3 日内向受理申请的人民法院书面申请复议一次，人民法院应当在收到复议申请之日起的 5 日内作出答复。

（3）人民法院经调取而未能取得证据的，应当尽快告知申请人并说明原因。

2. 我国法律和相关司法解释对法院依申请调取证据的权力，有以下几个方面的限制：

（1）一般情况下，法院只能根据原告或者第三人的申请调取证据，而不能根据被告的申请调取证据。在特殊情况下，法院也可以根据被告的申请调取证据，但此时法院调取的证据，只限于印证行政机关原有证据的真实性。

（2）第三人申请法院调取证据时，因为有些案件中第三人的利益和被告的利益是一致的，第三人申请法院调取的证据，可能会证明被诉行政行为或行政协议行为的合法性。对此，《行政诉讼证据规定》第 23 条规定，法院不能在此情况下调取证据。

（3）法院一般只在一审中根据原告或者第三人的申请调取证据，但由于一审原告和第三人在二审中仍有举证的权利，一审原告或者第三人在二审中仍有申请法院调取证据的权利。例如，一审原告因客观原因不能收集涉及国家秘密的证据，在一审中曾经要求法院调取，但一审法院拒绝调取。在二审中，一审原告继续提出调取此证据的申请，法院经审查认为原告的申请符合法定条件的，应当调取相关证据。[1]

（4）原告或第三人申请法院调取证据的权利不得滥用。《行政诉讼证据规定》第 23 条第 1 款第 3 项规定，申请法院调取证据的一个重要条件是原告基于客观原因

---

[1] 参见江必新："适用《关于行政诉讼证据若干问题的规定》应当注意的问题"，载《法律适用》2003 年第 10 期。

而不能自行收集证据。例如，尽管某一项对原告有利的证据不属于"由国家有关部门保存而必须由人民法院调取的证据材料"，但由于行政机关违反法律规定，拒绝原告或者第三人收集，原告或者第三人申请法院收集的，法院应当调取。

（三）人民法院可以依当事人的申请或者依职权勘验现场

人民法院在勘验物品或现场时，勘验人员必须出示有关证明，勘验时应邀请当地基层组织或有关单位派人参加。当事人或其成年家属应当到场，拒不到场的，不影响勘验工作的进行，但应当在勘验笔录中说明情况。当事人对勘验结论有异议的，可以在举证期限内申请重新勘验，是否准许由人民法院决定。

（四）人民法院可以要求当事人提供或补充证据

由于当事人地位的特定性，其对证据的收集会带有一定的片面性。另外，诉讼活动是不断变化的，随时会出现新的情况或主张。因此，人民法院有权要求当事人提供或补充证据。在下列情况，人民法院应当要求当事人提供或补充证据：①当事人提供的证据不足以充分证明其主张，如只提供了主要证据，没有提供次要证据；②人民法院发现当事人只提供对自己有利的证据，没有提供对自己不利的证据；③当事人虽然掌握了证据，但出于种种原因没有向法院提供或全部提供；④当事人提供的证据有瑕疵，如视听资料不清晰，物证有残缺等；⑤当事人追加诉讼请求；⑥某项证据的成立需要有其他证据的佐证，而当事人未提供佐证。

（五）人民法院有权取得对专门性问题的鉴定意见

人民法院对专门性问题的鉴定，不是对行政机关鉴定过的问题全部进行鉴定，而是将应当鉴定而没有鉴定的问题、不具有鉴定资格的人员或部门所作的鉴定意见、意见不明确的鉴定、与其他证据有矛盾的鉴定等，交由法定鉴定部门鉴定。

原告或第三人有证据或者有理由表明被告据以认定案件事实的鉴定结论可能有错误，在举证期限内书面申请重新鉴定的，人民法院应予准许。人民法院对委托或者指定鉴定部门出具的鉴定书，应当审查其内容是否欠缺，鉴定结论是否明确，人民法院有权要求鉴定部门说明、补充或者重新鉴定。

三、人民法院对证据的保全

证据保全，是指在证据可能灭失或以后难以取得的情况下，人民法院根据诉讼参加人的请求或依职权采取措施加以确定和保护的一项诉讼制度。证据保全既是保护证据的方法，也是人民法院获取证据的手段，对于保护当事人的合法权益，保证行政诉讼的顺利进行具有重要的意义和作用。

《行政诉讼法》第42条规定，证据保全在以下两种情况下实施：①证据可能灭失。证据可能灭失又分为两种情况：一是证据材料本身的载体可能不复存在，如证人因年老、患病即将死亡；作为物证的建筑物可能倒塌或被拆除等。二是证据材料的载体本身仍然存在，但可能失去它所具有的证明作用，如作为证据的物证由于自然原因而发生质变等。②证据在以后难以取得。难以取得，并非指今后绝对无法取得，而是指一旦错过，证据虽不致灭失，但以后取得将发生严重困难，如证人即将出国定居等。

根据《行政诉讼法》第42条的规定，行政诉讼的证据保全的启动方式有以下两种：

1. 人民法院依职权主动采取证据保全措施。人民法院的审判人员如果发现证据可能灭失或者以后难以取得的，不必等候当事人提出申请，而是应依职权主动对证据采取保全措施。此外，法律、司法解释规定了诉前证据保全的，依照其规定办理。人民法院保全证据时，可以要求当事人或者诉讼代理人到场。

2. 诉讼参加人提出证据保全的申请，由人民法院决定是否采取证据保全措施。原告、被告、共同诉讼人、第三人及其诉讼代理人，都可以向人民法院提出证据保全的申请。当事人向人民法院申请证据保全的，应当在举证期限届满前以书面形式提出，并说明证据的名称和地点、保全的内容和范围、申请保全的理由等事项。当事人申请证据保全的，人民法院可以要求其提供相应的担保。人民法院对诉讼参加人的申请，应当认真审查，根据实际情况作出是否准予保全证据的裁定。

人民法院决定证据保全的，可以根据具体情况，采取查封、扣押、拍照、录音、录像、复制、鉴定、勘验、制作询问笔录等保全措施。对于证人证言的保全，一般采用制作证人证言笔录或者进行录音、录像等方法。对于物证的保全，一般由人民法院进行勘验，制作勘验笔录，或者绘图、拍照、录像，也可以采取保存原物的方法。对于书证的保全，一般可以采取拍照、复制等方法。对于专门问题可以由委托或者指定的鉴定部门出具鉴定书。对于现场，法院可以勘验。

人民法院保全证据时，可以要求当事人或者诉讼代理人到场。人民法院进行证据保全，应制作证据保全的笔录。被保全的证据与法院调取的其他证据具有同等效力，经查证属实，可以作为定案的根据。

【案例5】

2002年3月，原告陈某某向被告福州海关报考海关报关员资格，并于2002年6月16日通过了当年由海关总署组织的海关报关员资格全国统一考试，取得报关员资格证书。2003年4月在福州海关注册取得报关员证。2003年12月，被告福州海关根据举报，并经调查核实原告陈某某在报考海关报关员资格时隐瞒其未取得高中毕业学历的真实情况，不符合《报关员资格全国统一考试暂行规定》第7条所规定的报考条件。为此，福州海关根据海关总署的指示，于2004年4月26日作出"关于收回陈某某报关员资格证书注销其报关员资格的通知"，并于2004年4月29日送达原告陈某某。原告陈某某对上述通知不服，提起行政诉讼，要求撤销被告作出的"关于收回陈某某报关员资格证书注销其报关员资格的通知"。

原告陈某某诉称被告福州海关未查清事实，对原告作出注销报关员资格的决定违法。

被告福州海关辩称：被告根据群众举报，对原告陈某某的报关员资格进行审查发现，原告陈某某系福州市第六中学高中未毕业学生，其以高中毕业生的资格条件向福州海关报名参加报关员资格考试，并取得报关员资格证书。对原告作出注销报关员资格决定的行政行为事实清楚，适用法律、法规正确，符合法定程序。请求法院驳回原告陈某某的诉讼请求。

双方争议焦点在于陈某某是否取得高中毕业学历，符合报关员的报考资格。陈某某提出能证明其学历的个人档案由当地教育部门保存，个人无法自行收集，请求人民法院调取证据。

问题：本案法院是否应当支持原告要求人民法院调取证据的请求？

第四节　行政诉讼证据的质证、审查和认定

一、证据的质证

行政诉讼证据的质证，又称行政诉讼证据的辨认和核实，它是指在法庭的指导下，当事人双方对在法庭上出示的证据进行对质、辩驳、说明、解释，以确认证据证明力的活动。质证是行政诉讼当事人的一项重要诉讼权利，是当事人为达到胜诉的目的，依法采取的重要手段，也是法院审查、认定证据的重要方式和必要前提。当事人双方可以就证据的关联性、合法性和真实性进行质证，也可以就证据有无证明效力和证明效力的大小进行质证。

（一）证据出示的规则

根据我国法律和司法解释的规定，行政诉讼的证据应当在法庭上出示，并经庭审质证。《行政诉讼证据规定》第35条规定："证据应当在法庭上出示，并经庭审质证。未经庭审质证的证据，不能作为定案的依据。当事人在庭前证据交换过程中没有争议并记录在卷的证据，经审判人员在庭审中说明后，可以作为认定案件事实的依据。"出示证据、质证的目的之一在于取得对证据的一致认识，当事人对有关证据没有争议与质证的效果无异，因此，此类证据也可以作为定案依据。[1]

证据的出示必须全面，当事人应当主动出示证据，人民法院收集的证据也应当向双方当事人出示。调取证据的途径不同，出示证据的方式也不同。当事人申请人民法院调取的证据，由申请调取证据的当事人在庭审中出示，并由当事人质证；人民法院依职权调取的证据，由法庭出示，并可就调取证据的情况向当事人说明，听取当事人的意见。法庭在质证过程中，对与案件没有关联的证据材料，应予排除并说明理由。

证据的出示应公开进行，但涉及国家秘密、商业秘密和个人隐私或者法律规定的其他应当保密的证据，不得在开庭时公开质证。对涉及国家秘密的证据不得公开质证，是维护国家安全和国家利益的需要；对涉及商业秘密的证据不得公开质证，是保障社会经济秩序和交易行为正常进行的需要；对涉及个人隐私的证据予以保密，

---

[1] 参见杨阳："浅析行政诉讼中的证据交换制度"，载《黑龙江教育学院学报》2007年第1期。

是尊重公民人格和隐私权的需要。

（二）行政诉讼质证的特点

质证是证据得以作为定案依据的必要条件。作为判决依据的证据必须已在法庭上出示并经过当事人质证，未经庭审质证的证据，不能作为定案的依据。

质证的对象是当事人提交和申请人民法院调取的证据。对于人民法院依职权调取的证据，由法庭出示，并可以就该证据的调取情况进行说明，听取当事人的意见，当事人不对此进行质证。

此外，对当事人在庭前证据交换过程中没有争议并记录在卷的证据，经审判人员在庭审中说明后，不需要进行质证，可以直接作为认定案件事实的依据。对于自认的事实和司法认知的事实，不需要进行质证。

质证的主体是当事人及其代理人，不包括人民法院。

质证在庭审阶段公开进行。直接言词原则要求一切证据都必须在法庭上以直接口头的方式出示、陈述、询问和辩论。当事人、证人、鉴定人（经当事人要求）、勘验人都应当出庭，陈述意见，法官也必须亲自在法庭上听取当事人、证人、鉴定人、勘验人的陈述，检验物证，观看、听取视听资料。因此，质证必须在庭审阶段公开进行。对于涉及国家秘密、商业秘密和个人隐私或者法律规定的其他应当保密的证据，不在开庭时公开质证。

质证的内容围绕证据的关联性、合法性和真实性，以及证据有无证明效力及证明效力大小展开。质证的内容包括两方面：①证据是否具有证明能力即证据资格的判断；②具有证据资格的证据的证明力（或称证据力）大小的判断。

（三）证据的质证规则

法庭在一审程序中进行质证并且经过庭审质证的证据，除确有必要外，一般不再进行质证。这是诉讼效率原则的要求与体现，也是保护当事人合法权益的需要。

法庭在质证过程中，准许当事人补充证据的，对补充的证据应当进行质证。

二审案件或者按照审判监督程序审理的案件中，对当事人依法提供的新的证据，法庭应当进行质证。此处的"新的证据"主要是指：①在一审程序中应当准予延期提供而未获准许的证据；②当事人在一审程序中依法申请调取而未获准许或者未取得，人民法院在第二审程序中调取的证据；③原告或者第三人提供的在举证期限届满后发现的证据等。

在二审程序中，当事人对一审认定的证据仍有争议的，法庭应当进行质证；按照审判监督程序审理的案件，对当事人依法提供的新证据，法庭应当进行质证；因原判决、裁定认定事实的证据不足而提起再审所涉及的主要证据，法庭也应当进行质证。

（四）对各类证据质证的具体要求

当事人的质证，是围绕证据的关联性、合法性、真实性，针对证据有无证明效力以及证明效力大小而展开的。经法庭准许，当事人及其代理人可以就证据问题相互发问，也可以向证人、鉴定人或者勘验人发问。发问的内容应当与案件事实有关联，不得采用引诱、威胁、侮辱等语言或者方式。在质证过程中，对各类证据的质证要求是不一样的：

1. 对书证、物证和视听资料的质证要求。对书证、物证和视听资料进行质证时，当事人应当出示证据的原件或者原物。但有下列情况的除外：①出示原件或者原物确有困难并经法庭准许出示复制件或者复制品；②原件或者原物已经不存在，可以出示证明复制件、复制品与原件、原物一致的其他证据。视听资料应当当庭播放或者显示，并由当事人进行质证。

2. 对证人证言的质证要求。凡是知道案件事实的人，都有出庭作证的义务。直接言词原则要求证人必须出庭陈述，当事人及其代理人有权对之展开交叉询问。我国审判活动中证人出庭作证率一直很低，学者们也一直呼吁完善证人出庭作证规则，[1] 使证人出庭作证制度规范化。虽然证人有出庭作证的义务，但现行立法没有规定证人无正当理由拒不出庭作证应负的法律责任。

有下列情形之一的，经人民法院准许，当事人可以提交书面证言：①当事人在行政程序或者庭前证据交换中对证人证言无异议的；②证人因年迈体弱或者行动不便无法出庭的；③证人因路途遥远、交通不便无法出庭的；④证人因自然灾害等不可抗力或者其他意外事件无法出庭的；⑤证人因其他特殊原因确实无法出庭的。

不能正确表达意志的人不能出庭作证。根据当事人的申请，人民法院可以就证人能否正确表达意志进行审查或者交由有关部门鉴定。必要时，人民法院也可以依职权交由有关部门鉴定。当事人申请证人出庭作证的，应当在举证期限届满前提出，并经人民法院许可。当事人在庭审过程中要求证人出庭作证的，法庭可以根据案件审理的具体情况，决定是否准许以及是否延期审理。

有下列情形之一的，原告或者第三人可以要求相关行政执法人员作为证人出庭作证：①对现场笔录的合法性或者真实性有异议的；②对扣押财产的品种或者数量有异议的；③对检验的物品取样或者保管有异议的；④对行政执法人员的身份的合法性有异议的；⑤需要出庭作证的其他情形。

证人出庭作证时，应当出示证明其身份的证件。法庭应当告知其诚实作证的法律义务和作伪证的法律责任。出庭作证的证人不得旁听案件的审理。法庭询问证人时，其他证人不得在场，但组织证人对质的除外。《行政诉讼证据规定》第46条规定："证人应当陈述其亲历的具体事实。证人根据其经历所作的判断、推测或者评论，不能作为定案的依据。"这条规定是对英美证据法上的意见证据排除规则的吸收。[2] 根据该规则，证人的职能是将其亲历的事实向法庭作如实陈述，其陈述中不得含有任何推测、推理和评论，如果含有推测、推理和评论，则其陈述作为意见而

---

〔1〕　参见马怀德主编：《行政诉讼原理》，法律出版社2003年版，第285页。
〔2〕　参见马怀德主编：《行政诉讼原理》，法律出版社2003年版，第284页。

不是证据，法庭不予采纳。证人因履行出庭作证义务而支出的交通、住宿、就餐等必要费用以及误工损失，由败诉一方当事人承担。

3. 对鉴定意见的质证要求。鉴定结论在我国是一种独立的证据种类，不同于证人证言，而在英美法中，鉴定结论被称为专家证人意见，属于证人证言的一种。鉴定人作为具有某种专业技术资质的自然人或者组织，应法院或者诉讼当事人的要求，对专业技术问题进行鉴定，其作出的鉴定结论有较强的专业性，外行人很难提出异议。为了更好地审查鉴定结论的真实性，最高人民法院的司法解释规定，鉴定人有出庭作证的义务。当事人要求鉴定人出庭接受询问的，鉴定人应当出庭。鉴定人因正当事由不能出庭的，经法庭准许，可以不出庭，由当事人对其书面鉴定结论进行质证。鉴定人不能出庭的正当事由，参照前述证人不能出庭的规定。

4. 对专门性问题的质证要求。对被诉行政行为或行政协议行为涉及的专门性问题，当事人可以向法庭申请由专业人员出庭进行说明，法庭也可以通知专业人员出庭说明。必要时，法庭可以组织专业人员进行对质。当事人对出庭的专业人员是否具备相应的专业知识、学历、资历等专业资格等有异议的，可以进行询问，由法庭决定是否作为专业人员出庭。专业人员可以对鉴定人进行询问。

5. 对当事人陈述的质证要求。当事人陈述是我国《行政诉讼法》第33条规定的一种行政诉讼证据类别，但在《行政诉讼法》及相关司法解释中却没有规定如何判断和采信当事人陈述。当事人陈述作为一种诉讼证据，虽有其法律地位，在实践中却没有具体的操作规则。

当事人的陈述必须清楚、明确、一致。这是对当事人陈述内容的要求。如果当事人的陈述在内容上不清楚、不明确、甚至不一致，则当事人陈述的可信度就降低。如果当事人陈述前后矛盾，则对此不予采纳，这可以称为矛盾证据排除规则。当事人的陈述必须要有相关证据作为佐证，不能仅仅依靠当事人的陈述认定案件的事实，这可以称为相关证据佐证规则。当事人陈述往往具有利己主义倾向，所以，当这种证据与其他不利于当事人的证据共存时，其证明力较弱，其他证据的证明力优先于当事人的陈述。当事人的陈述还必须经过法庭的质证，未经质证的当事人陈述，也不能作为定案的依据。

二、待证事实

行政诉讼中的待证事实指行政诉讼过程中需要当事人举证证明的事实。行政诉讼程序会牵涉大量的事实情况，但并非所有事实均需要当事人提供证据证明，否则当事人将难堪诉累，因而只有足以影响判决形成的事实部分才具备要求当事人举证的必要。

待证事实与举证责任密切相关，待证事实难以查清时对一方当事人产生的否定性法律后果即是证明责任。但即便如此二者仍不能混为一谈。具体案件中，一项待证事实只能由一方当事人承担举证责任，但双方当事人均可以就该项待证事实提供证据。[1] 以行政行为的合法性为例，原被告双方均可以就此进行举证，但对于原告而言提供证据只是一种权利，如该项事实最终无法查清，将由被告一方承担否定性的法律后果。

一般而言以下两类事实不宜作为待证事实对待：①部分关于规范制定和适用过程中的普遍性事实，该部分事实宜由法官综合各种情况加以判断，而不适合通过举证来解决；②已为公众所普遍确定、知晓的知识与信息等，该部分事实无通过当事人举证证明的必要。第①类别的事实主要包含作为行政行为依据的规范性文件、立法中的普遍性事实以及个案涉及的普遍性事实。虽然《行政诉讼法》第 34 条要求行政机关在举证的同时需提供作为依据的规范性文件，但后者毕竟不同于证明事实的证据，不适用一般的证据规则。而对于立法与个案中涉及的普遍事实而言，例如何为"自然灾害"，相对人行为是否具有"社会危害性"等，通常宜由法官通过生活常识判断或者基本伦理价值判断来决定。而第②类事实主要指称的对象为《行政诉讼证据规定》第 68 条规定的 5 类事实，即众所周知的事实、自然规律及定理、按照法律规定推定的事实、已经依法证明的事实，以及根据日常生活经验法则推定的事实。就前述事实而言，一般情况下法院可直接进行认定，除非当事人就除"自然规律及定理"以外的事实举出了相反的证据。[2]

三、证据的审查和认定

行政诉讼证据的审查和认定，也被称为行政诉讼证据的认证，是指人民法院对经庭审出示、质证的证据进行审查判断，以确定其是否具有客观性、关联性、合法性，有无证明力及证明力的大小，并据此对证据材料能否作为定案依据进行认定的活动。它包括审查和认定两个紧密联系的环节。证据的审查和认定作为司法证明的一个重要环节，其具体涵义是指：[3]

1. 证据审查认定的主体是法官。审查认定证据是法官行使审判职权的活动，诉讼中的任何其他主体都不能成为认证主体。虽然诉讼中其他主体也要对证据进行审查判断，但只有法官对证据的审查认定才能称为认证。

2. 审查认定的对象是证据，而不是案件事实。审查认定案件事实与审查认定证据有时被合二为一，事实上二者是有区别的。在诉讼中，法官需要确定案件事实以作出判决，而案件事实的确定需要证据的支持。法官在认定案件事实之前首先要对证据进行认定，只有具有证据能力和证明力的证据材料才能作为认定事实的根据。在完成对证据的认定后，才进入对案件事实的认定。因此，认定事实与认定证据是两个关系密切、但又不同的概念。认证是对证据的认定，不是对案件事实的认定。

3. 审查认定证据的内容包括两方面：①证据是否具有证据资格的判断；②证据

〔1〕　参见张步洪："行政诉讼举证规则的体系解释"，载《国家检察官学院学报》2015 年第 4 期。

〔2〕　参见何海波：《行政诉讼法》，法律出版社 2016 年版，第 420－423 页。

〔3〕　马怀德主编：《行政诉讼原理》，法律出版社 2003 年版，第 287 页。

的证明力的判断。证据资格由法律加以形式上的限制，法官自由判断的余地很小；而证明力由于解决的是证据对待证事实的证明程度、证明强弱问题，带有较强的主观性，法官有较大的自由判断余地。

（一）行政诉讼证据审查的认定标准

《行政诉讼法》第43条第2款规定，人民法院应当按照法定程序，全面、客观地审查核实证据，对未采纳的证据应当在裁判文书中说明理由。人民法院审查认定证据是在法官的主持和诉讼参与人的参加下，依法对各种证据进行分析判断，确定证据材料与案件事实之间的关系，排除不具有关联性、客观性和合法性的证据材料，找到定案依据的活动。人民法院裁判行政案件，应当以证据证明的案件事实为依据，遵循全面客观的标准。首先，人民法院应当全面审查接收和收集的所有证据，不因其来源和种类不同而有所取舍；其次，人民法院应当客观地审查证据，避免主观臆测。

对证据的审查应当以客观性、关联性和合法性为标准。

1. 客观性。证据的客观性是指证据材料所反映的或者所证明的均为案件的客观情况，不是主观臆测的。不具有客观真实性的证据不能作为定案的根据。法院应当根据案件的具体情况，从以下方面审查证据的客观真实性：①考察证据形成的原因、过程，以确定其是否被伪造。例如，对被技术处理而无法辨明真伪的证据材料，不能认定其真实性，不能作为定案依据。②发现证据时的客观环境。③证据是否是原件、原物，复印件、复制品与原物是否相符合。当事人无正当理由拒不提供原件、原物，又无其他证据印证，并且对方当事人不予认可的证据的复制件、复制品，不能作为定案依据。④证据提供者或者证人与当事人是否有利害关系。我国立法没有将当事人的配偶、亲属及从事特定职业者如医生、律师、会计师等排除在证人范围之外。但与当事人有着特定利害关系的人的证言与无特定利害关系人的证言相比较，后者具有较强的证明力。⑤影响证据真实性的其他因素。

与证据客观性有关的学理概念包括所谓的"补强证据"与"传来证据"。前者指因客观性存在疑问，无法单独作为事实认定依据，必须与其他证据结合使用的证据。例如《行政诉讼证据规定》第71条规定的6类证据，包括：①未成年人所作的与其年龄和智力状况不相适应的证言；②与一方当事人有亲属关系或者其他密切关系的证人所作的对该当事人有利的证言，或者与一方当事人有不利关系的证人所作的对该当事人不利的证言；③应当出庭作证而无正当理由不出庭作证的证人证言；④难以识别是否经过修改的视听资料；⑤无法与原件、原物核对的复制件或者复制品；⑥经一方当事人或者他人改动，对方当事人不予认可的证据材料。而传来证据是指在原始证据基础上，通过复印、复制、传转等方式生成的证据，传来证据包括传闻证据但又不限于传闻证据。根据《行政诉讼证据规定》第63条第3项的规定，原始证据的证明力优于传来证据。[1]

2. 关联性。证据的关联性是指证据与待证事实之间必须有内在的必然联系。证据的关联性以证据的客观性为前提。法庭应当对经过庭审质证的证据和无需质证的证据进行逐一审查并对全部证据综合判断，确定证据材料与案件事实之间的证明关系，排除不具有关联性的证据材料，准确认定案件事实。

通常直接证据与待证事实之间的关联性较为容易确认，实践中的证据关联性认定难点以及争议通常由间接证据引发。所谓间接证据指无法单独证明事实，必须同其他证据配合使用方可用于确定案件事实的证据。对于间接证据而言，不宜武断地否定其与待证事实之间的关联性，只要其有助于案件事实的查清法院就应当对此予以考虑。[2]

3. 合法性。证据的合法性是指行政诉讼证据必须是经合法程序，运用合法手段取得的，而且符合法定形式。不具有合法性的证据，不能作为定案的依据。法院应当根据案件的具体情况，从以下方面审查证据的合法性：①是否符合法定形式；②证据的取得是否符合法律、法规、司法解释和规章的要求；③证据的使用（提交、告知、质证等）是否符合法律、法规、司法解释和规章的要求；④是否存在影响证据效力的其他违法情形。

不符合法定要求取得的证据材料，不具有合法性，不能作为定案的依据。例如：①严重违反法定程序收集的证据材料；②以偷拍、偷录、窃听等手段获取侵害他人合法权益的证据材料；③以利诱、欺诈、胁迫、暴力等不正当手段获取的证据材料；④当事人无正当事由超出举证期限提供的证据材料；⑤在中国领域以外或者在我国香港特别行政区、澳门特别行政区和台湾地区形成的未办理法定证明手续的证据材料；⑥以违反法律禁止性规定或者侵犯他人合法权益的方法取得的证据，不能作为认定案件事实的依据；⑦被告在行政程序中采纳的鉴定结论具有下列情形之一的：鉴定人不具备鉴定资格、鉴定程序严重违法、鉴定结论错误、不明确或者内容不完整的。

合法取得的证据仍需按照法律、法规、司法解释的要求使用，例如被告应当在《行政诉讼法》第67条规定的时间限制内提交证明被诉行政行为合法性的证据，若逾期提供则该部分证据的合法性无法得到法院认可。此外，按时提供的证据仍需经过质证程序，否则无法作为认定案件事实的依据。为此，即便是合法取得的证据，若当事人未按照法律、法规、司法解释等规范的要求进行使用，其合法性仍无法得到承认。

在证据的关联性、客观性认证方面，行政诉讼与刑事、民事诉讼没有区别，但在证据的合法性认定上，行政诉讼有其特性。根据《行政诉讼证据规定》第60

条和第 61 条的规定，下列证据不能作为认定被诉行政行为或行政协议行为合法的依据：

1. 被告及其诉讼代理人在作出行政行为或行政协议行为后，或者在诉讼程序中自行收集的证据。如果被告在行政行为或行政协议行为作出之后再去收集证据，只能证明行政行为或行政协议行为作出时证据不足。因此，被告及其代理人在行政行为或行政协议行为作出后或者在诉讼过程中收集的证据，不能为法庭采纳。

2. 被告在行政程序中非法剥夺公民、法人或其他组织依法享有的陈述、申辩或者听证权利所采用的证据。听取相对人的意见是现代公正行政程序的要求，行政机关在作出不利于相对人的决定时，应该将作决定的依据告知相对人，听取相对人的意见。剥夺当事人在行政程序中的陈述权、申辩权、听证权，未经相对人质证的证据，不能为法庭采纳。[1]

3. 原告或者第三人在诉讼程序中提供的、被告在行政程序中未作为行政行为依据的证据。

4. 复议机关在复议程序中收集和补充的证据，或者作出原行政行为的行政机关在复议程序中未向复议机关提交的证据，不能作为人民法院认定原行政行为合法的根据。

被告在行政程序中依照法定程序要求原告提供证据，原告应当依法提供而拒不提供，在诉讼程序中提供的证据，人民法院一般不予采纳。行政权力是国家权力的一种，在行政管理过程中，如果法律明确规定相对人有协助行政机关调查的义务，相对人应该履行协助义务。如果被告在行政程序中依法要求原告提供证据，原告无正当理由拒不提供，而在诉讼程序中提供给法庭的，法庭不予采纳。

（二）行政诉讼证据的认定规则

人民法院对所有的证据予以审查后，排除不具有客观性、合法性和关联性的证据材料，采纳有证明力和可信度的证据，这一活动就是行政诉讼证据的认定，对证据的认定也就是对证据予以采信。根据《行政诉讼法》和《行政诉讼证据规定》的规定，人民法院认定证据应当遵循下列规则。[2]

1. 证据排除规则。证据的排除规则来源于英美法系，[3] 它是指与案件事实有关联，本应采信的证据，但基于人权或者其他政策考虑，或者为了防止不可靠的证人和误导的证言，而明确规定加以排除的证据规则。除法律另有规定外，法院不得采纳非法证据，将其作为定案依据，即所谓"毒树之果"必须排除。在美国证据法

---

〔1〕 参见贾志敏："论行政诉讼中的瑕疵证据"，载《前沿》2004 年第 5 期。

〔2〕 参见方世荣、徐银华、丁丽红编著：《行政诉讼法学》，清华大学出版社 2006 年版，第 115 - 118 页。

〔3〕 参见马怀德主编：《司法改革与行政诉讼制度的完善——〈行政诉讼法〉修改建议稿及理由说明书》，中国政法大学出版社 2004 年版，第 253 页。

中，非法证据排除规则的设立是为了纠正警察的错误行为，并作为实现美国《宪法》第4条修正案的保障手段。大陆法系国家在诉讼中对事实的认定主要基于法官的自由心证，对证据能力不作特别限制，没有形成英美法系的证据排除。但大陆法系几乎共同设置的一项排除规则就是严禁采用非法手段收集证据。日本的证据制度在二战后受美国影响，在一定程度上吸收了非法证据排除规则。我国《行政诉讼证据规定》第57条、第58条、第60条、第61条、第62条具体规定了非法证据的排除规则和判断标准。

2. 证明力优先规则。证据证明力的大小因证据种类的不同而有所不同，对案件事实的证明程度也不同。法庭在审查认定证据具有证明力后，还要对不同证据的证明力的大小加以区分，以综合判断和确认案件事实。《行政诉讼证据规定》第63条、第64条具体规定了人民法院如何判断证明同一事实的数个证据的证明力。

3. 当事人自认规则。所谓自认，即诉讼中一方当事人对另一方当事人的对自己不利的主张表示明确认可时，法院可以直接根据当事人的明确认可对该事实进行认定。它肇因于英美法系的传闻证据规则，自认是排除传闻证据规则的一种例外情形[1]。当事人有对自己权利的处分权，当事人对证据效力的承认是当事人处分权的一种体现。在不受外力影响的情况下，一方当事人提供的证据，对方当事人明确表示认可的，可以认定该证据的证明效力。对方当事人予以否认，但不能提供充分证据进行反驳的，可以综合全案情况审查认定该证据的证明效力。在庭审中一方当事人或者其代理人在代理权限范围内对另一方当事人陈述的案件事实明确表示认可的，人民法院可以对该事实予以认定。但有相反证据足以推翻的除外。

4. 司法认知规则。司法认知是指法院在审判过程中对于无需当事人举证证明的事实可直接予以认可的规则。法庭通过司法认知，免除当事人对相关事实的举证责任，可以快速完成证明过程，减少诉讼成本，及时作出裁判，减轻当事人的诉累。我国《行政诉讼法》没有规定司法认知，但《行政诉讼证据规定》第68～70条具体规定了这一规则。

5. 推定规则。推定是一种特殊的证明规则。所谓推定，就是根据法律或者经验法则，法院查明了某一事实，即可直接认定另一事实；主张推定的一方当事人对基础事实的存在承担举证责任，而反驳推定的一方当事人对基础事实和推定事实的不存在承担举证责任[2]。推定的概念在国外的立法中已有规定，法国《民法典》第1349条规定：推定是法律或法官根据已知的事实推论未知的事实所得的结果。我国的行政诉讼中，法庭可以在两种情况下进行推定：①在法定期限内不提供或者逾期提供证据的，视为没有证据；②当原告有证据证明被告持有的证据对原告有利，被告无正当理由拒不提供的，可以推定原告的主张成立。

第
五
章

---

〔1〕 参见张树义主编：《行政诉讼证据判例与理论分析》，法律出版社2002年版，第235页。
〔2〕 参见张树义主编：《行政诉讼证据判例与理论分析》，法律出版社2002年版，第243页。

6. 非独立的定案证据规则。在案件审理中，有些证据形成过程的瑕疵和自身的性质导致其在案件中只能作为补强证据使用，即这些证据要和其他证据互相印证，才可作为定案依据。《行政诉讼证据规定》第71条规定了不能单独作为定案依据的证据类型。

7. 公开说理规则。公开说理规则，是指应当公开开庭认定证据，认定的理由与结果应当在判决书中予以说明并宣告。《行政诉讼证据规定》第72条、第73条对此作出了规定：①庭审中经过质证的证据，能够当庭认定的，应当当庭认定；不能当庭认定的，应当在合议庭合议时认定。人民法院应当在裁判文书中阐明证据是否采纳的理由。②法庭发现当庭认定的证据有误，可以按照下列方式纠正：庭审结束前发现错误的，应当重新进行认定；庭审结束后宣判前发现错误的，在裁判文书中予以更正并说明理由，也可以再次开庭予以认定；有新的证据材料可能推翻已认定的证据的，应当再次开庭予以认定。

【案例6】

第三人孔某某之父原系泸州市电信局局长，与原告刘某某是上下级关系，刘某某因为工作问题对其不满。2001年3月15日，孔某某受单位指派到刘某某所在单位泸州市电信局联系业务。其间刘某某对孔某某出言不逊，双方发生口角，随即原告抓起桌上盛满水的茶杯欲向孔某某泼去，被人制止，随后原告又走到第三人面前将其往外推，双方发生推拉、抓扯，致使孔某某受伤。经医院诊断：孔某某"脑外伤""全身多处软组织挫伤"，经法医鉴定属于轻微伤。对此，泸州市公安局江阳区分局对刘某某作出治安拘留7日的处罚。刘某某不服，向泸州市公安局申请行政复议，泸州市公安局经复议维持了原处罚决定。刘某某不服，向泸州市江阳区人民法院起诉。一审法院经审理后作出判决：维持被告泸州市公安局江阳区分局的处罚裁决。

原告不服，向泸州市中级人民法院提起上诉称：被上诉人提供的证据不能证明上诉人具有殴打第三人的行为，原判是以损害结果推定殴打行为；证人证言与第三人陈述有矛盾之处。请求二审法院撤销一审判决，撤销被上诉人对上诉人的处罚决定。被上诉人辩称：上诉人殴打第三人的基本事实清楚，证据充分，上诉人应当对其行为承担法律责任，被上诉人的处罚是在查清事实的基础上结合法医鉴定结论而作出的。请求维持原判。二审法院经审理后作出判决：维持原判，驳回上诉。

问题：根据行政诉讼证据审查规则分析上诉人与被上诉人的说法。

【案例7】

2003年5月18日，南通某贸易公司购得一批钢筋。货运途中，南通市如皋市公安局城西交巡警中队检查发现该批货无任何手续，遂移交南通市如皋工商行政管理局查处。南通市如皋工商行政管理局与南通某贸易公司共同从该批货物中随机抽取

第五章

三根钢筋，其中一根留样，两根送检。南通某贸易公司方代理人在抽样取证记录上注明"对抽样无异议"。5月20日，南通市如皋工商行政管理局委托的南通市产品质量监督检验所作出〔2003〕机电第11921号检验报告，检验结论为"样品经检验，不符合GB1499—1998标准规定的要求，判该样品不合格"。5月21日，南通市如皋工商行政管理局将检验报告送达南通某贸易公司，南通某贸易公司代理人签收并注明"无异议"。7月10日，南通市如皋工商行政管理局对某贸易公司履行处罚前的告知程序。7月15日，南通市如皋工商行政管理局以南通某贸易公司销售不符合标准的产品，违反《产品质量法》为由，作出处罚决定，责令南通某贸易公司停止销售，没收上述货物。南通某贸易公司不服，提起诉讼。

　　问题：本案所涉何种证据？请根据该类证据的要求分析本案证据认定的合法性。

第五章

第六章

行政诉讼程序

[内容提要]

行政诉讼程序是行政诉讼活动得以展开的平台，是当事人交涉的场所。我国行政诉讼程序分为一审程序、简易程序、二审程序以及作为特殊审级的审判监督程序。本章对此进行了分析，尤其是其中的一些重要制度，如起诉条件、受理、缺席判决、庭审以及诉讼中止和终结等。

第一节　起诉和受理

一、起诉

行政诉讼的起诉是指原告请求法院审判其与行政主体之间的行政争议的诉讼行为。诉讼活动以不告不理为原则，因而，原告的起诉是诉讼程序的起点。

（一）起诉的条件

并不是任何人的起诉都能够引起法院的受理，起诉必须具备一定的条件才能够引起受理的法律后果。因此，起诉条件是诉讼程序开启的关键。行政诉讼的起诉条件分为一般条件和时间条件两个方面。

1. 起诉的一般条件。《行政诉讼法》第49条规定："提起诉讼应当符合下列条件：①原告是符合本法第25条规定的公民、法人或者其他组织；②有明确的被告；③有具体的诉讼请求和事实根据；④属于人民法院受案范围和受诉人民法院管辖。"这是行政诉讼起诉的一般条件，对于起诉之条件，应有如下的认识：

（1）原告是符合《行政诉讼法》第25条规定的公民、法人或者其他组织。理解这一规定应注意以下几点：①《行政诉讼法》第25条规定："行政行为的相对人以及其他与行政行为有利害关系的公民、法人或者其他组织，有权提起诉讼。有权提起诉讼的公民死亡，其近亲属可以提起诉讼。有权提起诉讼的法人或者其他组织终止，承受其权利的法人或者其他组织可以提起诉讼。人民检察院在履行职责中发现生态环境和资源保护、食品药品安全、国有财产保护、国有土地使用权出让等领域负有监督管理职责的行政机关违法行使职权或者不作为，致使国家利益或者社会公共利益受到侵害的，应当向行政机关提出检察建议，督促其依法履行职责。行政机关不依法履行职责的，人民检察院依法向人民法院提起诉讼。"这一条是对原告资格规定了客观标准，即检察机关提起的公益诉讼外，行政行为的相对人以及具有利害关系的公民、法人或其他组织。因此，有关行政行为可能侵害其合法权益的公民、法人或其他组织都具有原告的资格。根据《行政诉讼法》第98条之规定，外国人、无国籍人、外国组织（包括外国法人和外国非法人团体）也可以在中国作为原告提起诉讼。②原告起诉的对象应是"行政行为"，对于抽象行政行为，现阶段，仍然不能成为行政诉讼的直接起诉对象，根据《行政诉讼法》第53条之规定，公民、法人或者其他组织认为行政行为所依据的国务院部门和地方人民政府及其部门制定的规范性文件不合法，在对行政行为提起诉讼时，可以一并请求对该规范性文件进行审查，这些规范性文件不包括规章。③原告起诉之行政行为应是侵犯本人的合法权益，对于与原告无利益关系的行政行为，本着"无利益、无诉权"的诉讼原则，依据现行法律规定，原告不得起诉。但法学理论认为，对于涉及公共利益的行政行为，从保护公共利益，鼓励人民参与国家治理的角度，应考虑通过制度设计，准许公民在一定条件下，对与自己无直接利益关系的行政行为，提起公益诉讼。④对于原告的"非法利益"受到行政行为侵害的，仍应准许原告起诉。理由在于，在法院未作审判之前，原告的利益究竟为合法利益还是非法利益，立案阶段无法审查和判断。而且，即使原告的利益为非法利益，行政主体也应依法查处。如果行政主体违法地查处"非法利益"，仍然构成违法行政，法院仍然可以判决确认行政违法或予以撤销。

（2）必须有明确的被告。被告必须明确，是指原告起诉时所选择的被告必须明确并可以确定。明确的涵义是指原告所诉的被告是清楚、具体可以指认的，但"明确"并非是指"准确"，对于原告起诉之被告，如显系错误，立案法官可以适度行使阐明权，建议原告选择准确的被告。

根据《行诉解释》（2018）第67条之规定，原告提供被告的名称等信息足以使被告与其他行政机关相区别的，可以认定为行政诉讼法第49条第2项规定的"有明确的被告"。起诉状列写被告信息不足以认定明确的被告的，人民法院可以告知原告补正；原告补正后仍不能确定明确的被告的，人民法院裁定不予立案。对于原告在起诉阶段出现被告难以确定的情形时，实践中，经常将可能的当事人列为共同被告，然后在审理过程中，逐步判明。在此过程中，如果原告撤回对不当被告的起诉，法院自当允许。如果当事人未作明确撤回起诉表示，法院仍应对全案进行判决。

（3）必须有具体的诉讼请求和事实根据。"具体的诉讼请求"，是要求原告在诉状中所列的诉讼请求，应当具体化而不应作概括性的请求，并应具有可执行性。例如，对于一份行政文书，如果存在数部分可以分开的内容，而其中仅有部分无效的，原告应请求法院具体确认某一部分内容无效，而不得请求法院对该文书作出概括性

第六章

无效的判断。原告的诉讼请求不具体，必然导致法院无从判决。即使判决，也必然导致判决无从执行，最终出现无效审判的情形。《行诉解释》（2018）第 68 条规定了"具体的诉讼请求"是指：①请求判决撤销或变更行政行为；②请求判决行政机关履行特定法定职责或给付义务；③请求判决确认行政行为违法；④请求判决确认行政行为无效；⑤请求判决行政机关予以赔偿或补偿；⑥请求解决行政协议争议；⑦请求一并审查规章以下规范性文件；⑧请求一并解决相关民事争议；⑨其他诉讼请求。

所谓"事实根据"，是要求原告的诉讼请求，应有事实作为支撑。原告应提出相应的事实主张。至于这些事实，能否得以证明，则主要应在诉讼过程中完成，在立案阶段，法院不应作求全责备之要求，以免影响原告诉权之行使。诉讼法理上，要求原告在起诉阶段，其所主张的事实和提供的证据，能使法官相信事实可能如此，即为已足。在某些特殊情况下，原告起诉时即使并无证据，但如果其对事实的主诉使法官相信这一事实可能存在，法院仍然可以立案审理。

（4）起诉的案件属于人民法院受案范围和受诉人民法院管辖。原告起诉之事项，若属于《行政诉讼法》第 13 条规定的排除事项，则当事人不能提起诉讼。同时，还必须符合级别管辖和地域管辖等有关规定。《行政诉讼法》第 51 条规定，人民法院在接到起诉状时对符合本法规定的起诉条件的，应当登记立案。对当场不能判定是否符合本法规定的起诉条件的，应当接收起诉状，出具注明收到日期的书面凭证，并在 7 日内决定是否立案。不符合起诉条件的，作出不予立案的裁定。裁定书应当载明不予立案的理由。原告对裁定不服的，可以提起上诉。《行政诉讼法》第 52 条规定，人民法院既不立案，又不作出不予立案裁定的，当事人可以向上一级人民法院起诉。上一级人民法院认为符合起诉条件的，应当立案、审理，也可以指定其他下级人民法院立案、审理。《行政诉讼法》第 53 条规定，公民、法人或者其他组织认为行政行为所依据的国务院部门和地方人民政府及其部门制定的规范性文件不合法，在对行政行为提起诉讼时，可以一并请求对该规范性文件进行审查。前款规定的规范性文件不含规章。

根据《行诉解释》（2018）第 53 条之规定，人民法院对符合起诉条件的案件应当立案，依法保障当事人行使诉讼权利。对当事人依法提起的诉讼，人民法院应当根据行政诉讼法第 51 条的规定接收起诉状。能够判断符合起诉条件的，应当当场登记立案；当场不能判断是否符合起诉条件的，应当在接收起诉状后 7 日内决定是否立案；7 日内仍不能作出判断的，应当先予立案。

2. 起诉的时间条件。在行政诉讼中，起诉的时间条件是指起诉期限，起诉期限是诉权行使的有效期间，起诉必须在法律规定的期限内提出，超过法定期限，当事人将因起诉时效届满而丧失诉权，人民法院对超过起诉期限的起诉可以拒绝受理。由于行政行为的复杂性，行政诉讼中的起诉时间条件也较为复杂。针对不同的行为起诉的时间要求也有所不同。

第六章

（1）一般期限与特殊期限。行政诉讼的起诉期限，可以分为一般期限和特殊期限两类。一般期限是指为《行政诉讼法》规定的，适用于一般案件的起诉期限。特殊期限是指为单行法律、法规所规定，适用于特定案件的起诉期限。这二者之间的关系是：单行法律法规有规定的，从单行法律法规的规定；单行法律法规没有规定的，从《行政诉讼法》的规定。

一般期限和特殊期限又可以分为两种情形：经复议的行政案件的起诉期限与直接提起诉讼的起诉期限。《行政诉讼法》第 45 条规定："公民、法人或者其他组织不服复议决定的，可以在收到复议决定书之日起 15 日内向人民法院提起诉讼。复议机关逾期不作决定的，申请人可以在复议期满之日起 15 日内向人民法院提起诉讼。法律另有规定的除外。"这就是一般期限，该条适用于须经复议的行政案件（复议前置），只要法律未作特殊规定，对行政复议决定不服的行政案件都必须在收到复议决定书之日起 15 日内起诉，否则即丧失诉权。《行政诉讼法》第 46 条第 1 款规定："公民、法人或者其他组织直接向人民法院提起诉讼的，应当自知道或者应当知道作出行政行为之日起 6 个月内提出。法律另有规定的除外。"当事人直接向人民法院起诉，都应遵守这一期限，除非法律另有规定，比如，《专利法》第 46 条规定："专利复审委员会对宣告专利权无效的请求应当及时审查和作出决定，并通知请求人和专利权人。宣告专利权无效的决定，由国务院专利行政部门登记和公告。对专利复审委员会宣告专利权无效或者维持专利权的决定不服的，可以自收到通知之日起 3 个月内向人民法院起诉。人民法院应当通知无效宣告请求程序的对方当事人作为第三人参加诉讼。"

（2）特殊情况下起诉期限的计算。由于行政活动以及行政诉讼的复杂性，上述起诉期限只适用于一般情况，对于行政诉讼中出现的特殊情况，按照上述起诉期限计算可能对当事人极不公平。因此，《行政诉讼法》第 46 条第 2 款与第 47 条对起诉期限作出了必要的补充规定。

第一，最长诉讼保护期限。最长诉讼保护期限是指公民、法人或其他组织不知道行政机关作出行政行为时的起诉期限。行政机关作出行政行为，告知相对人行政行为的内容是行政机关的一项法定义务，但是在实践中会出现行政机关未向行政行为的直接相对人履行告知义务，或者行政机关不知道这个行为所影响的除相对人之外的其他利害关系人而未告知利害关系人，都会导致相对人或者其他利害关系人无法"知道或者应当知道"行政行为而延误起诉期，因此有必要确定一个最长保护期限，即确定行政行为作出后到某一时间点，无论当事人是否知道或者应当知道，都不能再提起行政诉讼，此规定一方面有利于保护当事人的诉讼权利，另一方面也有利于保护行政法律关系的稳定，避免长年纠纷。《行政诉讼法》第 46 条第 2 款规定："因不动产提起诉讼的案件自行政行为作出之日起超过 20 年，其他案件自行政行为作出之日起超过 5 年提起诉讼的，人民法院不予受理。"此外，《行诉解释》（2018）第 64 条规定："行政机关作出行政行为时，未告知公民、法人或者其他组织起诉期限的，起诉期限从公民、法人或者其他组织知道或者应当知道起诉期限之日起计算，但从知道或者应当知道行政行为内容之日起最长不得超过 1 年。复议决定未告知公民、法人或者其他组织起诉期限的，适用前款规定。"

第二，行政机关不履行法定职责时起诉期限的起算。《行政诉讼法》规定的起诉期限从当事人知道行政机关作出行政行为之日起起算，但行政机关对当事人的申请拒不答复等不作为行为，当事人何时才能起诉，当事人的起诉期限又应何时起算？根据《行政诉讼法》第 47 条的规定："公民、法人或者其他组织申请行政机关履行保护其人身权、财产权等合法权益的法定职责，行政机关在接到申请之日起 2 个月内不履行的，公民、法人或者其他组织可以向人民法院提起诉讼。法律、法规对行政机关履行职责的期限另有规定的，从其规定。公民、法人或者其他组织在紧急情况下请求行政机关履行保护其人身权、财产权等合法权益的法定职责，行政机关不履行的，提起诉讼不受前款规定期限的限制。"据此规定，对于行政机关不作为的行政案件的起诉期限应根据不同情况进行不同处理：首先，如果法律、法规对行政机关履行法定职责的期限已作了规定，行政机关超过期限仍不作为的，从该期限届满之日起计算起诉期限，即应当在行政机关履行法定职责期限届满之日起 6 个月内提出。例如《政府信息公开条例》第 33 条规定："行政机关收到政府信息公开申请，能够当场答复的，应当当场予以答复。行政机关不能当场答复的，应当自收到申请之日起 20 个工作日内予以答复；需要延长答复期限的，应当经政府信息公开工作机构负责人同意并告知申请人，延长的期限最长不得超过 20 个工作日。行政机关征求第三方和其他机关意见所需时间不计算在前款规定的期限内。"因此，对于申请政府信息公开行政机关拒不答复的，一般最长 40 个工作日就可以针对行政机关的不作为提起行政诉讼。其次，在没有相关法律、法规规定行政机关履行法定职责的期限的情况下，公民、法人或者其他组织申请行政机关履行法定职责，行政机关在接到申请之日起 2 个月内不履行的，公民、法人或者其他组织可以向人民法院提起诉讼。最后，公民、法人或者其他组织在紧急情况下请求行政机关履行保护其人身权、财产权的法定职责，行政机关不履行的，起诉期限不受上述规定的限制，当事人可以立即提起行政诉讼。例如，当事人接到恐吓电话，请求行政机关对此进行查处，行政机关不予答复或者拒绝提供保护，当事人可以直接向法院起诉。这一规定，充分考虑到了行政效率与行政有效性的密切关系。

（3）起诉期限迟误的处理。所谓起诉期限的迟误，是指起诉行为在法定期限内未能进行或未能完成，当事人在期限届满后再为或续为的诉讼行为。为了更好地保护当事人的诉权，《行政诉讼法》第 48 条规定了起诉期限的扣除与延长。《行政诉讼法》第 48 条第 1 款规定："公民、法人或者其他组织因不可抗力或者其他不属于其自身的原因耽误起诉期限的，被耽误的时间不计算在起诉期限内。"这是关于起诉期间扣除的规定。如果当事人因为不可抗力或者其他不属于其自身的原因耽误起诉期限的，不需要法律决定是否能够延长诉讼期间，而直接从起诉期间中扣除。不可抗力，是指行政相对人不能预见、不可避免、无力克服的事由，比如地震、洪灾等自然灾害。其他不属于其自身的原因是不可抗力之外的客观原因，例如重病无法表达意志等。《行政诉讼法》第48条第2款规定："公民、法人或者其他组织因前款规定以外的其他特殊情况耽误起诉期限的，在障碍消除后10日内，可以申请延长期限，是否准许由人民法院决定。"这是关于起诉期限延长的规定。从本款规定看，要延长起诉期限应符合以下三个条件：①起诉期限耽误的原因是第48条第1款规定以外的其他特殊情况，一般在个案中由法院加以认定；②由于此种特殊情况耽误起诉期限的，在障碍消除后的10日内，可以申请延长期限，这种延长，应是顺延，即把因特殊情况而耽误的期限补足，而不是重新计算期限；③当事人申请延长期限应由人民法院决定。

（二）起诉的方式

为了方便行政案件的审理，并照顾到行政诉讼原告的能力，《行政诉讼法》第50条规定了原告的两种起诉方式。

1. 书面起诉。《行政诉讼法》第50条第1款规定："起诉应当向人民法院递交起诉状，并按照被告人数提出副本。"这是规定原告一般使用起诉状的形式提起行政诉讼，原告要以书面形式提出自己的诉讼请求与诉讼理由，并按照被告人数提交与起诉状内容相同的副本。《行政诉讼法》并没有对行政起诉状的内容作出具体要求，实践中，一般参照《民事诉讼法》的规定。《民事诉讼法》第121条规定："起诉状应当记明下列事项：①原告的姓名、性别、年龄、民族、职业、工作单位、住所、联系方式，法人或者其他组织的名称、住所和法定代表人或者主要负责人的姓名、职务、联系方式；②被告的姓名、性别、工作单位、住所等信息，法人或者其他组织的名称、住所等信息；③诉讼请求和所根据的事实与理由；④证据和证据来源，证人姓名和住所。"

2. 口头起诉。《行政诉讼法》第50条第2款规定："书写起诉状确有困难的，可以口头起诉，由人民法院记入笔录，出具注明日期的书面凭证，并告知对方当事人。"在实践中，一些原告因为文化水平等原因不能书写起诉状，在其书写起诉状确有困难的情况下，法律规定允许其口头起诉，以方便其行使诉权。法院有义务记录原告口头起诉的内容，并有义务向原告出具注明日期的书面凭证，告知对方当事人。

二、法院登记立案

针对行政诉讼面临的"立案难"的问题，我国《行政诉讼法》的修订改变了以前的立案审查制，实行立案登记制度。以前实行的立案审查制，人民法院在收到原告的起诉状之日起7天内，对案件是否属于受案范围、是否符合起诉的条件、是否超过起诉期限等程序性与实质性要件进行审查，因为行政案件的特殊性，一些法院办案人员在主观上不愿意受理行政案件，造成同样的案件在不同的法院有的予以立案，有的不予受理，立案阶段对案件进行实体审查是对公民诉权的限制与侵犯。立案登记制是指原告起诉只要符合法律规定的形式要件，法院即将起诉登记在册，起

第六章

诉成立。我国《行政诉讼法》第51条明确规定了立案登记制度。《行政诉讼法》第51条规定："人民法院在接到起诉状时对符合本法规定的起诉条件的，应当登记立案。对当场不能判定是否符合本法规定的起诉条件的，应当接收起诉状，出具注明收到日期的书面凭证，并在7日内决定是否立案。不符合起诉条件的，作出不予立案的裁定。裁定书应当载明不予立案的理由。原告对裁定不服的，可以提起上诉。起诉状内容欠缺或者有其他错误的，应当给予指导和释明，并一次性告知当事人需要补正的内容。不得未经指导和释明即以起诉不符合条件为由不接收起诉状。对于不接收起诉状、接收起诉状后不出具书面凭证，以及不一次性告知当事人需要补正的起诉状内容的，当事人可以向上级人民法院投诉，上级人民法院应当责令改正，并对直接负责的主管人员和其他直接责任人员依法给予处分。""立案登记制"取消实质性或实体性的立案审查，所有符合法定条件的起诉都可以立即获得法院的正式立案，这不但更为深入地保障当事人行使诉权，也将会提高立案的效率。根据《行政诉讼法》第51条、第52条的规定，立案登记制度包括以下内容：

（一）登记立案

当场登记立案。《行政诉讼法》第51条第1款规定："人民法院在接到起诉状时对符合本法规定的起诉条件的，应当登记立案。"因此，在起诉阶段，只要起诉人满足《行政诉讼法》第49条关于起诉条件的规定，人民法院就应该立案登记。《行政诉讼法》第49条规定的起诉条件为：①原告是符合本法第25条规定的公民、法人或者其他组织；②有明确的被告；③有具体的诉讼请求和事实根据；④属于人民法院受案范围和受诉人民法院管辖。这种审查应该是初步的、形式上的审查，而不应该是实质性审查。法院当场登记立案后，应该发给当事人立案通知书。

（二）七日内立案

《行政诉讼法》第51条第2款规定："对当场不能判定是否符合本法规定的起诉条件的，应当接收起诉状，出具注明收到日期的书面凭证，并在7日内决定是否立案……"一般情况下，人民法院在收到起诉状后，应该当场进行判断，符合起诉条件的立即登记立案。有一些案件，人民法院不能当场进行判断是否符合《行政诉讼法》规定的起诉条件时，应该先接收起诉状，并且向当事人出具收到日期的书面凭证，并在7日内决定是否立案。这条规定也是针对司法实践中"立案难"而作出的，法院出具书面凭证是证明当事人已经递交了起诉状的事实，7日是对法院立案的时间限制，从法院接收起诉状或口头起诉之日起计算，避免案件拖的时间过长。

（三）不予立案

《行政诉讼法》第51条第2款规定："……不符合起诉条件的，作出不予立案的裁定。裁定书应当载明不予立案的理由。原告对裁定不服的，可以提起上诉。"立案登记制并非意味着人民法院对起诉材料完全不进行审查，只是排除了严格的实质性审查，人民法院仍然要对是否符合《行政诉讼法》所规定的起诉条件进行形式上、程序上的审查，对于不符合《行政诉讼法》规定的起诉条件的，人民法院应该作出不予立案的裁定。裁定书必须写明不予立案的理由。针对不予立案的裁定，法律赋予了原告提起上诉的权利。

（四）向上一级法院起诉

尽管《行政诉讼法》明确规定了立案登记制，但是为了防止司法实践中出现人民法院应该立案而拒不立案，或者人民法院既不立案也不作出不予立案的裁定，《行政诉讼法》第 52 条专门针对法院不立案的情形作出规定，以便更全面地保护当事人的诉权。

《行政诉讼法》第 52 条规定："人民法院既不立案，又不作出不予立案裁定的，当事人可以向上一级人民法院起诉。上一级人民法院认为符合起诉条件的，应当立案、审理，也可以指定其他下级人民法院立案、审理。"当事人针对人民法院的消极行为享有向上一级法院起诉的权利。在实践中，因为各种原因，法院不敢或者不愿意审理行政案件，在立案阶段表现为既不立案，又不作出不予立案的裁定，当事人可以直接向该法院的上一级人民法院起诉；上一级人民法院在收到起诉状后，如果认为符合起诉条件，既可以自己立案审理，也可以指定其他下级人民法院立案审理。此外，应该注意的是，上一级法院不能指定原来既不立案又不作出不予立案裁定的人民法院立案审理，以保障案件能够公正地进行审理。

三、法院的义务及相关人员的责任

（一）法院的指导与释明义务

为了解决"立案难"的问题，防止法院以起诉不符合条件等理由不接收起诉状，不予以立案，《行政诉讼法》明确规定了法院的指导与释明义务。《行政诉讼法》第 51 条第 3 款规定："起诉状内容欠缺或者有其他错误的，应当给予指导和释明，并一次性告知当事人需要补正的内容。不得未经指导和释明即以起诉不符合条件为由不接收起诉状。"因此，在起诉立案阶段，针对当事人起诉状内容有欠缺或者其他错误的，人民法院应该进行指导，以告知、解释或者提醒等适当的方式引导当事人，确保诉讼高质高效的进行。指导与释明对于保障当事人的诉讼权利、实现司法公正和效率发挥着重要作用。此外，如果存在需要补正的情形，法院应该一次性告知当事人需要补正的内容，而不能不断要求当事人补正，变相拒绝立案。法院不能没有进行指导与释明即以起诉不符合条件为由不接收起诉状。

（二）法院相关人员的法律责任

为了保障当事人行使诉权，确保法院能够及时立案，保证行政诉讼顺利进行，《行政诉讼法》第 51 条第 4 款规定了立案阶段当事人的投诉权及法院相关人员的法律责任。如果法院有以下行为，当事人可以向上一级人民法院投诉：①不接收起诉状；②接收起诉状后不出具书面凭证；③不一次性告知当事人需要补正的起诉状内容。上一级人民法院应该责令改正，并对直接负责的主管人员和其他直接责任人员依法给予处分。

第六章

四、起诉与受理的法律意义

案件经过法院立案登记后，即产生以下的法律后果：

1. 行政诉讼案件的成立。法院对该行政案件有审判的权力和义务。同时，立案登记后即排斥其他法院的管辖权。有关当事人皆不得以同一起纠纷，再向其他法院提起诉讼或向行政机关申请复议。

2. 原、被告取得相应的诉讼地位。从法院决定立案开始，起诉人即取得了原告的诉讼地位，作出被诉行政行为的行政机关或组织即成为诉讼的被告。双方开始享有法定的诉讼权利和承担法定诉讼义务。同时，与案件相关的证人、勘验人、鉴定人等也取得或可能取得相应的诉讼参与人的诉讼地位。

3. 起诉期限，审理期限开始计算。

【案例1】

2005年3月，深圳市公安局龙岗区分局龙新派出所在辖区的怡丰路黄龙塘市场附近的大街上悬挂"坚决打击河南籍敲诈勒索团伙"的横幅。河南省国基律师事务所的河南籍公民任某某和李某某，于2005年4月15日以深圳市公安局龙岗区分局龙新派出所的行为侵害了二人的名誉权为由，向郑州市高新区人民法院提起民事诉讼。二原告认为，被告的地域歧视和对整个河南籍人群的否定性社会评价，严重违背了"法律面前人人平等"的宪法原则，直接损害了二原告及所有河南籍中国公民的声誉，要求法院判令被告依法对其侵权行为对二原告赔礼道歉，并将道歉内容在一家人民法院认可的国家级新闻媒体上公开发表。后据媒体报道，经法院主持调解，双方当事人自愿达成协议，被告向原告赔礼道歉，原告表示谅解，原告自愿放弃其他诉讼请求。

问题：

1. 原告提起民事诉讼，是否正确？如果本案成立，应是民事诉讼还是行政诉讼？

2. 原告与本案是否有"法律上的利害关系"？原告有无起诉资格？

【案例2】

2007年4月27日，刘某某等156位车主向国家保监会递交申请书，请求保监会就机动车交通事故强制保险的费率确定等问题，举行听证。5月17日，保监会复函中称：《机动车交通事故责任强制保险条例》（下称《条例》），是我会实施机动车交通事故责任强制保险（下称交强险）行政许可的直接法律依据。《条例》第6条第2款明确规定："保监会在审批保险费率时，可以聘请有关专业机构进行评估，可以举行听证会听取公众意见。"按照这一授权性法律规定，我会在从事相关行政许可时，有权根据实际情况自行决定是否举行听证。

考虑到交强险的特殊性，我会在审批行业上报的交强险费率过程中，广泛听取了私家车、运营车辆、摩托车、农用车等多种车型消费者代表以及相关部委、专家学者的意见，最终按照《条例》确定的原则，在综合考虑目前国民经济发展水平、消费者承受能力以及保险公司经营能力的基础上，对费率方案进行了审批，并于2006年6月19日向社会公布了交强险责任额度、费率和条款。根据《条例》第6条第2款的规定以及交强险费率审批的实际情况，现阶段并不需要就相关行政许可举行听证。

6月1日，刘家辉律师对保监会提起行政诉讼，请求撤销该复函，并判令被告履行听证的义务。

问题：

1. 法院应否受理本起行政诉讼？

2. 查阅《价格法》《行政许可法》等相关条文，分析保监会依法是否有举行听证的义务。

第二节　行政诉讼一审程序

一、审理前的准备

准备程序具有以下功效：①有利于节省司法资源，避免程序上的不利益。一些纠纷可能在准备程序中得以解决，省去了当事人和法官开庭之负担。②有利于认定事实的正确性，提升裁判的品质。③有利于赋予当事人平衡追求实体利益与程序利益的机会。当事人可以根据自己的自由意志对各种利益关系和可能性进行衡量，从而选择对自己最为有利的纠纷解决方式。④有利于贯彻言词审理主义、直接审理主义及公开审理主义的原则，促成各原则功能的发挥。⑤有利于提高审理之计划性。完备的庭前准备程序可以使法官、当事人双方及其律师在开庭前即可对庭审中将要发生的事项有一准确的预测，从而合理规划自己的诉讼行为。

我国现行法律所规定的准备程序主要有以下内容：

（一）确定审判组织

案件受理后，应依法确定案件之审判组织。审判组织是指具体行使国家行政审判职能的组织。我国行政审判的组织包括合议庭和审判委员会，合议庭是行政审判的基本组织，依少数服从多数原则对案件进行审理和裁判。行政审判实行合议制，除简易程序外，不实行独任制。合议庭应由3人以上单数的审判员或审判员和人民陪审员组成。法庭组成人员中有应回避情形时，应依法实施回避。

（二）通知被告应诉和发送诉讼文书

法院应在立案之日起5日内，将起诉状副本发送被告，通知被告应诉。被告应在收到起诉状副本之日起15日内向法院提交作出行政行为的证据和所依据的规范性文件，并提出答辩状。法院在收到被告提交的答辩状之日起5日内，将答辩状副本发送原告。被告不提交答辩状也不影响案件审理。

提供证据和依据之限制。《行政诉讼法》第34条第2款规定："被告不提供或者无正当理由逾期提供证据，视为没有相应证据。但是，被诉行政行为涉及第三人合法权益，第三人提供证据的除外。"此条规定，目的在于要求被告及时进行有效答辩，防备被告以当庭答辩的形式，对原告进行诉讼突袭。

（三）调查收集证据

为保证司法之中立性，诉讼中法院原则上不得主动替一方当事人收集证据。在当事人无能力搜集证据等特殊情形之下，法院可以依职权或者依当事人之申请调取有关证据。《行政诉讼法》第40条规定："人民法院有权向有关行政机关以及其他组织、公民调取证据。但是，不得为证明行政行为的合法性调取被告作出行政行为时未收集的证据。"第41条规定："与本案有关的下列证据，原告或者第三人不能自行收集的，可以申请人民法院调取：①由国家机关保存而须由人民法院调取的证据；②涉及国家秘密、商业秘密和个人隐私的证据；③确因客观原因不能自行收集的其他证据。"

（四）确认、更换和追加当事人

确定当事人是法院在准备阶段应当完成之任务，以免诉讼因当事人缺位，导致诉讼无法进行或诉讼无效。法院在此阶段还需确认原告、被告、第三人的资格，发现不具备当事人资格的应更换或追加新的当事人。理论界也有学者认为，法院不应依职权追加当事人，以免干涉当事人诉权之行使。此学说有其合理之一面。但行政诉讼，不仅涉及当事人利益，而且往往涉及公共利益。为此，行政诉讼中的法院比民事诉讼中的法院，有更强的职权主义倾向，即法院通过职权之主动行使，保护公益或潜在当事人的利益。《行政诉讼法》第29条第1款规定："公民、法人或者其他组织同被诉行政行为有利害关系但没有提起诉讼，或者同案件处理结果有利害关系的，可以作为第三人申请参加诉讼，或者由人民法院通知参加诉讼。"此处有关法院通知第三人到庭的规定，即属于法院职权之行使。

二、开庭审理

开庭审理，是指在法院合议庭主持下，依法定程序对当事人之间的行政争议进行审理，查明案件事实，适用相应的法律、法规，并最终作出裁判的活动。

开庭审理应遵循下述程序：

（一）庭审准备

庭审准备是为法庭开庭审理而作的准备。这一程序包括下述步骤：

1. 告知当事人和其他诉讼参与人出庭参加庭审。法院确定开庭日期后，应在开庭3日前用传票传唤当事人出庭参加庭审，并以通知书通知诉讼代理人、证人、鉴定人、翻译人员等到庭参加诉讼活动。

2. 公告。人民法院公开审理行政案件，应在开庭3日前发布公告。公告内容包括：案由、当事人姓名或机关名称、开庭时间和地点。公告一般张贴在审理法院门前的公告栏内。

（二）庭审

庭审前，书记员应查明当事人和其他诉讼参与人是否到庭并将结果报告法庭，然后向全体到庭人员及旁听人宣布法庭纪律。接着审判长宣布开庭并核对原告、被告和第三人的身份，宣布案由，宣布审判人员、书记员名单，告知当事人有关的诉讼权利和义务，询问当事人是否提出回避申请，审查诉讼代理人资格和代理权限。

根据《行诉解释》（2018）第74、75条之规定，当事人申请回避，应当说明理由，在案件开始审理时提出；回避事由在案件开始审理后知道的，应当在法庭辩论终结前提出。被申请回避的人员，在人民法院作出是否回避的决定前，应当暂停参与本案的工作，但案件需要采取紧急措施的除外。对当事人提出的回避申请，人民法院应当在3日内以口头或者书面形式作出决定。对当事人提出的明显不属于法定回避事由的申请，法庭可以依法当庭驳回。申请人对驳回回避申请决定不服的，可以向作出决定的人民法院申请复议一次。复议期间，被申请回避的人员不停止参与本案的工作。对申请人的复议申请，人民法院应当在3日内作出复议决定，并通知复议申请人。在一个审判程序中参与过本案审判工作的审判人员，不得再参与该案其他程序的审判。

庭审活动分为法庭调查、法庭辩论、休庭合议和宣判四个阶段。

1. 法庭调查。法庭调查是核实和审查证据，查明案件真相的诉讼阶段。

行政诉讼的法庭调查始于原告宣读起诉状，被告宣读答辩状，然后进入双方当事人陈述。行政诉讼的法庭调查通常先由当事人陈述，然后传证人到庭作证，或宣读证人证言。法庭在告知证人其诉讼权利和诉讼义务后，由证人向法庭提供证言，对证人的证词，双方当事人及其诉讼代理人均可提问并质证，但须经法庭许可。当证人确有事由不能到庭时可以宣读证人证言，但此种证人证言同样应在法庭经由双方当事人质证。

法庭调查在当事人陈述和证人作证后，接着由法庭出示书证、物证和视听资料，宣读鉴定意见、勘验笔录和现场笔录。当事人提交法庭或法庭收集的书证、物证、鉴定意见等证据，均应当庭展示并由当事人质证。未经质证的证据，不得作为裁判的依据。法庭应充分保障当事人的质证权，使诉讼充实并饱满，防止庭审空洞化、形式化。

2. 法庭辩论。法庭辩论是当事人、第三人及其诉讼代理人运用证据和法律规范，就案件争议事实的真伪和如何正确适用法律申明自己的观点和诉讼请求，反驳他方的观点和论据的诉讼活动。法庭辩论在法庭调查的基础上进行。合议庭通过法庭调查，由当事人对各种证据进行质证，在此基础上，法庭对于证据是否采用可适度自由心证，并引导当事人进行庭辩。对于双方没有注意也没有辩论而法庭认为需要辩明的诉讼理由和诉讼关系等，法庭可以通过释明权的行使，引导当事人进行辩论。诉讼当事人在辩论阶段辩论发言的顺序一般是：原告及其诉讼代理人发言；被告及其诉讼代理人答辩；第三人及其诉讼代理人发言。第一轮辩论结束后，依以上顺序进入第二轮辩论，针对上一轮辩论中对方的观点和主张进行反驳，进一步阐明自己的主张和观点，相互辩论的时间和次数由法庭审判人员确定，既不可限制当事人的辩论权利，又不可使当事人重复自己的观点和主张。法庭应注意保护当事人辩论权完整、充分行使。法庭不应以"与本案无关"为由，中止当事人的辩论。辩论内容应由当事人而不是法庭决定。

法庭辩论终结后，由审判长依照原告、被告、第三人的顺序依次征询各方最后意见。

在法庭辩论中，法庭如发现新的事实或当事人提供了新的证据，确需核查，由审判长决定停止辩论，恢复法庭调查或延期审理，待事实查清后再恢复法庭辩论。

3. 合并审理。合并审理是指法院将具有一定相关性的不同纠纷，在同一程序中审理。合并的原因在于提升诉讼效率并防止矛盾判决。如果在合并审理过程中，发现合并审理不利于诉讼进行，法院得将案件再行分开审理。合并审理的案件，由于其审理的实质是不同的纠纷，因此合并审理的案件，法院应分别判决。依据《行政诉讼法》第27条的规定，当事人一方或者双方为二人以上，因同一行政行为发生的行政案件，或者因同类行政行为发生的行政案件，人民法院认为可以合并审理并经当事人同意的，为共同诉讼。因此，合并审理的条件是除了法院认为可以之外，还需要得到当事人的同意。

4. 先予执行。先予执行是在人民法院尚未作出正式判决之前采取的临时救济措施，是指人民法院在审理行政案件过程中，因权利人的生活和生产需要，根据当事人的申请，裁定一方当事人预先给付另一方当事人或者为一定行为的诉讼制度。我国《行政诉讼法》第57条规定："人民法院对起诉行政机关没有依法支付抚恤金、最低生活保障金和工伤、医疗社会保险金的案件，权利义务关系明确、不先予执行将严重影响原告生活的，可以根据原告的申请，裁定先予执行。当事人对先予执行裁定不服的，可以申请复议一次。复议期间不停止裁定的执行。"因此，对于适用先予执行的范围，分为三种情形：①没有依法发给抚恤金案件。抚恤金是指军人、国家工作人员以及其他因公牺牲或者伤残人员，行政机关依法发给死者家属或伤残者本人的费用。②没有依法支付最低生活保障金案件。最低生活保障金是对家庭人均收入低于当地政府公告的最低生活标准的人口给予一定现金资助，以维持其基本生活需要的社会救济金。③没有依法支付工伤、医疗社会保险金的案件。社会保险金是公民在失业、年老、患病、生育、工伤等情况发生时，向社会保障机构申请发放的社会救济金。工伤社会保险金是指因工作遭受事故伤害或者患职业病的职工请求依法获得医疗救治和经济补偿的社会保险待遇；医疗社会保险金是指参保人员依法请求行政机关提供的医疗救助方面的社会保险待遇。先予执行以当事人的申请为前提，无需提供担保，在权利义务关系明确，不先予执行将严重影响当事人生活的情况下，人民法院应该裁定先予执行并立即执行。无论人民法院裁定先予执行还是不先予执行，当事人有获得救济的权利。针对先予执行的裁定当事人不服的，可以向人民法院申请复议一次。在复议期间，不停止裁定的执行。因此，先予执行裁定一经作出，立即发生法律效力，这对保护当事人的合法权益极为重要。

5. 休庭合议。法庭辩论结束后，审判长宣布休庭，由合议庭组成人员进行合议。合议阶段是合议庭组成人员通过集体讨论，形成对案件判决的过程。合议结论坚持少数服从多数的原则，但少数人的意见应当记入合议笔录，每一位合议庭组成人员均应在合议笔录上签名。

6. 宣判。宣判是法庭代表法院宣告对案件最终的判决结果。无论是否是公开审理的案件，都须一律公开宣告判决。当庭宣判的，应该在 10 日内发送判决书。宣判除当庭宣判外，还可以定期宣判，定期宣判是由法庭确定一个日期宣告判决结果，宣判后立即发给判决书。判决宣告时，须告知诉讼当事人的上诉权利、上诉期限和上诉法院。关于第一审判决的期限，《行政诉讼法》第 81 条规定："人民法院应当在立案之日起 6 个月内作出第一审判决。有特殊情况需要延长的，由高级人民法院批准，高级人民法院审理第一审案件需要延长的，由最高人民法院批准。"

三、缺席判决

缺席判决是在法院开庭审理时，当事人一方经法院合法传唤无正当理由拒不到庭，法院继续审理并经合议庭合议后作出裁判的诉讼活动。《行政诉讼法》第 58 条规定："经人民法院传票传唤，原告无正当理由拒不到庭，或者未经法院许可中途退庭的，可以按照撤诉处理；被告无正当理由拒不到庭，或者未经法庭许可中途退庭的，可以缺席判决。"因此，缺席判决针对的是被告，当被告无正当理由拒不到庭，或者未经法庭许可中途退庭时，法院可以作出缺席判决。缺席判决的效力同于对席判决的效力，原告、被告、第三人均可提起上诉。针对被告这两种行为，《行政诉讼法》第 66 条第 2 款还规定："人民法院对被告经传票传唤无正当理由拒不到庭，或者未经法庭许可中途退庭的，可以将被告拒不到庭或者中途退庭的情况予以公告，并可以向监察机关或者被告的上一级行政机关提出依法给予其主要负责人或者直接责任人员处分的司法建议。"

第三节　简易程序

一、简易程序的概念

简易程序是人民法院审理简单的行政案件时所适用的较普通程序简便易行的审判程序。与普通程序相比，简易程序具有办案手续简便、审理方式灵活等特点，在起诉手续、传唤当事人的方式、审理程序及期限等方面较为简化，对于法院及时审理行政案件、降低诉讼成本、减轻当事人诉讼负担等方面都具有重要意义。《行政诉讼法》以一节三条的内容对简易程序进行了规定。

第六章

二、简易程序的适用条件

《行政诉讼法》第82条规定："人民法院审理下列第一审行政案件，认为事实清楚、权利义务关系明确、争议不大的，可以适用简易程序：①被诉行政行为是依法当场作出的；②案件涉及款额2000元以下的；③属于政府信息公开案件的。除前款规定以外的第一审行政案件，当事人各方同意适用简易程序的，可以适用简易程序。发回重审、按照审判监督程序再审的案件不适用简易程序。"可以看出，行政诉讼的简易程序适用条件包括以下内容：

（一）基层与中级人民法院审理的第一审行政案件

行政诉讼案件的简易程序只适用于第一审行政案件。根据《行政诉讼法》关于管辖的有关规定，基层人民法院、中级人民法院、高级人民法院与最高人民法院都有可能是第一审行政案件的管辖法院。但是《行政诉讼法》第16条与第17条规定高级人民法院与最高人民法院分别管辖本辖区内或者全国范围内重大、复杂的第一审案件，显然不能适用简易程序，基层人民法院与中级人民法院可以适用简易程序审理事实清楚、权利义务关系明确、争议不大的第一审行政案件。

适用简易程序审理的第一审行政案件，不包括发回重审、按照审判监督程序再审的案件。

（二）行政案件应该事实清楚、权利义务关系明确、争议不大

事实清楚是指当事人提供的证据能够较为明确地证明争议事实的真相，不需要人民法院进行大量调查取证工作；权利义务关系明确，是指当事人之间的行政争议不太复杂，权利义务关系比较简单；争议不大是指当事人对他们之间引起行政争议的事实、权利义务关系等问题没有较大的争议。这三个条件必须同时具备，才可以适用简易程序。

三、适用简易程序的案件类型

根据《行政诉讼法》第82条的规定，符合简易程序审理的案件有以下类型：

（一）被诉行政行为是依法当场作出的行政案件

例如《行政许可法》第34条规定，行政机关应当对申请人提交的申请材料进行审查。申请人提交的申请材料齐全、符合法定形式，行政机关能够当场作出决定的，应当当场作出书面的行政许可决定。《行政处罚法》第33条规定，违法事实确凿并有法定依据，对公民处以50元以下、对法人或者其他组织处以1000元以下罚款或者警告的行政处罚的，可以当场作出行政处罚决定。对于这些行政机关依法当场作出的行政行为，事实清楚、权利义务关系明确、争议不大的，可以适用简易程序。

（二）案件涉及款额2000元以下的行政案件

如果案件涉及的款项不大，如行政处罚罚款数额或者要求行政机关发放的抚恤金等金额在2000元以下，可以适用简易程序。

（三）属于政府信息公开案件的行政案件

根据最高人民法院 2011 年作出的《最高人民法院关于审理政府信息公开行政案件若干问题的规定》，属于信息公开的案件一般包括以下情形：向行政机关申请获取政府信息，行政机关拒绝提供或者逾期不予答复的；认为行政机关提供的政府信息不符合其在申请中要求的内容或者法律、法规规定的适当形式的；认为行政机关主动公开或者依他人申请公开政府信息侵犯其商业秘密、个人隐私的；认为行政机关提供的与其自身相关的政府信息记录不准确，要求该行政机关予以更正，该行政机关拒绝更正、逾期不予答复或者不予转送有权机关处理的；认为行政机关在政府信息公开工作中的其他行政行为侵犯其合法权益的。在这些案件中，如果事实清楚、权利义务关系明确、争议不大的，可以适用简易程序。

（四）当事人各方同意适用简易程序的行政案件

除了上述法律明确规定的三种类型之外，如果对于第一审行政案件，当事人各方同意适用简易程序，也可以适用简易程序。当然，当事人各方包括原告、被告与第三人，只有他们都同意选择适用简易程序，才能适用。

四、适用简易程序的审理规则

（一）启动方式

1. 法院启动。对于符合上述简易程序标准的第一审行政案件，人民法院如果认为事实清楚、权利义务关系明确、争议不大的，可以适用简易程序审理。

2. 当事人申请。《行政诉讼法》第 82 条规定，只要当事人各方都同意，可以约定适用简易程序。

（二）审理方式

《行政诉讼法》第 83 条规定，适用简易程序审理的行政案件，由审判员一人独任审理。独任审判是我国行政诉讼简易程序的主要特点之一。在《行政诉讼法》修正之前，行政诉讼没有规定简易程序，只有普通程序，且必须实行合议制，由审判员，或者审判员、人民陪审员组成合议庭。因为简易程序的案件事实都较为清楚，无需实行合议制，为了节约司法成本，提高审判效率，由审判员一人审理。

（三）审理期限

根据《行政诉讼法》第 83 条的规定，适用简易程序审理的行政案件，应当在立案之日起 45 日内审结。

五、简易程序与普通程序的转换

人民法院在适用简易程序审理行政案件的过程中，如果发现案件不再适宜适用简易程序的，应该裁定转为普通程序。简易程序适用案件的特点一般是事实清楚、权利义务关系明确、争议不大，或者双方当事人达成合意，约定适用。但是在适用简易程序的过程中，出现当事人改变或者增加诉讼请求，或者当事人申请法院调取证据等导致案件情况复杂的，就不再适合适用简易程序审理，根据具体的案情，一旦发现案情复杂需要适用普通程序审理的，人民法院应该以裁定的形式及时作出决定，并书面通知当事人。

第四节　行政诉讼二审程序

一、二审程序的概念

行政诉讼的二审程序，又称上诉审程序，是指一审法院作出裁判后，诉讼当事人不服，在法定期限内提请一审人民法院的上一级法院重新进行审理并作出裁判的程序。

二、上诉的提起与受理

一审当事人提起上诉，经二审法院审查，认为符合法定条件而决定受理，即导致二审诉讼程序的开始。

（一）提起上诉

诉讼当事人对一审法院的判决或裁定不服，可以在法定期限内提起上诉。一审的原告、被告和人民法院判决承担义务或者减损权益的第三人均有权提起上诉。一审裁判后当事人均提起上诉的，上诉各方均为上诉人。一方当事人提起上诉的，该当事人为上诉人，未提起上诉的对方当事人为被上诉人。共同诉讼中的一人或一部分人提出上诉，提出上诉的人为上诉人，与上诉请求相对立的各方均为被上诉人；与上诉请求利害关系一致，未提起上诉的其他当事人处于原审诉讼地位。

提起上诉应当采用书面上诉状。上诉状应载明上诉人、被上诉人的基本情况，上诉的事实和理由以及上诉的诉讼请求，并依当事人的人数向法院提交上诉状副本。上诉可向一审法院的上一级法院提起，但实践中较为多见的是通过一审法院提起，一审法院在收到上诉状后应连同诉讼卷宗材料一并送交二审法院。

（二）上诉的受理

二审法院收到上诉状后，经审查认为，诉讼主体合格，未超过法定的上诉期限，应当予以受理，并在 5 日内将上诉状副本送达被上诉人，被上诉人收到上诉状副本后应当在 15 日内提出答辩状。实践中，上诉人的上诉大多向一审法院提出，这实际上是一审法院受二审法院委托进行的诉讼活动。一审法院除代二审法院接收上诉状外，还审查上诉是否符合条件、将上诉状依法定期限送达被上诉人、要求被上诉人在法定期限内提交答辩状。一审法院在收到答辩状后，在法定期限内，应将上诉状、答辩状连同一审案卷及证据材料、代二审法院收缴的诉讼费一并报送二审法院。

三、二审的审理

二审法院审理上诉案件应组成合议庭。合议庭应当全面审查一审法院的判决或裁定认定事实是否清楚，适用法律是否正确，诉讼程序是否合法。审查不受上诉人的上诉范围和上诉内容限制。这是行政诉讼中的法院职权主义的另一特征。行政诉讼二审的审理可分为两种形式：

第六章

（一）开庭审理

《行政诉讼法》第86条规定："人民法院对上诉案件，应当组成合议庭，开庭审理。经过阅卷、调查和询问当事人，对没有提出新的事实、证据或者理由，合议庭认为不需要开庭审理的，也可以不开庭审理。"开庭审理是实行公开审判的重要内容，主要适用于当事人对一审法院认定的事实有争议，或提出新的事实、证据或者理由等情形。开庭审理是二审审理的原则，书面审理为例外。按本条，只要当事人对原审法院认定的事实有争议，法院就应开庭审理。也就是说，无论法院是否认为一审法院认定事实是否清楚，只要当事人对原审法院认定的事实有争议，二审法院就应当开庭审理。这一规定的目的是为了防止二审法院以自己的判断代替当事人的判断，从而损害当事人诉权之行使。二审法院开庭审理的程序与一审相同。

（二）书面审理

书面审理是二审审理的例外，适用于一审裁判认定事实清楚的上诉案件。如果一审事实不清，二审法院仍应开庭审理。二审法院对一审法院报送的案卷材料、上诉状、答辩状、证据材料等，经审查认为事实清楚的，虽然可以不开庭审理，但仍应询问当事人。如有必要，可以通知证人和其他诉讼参与人到庭，调查核实。

四、二审法院的审查范围

二审法院审理行政案件的范围问题主要有两个：①二审法院只对一审裁判的合法性进行审查，还是既对一审法院的裁判的合法性进行审查，又对被诉行政行为的合法性进行审查；②二审法院对被诉行政行为的合法性进行审查，是否受当事人诉讼请求的限制。对此《行政诉讼法》第87条规定："人民法院审理上诉案件，应当对原审人民法院的判决、裁定和被诉行政行为进行全面审查。"本条规定确定了：①二审法院审理行政案件，既要对原审法院的裁判是否合法进行审查，又要对被诉行政行为的合法性进行审查；②二审法院审理行政案件，对被诉行政行为的合法性进行全面审查，不受上诉范围的限制。因此，从目前的法律规范看，唯独在行政诉讼中，可能出现二审法院对上诉人作出比一审法院裁判更加不利的裁判的情况。

五、上诉的撤回

上诉的撤回，是指二审法院受理上诉后至宣告二审裁判前，由于上诉人撤回上诉，经法院审查准许其撤回上诉，从而终结二审审理的诉讼制度。法院审查撤回上诉请求主要审查以下几方面：①有无规避法律；②有无损害国家、集体、他人和社会公共利益；③是否符合其他撤诉条件。

经审查，法院认为上诉人撤回上诉没有规避法律和损害国家、社会、集体和他人利益，符合撤诉条件的，应当准许撤诉。

六、二审的裁判

二审法院经过对案件的审理，应根据行政行为的不同情况作出不同裁判。二审裁判分为：

（一）驳回上诉，维持原判决、裁定

二审法院经过审理，认为原判决、裁定认定事实清楚，适用法律、法规正确的，判决或者裁定驳回上诉，维持原判决、裁定。

（二）依法改判、撤销或者变更

二审法院经审理，认为原判决、裁定认定事实错误或者适用法律、法规错误的，依法改判、撤销或者变更。对判决的上诉，认定事实错误或者适用法律、法规错误的，第二审人民法院以判决方式直接改判；对裁定的上诉，认定事实错误或者适用法律、法规错误的，第二审人民法院以裁定方式予以撤销、变更。二审法院在改变一审判决的同时，应同时对被诉行政行为作出重新评价和判决。

（三）裁定发回重审或者查清事实后改判

二审人民法院经审理，认为原判决认定基本事实不清、证据不足的，发回原审人民法院重审，或者查清事实后改判。基本事实不清是指案件的关键事实不清楚，如果并非可能影响案件最终判决的事实不清，而是一般事实，二审法院能够直接查实的，应该依法改判。

（四）裁定撤销原判，发回重审

二审人民法院经审理，认为原判决存在遗漏当事人或者违法缺席判决等严重违反法定程序情形的，裁定撤销原判决，发回原审人民法院重审。原判决遗漏当事人包括共同诉讼中应当参加诉讼的当事人或者第三人没有参加诉讼等情形。缺席判决规定在《行政诉讼法》第58条，只有在被告经人民法院传票传唤，无正当理由拒不到庭，或者未经法庭许可中途退庭的，才可以缺席判决。无论遗漏当事人还是违反法定程序缺席判决都是对当事人诉权的剥夺，因此应该裁定撤销原判，发回重审。

对发回重审的案件所作出的判决、裁定仍然为一审判决、裁定，当事人对重审案件的判决、裁定，有权上诉。《行政诉讼法》第89条第2款规定："原审人民法院对发回重审的案件作出判决后，当事人提起上诉的，第二审人民法院不得再次发回重审。"之所以这样规定，是为了提高诉讼效率，及时保障当事人的权利。

第六章

【案例3】

2006年世界杯期间，某有限公司CEO李某看到一则有关德国一家公司准备售卖"世界杯空气"的新闻，随后与该公司取得联系，并取得中国销售总代理的授权。2006年6月12日，为了能够在中国顺利销售"空气"，李某到朝阳工商分局申请变更登记，要求在公司营业执照的经营范围内增加一条"特定地区的特色空气"一项，但被驳回。为此，李某将朝阳工商分局诉至法院。朝阳区人民法院一审判决驳回了李某的诉讼请求。

朝阳法院审理认为，本案中，李某申请增加的经营事项为"销售特定地区的特色空气"，该内容指向的销售对象具有明显的不确定性，且经营行为所属行业无法参照"国民经济行业分类与代码"确认。

问题：

1. 某有限公司有无申请变更登记的必要？
2. 一审判决的理由是否成立，你认为二审法院应如何裁判此案？

第五节　行政诉讼审判监督程序

一、行政诉讼审判监督程序的概念

行政诉讼审判监督程序，是指已经发生法律效力的判决、裁定确有错误，法院依法对案件进行再审的程序。行政诉讼实行两审终审的原则，但终审判决如果确有错误，则需要借助审判监督程序予以纠正。

审判监督程序的设置，目的在于提升裁判的质量，纠正可能出现的错误裁判，它体现了人民司法"有错必究"的司法原则。这种制度可以纠正错误判决，但可能导致裁判效力难以最终确定，纠纷久拖不决，给当事人造成讼累，并最终损害司法之公信力。近年来关于如何完善再审制度，成为理论界和实务界的重点议题。

二、审判监督程序的提起

现行立法将启动再审程序的权力主要交给了法院和检察机关。当事人可以申请再审，但并不必然启动再审程序。

（一）原审人民法院或其上级人民法院可以提起再审，进入审判监督程序

《行政诉讼法》第92条规定："各级人民法院院长对本院已经发生法律效力的判决、裁定，发现有本法第91条规定情形之一，或者发现调解违反自愿原则或者调解书内容违法，认为需要再审的，应当提交审判委员会讨论决定。最高人民法院对地方各级人民法院已经发生法律效力的判决、裁定，上级人民法院对下级人民法院已经发生法律效力的判决、裁定，发现有本法第91条规定情形之一，或者发现调解违反自愿原则或者调解书内容违法的，有权提审或者指令下级人民法院再审。"

（二）人民检察院对生效裁判、调解书有权提起抗诉，或者提出检察建议，进入审判监督程序

《行政诉讼法》第93条第1、2款规定："最高人民检察院对各级人民法院已经发生法律效力的判决、裁定，上级人民检察院对下级人民法院已经发生法律效力的判决、裁定，发现有本法第91条规定情形之一，或者发现调解书损害国家利益、社会公共利益的，应当提出抗诉。地方各级人民检察院对同级人民法院已经发生法律效力的判决、裁定，发现有本法第91条规定情形之一，或者发现调解书损害国家利益、社会公共利益的，可以向同级人民法院提出检察建议，并报上级人民检察院备案；也可以提请上级人民检察院向同级人民法院提出抗诉。"《行政诉讼法》规定原则上检察机关对行政判决、裁定的抗诉实行"上级抗"，即由上级人民检察院对下级人民法院生效的行政判决、裁定向其同级的人民法院提出抗诉。此外，地方各级检察院对于同级人民法院发生法律效力的判决、裁定、调解书可以提出检察建议，

从而引起审判监督程序。检察院提出抗诉，必然引起再审，但是检察建议并不必然引起再审。除了再审检察建议之外，《行政诉讼法》第 93 条第 3 款还规定了其他检察建议，即各级人民检察院对审判监督程序以外的其他审判程序中审判人员的违法行为，有权向同级人民法院提出检察建议。

（三）当事人对已发生法律效力的判决、裁定，认为确有错误的，可以向上一级人民法院申请再审

当事人申请再审的前提条件是判决、裁定已经发生法律效力，包括二审的判决、裁定以及超过上诉期当事人没有上诉的判决、裁定。当事人申请再审的期限，根据《行政诉讼法》第 101 条的规定，适用《民事诉讼法》第 205 条的规定，应该于判决、裁定发生法律效力后 6 个月内提出，但是有下列情形之一的，自知道或者应当知道之日起的 6 个月内提出：①有新的证据，足以推翻原判决、裁定的；②原判决、裁定认定事实的主要证据是伪造的；③据以作出原判决、裁定的法律文书被撤销或者变更的；④审判人员审理该案件时有贪污受贿，徇私舞弊，枉法裁判行为的。《行政诉讼法》第 91 条规定，当事人的申请符合下列情形之一的，人民法院应当再审：①不予立案或者驳回起诉确有错误的；②有新的证据，足以推翻原判决、裁定的；③原判决、裁定认定事实的主要证据不足、未经质证或者系伪造的；④原判决、裁定适用法律、法规确有错误的；⑤违反法律规定的诉讼程序，可能影响公正审判的；⑥原判决、裁定遗漏诉讼请求的；⑦据以作出原判决、裁定的法律文书被撤销或者变更的；⑧审判人员在审理该案件时有贪污受贿、徇私舞弊、枉法裁判行为的。当事人申请再审的，不停止判决、裁定的执行。人民法院审查当事人的再审申请后，认为符合条件的，作出再审决定。法院作出决定后，应通知各方当事人，并立案审查，进入审判监督程序。

三、再审程序

（一）裁定中止原裁判的执行

依照审判监督程序再审的案件，应当裁定中止原判决的执行。上级人民法院决定提审或者指令下级人民法院再审，应当作出裁定，情况紧急的，可以口头通知负责执行的法院或原审法院中止执行，并在口头通知后 10 日内发送裁定书。

（二）分别适用一审、二审程序

人民法院按照审判监督程序再审的案件，发生法律效力的判决、裁定是由第一审法院作出的，按照第一审程序审理，所作的判决、裁定，当事人可以上诉；发生法律效力的判决、裁定是由第二审法院作出的，按照第二审程序审理，所作的判决、裁定，是发生法律效力的判决、裁定；上级人民法院按照审判监督程序提审的，按照第二审程序审理，所作的判决、裁定是发生法律效力的判决、裁定。

原审法院再审的行政案件，无论是自行再审还是指令再审，均应另行组成合议庭，原合议庭人员不能参加新的合议庭审理案件。

法院再审过程中，发现一审或二审生效裁判有以下情形，均应当发回作出生效

裁判的原审法院重审：①审理本案的审判人员、书记员应当回避而未回避；②依法应开庭审理而未开庭即作出判决；③当事人未经合法传唤即作缺席判决；④遗漏必须参加诉讼的当事人；⑤对当事人提出的与本案有关的诉讼请求未予裁判；⑥原判决、裁定认定事实不清，证据不足；⑦有其他严重违反法定诉讼程序的行为。

第六节　行政诉讼的诉讼中止、诉讼终结与期间、送达

一、诉讼中止

行政诉讼中止是指，在行政诉讼过程中，因出现需要中断诉讼进行的情形，诉讼暂时停止，待引起诉讼中止的原因消失后诉讼再继续进行的制度。诉讼中止过程中，除发生紧急情形，需要法院采取强制措施以外，各方诉讼主体皆应停止诉讼行为。在行政诉讼中，以下情形出现后，法院应裁定中止诉讼：

1. 原告死亡，须等待其近亲属表明是否参加诉讼的；

2. 原告丧失诉讼行为能力，尚未确定法定代理人的；

3. 原告为法人或组织时，法人或组织终止，尚未确定权利义务承受人的；

4. 一方当事人因不可抗力的事由，不能参加诉讼的；

5. 案件涉及规范冲突，需要送请有权机关作出解释或确认的；

6. 被诉行政行为是否合法的判定，须以相关民事、刑事判决或其他行政案件的审理结果为前提的；

7. 其他应当中止诉讼的情形。

二、诉讼终结

行政诉讼终结，是指行政诉讼开始后，出现了使诉讼不可能进行或没有必要继续进行的情形，法院因此结束行政诉讼案件审理的制度。例如，原告死亡，没有近亲属或者近亲属放弃诉讼权利的；作为原告的法人或者其他组织终止后，其权利的承受人放弃诉讼权利的；诉讼中止的前3项情形致使诉讼中止期满90日仍无人继续诉讼的，法院即可裁定终结行政诉讼案件，但有特殊情况的除外。

三、期间与期日

（一）期间

行政诉讼的期间是指人民法院、诉讼当事人及其他诉讼参与人进行诉讼行为的期限和日期。

期间是法院和诉讼参与人单方面进行或完成某种诉讼行为的期限。也就是法律或法院对进行或完成某种诉讼行为在时间上提出的要求。

期间可分为法定期间和指定期间。法定期间是指法律规定的期间，如行政诉讼起诉期限一般为6个月，经过复议的一般为15日，一审案件法院应在立案之日起6个月内审结。二审案件应在收到上诉状之日起3个月内审结，法院立案后5日内送达起诉书副本给被告，被告应在15日内提交答辩状，不服一审判决应在15日内提

起上诉，不服一审裁定应在 10 日内提起上诉等。指定期间是指在诉讼中当某些情形出现后法院为当事人或诉讼参与人指定期间。例如，法院确认行政机关具有不作为情形，判决其限期履行法定职责等。

期间以时、日、月、年计算，依法律规定期间开始的时和日不应计算在内。期间届满最后一日是节假日的，以节假日后的第一日为期间届满的日期。期间不包括在途时间（如邮寄时间等）。

诉讼当事人因特殊情况耽误了起诉期间的，应依法在障碍消除后 10 日内申请法院延长期限，是否准许由法院决定。

（二）期日

行政诉讼的期日是指法院、当事人和其他诉讼参与人进行行政诉讼的日期和时间。

行政诉讼期日可分为准备程序的期日、调查证据的期日、开庭审理的期日、宣告判决的期日等。

期日开始前，改变原来的日期称期日变更。法院变更期日应根据具体情况决定，应慎重而为，以保证行政诉讼活动的顺利进行。期日变更后，法院应及时通知当事人或其他诉讼参与人依变更后的期日为诉讼行为。

四、送达

（一）送达的概念

送达是法院依法定方式将诉讼文书或者法律文书送交当事人和诉讼参与人的行为。送达可能是通知一定事项，便于当事人及其他诉讼参与人行使诉讼权利，履行诉讼义务；也可能是通知诉讼日期，令当事人或其他诉讼参与人按指定的时间和地点进行某种诉讼行为。送达还可能是通知当事人或其他诉讼参与人在规定期间内行使某项诉讼权利，完成某种诉讼行为。期间的计算从送达之日开始。

（二）送达的方式

《行政诉讼法》未就送达作出另行规定，准用《民事诉讼法》的规定。依《民事诉讼法》，送达方式有下列几种：直接送达、留置送达、委托送达、邮寄送达、由受送达人所在单位转交送达和公告送达。涉外送达则采取下述特定方式：通过外交途径送达；委托我国驻外使、领馆送达；当事人所在国法律允许邮寄送达的可以邮寄送达；按照司法协议的规定送达；由当事人的诉讼代理人送达；公告送达等。法院审理行政案件需送达时，须根据情况选择采用相应送达方式进行。

需要指出的是，送达是一项极其重要的诉讼行为，必须严格地依法律规定进行。一般不准予法院自行创制送达方式，也不允许法院变更有关送达的法律规定。

（三）送达回证

送达回证是证明受送达人收到法院送达的诉讼文书的凭证。送达必须依法定方式，送达文书必须有送达回证，由受送达人在送达回证上记明收到日期、签名或盖章。

第 七 章
行政诉讼审理规则与法律适用

[内容提要]

　　我国行政诉讼主要解决的是行政行为的合法性，因而具有区别于其他诉讼的特殊审理规则。本章着重对行政诉讼的审理对象、审理标准及行政诉讼中的法律适用进行介绍。我国行政诉讼的审理对象是被诉行政行为的合法性，审理标准通常是合法性，而非合理性。法律适用上则是分别赋予不同的规范性文件在诉讼中不同的地位和效力。

第一节　行政诉讼审理规则

一、行政诉讼的审理对象

（一）行政诉讼审理对象的涵义

　　所谓审理对象，即诉讼活动所指向的对象，它由诉讼所要解决的问题决定，同时审理对象问题又决定着整个诉讼活动的安排。我国行政诉讼究竟以何者为审理对象？《行政诉讼法》第 6 条规定："人民法院审理行政案件，对行政行为是否合法进行审查。"由此确定了我国行政案件的审理对象。行政诉讼庭审的基本任务以及庭审重心就是要解决被诉行政行为的合法性问题。

　　行政审判中的合法性审查是对被诉行政行为是否合法进行审查，这是行政诉讼区别于民事诉讼的特点所在。民事诉讼是因民事争议而引起，其目的在于解决平等主体之间所产生的民事争议。但行政诉讼发生的原因却是，公民、法人或其他组织认为行政机关及其工作人员的行政行为侵犯其合法权益，依法向人民法院提起诉讼。法院审理的核心在于判断行政机关的行政行为的合法性问题。

　　行政诉讼的审理对象确定为被诉行政行为的合法性，是由下述理由所决定的：

　　1. 行政诉讼的性质。行政诉讼在性质上是司法权对行政权的监督。司法权与行政权在不同国家机关之间进行分配，就是要发挥各自的功能，实现国家权力的相互制约与平衡，从而防止主动的行政权越界而侵害公民的权利。如果在行政诉讼中法院和行政机关共同审理与确定作为原告的公民在法律上是否违法，势必造成没有人愿意提起诉讼的后果，司法权也沦为行政权的附庸与帮手。这是与宪法上的权力分工相悖的。

2. 行政诉讼的目的。建立行政诉讼制度最主要的目的是保护公民的合法权益。依此目的，行政诉讼的审理对象不可能、也不应该是原告的行为，其指向的必然是行使行政权力的行政机关的行为。否则，行政诉讼的目的也就无法实现。

3. 行政诉讼的任务。对于违法行政如何纠正，必须坚持司法最终裁决原则。因此，行政诉讼实际上承担着实现依法行政的使命。在行政诉讼中最容易引起审理对象上混乱的原因，源于可能存在的两个违法行为：①原告可能的违法行为而引起行政机关的相应处理；②行政机关的处理可能违法而引起行政诉讼。对于原告的违法行为应当由行政机关加以追究，所以《若干解释》（2000）曾经规定，行政机关没有处罚的，法院不得处罚。行政机关的行政行为，则由法院通过审理行政案件加以评判，对违法行政行为予以纠正，这是行政诉讼的任务。因此，行政诉讼的审理对象是判断行政机关的行为是否符合法律上的要求。即使原告的行为违法也不能得出被告的行为合法的结论。

（二）行政诉讼审理对象的内容

行政诉讼审理对象是被诉行政行为的合法性，它包含以下内容：

1. 审理的核心内容是被告行为的合法性。[1] 行政案件审理的重心必须始终放在被诉行政行为的合法性问题上。在行政诉讼中，有些案件不可避免地要审查原告行为的合法性，尤其是行政处罚案件。但行政审判的目的并不是要确定原告一方的行为是否合法，原告行为违法不等于被告行为合法，反之，原告行为合法也不代表被告行为一定是违法的。考察被告行为是否合法，通常要进行多方面的审查，如事实是否清楚、证据是否确凿、适用法律法规是否正确等。原告是否实施违法行为只是其中的一项内容，况且原告行为违法并不能说明被告行为就是合法。因此，行政诉讼庭审的重心不能放在原告的行为是否合法上，而应放在被告的行为是否合法上。

2. 围绕审理对象安排整个庭审结构。实现以被诉行政行为为行政诉讼的审理对象这一目标，整个庭审就必须围绕其进行安排：①紧扣主题；②庭审内容围绕被诉行政行为的合法性安排；③审理重点始终置于被诉行政行为的合法性；④最后判决指向被诉行政行为，针对原告的判决只适用于无法律依据可供适用或不适合对被诉行政行为作出判断之时。总之，行政案件审理很难不涉及原告行为的合法性问题，但是，庭审的出发点和归宿不应是原告行为的合法性，而应是被诉行政行为的合法性。

3. 根据不同的诉讼类型设置不同的庭审结构。[2] 庭审结构的安排当然要考虑

---

〔1〕 参见江必新主编：《中国行政诉讼制度的完善——行政诉讼法修改问题实务研究》，法律出版社2005年版，第246页。

〔2〕 参见江必新主编：《中国行政诉讼制度的完善——行政诉讼法修改问题实务研究》，法律出版社2005年版，第251页。

诉讼类型，因为不同的诉讼类型在立案、审理方式、裁判方式等方面都有不同。例如英国即以形式多样的特权令状应对不同的诉讼类型；法国则分为撤销之诉、完全管辖权之诉；德国将诉讼类型分为撤销之诉、确认之诉、继续确认之诉、课以义务之诉、一般给付之诉等。它们分别对应于不同的审理方式、裁决方式。

在审理方式上之所以要设置不同的庭审结构，是因为不同的诉讼类型所要完成的任务不同，庭审所要解决的问题存有差异，当事人所处的地位也有区别。这些不同的诉讼类型要求不同的庭审结构。审理撤销之诉，其起因是被诉行政行为违法，所要解决的是该行政行为是否有效存在，需要被告全方位证明被诉行政行为合法；给付之诉的被告通常是没有实施任何行为，庭审需要先确定被告存在不作为，然后再确定被告应否作为或应当有何种作为，这都需要设置不同的庭审结构。同时，今后随着行政诉讼范围的扩展，可能还会出现其他诉讼类型。但无论出现何种类型的诉讼，都应当在坚持审理对象为被诉行政行为合法性这一前提下，安排相应的庭审结构。

二、行政诉讼的审理标准

（一）行政诉讼审理标准的涵义

行政诉讼审理标准也称之为行政诉讼的审查标准，它是指人民法院在行政诉讼中审查判断被诉行政行为是否合法并依此作出裁判的标准和尺度。行政诉讼审理对象解决的是何者为诉讼标的的问题，以防止行政案件的审理活动出现偏差。行政诉讼的审查标准解决的是对被诉行政行为的审查强度或深度问题。

行政诉讼以被诉行政行为为审理对象，但由于它涉及司法权与行政权的关系问题，因而产生界定司法审查行政的强度或深度问题，这就是司法审查的标准。因此，行政诉讼审查标准包含以下几层涵义：

1. 行政诉讼审理标准是关于被告行为的法律标准。行政诉讼审理标准是针对被告的，而不是针对原告的行为在法律上的判断。因为行政诉讼的审理对象是被告的行政行为，而不是原告的行为合法与否，因而，行政诉讼的审理标准只能是判断被告行为合法与否的法律标准。

2. 行政诉讼审理标准只能是判断被诉行政行为是否合法的标准。由于目前我国行政诉讼的直接审查范围限于行政行为，而不包括规范性文件，因而，行政诉讼的审查标准只能是针对行政行为的判断标准。当然，这并不意味着法院不能对规范性文件进行审查。因为能够作为法院裁判依据，其前提必须是合法的。只是法院对行政行为与规范性文件处理后果有所不同。如行政行为违法，法院可以撤销；规范性文件违法，法院只能不适用。

3. 行政诉讼审理标准是与行政诉讼结果相联系的标准。行政诉讼的审理标准虽然是在审理案件中掌握，但最后却是法院作出判决的理由。如果被诉行政行为符合审理标准，法院必须作出驳回原告诉讼请求判决；如果被诉行政行为不符合审理标准，法院应当作出撤销判决。

（二）行政诉讼的审理标准

行政诉讼审理标准的确定，需要考虑两方面的问题：

1. 从人民法院对行政案件审理的角度，行政诉讼审理标准涉及究竟是事实审还是法律审，是合法性审查还是合理性审查两方面的问题。

（1）合法性审查与事实审的关系。有一种观点认为，人民法院对行政案件的审理只对合法性进行审查，对事实问题不进行审查。这种理解并不完全正确。因为《行政诉讼法》第5条规定："人民法院审理行政案件，以事实为根据，以法律为准绳。"人民法院不对事实进行审查，所谓"以事实为根据"就无从谈起。[1] 同时，《行政诉讼法》在有关证据的规定中，要求任何证据未经法庭审查属实，不得作为定案根据。据此，如果不对事实进行审查，证据也就没有任何价值。正因为如此，《行政诉讼法》才规定，行政诉讼二审实行全面审查原则。其实，合法性审查本身就包含着对事实的审查，这与行政诉讼的特殊性有关，而这种特殊性牵涉到对行政行为的理解，容下分说。

（2）合法性与合理性的界限。有一种观点认为，人民法院审理行政案件，只对合法性进行审查，对行政机关在法定幅度内的问题不能进行审查，换言之，人民法院对行政案件只审查合法性，不审查合理性。这种对行政诉讼审理对象的理解也是不完全正确的。因为：①在法定幅度内的问题并不全是合理性问题。从行政诉讼的实际状况来看，恰恰是大量的行政违法行为都发生在"法定幅度以内"。例如工商管理部门依照物价管理法规对某商贩处以500元罚款，虽然其在法定幅度以内，但事实上罚款行为系越权行为。被诉行政行为是否合法不仅仅要考虑在法定幅度以内，还要考虑许多其他因素。②属于自由裁量的问题并不全是合理性问题。自由裁量行为是指法律对行为和行为的实施条件规定了一定的范围和幅度，行政机关在此范围和幅度内根据具体情况作出恰当选择的行为。但是，自由裁量行为并非任意裁量，它必须受特定法律、法规的目的的约束，不能违背特定法律、法规的既定目的；同时，自由裁量必须受一定客观事实或情况的约束，因为法律法规对行政行为留有余地，旨在让行政机关根据客观情况作出唯一正确、恰当、合理的选择，并非赋予行政机关任意的自由。因此，当自由裁量主体违反特定法律、法规的目的，或违反法律法规授予行政机关自由裁量权的目的的时候，它所实施的行为仍然是违法行为。其实，在许多国家，行政诉讼早已跨越了对合理性不予审查的界限，直接规定司法机关可以对自由裁量权进行审查。可见，自由裁量问题并非全是合理性问题，法院对自由裁量行为在一定范围内也可以进行审查。

上述对行政诉讼审理标准理解上的偏差，源于对行政行为认识上的片面。因此，对行政诉讼审查标准的确定还必须回到对行政行为本身的认识。

2. 从行政行为角度，行政诉讼的审查标准所针对的是行政行为，它必须基于对

---

〔1〕　参见江必新：《行政诉讼法——疑难问题探讨》，北京师范学院出版社1991年版，第65页。

行政行为的认识。在某种意义上，行政诉讼审查标准就是对行政行为的合法性要求，它离不开行政行为本身。

从行政诉讼审查标准角度来看，行政行为具有意义的分类在于作为与不作为，因为对于作为与不作为，法律上的要求有所不同。

（1）对于不作为的行为的审查标准。不作为所针对的是行政机关负有法定职责而不履行的行为。此类行为法律上的要求通常是行政机关应申请而为之，行政机关必须负有法定职责，无正当理由不得拒绝为之。因此，对于此类行为的审查标准是：①行政相对人有无申请这一前提；②行政机关是否负有法定职责；③不履行是否有正当理由。如果相对人提出申请，行政机关又负有法定职责，其不履行又无正当理由，自然发生违法行为，应当判决其履行法定职责。

（2）对于作为的行为的审查标准。作为的行为是行政机关已经实施的某项行为，其审查标准是看其行为各要素的表现形态。

第一，事实与证据。事实与证据是行政行为的前提要素与基础要素。任何行政行为都是基于一定的事实，这是前提，如有违法行为才有处罚行为，违法事实是行政处罚的前提。同时，事实又是行政行为的基础要素，必须根据事实作出相应的处理。但是，法律的事实从来都是要有证据佐证，法律上不承认没有证据佐证的事实。因此，事实与证据是行政行为的前提要素和基础要素。合法的行政行为必须事实清楚、证据确凿。

第二，适用法律法规。在某种意义上，行政行为就是认定事实，寻找相应的法律法规并适用于该事实。因此，依法行政意味着行政行为的过程也就是适用法律法规于事实的过程，适用法律法规是行政行为的要素之一。合法的行政行为必须是适用法律法规正确，错误地适用法律法规将导致行政行为无效而被法院撤销。

第三，职权要素。任何行政行为都是运用行政职权的表现，职权是行政行为的内核，其表现出来就是行政行为。因此，职权是行政行为的核心要素。作为核心要素，法律上必然有所要求，行政行为必须在法定的职权范围内行使，不得超越职权、滥用职权，否则即是违法的行政行为。

第四，程序要素。任何行政行为都有其程序，没有脱离程序而存在的行政行为，同时，每一种行政行为也都有与其性质、特征相适应的程序要求。例如，行政处罚有行政处罚的程序，行政许可则有与行政处罚不同的行政许可程序。因此，我国《行政处罚法》与《行政许可法》等都作出了相应的程序规定，行政行为必须符合法定程序，否则，行政行为将因违反法定程序导致无效，甚至被法院撤销。

第二节　行政诉讼法律适用

一、行政诉讼法律适用概述

行政诉讼法律适用，是指法院在审理行政案件，审查行政行为合法性的过程中，将法律规则适用于具体案件并作出裁判的活动。狭义的法律适用仅指法院依据法律规范对行政行为的合法性进行审查的活动。广义的法律适用不仅包括法院审查行政行为合法性的活动，还包括法院依据程序法则进行裁判和执行的活动，广义的行政诉讼法律适用实际上包含了整个行政诉讼过程。本节主要讨论狭义的行政诉讼法律适用。

行政诉讼的法律适用不同于行政机关在行政执法活动中的法律适用，也不同于法院在刑事诉讼、民事诉讼活动中的法律适用，它具有以下几个特点：

（一）行政诉讼法律适用的主体具有特定性

行政诉讼法律适用的主体是人民法院。在行政执法活动中，由行政机关适用法律，作出行政行为，学理上称为第一次执法。而在行政诉讼中，由法院对行政机关的法律适用进行审查，属于第二次法律适用，行政机关在此不能成为法律适用的主体。需要注意的是，按照现行法律，法院仅能对行政机关行政行为的合法性进行审查，由此决定了法院在进行法律适用过程中，应当尊重行政机关的权力，不得越俎代庖，随意干涉行政机关的合理性判断，并应尊重行政机关的裁量权行使。但这并不意味着法院对行政非合理性行为无所作为。

（二）行政诉讼法律适用的性质具有监督性

行政诉讼的法律适用是人民法院对行政机关法律适用的审查，是对同一行政事项的第二次法律适用。这种法律适用，实质上是对行政机关第一次法律适用的监督。

（三）行政诉讼法律适用的范围具有广泛性

行政诉讼法律适用的范围极为广泛，涉及我国行政法的多种法源，不仅包括法律、法规，还包括与法律不相违背的各种实体性规范性文件和行政程序性的法律规范。对此，《行诉解释》（2018）第100条规定："人民法院审理行政案件，适用最高人民法院司法解释的，应当在裁判文书中援引。人民法院审理行政案件，可以在裁判文书中引用合法有效的规章及其他规范性文件。"

（四）行政诉讼法律适用的形式多样

行政诉讼法律适用形式的多样性，具体表现在既有"依据"，又有"参照"。"依据"是指根据《行政诉讼法》第63条的规定，人民法院审理行政案件，以法律、行政法规、地方性法规、自治条例和单行条例为依据。所谓"依据"，是指这些法律、法规对人民法院有约束力，人民法院不得依据自己的判断，拒绝对某一法律或法规的适用。在法律、法规发生冲突难以判断的情况下，可以按《行诉解释》（2018）第87条第5项的规定，送请有权机关作出解释或者确认，在此期间，诉讼中止。法律和法理未明之处在于，在法律、法规发生冲突的情形下，送请解释是否属于"必须"？从保障人民法院依法独立行使审判权，以及实际可操作性角度，我们认为，应当确认审案法院具有独立的选择和判断权，送请解释不能被认为是"必须"。审判实践中，法院应当在裁判文书中，就法律、法规之选择适用作出合理的说明，但不得宣布未被选择适用的法律、法规无效。

"参照"包含两方面的内容：①根据《行政诉讼法》第 63 条第 3 款的规定，法院审理行政案件，参照行政规章。这一规定的隐意是，如果法院认为行政规章违反上位法的规定或严重不合理，法院可以不参照该规章。现行法律没有就法院如何决定是否"参照"提供规范准则，学理上认同此为法官的裁量权范畴。实践中，法院决定不参照某一项规章的，应当在裁判文书中对不参照该规章的理由进行说明，但不得在判决中直接宣告有关规章无效。本条规定实质上赋予法院对规章以下规范性文件的有限审查权，即虽然不能宣告无效或废止，但可以通过不予参照的形式，实质上否定该规章对本案的效力。②人民法院审理行政案件，对于《行政诉讼法》没有规定的，可以参照《民事诉讼法》的有关规定。

（五）行政诉讼法律适用的效力具有终局性

行政诉讼的法律适用是对法律、法规和其他规范性法律文件的最终适用，具有最终的法律效力，其法律效力不仅高于行政执法机关的法律适用，而且也高于行政复议机关的法律适用。由法院最终而不是其他机构最终适用法律，一个最主要理由是保证一国法律的统一实施。如果法院外的机构可以最终适用法律，必然导致"法出多门"，同样的法律在不同地区和部门会得到不同的执行。缘此，立法上对于行政机关的最终裁决权问题（如行政复议法所规定的国务院的最终裁决权），必须慎之又慎。

【案例 1】

2003 年 11 月 1 日，陈某参加了国务院学位办组织的"在职攻读工程硕士学位研究生入学资格考试"。考试结束十多天后，陈某收到了一份处罚书，称："你在在职攻读硕士学位全国联考工程硕士科目考试中的违纪行为，违反了国务院学位办《非全日制攻读硕士学位全国统一考试管理规则》（以下简称《考试管理规则》），根据教育部《教育行政处罚暂行实施办法》第 14 条规定，给予当年考试无效的处罚。"教育部《教育行政处罚暂行实施办法》第 14 条规定，"在考试中有夹带、传递、抄袭、换卷、代考等考场舞弊行为的"可宣布考试无效。陈某被认定的舞弊行为是"考场终了指令发出后继续答题"。

诉讼中，陈某提出：①国务院学位办制定的《考试管理规则》属于规章以下的规范性文件，不得作为行政处罚的根据。②《教育行政处罚暂行实施办法》属于部委规章，也不得作为行政处罚的依据。被告辩称，《中华人民共和国教育法》（以下简称《教育法》）第 79 条规定："在国家教育考试中作弊的，由教育行政部门宣布考试无效，对直接负责的主管人员和其他直接责任人员，依法给予行政处分。"

问题：

1. 国务院学位办的《考试管理规则》能否作为行政行为的依据？

2. 虽然《教育行政处罚暂行实施办法》将宣布考试作弊的成绩无效作为行政处罚，法理上，考试作弊宣布成绩无效，是否属于行政处罚？《教育法》第 79 条有关宣布考试无效的规定，性质上是否属于行政处罚条款？

二、行政审判的法律依据

（一）行政审判法律依据的涵义

行政审判的法律依据，是指法院在解决行政争议时，确认被诉行政行为合法的法律标准和尺度。《行政诉讼法》第 63 条规定："人民法院审理行政案件，以法律和行政法规、地方性法规为依据。地方性法规适用于本行政区域内发生的行政案件。人民法院审理民族自治地方的行政案件，并以该民族自治地方的自治条例和单行条例为依据……"值得注意的是，《行诉解释》（2018）第 100 条规定："人民法院审理行政案件，适用最高人民法院司法解释的，应当在裁判文书中援引。人民法院审理行政案件，可以在裁判文书中引用合法有效的规章及其他规范性文件。"本条解释应作以下理解：①最高法院所作的司法解释，如果被适用于案件，"应当"在裁判文书中援引。本条解释实质上将最高法院的司法解释的效力等同于法律和法规。②对于合法有效的规章及其他规范性文件，法院"可以"在裁判文书中援引。按法律反对解释，法院也"可以"不援引。我们认为，对于法院认为合法有效的规章和规范性文件，如果法院认为需要并可以适用本案的，"应当"在裁判文件书中援引，否则裁判即会存在析理不明的弊端。

（二）行政审判机关审理行政案件的法律依据

1. 宪法。依一般法理，宪法作为国家根本大法，应当具有法律效力，并应当在行政案件审理过程中，成为审理案件的依据。但从我国现行的行政审判体制以及行政诉讼制度本身而言，由于关于如何解释和适用宪法并无明确和可操作的规则，如果各基层法院和中级人民法院可以直接援引宪法判决案件，极有可能导致宪法解释和适用的混乱局面。因此，目前理论和实务上关于在行政诉讼中适用宪法判决案件，都有争议。

2. 法律。法律是指由全国人民代表大会及其常务委员会根据宪法，依照法定立法程序制定的规范性文件。在法律依据的规范体系中，法律的效力等级最高，与之相抵触的下级规范性文件归于无效。这里的法律不仅仅指行政性法律，也包括适用民事、经济等法律规则。理由在于：①法律是为所有的法官准备的，而不是为某一专业法官所准备的。如果案件审理过程中，确实涉及需要援引其他专业性法律，法官当然有权选择。②我国行政诉讼，虽然案件由行政审判庭审理，但最终判决，是由人民法院并以人民法院的名义作出。因此，行政法庭在裁判文书上援引其他专业性法律，法理上也可以得到支持。

3. 行政法规。行政法规是指国务院根据宪法和法律的有关规定，为领导和管理国家各项行政工作，依照法定程序制定的各类规范性文件。行政法规有条例、规定和办法三个具体名称。行政法规的法律地位仅次于法律，在全国范围内具有普遍的约束力。

国务院除制定行政法规以外，还经常规定行政措施，发布决定和命令。此项权力依《宪法》第 89 条第 1 款第 1 项获得。这些行政措施、决定和命令，数量较大，种类繁多，而且性质可能各不相同。有些属于行政指导性和纲领性文件，通常不发生直接约束力，有些则属于具有法律约束力的行政规范性法律文件。这些具体的行政措施、决定和命令，虽非行政法规，但对人民法院仍有约束力，法院在裁判文件中，可以直接援引。

4. 地方性法规。地方性法规指由省、自治区、直辖市以及省、自治区政府所在地的市、经国务院批准的较大的市和经济特区市的人民代表大会及其常务委员会，以及设区的市的人民代表大会及其常务委员会根据法律、行政法规和本行政区域的具体情况和实际需要，按照法定程序制定的各种规范性文件。地方性法规适用于本行政区域内发生的行政案件。

5. 自治条例、单行条例。自治条例是民族自治地方的人民代表大会根据宪法和法律的规定，结合本民族的政治、经济、文化特点而制定的，保证民族区域自治制度在本地区内得以全面实施的一种综合性条例。单行条例则是民族自治地方的人民代表大会适应当地的民族特点，为解决某一方面的专门性问题而制定的条例。自治条例和单行条例都带有明显的民族性，在本民族区域内具有普遍的约束力，通常应优先适用。自治条例和单行条例可以依照当地民族的特点，对法律和行政法规的规定作出变通规定，但不得违背法律或者行政法规的基本原则，不得对宪法和民族区域自治法的规定以及其他有关法律、行政法规专门就民族自治地方所作的规定作出相反规定。

（三）行政复议与行政诉讼在法律依据上的差异

行政复议的法律适用的范围比行政诉讼的法律适用的范围要广。行政复议的法律依据，除了覆盖行政诉讼法律依据的范围之外，还可以适用行政规章和上级行政机关依法制定和发布的具有普遍约束力的决定、命令。行政规章是指国务院各部委，省、自治区、直辖市人民政府以及省、自治区所在地的市和经济特区市、经国务院批准的较大的市的人民政府以及设区的市人民政府依法制定和发布的，具有普遍约束力的规范性文件。根据宪法和有关法律的规定，行政规章又分部门规章（或称中央行政规章）和地方政府规章（或称地方规章）两种。上级行政机关依法制定和发布的具有普遍约束力的决定和命令，主要是指行政机关依法制定和发布的、除行政规章之外的其他规范性文件。在行政复议中将这些规范性文件作为审理复议案件的依据和标准，是复议机关在适用法律、法规和规章时的一种补充。

学界一般认为，行政复议与行政诉讼在法律适用范围上的差异，原因主要是行政复议与行政诉讼在性质上和目的上的不同。行政复议与行政诉讼虽然都是解决行政争议的途径和方法，但从性质上来说，行政复议既是对行政相对人进行行政救济的重要方式，又是行政机关内部的一种行政监督行为。因此，行政复议只有通过对行政规章和其他规范性文件的适用，才能实现对下级行政机关的抽象行政行为的监督。否则，行政复议的立法目的就无法实现。而行政诉讼则是人民法院对行政行为的合法性进行司法审查的制度，行政诉讼的立法目的之一就是维护和监督行政机关依法行使职权。人民法院进行司法审查如果直接适用行政机关制定的规章和规范性文件，就达不到有效监督的目的。因此，行政诉讼适用的法律依据不包括行政规章和其他行政规范性文件，行政规章和其他行政规范性文件在行政诉讼中只具有参照和参考的作用。

上述认识，学理上有难通之处。从维护法律统一性角度出发，一项规范性法律文件，具有何等之法律效力，应当是客观的和确定的。不能想象，一项法律文件，对于法院的诉讼程序是一种法律效力，对于行政复议程序，又是另一种法律效力。之所以出现如此难以圆通的解释，真实原因是因为我国现行行政诉讼制度，限制了法院对规范性文件的审查权，同时，理论和实务一再强调法院仅审查行政行为的合法性而不审查合理性，从而导致行政诉讼与行政复议制度在法律适用上有如此之差别。可能的办法是赋予法院对一定范围内的规范性文件的审查权，还要明确承认法院对严重不合理行政行为的审查权。

三、行政审判中的参照规章

《行政诉讼法》第 63 条第 3 款规定："人民法院审理行政案件，参照规章。""参照"一词，此前的立法中鲜有使用。立法者的本意是，由于行政规章和法律、法规在性质、内容、效力等级等方面存在明显差异，为了和"依据"加以区别，立法时选用了"参照"这一术语，其实质是赋予了人民法院对规章的"选择适用权"，即法院虽无权宣告其无效，但对于不合法或严重不合理的规章，人民法院有权拒绝适用。法院决定是否参照规章的前提是审查规章。法院不仅可以审查规章的合法性，也可以审查规章的合理性，从而决定参照与否。法院通过审查，认定规章不合法的或严重不合理的，可拒绝参照，但不能宣布相应规章无效或予以撤销。

法院经审查，认定相应规章合法，该规章即对本案有约束力。《行政诉讼法》没有规定规章作为审理行政案件的依据，而只是作出"参照"的规定，其主要原因有二：①由行政诉讼的特点所决定。行政诉讼是对行政行为的合法性进行司法审查的制度。行政规章本身属于行政机关的规范性文件，如果将规章作为评判行政行为合法性的标准，实际上就是以行政机关的规范性文件去判断行政机关的行政行为。那么，行政诉讼就会失去监督行政行为合法性的意义，《行政诉讼法》的立法目的就难以实现。②由规章的特点和现状所决定。规章虽具有针对性、补充性和具体性等优点，但同时具有制定主体多、制定程序简单、效力等级低等缺点。目前，在规章的制定方面存在的问题很多，立法技术欠缺，规章之间相互矛盾，规章与上一层次规范性文件之间常发生冲突，立法程序中带有很大的随意性等。在这种情况下，如果《行政诉讼法》规定规章作为审理行政案件的依据，将会产生许多消极后果，这不仅不利于人民法院公正合理地审理行政案件，而且还可能在一定程度上破坏我国法制的统一。

第七章

四、行政审判中的规章以下规范性文件

根据《行政诉讼法》第13条的规定，行政机关制定、发布的具有普遍约束力的决定、命令不是人民法院直接审查的对象。在行政执法实践中，行政机关常常把这些决定、命令，亦即，规章以下规范性文件作为行政行为的依据。当公民、法人或其他组织对行政机关的行政行为不服提起行政诉讼时，人民法院应当如何对待这些行政行为的依据？是否可以作为行政诉讼的依据予以承认？

有观点主张，由于规章以下规范性文件是行政活动的重要依据，是对法律、法规等规范性文件的实施性规定，同时也是行政机关行使行政权的主要表现形式之一，因此，人民法院作为审判机关不宜对此进行干涉，而应当将它作为行政诉讼的审理依据。但是，在行政执法实践中，规章以下规范性文件同样可能存在违法的情况，并可能进一步导致大量违法的行政行为。同时，作为最低位阶的规范性文件，其制定主体极为分散，乡政府、县级以上地方人民政府及其工作部门均有权制定，很容易造成法律规范不统一的局面。有鉴于此，《行政诉讼法》以及《行诉解释》没有简单地将规章以下规范性文件纳入法律适用范畴当中，而是规定，公民、法人或者其他组织认为行政行为所依据的国务院部门和地方人民政府及其部门制定的规范性文件不合法，在对行政行为提起诉讼时，可以一并请求对该规范性文件进行审查。具体而言，原则上，公民、法人或者其他组织应当在一审开庭审理前提出，有正当理由的，也可以在法庭调查的环节提出，由行政行为案件管辖法院一并审查。

在这种情况下，人民法院有权对规章以下规范性文件进行合法性审查。根据《行诉解释》第148条第1款的规定，人民法院对规范性文件进行一并审查时，可以从规范性文件制定机关是否超越权限或者违反法定程序、作出行政行为所依据的条款以及相关条款等方面进行。据此，如何理解这里的"合法性审查"，《行诉解释》第148条第2款也予以了细化，具体包括：①超越权限，即超越制定机关的法定职权或者超越法律、法规、规章的授权范围的；②抵触上位法，即与法律、法规、规章等上位法的规定相抵触的；③没有法律、法规、规章依据，违法增加公民、法人和其他组织义务或者减损公民、法人和其他组织合法权益的；④未履行法定批准程序、公开发布程序，严重违反制定程序的；⑤其他违反法律、法规以及规章规定的情形。

在对规范性文件审查过程中，人民法院发现规范性文件可能不合法的，应当听取规范性文件制定机关的意见，制定机关申请出庭陈述意见的，人民法院应当准许。经审查认为不合法的，人民法院不作为认定行政行为合法的依据，在裁判理由中予以阐明并向制定机关提出处理建议，同时可以抄送制定机关的同级人民政府、上一级行政机关、监察机关以及规范性文件的备案机关。此外，人民法院还可以在裁判生效之日起3个月内，向规范性文件制定机关提出修改或者废止该规范性文件的司法建议。如果规范性文件由多个部门联合制定的，则可以向该规范性文件的主办机关或者共同上一级行政机关发送司法建议。接收司法建议的行政机关应当在收到司

第七章

法建议之日起 60 日内予以书面答复。情况紧急的，人民法院可以建议制定机关或者其上一级行政机关立即停止执行该规范性文件。

由此可见，规章以下规范性文件既不能直接作为行政审判的审理依据，也没有规章所拥有的"参照"地位，而是属于行政诉讼中的附带性审查对象。人民法院可以从其是否超越权限、是否与上位法相抵触、是否符合法定程序、是否有明显不当等方面出发，对其进行合法性审查。若审查认定合法的，则作为认定行政行为合法的依据，纳入法律适用范畴；经审查认定不合法的，人民法院负有向制定机关直接提出处理建议的义务，不得予以适用。需要注意的是，人民法院审理行政案件的依据是一个综合性的法律适用过程，被诉行政行为所依据的规章以下规范性文件即便经审查被认定违法，该行政行为也未必属于违法，而是需要人民法院综合行政机关在作出该行政行为时所适用的所有规范性文件来判断。

五、行政审判中处理法律规范冲突的规则

（一）法律规范冲突的不同情形

诉讼实践中，法律规范冲突的主要情形有：①不同位阶之间的行政法律规范冲突。不同位阶行政法律规范之间的冲突又称为层级冲突或者纵向冲突。如法律、行政法规、地方性法规、地方规章之间发生的规范冲突。②同一位阶行政法律规范之间的冲突。同一位阶行政法律规范之间的冲突又称为同级冲突或者横向冲突。如处于同一效力层级的法律之间、行政法规之间、地方性法规之间、部门规章之间、地方规章之间的规范冲突。同级冲突主要表现在两方面：一是同一地区的处于同一位阶的法律规范之间的冲突。二是不同地区的处于同一位阶的行政法规范之间的冲突。③不同时期发布的行政法律规范之间的冲突。这种冲突表现为新法与旧法之间的冲突，又称为新旧冲突。④特别法与普通法之间的冲突。这种冲突为特别法与普通法之间的规定不一致时所产生的冲突，又称为特别冲突。

（二）行政审判中处理法律规范冲突的规则

1. 对于层级冲突，适用高位阶的法律规范优于低位阶的法律规范。在行政法律规范体系中，法律、行政法规、地方性法规、地方规章的法律层级排列有序，其法律效力依次递减。高位阶的法律规范优于低位阶的法律规范，低位阶的法律规范不得与高位阶的法律规范相抵触。《立法法》第 88 条规定："法律的效力高于行政法规、地方性法规、规章。行政法规的效力高于地方性法规、规章。"《立法法》第 89 条规定："地方性法规的效力高于本级和下级地方政府规章。省、自治区的人民政府制定的规章的效力高于本行政区域内的设区的市、自治州的人民政府制定的规章。"《立法法》第 90 条规定："自治条例和单行条例依法对法律、行政法规、地方性法规作变通规定的，在本自治地方适用自治条例和单行条例的规定。经济特区法规根据授权对法律、行政法规、地方性法规作变通规定的，在本经济特区适用经济特区法规的规定。"

2. 对于同级冲突。《立法法》第 95 条第 1 款第 3 项规定："部门规章之间、部门规章与地方政府规章之间对同一事项的规定不一致时，由国务院裁决。"《行政诉讼法》并没有明确解决同级冲突的适用标准和规则。《立法法》第91条有所规定："部门规章之间、部门规章与地方政府规章之间具有同等效力，在各自的权限范围内施行。"

根据《行政诉讼法》第63条第1款的规定，地方性法规的适用范围仅限于本行政区域之内。如果被诉的行政行为与受诉的人民法院不在同一地区，人民法院审理行政案件适用地方性法规，应当以作出行政行为的行政主体所在地的地方性法规为依据，而不应该适用受诉人民法院所在地的地方性法规。

3. 对于新旧冲突，通常适用新的法律规范优于旧的法律规范的规则。即当新的行政法律规范与旧的行政法律规范的规定不一致时，人民法院应优先适用新的行政法律规范，但新的法律规范一般不溯及既往。《立法法》第92条规定："同一机关制定的法律、行政法规、地方性法规、自治条例和单行条例、规章，特别规定与一般规定不一致的，适用特别规定；新的规定与旧的规定不一致的，适用新的规定。"《立法法》第93条规定："法律、行政法规、地方性法规、自治条例和单行条例、规章不溯及既往，但为了更好地保护公民、法人和其他组织的权利和利益而作的特别规定除外。"《立法法》第94条规定："法律之间对同一事项的新的一般规定与旧的特别规定不一致，不能确定如何适用时，由全国人民代表大会常务委员会裁决。行政法规之间对同一事项的新的一般规定与旧的特别规定不一致，不能确定如何适用时，由国务院裁决。"

4. 对于特别冲突，通常适用特别法规范优于普通法规范的规则。《立法法》第90条规定："自治条例和单行条例依法对法律、行政法规、地方性法规作变通规定的，在本自治地方适用自治条例和单行条例的规定。经济特区法规根据授权对法律、行政法规、地方性法规作变通规定的，在本经济特区适用经济特区法规的规定。"特别法虽然可以对普通法作出变通的规定，但不得作出与普通法明确相抵触的规定。

第三节　行政诉讼审理中的特殊制度

一、调解制度

（一）一般原则

人民法院审理行政案件，不适用调解，这是行政诉讼调解制度的一般原则。之所以把行政诉讼不适用调解定为一般原则是因为：①行政机关是代表国家行使行政职权，进行相应的行政管理活动或提供公共服务，无权自行处置手中的职权和利益，而调解又以当事人能够自行处置自己的权利或利益为前提；②行政诉讼是人民法院审查行政行为合法性的司法活动，借此实现对行政权的监督，调解意味着要搁置合法性争议问题，不对被诉行政行为的合法性作出司法评判，这与行政诉讼活动的制度目标不相符；③行政机关相对于公民、法人或者其他组织而言处于强势地位，两者在实体法上的法律地位并不平等，从司法实践来看，调解的存在很可能弱化人民法院的司法功能，为行政机关利用优势地位威逼利诱公民、法人或者其他组织接受调解，逃避合法性审查提供制度通道。

　　然而，作为一种司法活动，脱胎于民事诉讼的行政诉讼同样也面临着建立多元化纠纷解决机制以化解争议、节约司法资源和方便当事人获取最终救济的需求。同时，就行政诉讼实践而论，长期以来一直存在着变相的"调解"活动，人民法院在审理行政案件时长期使用所谓协商和解的方法，促使当事人之间达成一致，最后往往以原告申请撤诉的方式了结案件。有鉴于此，为了更好地确保公民、法人或者其他组织的合法权益，提高行政诉讼正式化、理性化程度，形成纠纷解决的多元机制，有必要在一定范围内确立行政诉讼调解制度。

　　（二）适用情形

　　根据《行政诉讼法》的规定，人民法院在以下情形中可以进行调解：

　　1. 行政赔偿案件。行政赔偿属于国家赔偿的一种形式，根据《国家赔偿法》的规定，行政机关及其工作人员违法行使职权，侵犯公民、法人或者其他组织的合法权益造成损害的，受害人有权向人民法院提起行政赔偿诉讼，请求赔偿。受害人既有权要求作为被告的行政机关赔偿物质利益的损失，也有权要求其支付精神损害抚慰金。行政赔偿案件中设置调解制度，原因是：①行政机关进行的经济赔偿与传统上所行使的公权力有所不同，尽管经济赔偿来源于国家财政，但行政机关对此的处分不会像处分公权力那样直接影响到其职权的正常行使，有一定的处分空间；②行政赔偿案件从历史渊源上来看与民事侵权赔偿案件有着密切的联系，其性质类似于民事赔偿；③公民、法人或者其他组织在行政赔偿案件中寻求的是经济利益，对此有处分权，也有较大的协商妥协空间。

　　2. 行政补偿案件。行政补偿是指行政机关及其工作人员合法行使职权，给公民、法人或者其他组织造成损害，受害人向人民法院提起行政诉讼要求补偿损失。在行政诉讼实践中，最为常见的行政补偿案件是国家基于公共利益的需要，依照法律对相对人的财产进行征收或征用，因相对人认为补偿标准过低、补偿范围过窄、补偿期限过短等引发的补偿纠纷。行政补偿案件就本质来说与行政赔偿案件一样，都是涉及经济利益的案件，因此也与后者一样具有调解适用的空间。

　　3. 行政机关行使法律、法规规定的自由裁量权的案件。由于行政机关所处理社会、经济、文化等事务的日益复杂化，立法者无力在事前作出完全细致具体的规定，而是需要将大量事务的应对处理交由行政机关在特定的行政活动中来承担，这便构成了行政机关手中自由裁量权的制度背景。

　　广义的自由裁量权包括行政机关在解释不确定法律概念时的判断余地和行政机关对法律效果的选择空间。狭义的自由裁量权仅指行政机关根据立法者的授权，在特定的行政执法案件中，自行选择法律效果。之所以规定此类案件可以适用调解制度，原因是：①法律、法规授予行政机关自由裁量权便意味着后者对公权力有一定的处分自由，可以根据具体情况，在一定范围内自行选择法律效果。既然在行政执法活动过程中，行政机关可以进行选择，那么，在行政诉讼中自然也有选择判断的空间。②行政机关手中的自由裁量权本来就是立法者为了方便其便宜行事而赋予的，它的存在是为了更好地实现个案正义，避免简单机械地适用法律规范，允许调解并不意味着行政机关是在拿公共利益做交易，而是有助于个案正义的实现。

（三）法定要求

1. 实体要求。调解应当遵循自愿、合法原则。调解的前提是当事人对手中权力或合法权益拥有一定的处分权，人民法院在适用调解时不得影响当事人自行使处分权，尤其要防止行政机关与人民法院一道向原告施加压力，违法强迫其接受调解的情形。若有一方当事人不愿意接受调解，人民法院应当及时作出判决。此外，由于行政诉讼的审理对象是行政行为的合法性，因此若被诉行政行为已被审查认定违法，则不能通过调解规避对该行政行为的违法性认定，同时，最终达成的调解协议也不得违反禁止性规定。

调解不得损害国家利益、社会公共利益和他人合法权益。即使双方当事人自愿达成调解协议，但若其中存在损害国家利益、社会公共利益和他人合法权益的情形，人民法院不得认可该调解协议的有效性，以此避免只顾实现当事人利益，罔顾第三方利益的情况。

2. 程序要求。人民法院进行调解可以由审判员一人主持，也可以由合议庭主持，并尽可能就地进行。调解时，可以邀请有关单位和个人协助，被邀请的单位和个人应当协助人民法院进行调解。达成协议后，人民法院应当制作调解书，调解书上应当写明诉讼请求、案件的事实和调解结果。

二、撤诉

（一）撤诉的涵义

撤诉是原告表示或依其行为推定其将已经成立的起诉行为撤销，法院审查后予以同意的诉讼行为。我国法理一般认为，撤诉有两个条件：①原告明确表示撤销起诉或由于其消极的诉讼不作为推定其撤销起诉；②法院的审查同意。对于法院不同意撤诉的，法理通说认为，诉不能撤回。此说不仅理论上有难以圆通之处，实务中也颇有问题。曾有人咨询，原告申请撤诉，法院不同意，因此继续开庭。结果开庭时，双方皆不到场，请问如何处置？双方当事人皆不到场，庭审当然无法进行，判决也无法作出。此疑问揭示现行制度规定中的问题。依正常法理，原告起诉后，如果诉状尚未送达被告的，原告要求撤诉，此应为原告之自由。如果诉状已送达被告，则原告请求撤诉的，应征得被告之同意，而非法院之同意。如果被告不同意撤诉的，诉讼仍应正常进行。理由在于，一旦被告收到诉状并为诉讼准备，则诉讼已经开始。任何一方不可单方面提前终止诉讼，诉讼能否提前终止，应按双方共同之意见。

（二）撤诉的种类

依现行法律规定，行政诉讼撤诉分为三种类型：①原告申请撤诉。法院受理案件后，裁判宣告以前，原告请求撤回业已成立的诉讼，法院审查同意后，可准许其撤诉。按现行法律规定，法院不同意撤诉的，诉讼仍然继续进行，原告不到庭的，可以缺席判决。②被告改变自己的行政行为并且得到原告的同意，原告申请撤诉，这种撤诉亦要经法院审查准许。需要注意的是，原告申请撤诉后，若第三人因为认为被撤销的诉讼所针对的行政行为侵犯其合法权益等原因有异议的，法院不得裁定准予撤诉。此外，如被告改变自己的行政行为，原告未申请撤诉的，法院仍应继续案件之审理。③视为申请撤诉。在行政诉讼中，原告并没有明确表示撤诉的意思，但由于其在诉讼中消极的诉讼行为，法院可推定其意图撤销诉讼，此种撤诉即是"视为申请撤诉"。原告发生"视为申请撤诉"之行为后，法院仍应裁定是否准许撤诉。视为申请撤诉的条件为：①原告经人民法院传票传唤无正当理由拒不到庭，或者虽到庭但未经法庭同意而中途退庭；②原告或上诉人未按规定的期限预交案件受理费，又不提出缓交、减交、免交申请，或者提出申请未获批准的，按自动撤诉处理。法院裁定准许撤诉的，案件即行终结。

三、行政附带民事诉讼

（一）功能

在司法实践中，不可避免地会存在行政争议与民事争议交叉的情况，给当事人和人民法院带来很大困扰，无论是"先行后民"还是"先民后行"，日后的行政纠纷或民事纠纷都有可能给此前的司法裁判造成不稳定状态。因此，有必要在比较容易产生行政争议和民事争议交叉的领域设计行政附带民事诉讼的机制，其功能包括：①在一定范围内缓解行政争议与民事争议交叉、重叠带来的混乱以及未来可能发生的法律关系不稳定情况；②方便当事人进行诉讼，在同一诉讼活动中同时解决两个以上不同类型的争议，及时产生定纷止争的效果；③避免司法裁判之间的冲突，提高审判效率；④提高行政审判人员综合处理行政争议和民事争议的能力。

（二）适用

1. 范围的有限性。行政附带民事诉讼的适用范围并非没有限制，根据《行政诉讼法》的规定，目前只是在涉及行政许可、登记、征收、征用和行政机关对民事争议所作的裁决的行政诉讼中，人民法院才可以采用行政附带民事诉讼的方式审理案件，解决纠纷。这些案件尽管涉及的行政行为类型不同，但它们最大的共同之处在于常常会涉及民事纠纷，容易形成民事和行政争议交叉的情况，有必要通过行政附带民事诉讼的方式一并解决，避免出现裁判之间的冲突。

2. 两类不同诉讼之间的关联性。行政附带民事诉讼要求特定案件中这两类不同诉讼之间具有关联性，亦即，它们背后的诉讼请求之间具有关联性。正是关联性的存在使得附带成为必要，而这种关联性既包括行政争议的解决是解决民事争议的前提的情形，也包括行政争议只有在先解决民事争议的情况下才能处理的情形，比如在不动产登记案件中，常常需要先解决原告和第三人之间的民事纠纷，才有可能对与之具有关联性的行政争议进行妥善处理。

3. 当事人的自主性。人民法院审理行政附带民事诉讼的前提是当事人的申请。该申请应当在第一审开庭审理前提出；有正当理由的，也可以在法庭调查中提出。如果当事人在行政诉讼中没有向人民法院申请一并处理民事争议，后者不得自行决定采用行政附带民事诉讼的方式解决相关争议。可见，行政附带民事诉讼的启动和进行需要尊重当事人在诉讼活动中的自主性，这也是尊重和保障当事人诉权的体现。

4. 其他程序的排斥性。行政附带民事诉讼是人民法院的行政审判庭一并处理民事争议的诉讼活动。在此类诉讼活动中，主诉尽管是行政诉讼，但仍然要结合具体情况，考虑《民事诉讼法》以及有关解决民事纠纷的法律规范对此是否有所限制和约束。根据《行诉解释》（2018）第 139 条第 1 款的规定，下列程序构成了排斥性程序：①法律规定应当由行政机关先行处理的；②违反民事诉讼法专属管辖规定或者协议管辖约定的；③已经约定仲裁或者提起民事诉讼的；④其他不宜一并审理的民事争议。相对于行政诉讼制度来说，这些程序具有优先性，能够产生排斥效果。当然，当事人对人民法院不予准许的决定不服的，可以申请复议一次。

最后，需要注意的是，由于行政附带民事诉讼处理的是两个独立的争议，只是出于诉讼管理的方便才合二为一，因此，除行政裁决案件以外，有关民事争议的部分应当单独立案。在审理过程中，如果单行法律没有规定，人民法院应当使用民事法律规范处理民事争议，当事人在调解中对民事权益的处分，不能作为审查被诉行政行为合法性的根据。在作出裁判的时候，人民法院应当对行政争议和民事争议分别裁判。当事人仅对行政裁判或者民事裁判提出上诉的，未上诉的裁判在上诉期满后即发生法律效力。第一审人民法院应当将全部案卷一并移送第二审人民法院，由行政审判庭审理。第二审人民法院发现未上诉的生效裁判确有错误的，应当按照审判监督程序再审。

【案例 2】

2007 年 6 月，原国家工商总局印发《关于禁止利用党和国家领导人的形象做商业促销宣传的通知》（以下简称《通知》）。《通知》称，近一个时期以来，个别不良厂家和商家利用党和国家领导人的形象做商业促销宣传，有的在产品包装上使用领导人形象，有的使用特型演员以领导人形象为产品和服务代言，严重损害了党和国家领导人的形象，造成了恶劣的社会影响。

《通知》明确要求，禁止在商品及其包装物上使用和出现党和国家领导人（包括已离职或已故党和国家领导人）的形象、题词，以及任何涉及党和国家领导人名义的表现形式；禁止企业利用党和国家领导人的名义和形象进行任何形式的商业宣传促销活动，不得使用党和国家领导人（包括已离职或已故党和国家领导人）的形象、题词，或利用特型演员以领导人形象推销产品或者服务。

我国《广告法》第 7 条规定，广告中不得有"使用国家机关和国家机关工作人员的名义"的情形。

第七章

问题：

1. 国家工商总局以《通知》的形式，发布这一规定，是否合法？

2. 已离职或已故的党和国家领导人，是否属于《广告法》第7条所称的"国家机关工作人员"？

3. 法院在审查此类案件过程中，法理上应否参照这一《通知》？主要理由为何？

【案例3】

2006年11月，广州市公安局向社会发布公告称，《广东省道路交通安全条例》第14条规定："电动自行车、残疾人机动轮椅车等安装有动力装置的非机动车实行登记制度，经公安机关交通管理部门登记后，方可上路行驶。地级以上市人民政府在本行政区域内对电动自行车和其他安装有动力装置的非机动车不予登记、不准上路行驶作出规定的，应当公开征求意见，报省人民政府批准。"最近，省政府正式批复广州市政府，同意广州市在全市范围内（含从化市、增城市）对电动自行车不予登记、不准上路行驶。此后不久，广州市公安部门即查禁电动自行车。

北京华一律师事务所浦某某律师受广东省自行车行业协会委托，在报纸上发表"授权律师声明"称，电动自行车是公认的环保、节能、安全的绿色交通工具，符合国家有关标准的电动自行车属于非机动车，《道路交通安全法》并未限制电动自行车上路行驶。在使用电动自行车过程中，如遇到不当处罚和其他干扰，他们愿为消费者依法维权提供法律援助。

问题：

1. 广州市的这一规定，是否属于设定行政许可？

2. 广州市的规定，是否违反《道路交通安全法》的相关规定？

3. 一旦形成诉讼，法院应如何对待广州市的公告？

第八章
行政诉讼的判决、裁定与决定

[内容提要]

本章主要介绍了行政诉讼裁判的三种类型：判决、裁定和决定，它们是人民法院审理行政案件后或在审理过程中对实体和程序问题所作出的不同处理形式。首先，重点讨论了就案件实体问题作出处理的行政诉讼判决，根据判决所要处理的具体事项不同，分别就各个种类的判决所适用的具体条件予以详述；其次，考察行政诉讼中对程序问题作出处理的行政诉讼裁定，根据《行政诉讼法》和相关司法解释的规定，对裁定的适用范围作了比较详实的介绍；最后，阐述人民法院在审理程序中就特殊问题作出处理的决定，对不同种类的决定进行说明。这三种裁判都是人民法院发生法律效力的法律文书，各方当事人必须遵守。

第一节　行政诉讼的判决

一、行政诉讼判决的概念、特征与类别

行政诉讼判决，是指人民法院在审理行政案件终结时，根据法庭审理所查清的事实，正确适用法律，代表国家对行政争议案件实体问题作出的具有法律约束力的结论性处理决定。行政诉讼是人民法院通过行使行政审判权对行政活动所进行的事后监督活动，其对行政争议案件的处理具有权威性，是以司法救济的方式来纠正违法行政行为，确认相关法律事实，以维护公民、法人或其他组织的合法权益。

由行政诉讼的性质所决定，行政诉讼判决具有如下特征：

1. 行政诉讼判决是国家司法意志的反映。行政诉讼判决是特定法院作出来的，但特定法院是国家整体司法体系的一环，其背后所反映的是国家的司法意志，对特定案件作出什么样的判决，不只是特定法院的判断，更是国家司法意志的体现。

第八章

2. 行政诉讼判决是司法权对行政权制约与平衡的具体表现。中国不认同西方主要国家实施的三权分立制度与理念，但在现代国家，不同类别的国家权力之间的分立与制衡，却是客观存在的。在我国，行政权力与司法权力都是重要的国家权力，相互之间也存在制约与平衡关系。行政诉讼体现的司法权力对行政权力的制约与平衡，而行政诉讼判决则是这种制约与平衡的具体表现。

3. 行政诉讼判决是具有法律约束力的司法判定。判决是法院行使审判权后对相应案件作出的司法判定，具有法定性与权威性，对各方都有法律约束力。在行政诉讼中，行政诉讼判决是法院审理行政案件后作出的具有法律约束力的司法判定，各方当事人都要受其约束，严格遵守，不得违背。

4. 行政诉讼判决是人民法院审理行政案件的实体结果的表现形式。行政诉讼案件的审理，既涉及实体问题，也涉及程序问题。有些时候，一个行政诉讼案件的审理并不呈现出实体的结果，而在程序上给予终止，如起诉的驳回、案件的终结等。行政诉讼判决，则是人民法院审理行政案件的实体结果的表现形式，是法院对案件所涉及的实体问题进行的处理。

5. 行政诉讼判决是对原告诉讼请求的权威性回应。行政诉讼案件中，原告必然会提出一定的诉讼请求，人民法院经对案件的审理之后，若需要对实体问题进行处理，则应针对这些具体的诉讼请求作出回应。换言之，任何行政诉讼判决，都应该是针对原告的诉讼请求作出的权威性回应，不应完全无视原告诉讼请求而作出与原告诉讼请求无关的判决。2014 年《行政诉讼法》修订后取消了"维持判决"，更是反映了行政诉讼判决需针对诉讼请求作出这一要求。

按照不同的标准，可以对行政诉讼判决作出不同的划分：按照审级标准，可将行政诉讼判决分为一审判决、二审判决和再审判决；按照判决是否发生法律效力，可将行政诉讼判决分为生效判决和未生效判决；按照判决的内容，可将行政诉讼判决分为给付判决、确认判决、形成判决和撤销判决；按照判决所涉及的争议范围，可将行政诉讼判决分为部分判决和全部判决；按照判决对诉讼请求的回应程度，可将行政诉讼判决分为肯定判决、否定判决和情况判决；等等[1]

二、行政诉讼一审判决

行政诉讼一审判决是指人民法院对第一审行政案件按照一审程序审理终结时所作出的判决。行政诉讼一审判决不同于终审判决，它并非是最终的判决，当事人不服一审判决仍然可以在法定期间内向上一级人民法院提出上诉，所以一审判决又称初审判决。根据我国《行政诉讼法》第 69、70、72、73、74、75、77、78

---

[1] 参见马怀德主编：《行政诉讼原理》，法律出版社 2009 年版，第 390 页。

条的规定，[1] 行政诉讼判决分为以下类别：驳回诉讼请求判决、撤销判决、履行判决、确认判决、变更判决、赔偿判决，另外还有行政协议案件判决。[2]

（一）驳回诉讼请求判决

驳回诉讼请求判决是指人民法院经审查，认为原告的诉讼请求依法不能成立，直接作出否定原告诉讼请求的判决。它作为一种实体判决，区别于程序性的驳回起诉的裁定。驳回诉讼请求判决也区别于 1989 年《行政诉讼法》所规定的维持判决。首先，驳回诉讼请求判决是针对原告的诉讼请求作出的，是对原告诉讼请求的否定。维持判决则是针对行政主体的行政行为作出的，是对行政行为的直接肯定。其次，驳回诉讼请求判决并不必然意味着被诉行政行为具有合法性，而维持判决作出之后，被诉行政行为的合法性得到了肯定。再次，驳回诉讼请求判决作出后，行政主体仍可对被诉行政行为进行灵活的处理，发现被诉行政行为存有合法性或合理性问题之时能够进行变更，有利于保护当事人的合法权益，保障依法行政原则的实现。而经法院判决维持的行政行为，行政主体就不能轻易变更，从某种程度上来说就限制了行政主体根据条件变化和行政管理需要主动作出对当事人有利的合法行政行为。全国人大法工委在解释取消维持判决时，明确主要基于以下的考虑：①法律前后修改的一致性，修法后立法目的中去掉了"维护行政机关依法行使职权"的目的，维持判决则不宜保留；②维持判决与法院的中立性与裁决性定位不符，容易造成"官官

---

[1] 《行政诉讼法》第 69 条：行政行为证据确凿，适用法律、法规正确，符合法定程序的，或者原告申请被告履行法定职责或者给付义务理由不成立的，人民法院判决驳回原告的诉讼请求。第 70 条：行政行为有下列情形之一的，人民法院判决撤销或者部分撤销，并可以判决被告重新作出行政行为：①主要证据不足的；②适用法律、法规错误的；③违反法定程序的；④超越职权的；⑤滥用职权的；⑥明显不当的。第 72 条：人民法院经过审理，查明被告不履行法定职责的，判决被告在一定期限内履行。第 73 条：人民法院经过审理，查明被告依法负有给付义务的，判决被告履行给付义务。第 74 条：行政行为有下列情形之一的，人民法院判决确认违法，但不撤销行政行为：①行政行为依法应当撤销，但撤销会给国家利益、社会公共利益造成重大损害的；②行政行为程序轻微违法，但对原告权利不产生实际影响的。行政行为有下列情形之一，不需要撤销或者判决履行的，人民法院判决确认违法：①行政行为违法，但不具有可撤销内容的；②被告改变原违法行政行为，原告仍要求确认原行政行为违法的；③被告不履行或者拖延履行法定职责，判决履行没有意义的。第 75 条：行政行为有实施主体不具有行政主体资格或者没有依据等重大且明显违法情形，原告申请确认行政行为无效的，人民法院判决确认无效。第 77 条：行政处罚明显不当，或者其他行政行为涉及对款额的确定、认定确有错误的，人民法院可以判决变更。人民法院判决变更，不得加重原告的义务或者减损原告的权益。但利害关系人同为原告，且诉讼请求相反的除外。第 78 条：被告不依法履行、未按照约定履行或者违法变更、解除本法第 12 条第 1 款第 11 项规定的协议的，人民法院判决被告承担继续履行、采取补救措施或者赔偿损失等责任。被告变更、解除本法第 12 条第 1 款第 11 项规定的协议合法，但未依法给予补偿的，人民法院判决给予补偿。

[2] 与 1989 年《行政诉讼法》的规定相比较，2014 年《行政诉讼法》中，维持判决这一判决种类不再适用，新增了驳回诉讼请求判决、履行判决、确认判决等判决形式，并结合行政协议的特点，专条规定了法院处理行政协议纠纷判决，丰富了行政诉讼的判决形式，更好地回应了诉讼当事人的诉讼请求。

相护"的误解；③维持判决与原告的诉求不相符；④维持判决与行政行为效力理论相矛盾，行政行为一经作出即具有公定力与确定力，行政行为的效力非基于法院赋予故而法院不可维持；⑤行政行为的效力一经维持就不能改变，对于被诉行政行为合法但不合理的行为则缺乏弥补空间。[1]

根据《行政诉讼法》第69条的规定，人民法院应当驳回诉讼请求的具体情形有以下三种：

1. 被诉的行政行为合法。被诉行政行为合法，需要满足证据确凿，适用法律、法规正确，符合法定程序的要件，缺一不可。"证据确凿"是指证据确实且充分，足以证明行政行为所依据的全部事实；"适用法律、法规正确"是指行政机关必须具有行使该行政行为的职能与权限，其行为符合法律的目的、原则与精神，适用的法律必须与本案的法律关系密切相关且明确、具体；"符合法定程序"要求行政行为符合法律确定的、完成行政行为所必须遵循的步骤、时限等程序要求。被诉行政行为合法囊括了多种情形，包括被诉行政行为合法且合理、被诉行政行为合法但并非完全合理、被诉行政行为合法但明显不当等。对于被诉行政行为合法且合理的情形，当然应该适用驳回诉讼请求的判决，判决原告败诉，对原告的诉求予以否定性的评价与回应。对于被诉行政行为合法但并非完全合理的情形，驳回诉讼请求判决能够为合法但存在合理性问题的行政行为预留弥补余地，体现了司法权对行政权的尊让。行政行为所依据的法律、政策会随着时间的流逝，在事实理由或价值观念上发生变化，其内容也会发生相应的变更和废止，基于此种理由采用驳回诉讼请求的判决类型能够为行政主体变更行政行为留下空间。对于被诉行政行为合法但明显不当的，根据《行政诉讼法》第70条第6项的规定，应判决撤销，而不适用驳回诉讼请求判决。

2. 原告申请被告履行法定职责理由不成立。结合司法实践，原告起诉被告不履行法定职责理由不成立的情形主要指原告申请被告履行保护人身权、财产权等合法权益的法定职责，人民法院经审查认定被告并无履行该法定职责的权限与义务，其拒绝履行或不予答复等不作为并无不当。在此情形下，人民法院可以判决驳回原告的诉讼请求。

3. 原告申请被告履行给付义务理由不成立。结合司法实践，原告起诉被告没有依法履行支付抚恤金、最低生活保障待遇或社会保险待遇等给付义务，人民法院经审查认为被告不履行给付义务并无不当或原告提出理由不能成立，如被告并无相应职责或原告并不符合给付条件的，可判决驳回原告的诉讼请求。

根据《行诉解释》（2018），人民法院在下列情形下也可作出驳回诉讼请求判决：

当事人之间恶意串通，企图通过诉讼等方式侵害国家利益、社会公共利益或者他人合法权益的，人民法院可判决驳回其请求。例如，当原告与被告在某些因素的

---

〔1〕　袁杰主编：《中华人民共和国行政诉讼法解读》，中国法制出版社2014年版，第191页。

作用下恶意串通，企图以诉讼的方式确认被诉行政行为无效，从而达到损害第三人合法权益目的的，法院经审理查明事实后，可判决驳回原告的诉讼请求。

公民、法人或者其他组织起诉请求确认行政行为无效，人民法院审查认为行政行为不属于无效情形，经释明后，原告拒绝变更诉讼请求的，判决驳回其诉讼请求。这种情形下适用驳回诉讼请求判决，其原因在于，判决是对原告诉讼请求的回应，若原告的诉讼请求为确认行政行为无效，而行政行为并不属于无效情形，法院自然不能肯定其诉讼请求，同时也不能无视其诉讼请求而作出其他类型的判决。

对于经过行政复议的案件，若人民法院审查认为原行政行为合法、复议决定违法，可以在判决撤销复议决定或者确认复议决定违法的同时，判决驳回原告针对原行政行为的诉讼请求。

除了根据《行政诉讼法》和《行诉解释》（2018）的规定，可以在上述情形下作出驳回诉讼请求判决之外，人民法院还可在其他法律、法规或司法解释有规定时作出驳回诉讼请求判决。

（二）撤销判决

撤销判决是指人民法院对行政案件进行审查后，认为行政行为部分或全部违法，从而予以部分或全部撤销的判决形式。撤销判决是人民法院对被诉行政行为的否定，在行政诉讼中占有重要地位。具体包括以下三种形式：全部撤销判决、部分撤销判决和撤销并责令重作判决。作为行政诉讼核心判决之一，撤销判决的实质在于消灭原行政行为的效力，恢复到行政行为作出之前的状态。

根据《行政诉讼法》第70条的规定，人民法院在下列情形下可以作出撤销判决：

1. 主要证据不足。所谓主要证据，是指能够证明行政行为所依据的基本事实的必不可少的充分的证据，也称为"基本证据"或"可定案证据"。相对于次要证据能够证明案件有关情况却并不足以证明基本事实成立，主要证据足以证明行政行为所依据的基本事实的成立。主要证据不足，则指行政机关所认定的事实缺乏足够的证据支持，或是证据之间相互矛盾冲突，不能形成一个完整的证据链。也就意味着行政机关作出行政行为所依据的基本事实不清，存在疑点，足以构成人民法院撤销行政行为的理由。

主要证据不足表现为：没有证据或证据不确实、不充分。没有证据首先指行政机关在作出行政行为时，没有任何证据以证明其行为所依据的基本事实。此外，根据《行政诉讼法》第34条第2款的规定，被告不提供或者无正当理由逾期提供证据，也视为其行政行为没有相应证据，但被诉行政行为涉及第三人合法权益且第三人提供证据的除外。而主要证据不确实、不充分则包括：①据以证明案件事实的证据本身的证据力存在问题；②主要证据之间矛盾、冲突而无法得出唯一结论；③据以证明案件事实的证据与作出行政行为的事实之间没有必然的联系；④证据缺漏或是该证据缺乏必要的直接、间接证据支持而为孤证。

另外，如果是行政行为的次要证据不足，由于其欠缺不足以影响行政行为成立的合法性，所以不能以此为理由来作出撤销判决。

2. 适用法律、法规错误。在法定事实要件具备之后，合法的行政行为还要求适用正确的法律、法规。如果行政主体在作出行政行为时适用法律、法规错误，将直接影响该行政行为的合法性。适用法律、法规错误中的"法律、法规"既包括法律、行政法规、地方性法规，也包括自治条例、单行条例和行政规章。根据行政行为的实践情况，适用法律、法规错误主要包括以下情形：①适用了错误的法律、法规，指行政主体本应适用 A 法的，却错误地适用了 B 法；②适用法律、法规条款错误，指行政主体应该适用法律、法规的此条款却适用了彼条款，此时就适用的法律、法规本身来说是正确的，但在具体条款问题上却出现错误；③适用已经失效或尚未生效的法律、法规，不但包括对已被废止、失效或修改的法律、法规的适用，也包括对尚未生效或虽生效但不具有溯及力的法律、法规的适用；④适用了与上位法相冲突的法律、法规条款，指行政主体本应适用合法有效的法律规范条款，但却适用了与上位法相冲突的法律、法规或其条款；⑤没有明确所适用的具体条款，指行政主体本应明确所适用法律、法规的具体条、款、项、目，却没有予以明确，而仅仅笼统地称根据某法或相关法律的规定。此外，适用法律、法规错误还包括适用法律、法规不全面，应当适用多个法律、法规却仅适用了一个或部分法律、法规，以及应当适用一个却适用多个法律、法规等情况。可以说，适用法律、法规错误在行政实践中是经常发生的，其具体情形也是复杂多样的，需要人民法院在作出判断的时候进行具体分析。

3. 违反法定程序。法定程序是行政主体在实施行政行为时所必须遵守的基本规程，与实体法律规范一样不得违反。虽然违反法定程序并不必然影响行政行为的实体结果的正确性，但在现代法治行政理念之下，程序权利也是行政相对人的重要权利，程序违法也属于行政行为违法的情形，因此《行政诉讼法》规定，凡是行政行为违反法定程序的，应予以撤销。我们一般讲的法定程序是指法律、法规中关于作出行政行为的具体要求，但法律、法规中行政程序的一般原则和精神的规定是否包含在内呢？对此，理论界普遍认为，当然应该包含在内，因为我国在没有对行政程序作出最低限度的规定之前，实际上是这些原则和精神在起着评价和指引行政行为的作用。在司法实践中，许多判决也都确认了违反行政程序一般原则和精神的行政行为属于程序违法行为。[1] 另外，根据违反法定程序的具体内容不同，违反法定程

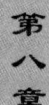

〔1〕 例如，最高人民法院公布的指导案例第 38 号"田永诉北京科技大学拒绝颁发毕业证、学位证案"之裁判要点即明确"高等学校对因违反校规、校纪的受教育者作出影响其基本权利的决定时，应当允许其申辩并在决定作出后及时送达，否则视为违反法定程序。"也就是说，尽管法律对于行政主体作出对当事人不利的行政决定时需听取当事人申辩没有明确规定，但法院判决仍然认为其属于行政程序的基本原则和要求，行政主体必须予以遵守。

序通常有以下几种情形：步骤违法、手续违法、形式违法、时限违法等。

4. 超越职权。行政主体必须在法律、法规赋予的权限范围内作出行政行为，如果超出该权限范围实施了无权实施的行政行为，则为超越职权。由于法律、法规是行政主体权力行使和权力运行的根据，因此行政主体在没有法律、法规授权的情况下，是不能任意创设权力行使的；同样，一旦法律、法规对行政主体的权限作出明确规定，行政主体必须在该法定的权限范围内行使，不能超越权限。根据行政主体职权范围的管辖地域、事项、层级分工等的不同，超越职权的大致有以下几类：地域上的越权，事务越权或职能越权，层级越权等。另外，当法律、法规变更导致原本享有相应职权的行政主体不再享有原职权时，若其继续行使原职权，则属于无权行使而为超越职权。

5. 滥用职权。是指行政主体实施的行政行为虽然是在其职权范围之内，但却违背了法律、法规的目的、精神和原则，形式上合法却实质上属于不正当行使职权。这种权力的不正当行使作为一种隐性的违法行为，通常发生在法律、法规赋予行政主体享有自由裁量权的领域内。判断某一行政行为是否滥用职权，主要从以下几个方面来看：①从形式上来说，滥用职权的行政行为必须是在法定的职权范围内实施，即表面上或形式上是合法的，否则将构成超越职权的违法行为；②就实质而言，滥用职权的行政行为严重违背了法律、法规的目的、精神和原则，与法律、法规设定该职权的目的大相径庭；③主观上来讲，滥用职权的行为都是行政主体明知违背法律、法规的目的、精神和原则而实施的，对行为本身持一种故意的态度，而过失是不能构成滥用职权的。在实践中，滥用职权的主要表现有：不相关的考虑；故意延迟和不作为；不一致的解释与反复无常；同等情况不同等对待等。[1]

6. 明显不当。明显不当是指行政行为严重违反行政合理性原则，具有显著的不合理性、不妥当性。[2] 前述滥用职权的情形也可能带来行政行为明显不当的后果，两者的不同之处在于，滥用职权强调的是行政主体作出行政行为时主观状态是明知而故意，而明显不当则是从客观结果角度出发，将行政机关行使自由裁量权过程中极度不合理的情形纳入合法性的审查范围，对被诉行政行为结果的畸重畸轻进行考量。明显不当，说明被诉行政行为的不当必须达到一定程度，一个正常而有理性的普通人都会认为其显然是不当的。对于轻微或一般的不当行为，则属于行政机关的自由裁量范围，法院给予必要的尊让。只有在这种不当达到了明显的程度，影响了行政行为的合法性时，才需要运用司法权去予以救济。这是 2014 年《行政诉讼法》

---

〔1〕 实践中，因滥用职权涉及相关人员是否构成刑事犯罪等问题，行政诉讼判决认定行政行为属于滥用职权的情形并不多见。但也有一些案件的判决认定行政行为属于"滥用职权"，如在刘云务诉山西省太原市公安局交通警察支队晋源一大队道路交通管理行政强制案 〔（2016）最高法行再 5 号〕中，法院即认定被告的行为属于滥用职权。

〔2〕 参见江必新、邵长茂：《新行政诉讼法修改条文理解与适用》，中国法制出版社 2015 年版，第 265 页。

修正新增的内容，坚持了对行政行为合法性进行审查的精神内涵，克服了机械式合法性审查不能满足实践需求的问题，推动了行政争议的实质解决。

撤销判决作出后，被撤销的行政行为自其作出时起即不发生法律效力，应该恢复到该行为作出之前的法律关系状态。基于此，原告由于行政行为而丧失的各项权益应得到恢复，而且由于该行政行为所受到的损害也应通过有关法律途径得到国家赔偿；行政主体则不得以同一事实和理由重新作出相同的行政行为。

重作判决。有时人民法院还会在作出撤销判决时，判决行政机关重新作出行政行为。重作判决并非是一类独立的判决，它依附于撤销判决而存在，没有撤销判决则无所谓重作判决，但基于重作判决本身的意义，此处仍对其进行单独的讨论。

人民法院在撤销行政行为之后，之所以有时会作出重作判决，主要原因在于，若不要求被告重作，而可能对公共利益或当事人的合法权益造成损害。比如，对于行政主体不授予学位的决定，人民法院在撤销以后，若不同时判决重作，则被告可能不再作出任何决定，这样就会对原告的合法权益造成损害。

人民法院判决被告重新作出行政行为的，被告不得以同一的事实和理由作出与原行政行为基本相同的行政行为。但是，必须注意以下两种情况：一是如果人民法院判决被告重新作出行政行为，而被告重新作出的行政行为与原行政行为的结果相同，但主要事实或者主要理由有改变的，不属于上述的相同情形。二是人民法院以违反法定程序为由，判决撤销被诉行政行为的，行政机关重新作出行政行为也不受上述限制。如果行政机关以同一事实和理由重新作出与原行政行为基本相同的行政行为的，人民法院应当根据《行政诉讼法》第70条、第71条的规定直接判决撤销或者部分撤销行政机关重新作出的行政行为，并根据《行政诉讼法》第96条的规定作出司法建议、罚款和追究刑事责任等处理。

（三）履行判决（给付判决）

履行判决是指人民法院经过审理后，认定被告存在不履行或拖延履行法定职责的情形，责令被告在一定期限内履行法定职责的判决，又称给付判决。履行判决主要是针对行政主体的行政不作为行为设定的，根据《行政诉讼法》第72、73条的规定，以下三类情形下，人民法院可作出履行判决：①拒绝颁发许可证、执照或者对行政相对人的申请不予答复的；②对申请保护人身权、财产权等合法权益不予答复或拒绝履行的；③依法应该发放却不予发放抚恤金、最低生活保障待遇或社会保险待遇的。

人民法院对行政主体承担法定职责却不履行的行为作出履行判决，应该具备如下两个条件：

1. 作为被告的行政主体承担相应的法定职责，应当履行一定的义务。所谓法定职责，是指法律、法规明确规定行政主体应当对公民、法人或其他组织承担的义务，也是行政主体享有一定权力的前提。这些法定职责是为保障社会公共利益和公民、法人和其他组织的合法权益而设定的，对于行政主体来说，必须依法履行其所承担

的法定职责，不得拒绝。这不但是公民、法人或其他组织提出申请的依据，也是人民法院作出履行判决的前提。

2. 作为被告的行政主体不履行其法定职责或法定给付义务。既然是法定职责、法定给付义务，行政主体就应该责无旁贷地去切实履行，任何形式的不履行都应追究其相应的法律责任。从表现形式上看，不履行包括拒绝履行、不予答复和拖延履行。所谓拒绝履行是指彻底的不履行，即行政主体完全拒绝行政相对人的申请，既有当场以不符合法定条件为由明示的拒绝，也有以一定的方式默示的拒绝。不予答复指行政主体在法定的答复期间内，对于行政相对人的申请不作出任何明确的答复，既不表示同意，也不表示拒绝。拖延履行则主要指在法律、法规无明确期限规定的情况下，行政主体不在合理期间内履行自己的法定职责、法定给付义务，或者是法律、法规规定有期限的，在该期限过后，行政主体再履行其法定职责、法定给付义务的。

实践中，法律、法规并不可能把行政机关履行法定职责、法定给付义务的期限都作出规定，所以行政机关以没有规定时限为由拖延履行的情况大量存在，这也给人民法院认定行政主体是否存在不履行法定职责、法定给付义务情形带来了困难。为此，《行政诉讼法》第47条规定，公民、法人或者其他组织申请行政机关履行保护其人身权、财产权等合法权益的法定职责，行政机关在接到申请之日起两个月内不履行的，公民、法人或者其他组织可以向人民法院提起诉讼。法律、法规对行政机关履行职责的期限另有规定的，从其规定。这一规定也就意味着，若无法律、法规的明确规定，则以两个月为行政机关履行其法定职责的期限。另外，如果公民、法人或者其他组织在紧急情况下请求行政机关履行保护其人身权、财产权等合法权益的法定职责，行政机关不履行的，起诉期限不受上述规定的限制。

既然履行判决是针对行政主体的不作为而言的，那么这种不作为是否应该以相对人的申请为要件呢？实际上，行政相对人依法向负有法定职责的行政主体提出申请，有时并不是行政主体履行法定职责的必要条件。如在行政主体依法应予发放抚恤金的情况下，并不是以相对人的申请为要件而决定行政主体是否应该履行该职责的。但是，在颁发许可证、执照或是履行保护人身权、财产权等合法权益的情况下，如果行政相对人没有向负有法定职责的行政主体提出过申请，则其不能以该行政主体不履行法定职责为由提起诉讼。

履行判决的作出，是以人民法院认可原告的诉讼请求，确认行政主体的不作为行为违法为前提的，而具体运用则存在如下两种情况：①在原告的申请符合法定条件，而且行政主体继续实施原告所申请的行政行为仍存在实际意义的情况下，判决被告在一定期限内履行其法定职责，此种情况在申请办理许可证、执照等案件中比较常见。②如果原告的申请不符合法定条件，被告行政主体逾期没有给予答复或作出处理决定的，则可以判决被告行政主体在一定的期限内给予答复或作出处理决定。

（四）确认判决

确认判决指人民法院经审理后，认为被诉行政行为合法或违法、无效，并依法对此予以确认的判决。对一定事实及其法律属性的确认是作为法院形成其他判决的先决条件存在的，但在确认判决中，对一定事实及其法律属性的确认本身构成了判决的基本内容。按照被诉行政行为是否合法、有效，确认本身可以分为确认行政行为合法、有效和确认行政行为违法、无效，但由于行政诉讼判决针对原告的诉讼请求而作出，除了在类似行政协议这样特定的情形下，原告不会提出确认行政行为合法有效的诉讼请求，故《行政诉讼法》并无规定确认判决行政行为合法或有效的判决类型，而是规定了确认违法与确认无效的判决类型，并采取分别处理的立法体例，对两者的适用条件分别进行了详细的规定。

根据《行政诉讼法》的规定，确认判决包括以下种类：

1. 确认行政行为违法，但不撤销该行政行为。具体的情形为：

（1）行政行为依法应当予以撤销，但撤销会给国家利益、社会公共利益造成重大损害的，人民法院应当作出确认被诉行政行为违法的判决，并责令被诉行政机关采取相应的补救措施；造成损害的，依法判决承担赔偿责任。一般情况下，行政主体的行政行为违法应被撤销，撤销后该行为自始无效，由此行为而受影响的相关人的权利义务应恢复到该行政行为作出之前的状态。但在特殊情况下，如果撤销该行为并使相关人的权利义务恢复到初始状态，将会给国家利益或公共利益造成重大损害时，从保护国家利益和公共利益的角度出发，不应简单地对违法的行政行为予以撤销，而应在确认该行为违法的同时保持其存在。但此时虽然国家或公众的重大利益得到了维护，但就相对人的损害来讲，仍需要人民法院在确认判决时辅以责令行政主体采取其他相应措施，以保障相对人的合法权益损害得到补救。该条规定又称为情况判决制度，源于日本行政判决制度，又称为基于特别情况的驳回判决，其适用必须满足以下条件：①被诉行政行为违法，通常应该作出撤销判决；②撤销该违法行政行为将会给国家利益或公共利益带来重大损失。当然，这种重大损失的衡量是由法官自由裁量的，因为在我国国家利益和公共利益概念一直以来都缺乏一个明确的内涵，重大损失从程度上也需要予以判断。

（2）行政行为程序轻微违法，但对原告权利不产生实际影响的。行政行为违反法定程序应当予以撤销，但有时违反法定程序的程度是轻微的，不对原告的权利产生实际的损害，也不对实体的正确性造成影响，基于行政成本与诉讼经济的考虑，此时不宜作出撤销判决，而需对这一有轻微程序违法的行为予以否定性的评价，即确认其违法。《行诉解释》（2018）第96条规定，有下列情形之一，且对原告依法享有的听证、陈述、申辩等重要程序性权利不产生实质损害的，属于行政诉讼法所规定的"程序轻微违法"：①处理期限轻微违法；②通知、送达等程序轻微违法；③其他程序轻微违法的情形。例如，行政处罚决定书比法定的期限晚了5日送达当事人手中，此时即属行政行为程序轻微违法，也不对原告的重要程序性权利产生实

第八章

质损害，若判决撤销这一行政行为，重新作出的行政行为也不会改变原处罚决定书的内容，徒增行政资源与司法资源的浪费，故对此可作出确认违法判决。

2. 行政行为不需要撤销或判决履行无意义，人民法院判决确认违法。具体情形为：

（1）行政行为违法，但不具有可撤销内容的。这里主要是指行政主体工作人员的特定职务行为违法，但不适宜判决撤销的情形。例如警察在执行公务的过程中，违法对某甲进行关押，并对其实施了殴打等暴力行为，损害事实已经发生却不具有撤销的可能，即便判决撤销也无法执行，所以只能是采用确认被诉行政行为违法的判决形式。另外，这里还必须注意一个问题：事实行为不是行政行为，原告不能仅就事实行为向人民法院提出确认违法的请求，而只能在行政赔偿案件中对侵害事实加以认定，并作为行政赔偿的要件之一。对此，学术界关于上述所涉及的行政行为，究竟是否仅指行政法律行为，还是包括了行政事实行为仍存在争议。

（2）被告改变原违法行政行为，原告仍要求确认原行政行为违法的。被告改变原违法行政行为，说明原行政行为不复存在，缺乏对这一行政行为撤销的基础。但基于对当事人合法权益的保护，我国《行政诉讼法》允许当事人对原行政行为进行起诉。此时，若被诉的原行政行为违法，因无行政行为可撤，只能以作出确认违法判决的形式来宣告原行政行为的不合法。

（3）被告不履行或拖延履行法定职责，判决履行没有意义的。该种情形是对履行判决的一种补充，是在判决被告履行已经没有实际意义的情况下人民法院的案件处理方式。如某甲受到人身威胁后，立即向公安机关请求保护，但公安机关收到该请求后却没有作出答复，而3天之后某甲被杀于家中。事后甲的家属向人民法院提起行政诉讼，要求人民法院对公安机关不履行保护某甲人身权的法定职责作出判决。但由于某甲已经死亡，再判决公安机关履行其法定职责也就丧失了其实际意义，因此，法院作出确认判决是最妥当的。此种确认违法判决必须满足两个条件：①被诉行政主体的不作为行为已经构成违法，而且属于行政诉讼的受案范围；②被诉行政主体再履行其法定职责对于原告而言已经没有实际意义。

3. 原行政行为合法、复议决定违法的，人民法院可以判决确认复议决定违法。此种确认判决仅存在于被诉行政行为经过复议的案件中，且须是原行政行为合法而复议决定违法的。同时，法院也并不必然作出确认复议决定违法的判决，而是也可能判决撤销复议决定，且同时判决驳回原告针对原行政行为的诉讼请求。

4. 人民法院认定行政行为存在重大且明显的违法情形，判决确认行政行为无效。

按照《行政诉讼法》第75条的规定，行政行为有实施主体不具有行政主体资格或者没有依据等重大且明显违法情形，原告申请确认行政行为无效的，人民法院判决确认无效。据此，行政行为重大且明显违法的情形包括实施主体不具有行政主体资格、行政行为没有依据等，但其他还有哪些情形属于"重大且明显违法"的情形,《行政诉讼法》没有予以明确。《行诉解释》(2018) 第99条则规定,下列情形属于"重大且明显违法":①行政行为实施主体不具有行政主体资格;②减损权利或者增加义务的行政行为没有法律规范依据;③行政行为的内容客观上不可能实施;④其他重大且明显违法的情形。与《行政诉讼法》的相关规定相比,《行诉解释》(2018) 增加了"行政行为的内容客观上不可能实施"这一"重大且明显违法"情形,这种不可能实施包括时间上不可能(如责令一天内将1幢高10层的违法建筑恢复原状)、对象上不可能(如拆除已经不存在的建筑)、法律上不可能(如要求作出违法的行为)等。但上述明确列举的"重大且明显违法"情形,都是从外延上确定的,无法穷尽所有可能的重大且明显违法情形,故还需尝试从内涵上明确何谓重大且明显违法,就此,重大且明显违法是指行政行为的违法已经到了极为严重的程度,以至于一般的正常且有理智的人都能合理地判断其违法性。

　　行政行为无效的后果并非经人民法院判决确认后行政行为方始无效,而是追溯至行政行为作出之时即自始无效。换句话说,一个被确认为无效的行政行为,法律上就不认为其作为合法有效的行政行为而存在过,当事人可以不受行政行为的约束,不履行行政行为。在救济的时限上,对无效行政行为的救济是否受到起诉期限的限制,《行政诉讼法》和相关司法解释并无明确规定,若纯粹从字面理解,无效行政行为也是行政行为,对行政行为提起诉讼,都应遵守行政诉讼有关起诉期限的规定。但理论界一般都倾向于认为,无效行政行为的救济时限应不受行政诉讼有关起诉期限的规定。司法实践中,相关判例也认为无效行政行为的起诉期限不应如一般行政行为那样受到严格的限制。[1]

　　(五) 变更判决

　　变更判决是指人民法院经审理后,认为行政主体作出的行政处罚行为明显不当,或者其他行政行为涉及对款额的确认、认定确有错误的,而对其直接予以改变的判决。一般情况下,对于行政行为违法的,人民法院只是判决撤销,或是判决撤销同时要求重新作出处理决定,也就是说人民法院并不能直接对行政行为加以改变或者代替行政主体作出处理决定。这种做法,是由司法权和行政权的关系决定的,行政处理决定权只能由行政主体享有,司法权不能僭越。不过,对于明显不当的行政处罚或其他行政行为涉及对款项确认、认定错误时,人民法院却可以判决变更。变更判决的目的,一方面是为了有效维护行政相对人的合法权益,另一方面也是为了节

---

[1]　在2014年《行政诉讼法》施行后,曾有最高人民法院判例认为,"虽然《中华人民共和国行政诉讼法》并没有明文规定请求确认行政行为无效是否适用起诉期限的规定,但根据一般诉讼原理,请求确认行政行为无效,仍须于适当期间内提起。如果时过境迁又重提旧事,则难以维持法律秩序的安定,并不无滥用诉权之嫌疑。"(参见:郭家新等人诉淄博市博山区政府解除聘任关系案(2016),最高法行申2233号。)但最高人民法院此后的案例则明确,"当事人针对新行政诉讼法实施之后作出的行政行为提起确认无效请求的,不受起诉期限的限制。"(参见:张起诉赤峰市松山区人民政府行政征收决定案(2018),最高法行申2496号。)

第八章

约行政与司法资源，避免作出撤销等判决后行政机关再作出行政行为而当事人又提起诉讼，以至于程序空转、资源浪费。

变更判决意味着司法权直接处理了行政事务，是司法审判权对行政权直接干涉的体现，但因为审判权与行政权二者之间各有分工、职能不同，应该相互尊重，所以这种司法变更权的行使受到了诸多限制，对于变更判决的适用情形，根据《行政诉讼法》第77条第1款的规定，仅限于两种：

1. 对于明显不当的行政处罚，人民法院可以判决变更。对行政处罚明显不当允许法院进行变更判决基于以下几点理由：①行政处罚在国家行政管理活动中作为一种有效的行政管理手段被大量运用，具有种类多、范围广、影响大等特点，其对行政管理相对人合法权益侵害的发生也远远大于其他行政行为，需要赋予人民法院一定的变更权，以有效保障行政管理相对人的合法权益。②行政处罚行为相对其他行政行为而言，可以直接对行政管理相对人的既有权益造成损害，而其他行政行为则更多的是对行政管理相对人预期利益的损害。③我国法律、法规授予行政主体的行政处罚权中，自由裁量的范围过大而又缺乏有效的其他制度上的约束，在这种过宽的处罚幅度，甚至是根本没有限制的情况下，对行政处罚进行事先的控制力量十分薄弱，完全有必要加强对行政处罚行为的司法控制，通过事后的司法变更权救济来纠正在行政机关得不到解决的违法行为。

变更判决只适用于明显不当的行政处罚行为，也就意味着并非所有的行政处罚行为都可以适用变更判决，而只是限定在特殊的情形下。若行政行为是违法的、无效的或其他任何明显不当之外的情形，法院就不得直接进行变更，从实质上替代行政主体作出行政行为。所谓明显不当，是指行政主体在法定的职权范围内作出行政行为时，明显地偏离了一个公正、合理的行政行为所应有的要求，甚至可能是滥用自由裁量权乃至滥用职能行为所导致的客观后果。尽管从形式上来讲，该行政行为是合法的，但实质上其内容是极不合理的。行政处罚的明显不当主要表现为：同等情况不同等对待或不同情况同等对待；行政处罚畸轻畸重，过罚严重不相当，即实际的行政处罚与相对人的违法行为应受到的行政处罚相差悬殊；行政处罚缺少必要的限度或行政处罚在自由裁量权范围内尽量选择较小或较大的处罚等。

2. 行政处罚以外的其他行政行为涉及对款额的确定或者认定确有错误的，人民法院可以作出变更判决。行政行为中涉及对款项的确定或认定往往是一个技术问题而非原则性问题，法院与行政机关的处理结果往往基本一致，从节约行政和司法成本，提高审判效率的角度出发，法律赋予了人民法院作出对其他行政行为中涉及款额的确定或认定的变更判决的权限。

另外，需要注意的是，《行政诉讼法》第77条第1款规定："行政处罚明显不当，或者其他行政行为涉及对款额的确认、认定确有错误的，人民法院可以判决变更。"这里的"可以"意味着可以变更，也可以撤销。因此，人民法院对于明显不当的行政处罚行为或涉及款额确定或认定的行政行为，既可以选择判决变更被诉行政行为，也可以在撤销的同时责令被告重新作出行政行为。

基于变更判决的性质与目的，它也受到了特别的限制。《行政诉讼法》第 77 条第 2 款规定了禁止不利变更的原则，即"人民法院判决变更，不得加重原告的义务或者减损原告的权益"，不得使原告处于更为不利的境地。行政诉讼作为一项救济制度，根据法律精神与司法实践，遵循诉讼禁止不利变更原则将会有利于当事人放心大胆地使用这一救济方式，发挥行政诉讼制度整体上的作用。但这一原则的适用也有例外，即"利害关系人同为原告，且诉讼请求相反的除外"。

（六）赔偿判决

赔偿判决指因行政行为违法或无效给公民、法人或其他组织造成损失，人民法院经审理责令被告予以赔偿的判决。

我国于 1994 年制定了《国家赔偿法》，其中公民、法人或其他组织因行政行为造成损失而提起的国家赔偿为行政赔偿，因对行政赔偿不服而提起的诉讼为行政赔偿诉讼，行政赔偿诉讼亦适用行政诉讼法。行政赔偿诉讼是一类单独的诉讼类型，此处对其判决不予详述。

在行政赔偿诉讼之外，行政相对人还可以在行政诉讼的过程中一并提出行政赔偿请求。对于在行政诉讼中一并提出行政赔偿请求的，人民法院经审查认为行政行为违法或者无效且给公民、法人或其他组织造成损失，或者认为被告不履行、拖延履行法定职责致使公民、法人或者其他组织的合法权益遭受损害的，则在作出撤销、确认和履行判决的同时，一并判决被告承担赔偿责任。

人民法院拟作出赔偿判决的，应当对行政行为与损害结果之间的因果关系进行审查，若公民、法人或其他组织的损失系由其自身过错和行政机关的违法行政行为共同造成的，人民法院应当依据各方行为与损害结果之间有无因果关系以及在损害发生和结果中作用力的大小，确定行政机关相应的赔偿责任。

（七）行政协议案件的判决

2014 年《行政诉讼法》将行政协议纳入了行政诉讼的受案范围，该法第 12 条第 1 款第 11 项规定，凡公民、法人或其他组织认为行政机关不依法履行、未按照约定履行或者违法变更、解除政府特许经营协议、土地房屋征收补偿协议等协议的，均属于人民法院受案范围。相应地，《行政诉讼法》第 78 条对行政协议诉讼的判决方式作了规定，明确被告不依法履行、未按照约定履行或者违法变更、解除行政协议的，人民法院判决被告承担继续履行、采取补救措施或者赔偿损失等责任；对被告变更、解除行政协议合法，但未依法给予补偿的，人民法院判决给予补偿。但是，《行政诉讼法》有关行政协议诉讼仅有前述两条原则性规定，不足以应对行政协议诉讼实践中出现的复杂情况，并且，行政协议案件的审理规则与一般行政案件的审理规则也不完全相同，需要对此作出更为详尽和科学的规定，为此，最高人民法院于 2019 年 11 月 12 通过了《行政协议司法解释》。

第八章

根据《行政诉讼法》与《行政协议司法解释》，行政协议案件判决方式包括确认判决、撤销判决、驳回判决、履行判决、解除判决、赔偿判决、补偿判决等。这些判决方式中大多数在名称上与一般行政诉讼判决相同，但鉴于行政协议诉讼在审理方式与判决内容等方面的特殊性，本书仍将其单独列出予以讨论。

1. 行政协议确认判决：指人民法院经过审理以后，针对行政协议的效力状态进行的判决，包括确认行政协议有效判决、确认行政协议无效判决、确认行政协议未生效判决。

当被诉的行政协议存在重大且明显违法情形时，人民法院应当确认行政协议无效。此处所谓"重大且明显违法"，其认定同于一般行政行为的重大且明显违法情形；相应地，行政协议一旦被确认为无效，其后果也同于一般行政行为无效的后果。与一般行政诉讼不同的是，在行政协议诉讼中，除了按《行政诉讼法》第75条及相应司法解释规定的重大且明显违法情形确认行政协议无效外，人民法院还可适用民事法律规范确认行政协议无效。

在行政协议诉讼过程中，有时行政协议本存在可判决确认无效的情形，但该情形在一审法庭辩论终结前消除，此时无论该情形的消除由何种原因导致，人民法院皆可以作出确认行政协议有效的判决。

有些时候，行政协议可能需要经过其他机关批准等程序后方可生效，若此情形是法律或行政法规规定，那么，如在一审法庭辩论终结前行政协议仍未获得有权机关的批准，则人民法院应当作出确认该行政协议未生效的判决。确认未生效不意味着行政协议无效，也不意味着行政协议有效，而是明确行政协议还处在没有正式发生效力的状态下，将来是否生效，须视生效条件是否成就而定。

2. 行政协议撤销判决。当原告认为行政协议存在胁迫、欺诈、重大误解、显失公平等情形而请求撤销时，人民法院经审理，认为符合法律规定可撤销情形的，则可以依法作出撤销行政协议的判决。与一般行政诉讼撤销判决不同的是，一般行政诉讼撤销判决的理由是行政机关的行政行为违法，包括主要证据不足、适用法律、法规错误、违反法定程序、超越职权、滥用职权、明显不当等情形，而行政协议撤销判决的理由则是该协议存在胁迫、欺诈、重大误解、显失公平等情形。后者尽管也可能意味着被告行政机关的行为违法，但这些撤销协议的情形本身却同于原《合同法》第54条所规定的一般民事合同撤销的理由。[1] 在此意义上，行政协议撤销判决与一般行政诉讼撤销判决尽管都称之为撤销判决，但两者是有着重大区别的。

3. 行政协议重作判决。指被告变更、解除行政协议的行政行为因存在《行政诉讼法》第70条规定的违法情形而被判决撤销或者部分撤销后，人民法院责令被告重新作出行政行为的判决。需要注意的是，行政协议案件重作判决不是判决重新作出

---

〔1〕 原《合同法》第54条内容已经被《民法典》第147-151条吸收。

或签订行政协议，而是要求被告重新作出有关变更、解除行政协议的行政行为。就此而言，行政协议案件重作判决与一般行政诉讼重作判决并无不同，只不过是出现在行政协议案件中而已。

4. 行政协议案件驳回判决。指人民法院对行政协议诉讼案件进行审理后，对原告的诉讼请求不予支持，而予以驳回的判决。驳回判决有两种情形，一是，在行政协议履行的过程中，因可能出现严重损害国家利益、社会公共利益的情形，故而被告作出了变更、解除协议的行政行为，原告对该变更、解除行为不服，诉请人民法院撤销该行为。人民法院经审理后，认为被告的变更、解除行政协议行为合法的，判决驳回原告的诉讼请求。二是，原告以被告违约为由请求人民法院判令其承担违约责任，人民法院经审理后，认为行政协议无效的，向原告释明并告知原告变更诉讼请求，若原告经释明后仍拒绝变更诉讼请求的，则按照判决与诉讼请求相对应的要求，人民法院可以判决驳回其诉讼请求。行政诉讼判决是针对原告的诉讼请求作出的，驳回诉讼请求不意味着法院对被告行为的支持，而仅仅是对原告的诉讼请求不予支持。在法院经审理认为行政协议无效，而原告又拒绝变更诉讼请求的情形下，法院驳回原告的诉讼请求，仅仅表明法院不支持原告有关判令被告承担违约责任的请求，而非对被告有关行政协议的行为予以支持。

5. 行政协议履行判决。指人民法院经过审理后，认为被告履行行政协议中存在着不依法履行、未按照约定履行或者违法变更、违法解除的情形，根据原告的请求和实际情况，责令被告承担继续履行责任的判决。被告不履行行政协议的情形主要包括：不依法履行、未按照约定履行、违法变更、违法解除四种情形。其中，不依法履行主要是指行政机关拒绝履行行政协议。民事合同中不履行合同即可构成对合同的违约，但行政协议与民事合同相异，一些法律明确规定了行政机关基于社会公共利益的需要可以不履行行政协议，故此处将其认定为"不依法履行"。未按照约定履行是指行政机关履行了行政协议，但并未完全按照协议约定的履行所构成的违约所需承担的责任。违法变更或违法解除主要是指行政机关未依照有关法律、法规的规定单方变更或解除行政协议。因而，法院在审查行政协议过程中，必须审查其合约性与合法性，其中，合法性除了要看是否有相应的行政法律、法规作为依据外，还需要审查其是否符合原《合同法》第54条中对法定变更、撤销的情形。经人民法院审查，被告存在不依法履行、未按照约定履行、违法变更、违法解除四种情形之一的，人民法院可根据原告的请求与实际情况，作出被告继续履行行政协议的判决，并且，履行判决还应明确继续履行的具体内容。在出现被告无法履行或者继续履行无实际意义的情形时，人民法院可以判决被告采取相应的补救措施。例如，行政协议规定被告向原告购买服务，但原告提供服务的条件却由于被告的原因不存在时，法院即可判决被告提供补救措施。

6. 行政协议解除判决。指人民法院经审理后，认为原告解除行政协议的诉讼请求符合法律的规定，从而判决解除该行政协议。作出解除判决须同时符合两个条件：

第八章

一是原告的诉讼请求符合行政协议的约定或者符合法定的解除情形，二是解除协议不损害国家利益、社会公共利益和他人合法权益的。不符合上述任一条件，人民法院都不可作出解除行政协议的判决。

7. 行政协议赔偿判决。指人民法院经审理后，认为在行政协议签订、履行过程中，被告存在违反法律规定或协议约定的情形，给原告造成损失，从而责令被告赔偿原告损失的判决。行政协议案件赔偿判决的情形包括：①行政协议约定被告负有履行批准程序等义务，但被告没有履行该义务，原告因此要求被告承担赔偿责任的；②因被告的原因导致行政协议被确认无效或者被撤销，并给原告造成损失的；③被告变更、解除行政协议的行政行为违法，并给原告造成损失的；④被告未依法履行或未按照约定履行行政协议，并给原告造成损失的。在赔偿的数额上，通常以造成的实际损失为准，但在被告未依法履行或未按照约定履行行政协议并给原告造成损失的情形下，若原告要求按照约定的违约金条款或者定金条款予以赔偿的，则人民法院判决按此予以赔偿。

8. 行政协议补偿判决。指人民法院经过审理后，认为被告在履行行政协议的过程中变更或解除行政协议合法，但未依法给予补偿的，判决给予补偿。行政补偿的前提是被告的行政行为合法，此点区别于行政赔偿，只不过行政行为合法并不意味着可以免除相应的补偿义务。行政协议案件补偿判决的情形包括：①在行政协议无效、被撤销或者确定不发生效力后，若当事人因行政协议取得了财产且不能返还的，人民法院判决折价补偿。须注意的是，此种情形下补偿是双向的，可能是被告向原告作出补偿，也可能是原告向被告作出补偿。②在履行行政协议过程中，因可能出现严重损害国家利益、社会公共利益的情形，被告合法地作出了变更、解除协议的行政行为，给原告造成了损失，人民法院判决被告对原告予以补偿。③被告或者其他行政机关因国家利益、社会公共利益的需要，依法行使行政职权作出一定行为，导致原告不能履行行政协议、履行行政协议费用明显增加或者遭受损失时，原告请求判令被告给予补偿的，人民法院判决被告对原告予以补偿。

三、行政诉讼二审判决

二审判决是指第二审人民法院经过第二审程序审理之后，对争议的行政案件所作出的判决。第二审的审理对象是第一审的判决、裁定，其审查范围不仅包括行政诉讼当事人之间行政争议所涉及的事实根据和法律依据，还包括第一审裁判的事实根据和法律依据。第二审判决主要有以下两种：

（一）驳回上诉、维持原判

驳回上诉、维持原判，是指第二审人民法院通过对上诉案件的审理，确认一审判决认定事实清楚，适用法律、法规正确，从而作出的驳回上诉人诉讼请求，维持一审判决的判决。这是第二审人民法院用判决的形式，对第一审人民法院在判决中认定的事实和适用法律、法规的肯定，是对一审判决合法性的认可，并确认其法律效力。第二审中维持原判的对象是一审法院的行政诉讼判决。

第八章

二审对一审判决维持的，必须具备下列条件：

1. 第一审判决认定事实清楚，即第一审法院对被诉行政行为是否合法的裁判都具有充分确凿的证据予以支持，并排除了合理的怀疑，没有相互矛盾、冲突的地方。

2. 第一审判决适用法律、法规正确，即第一审法院对被诉行政行为是否合法的裁判所依据的法律、法规都是正确的。这里主要是指一审裁判所适用的实体行政法律规范正确，不仅包括所依据的行政法律、法规必须是现行有效的，而且还包括其所依据的法律、法规具体条款准确无误。此外，必须予以注意的是，由于人民法院在审理行政案件时，除适用法律、法规外，还可以参照适用行政规章，因此，如果一审判决是在参照行政规章的情况下作出的，则其对行政规章的参照也必须是正确的，否则就应当予以依法改判，而不是维持原判。

3. 第一审法院的审理程序合法。也就是说，人民法院在进行第一审审理的时候必须严格按照法定程序，准确适用《行政诉讼法》的有关条款，不存在程序上的违法情形。

（二）依法改判

依法改判，是指第二审人民法院通过对上诉案件的审理，确认第一审判决认定事实错误或认定事实清楚，但适用法律、法规错误，或者确认一审判决认定基本事实不清、证据不足，在查清事实后依法直接改变一审判决的情形。改判是第二审人民法院对第一审判决内容的改变，也是第二审人民法院重新作出的判决，不仅可以对原判的内容全部加以改变，也可以对原判的内容部分予以改变。根据《行政诉讼法》第89条第1款第2、3项的规定，依法改判主要适用于以下三种情形：

1. 第一审判决认定事实错误。第一审法院对被诉行政行为是否合法的裁判不具有充分确凿的证据予以支持，未排除合理的怀疑，或证据有相互矛盾、冲突的地方。

2. 第一审判决认定事实清楚，但适用法律、法规错误。该种改判的一般前提是认定事实清楚，也是二审人民法院对一审判决事实部分所给予的肯定，但一审判决却错误地理解了所应适用的法律、法规的含义，作为判决依据的法律、法规适用错误。这里不仅包括法律、法规适用上的错误，同时也包括参照行政规章的错误。此外，由于认定的事实清楚，所以二审改判也仅仅是基于一审判决所适用法律、法规错误而作出。

3. 一审判决认定基本事实不清、证据不足。所谓基本事实不清，主要是指一审判决对行政行为所依据的事实未能准确查清，以及原判错误地认定了事实的性质等情形。而证据不足则是指一审判决所依据的证据不够充分，或者证据之间相互矛盾，无法证明判决所认定的基本事实。事实清楚、证据确凿是正确适用法律、法规以作出合法判决的基础，一旦一审判决出现认定基本事实不清、证据不足的情形，二审法院作为上级法院即可以在收集证据、查清事实后直接予以改判。

需要注意的是，一审判决认定事实错误或认定事实清楚，但适用法律、法规错误的，应当依法改判、撤销或变更；而对于一审判决认定基本事实不清，证据不足

第八章

的，二审人民法院可以自由裁量是否依法改判，若决定不予依法改判，也可发回原审人民法院重审。当事人对发回重审案件的判决，可以上诉。因为重审的案件，实际上等于原来的第一审判决仍然没有发生法律效力，也就是说争议的行政案件还没有得到司法救济，所以重审案件只能是适用第一审程序，当然地对其判决结果可以上诉。

二审人民法院的主要职责是通过对上诉案件的审理来监督一审法院的审判活动，所以在一般情况下，基本事实不清、证据不足的一审判决应当裁定发回重审而不宜亲自查明、直接改判。但是，如果二审法院认为一审法院由于主观原因或客观原因很难或者不可能查清案件事实的，为了提高案件审判效率，保证公正审理，则可以在其查明事实真相后直接改判，而遗漏当事人或者违法缺席判决等严重违反法定程序的，无论是否事实清楚，均应发回重审。第二审人民法院裁定发回重审的行政案件，原审人民法院应当另行组成合议庭进行审理。二审法院审理上诉案件，应当对一审人民法院的裁判和被诉行政行为是否合法进行全面审查，若需要改判时应当撤销一审判决的部分或全部内容，并对被诉行政行为重新予以认定，依法作出维持、撤销或者变更被诉行政行为的判决。

由于我国实行的是两审终审制，因此人民法院的第二审判决为终审判决。也就是说，上诉行政案件一经第二审人民法院作出判决，该案件即宣告终结，判决书经当庭宣告或者送达时起立即发生法律效力，未经法定程序推翻，案件当事人均应受其约束。

四、行政诉讼再审判决

行政诉讼再审判决是指人民法院在原审裁判生效后，按照审判监督程序对行政案件进行再审后作出的判决。人民法院进行再审，应当对原裁判所认定的事实和适用法律、法规进行全面审查，不受原裁判范围和当事人申诉范围的限制。根据人民法院对行政案件进行再审的不同情况，应当作出不同的处理：

1. 人民法院经过再审审理后，认为原审判决认定事实清楚、适用法律、法规正确，应当判决维持并继续执行原判决。

2. 人民法院经过再审审理后，认为原生效判决、裁定确有错误，在撤销原生效判决或者裁定的同时，可以对生效判决、裁定的内容作出相应的裁判，也可以裁定撤销生效判决、裁定，发回作出生效判决、裁定的人民法院重新审理。

再审判决的效力取决于再审人民法院按照哪一种程序审理，如果按照第一审程序进行再审所作出的判决，当事人可以上诉，而如果是按照第二审程序进行再审所作出的判决，则所作的判决是发生法律效力的判决，当事人不得上诉。

另外，由于提起再审的主体是不同的，人民法院在作出再审判决的时候，应当在案由中注明本案是由上级法院提审、指令再审、本院审判委员会决定再审，还是因为人民检察院抗诉而再审。而且，再审判决的宣告同样应当公开进行。

第八章

第二节　行政诉讼的裁定

一、行政诉讼裁定的概念

行政诉讼裁定，是指人民法院在审理行政案件过程中或者在裁判的执行过程中，就所发生的程序问题所作出的处理。行政诉讼裁定与行政诉讼判决一样，都是人民法院行使国家审判权的体现，具有权威性和法律约束力，但二者之间仍存在着较大的区别：

1. 适用的对象不同。行政诉讼裁定是人民法院在行政诉讼受理、审理过程中或在裁判执行过程中，就程序问题所作的判定，一般不涉及当事人的实体权利和义务。而行政诉讼判决则是人民法院在审理案件终结时，就实体问题所作的判定，它所要解决的是行政行为是否违法及对当事人的诉讼请求如何回应问题。

2. 适用的依据不同。行政诉讼裁定由于其所要解决的是程序问题，所以其法律依据是行政诉讼法中的程序性规范。而行政诉讼判决所依据的则不仅包括行政实体法，还有行政程序法的有关内容。

3. 适用的范围不同。行政诉讼裁定在诉讼的任何阶段都可以作出，这是因为任何诉讼环节上都可能存在需要裁判的程序问题，而解决程序问题不必像判决那样需要在审理之后案件终结时作出。凡是有关程序问题的均可以适用裁定解决，而行政诉讼判决则仅仅针对确定行政行为是否合法等实体问题。由此可见，行政诉讼裁定的适用范围比行政诉讼判决的适用范围更广。

4. 表现形式不同。行政诉讼裁定既可以是书面的形式，也可以是口头的形式，但口头裁定应当记入笔录。裁定是人民法院指挥当事人按照法定程序进行诉讼所采取的一种普遍方式，具有很大的灵活性与适应性。所以，通常人民法院指挥诉讼的裁定，由审判长、审判员口头作出；而涉及当事人诉讼权利时，则由合议庭以人民法院的名义书面作出裁定。与行政诉讼裁定不同，行政诉讼判决由于其所涉及的是实体权利义务内容，按照法律规定必须采用书面的形式作出。

5. 救济程度不同。当事人对一审行政诉讼裁定不服的，仅能就其中的一部分提起上诉，且上诉期限是 10 日。而若当事人对一审行政诉讼判决不服的，则均可以上诉，且上诉期限是 15 日。

二、行政诉讼裁定的种类

按照分类标准的不同，行政诉讼裁定可分为不同的类别。如根据审级的不同，可分为一审裁定、二审裁定和再审裁定。但通常而言，行政诉讼裁定的分类都是以其内容或适用事项为标准的。根据《行政诉讼法》和《行诉解释》（2018）的有关规定，以所适用事项为标准，行政诉讼裁定主要有以下类型：

（一）不予立案裁定

原告向人民法院提起行政诉讼，应该具备一定的形式要件和实质要件。因此，人民法院在收到原告的起诉状后，应对起诉进行必要的审查，经审查后认为不符合起诉条件的，应在 7 日内作出不予立案的裁定。而根据《行诉解释》（2018）的规定，有下列情形的，也裁定不予立案：①起诉状内容或者材料欠缺的，人民法院依法给予指导和释明，当事人拒绝补正或者经补正仍不符合起诉条件，仍坚持起诉的；②法律、法规规定应当先申请复议，公民、法人或者其他组织未申请复议直接提起诉讼的；③法律、法规未规定行政复议为提起行政诉讼必经程序，公民、法人或者其他组织已经申请行政复议，在法定复议期间内又向人民法院提起诉讼的；④人民法院裁定准许原告撤诉后，原告以同一事实和理由重新起诉的；⑤起诉状列写被告信息不足以认定明确的被告，经原告补正后仍不能确定的。

（二）驳回起诉裁定

人民法院在行政诉讼案件立案以后，发现存在法定情形的，应当作出驳回起诉的裁定。与上述不予立案裁定相比，驳回起诉裁定的法定情形与之相同，但二者作出裁定的阶段不同，驳回起诉裁定必须是在案件已经立案之后作出，而不予立案裁定则是在案件尚未立案的时候作出。原告对不予立案裁定和驳回起诉裁定不服的，都有权在接到裁定后 10 日内提起上诉，要求上级法院撤销原裁定。

（三）管辖异议裁定

管辖异议是指作为被告的行政主体在接到人民法院的应诉通知书后，在法定的期限内对该法院是否享有争议事项的管辖权提出争议，要求人民法院进行审查的情形。当事人提出管辖异议，应当在接到人民法院应诉通知之日起 10 日内以书面形式提出。人民法院收到管辖异议后，应当在实体审理之前对此进行审查，作出本院是否有管辖权的裁定，若异议成立的，裁定将案件移送有管辖权的人民法院；异议不成立的，则裁定驳回。

（四）中止诉讼裁定

中止诉讼是指在行政诉讼中，由于一定客观情况的发生，可能使诉讼不能继续进行，人民法院需要裁定中途停止诉讼，待以后情况变化后再恢复诉讼的情形。在诉讼过程中，当出现下列情形时，人民法院可作出中止诉讼的裁定：①原告死亡，须等待其近亲属表明是否参加诉讼的；②原告丧失诉讼行为能力，尚未确定法定代理人的；③作为一方当事人的行政机关、法人或者其他组织终止，尚未确定权利义务承受人的；④一方当事人因不可抗力的事由不能参加诉讼的；⑤案件涉及法律适用问题，需要送请有权机关作出解释或者确认的；⑥案件的审判须以相关民事、刑事或者其他行政案件的审理结果为依据，而相关案件尚未审结的；⑦其他应当中止诉讼的情形。中止诉讼并不意味着诉讼的终结，而只是诉讼短暂的停止，待有关原因消除后，应当恢复诉讼，或依法终结诉讼。

（五）终结诉讼裁定

终结诉讼是指在行政诉讼中，由于某些特殊原因的发生或者原告撤回诉讼，使诉讼无法继续进行或没有必要继续进行，而应结束诉讼程序的情形。在诉讼过程中，

终结诉讼的具体情形有：①原告死亡，没有近亲属或者近亲属放弃诉讼权利的。②作为原告的法人或者其他组织终止后，其权利义务的承受人放弃诉讼权利的。③原告死亡，须等待其近亲属表明是否参加诉讼的；原告丧失诉讼行为能力，尚未确定法定代理人的；作为一方当事人的行政机关、法人或者其他组织终止，尚未确定权利义务承受人的；若是这三种原因中止诉讼的，满90日仍无人继续诉讼，应该裁定终结诉讼，但有特殊情况的除外。此处所谓特殊情况，法律与司法解释并未明确列举，当由法院在案件审理中予以确定，一般而言，应是指那种中止诉讼后满90日后有正当理由而提出继续诉讼的情形。

（六）移送或指定管辖裁定

移送管辖裁定是指人民法院发现已经立案的案件不属于自己管辖时，裁定将案件移送有管辖权的人民法院审理。受移送的人民法院应当受理移送，不得再自行移送。指定管辖裁定是指有管辖权的人民法院由于特殊原因不能行使管辖权时，或者人民法院间对管辖权发生争议且未能协商解决时，报请上级人民法院，由上级作出裁定，指定特定法院管辖。所谓的特殊原因，通常是指出现了人民法院不能正常行使管辖权的事由，比如集体回避、无法组成合议庭等，而管辖权的争议则为人民法院之间的互相推诿或争夺管辖权。

（七）诉讼期间停止行政行为的执行或者驳回停止执行申请裁定

在行政诉讼中，以不停止行政行为的执行为原则，以停止执行为例外，而且例外都有严格的条件限制。根据《行政诉讼法》第56条的规定，诉讼期间有下列情形之一的，裁定停止行政行为的执行：①被告认为需要停止执行的；②原告或利害关系人申请停止执行，人民法院认为该行政行为的执行会造成难以弥补的损失，并且停止执行不损害国家利益、社会公共利益的；③人民法院认为该行政行为的执行会给国家利益、社会公共利益造成重大损害的；④法律、法规规定停止执行的。由于该程序问题与当事人尤其是原告的利益有重大关系，采用裁定的方式来处理更显得正式，所以《行政诉讼法》将停止行政行为的执行或驳回停止执行申请纳入了裁定处理的范畴。对当事人申请停止执行的，人民法院无论是予以认可或予以驳回，都应该作出相应的裁定。并且，对裁定不服的，还可以申请复议一次。

（八）保全裁定

财产保全是指行政案件判决之前，由于特殊原因的出现而可能使将来生效判决不能执行或者难以执行，为了保证人民法院作出的判决能够得到顺利执行，人民法院经当事人申请或依职权，对有关当事人所采取的一种临时性强制措施。一般认为，行为保全是指为避免申请人在判决前遭受难以弥补的损害，法院责令被申请人作出一定行为或者禁止被申请人作出一定行为的措施。根据《行诉解释》（2018）第76条规定："人民法院对于因一方当事人的行为或者其他原因，可能使行政行为或者人民法院生效裁判不能或者难以执行的案件，根据对方当事人的申请，可以裁定对其财产进行保全、责令其作出一定行为或者禁止其作出一定行为；当事人没有提出申

第八章

请的，人民法院在必要时也可以裁定采取上述保全措施。"对于保全的裁定，人民法院应当立即执行，若情况紧急的，人民法院在接受申请后，必须在48小时内作出裁定并立即开始执行。由于保全裁定是针对诉讼中紧急情况所采取的临时性措施，所以一经作出，当事人不得提出上诉，但可以申请复议一次，复议期间不停止裁定的执行。

（九）先予执行裁定

先予执行裁定指人民法院审理行政案件作出判决之前，由于原告出现难以或无法维持生活的情况，根据原告的申请而作出的，要求负有义务的行政机关立即先行给付原告一定款项或特定物的裁定。《行政诉讼法》第57条第1款规定："人民法院对起诉行政机关没有依法支付抚恤金、最低生活保障金和工伤、医疗社会保险金的案件，权利义务关系明确、不先予执行将严重影响原告生活的，可以根据原告的申请，裁定先予执行。"由此可知，先予执行裁定只在上述特别的案件中适用，必须是在具备法定条件和人民法院认为确有必要的前提下进行。先予执行的裁定同财产保全的裁定一样，一经作出立即生效并开始执行，当事人不得提出上诉。如果当事人对该裁定不服的，可以申请复议一次，复议期间不停止裁定的执行。

（十）准许或不准许撤诉裁定

撤诉分为原告自愿申请撤诉和视为撤诉两种情况。而原告申请撤诉也分为两种：一是原告主动申请撤诉；二是被告改变其所作出的行政行为，原告同意并申请撤诉。对原告申请撤诉的，人民法院在审查后作出准予撤诉裁定的条件如下：①必须由原告书面申请，但不限于必须是原告亲自申请，也可以委托诉讼代理人或法定代理人代为申请。②申请撤诉必须是原告出于自愿，即该撤诉的意思表示必须是真实的，并非强迫所为。③原告提出的撤诉请求不得附加其他任何条件。④该申请撤诉不得损害国家利益、公共利益或他人的合法权益，不得存在规避法律责任等情节。⑤申请撤诉必须是在判决或裁定宣告以前提出，判决或裁定发生法律效力之后就不得再申请撤诉。人民法院经审查，发现撤诉申请不符合上述条件之一的，就应当作出不准许撤诉的裁定。如果准予撤诉的裁定确有错误的，人民法院可以通过审判监督程序决定提审或再审；或者原告在法定的期间也可以向人民法院提起申诉，要求人民法院通过审判监督程序依法纠正。另外，如果经人民法院传票传唤，原告无正当理由拒不到庭的或者未经法庭许可中途退庭的，应视为申请撤诉，对此种情况则由人民法院作出按撤诉处理的裁定。

（十一）补正裁判文书中笔误裁定

裁判文书是严肃的法律文书，不应该出现笔误的情形，但作为人的活动的产品，宏观上看，绝对没有笔误是难以做到的。如果判决书中确实存在错写、误算、用词不当、遗漏判决原意、文字表达超出裁判原意的范围，以及正本与原本个别地方不符等失误，实践中通常采用裁定的方式加以补正。但此种裁定仅限于笔误，若裁判书中的错误已经超出笔误的范围，则不适用此种裁定。如判决书存在遗漏部分诉讼

请求、诉讼费用以及涉及当事人实体权利等内容的，则应作出补充判决，不能以裁定形式处理。

（十二）中止或者终结执行裁定

人民法院对生效的行政裁判文书和其他法律文书应当按照法定程序全部执行，但是，由于一些特殊的理由出现将会阻碍执行程序的继续进行，此时就需要法院作出中止执行的裁定。另外，如果出现某些特殊的理由，导致行政强制执行程序无法继续进行或者继续进行已经没有实际意义的，法院应当作出终结执行的裁定。对于中止执行和终结执行的情形，我国《行政诉讼法》及其有关司法解释并没有明确予以规定，实践中多是参照《民事诉讼法》的有关规定来实施。[1]

（十三）提审、指令再审或者发回重审裁定

《行政诉讼法》第92条第2款规定："最高人民法院对地方各级人民法院已经发生法律效力的判决、裁定，上级人民法院对下级人民法院已经发生法律效力的判决、裁定，发现有本法第91条规定情形之一，或者发现调解违反自愿原则或者调解书内容违法的，有权提审或者指令下级人民法院再审。"可见，提审裁定和指令再审裁定都是按照审判监督程序纠正违法裁判时所采用的裁定，本身并不直接涉及案件的实体内容。发回重审则是上级法院审理上诉案件时适用的一种裁定。当上级法院认为原判决认定基本事实不清、证据不足，或者由于原判决遗漏当事人或者违法缺席判决等严重违反法定程序的，裁定撤销原判，发回原审人民法院重审。可以说，撤销原判、发回重审，是对行政诉讼过程中程序问题的处理，而对实体问题并未作出肯定或否定的判定，因此，应当适用裁定。

（十四）准许或者不准许执行行政机关行政行为裁定

行政主体作出行政行为之后，如果没有强制执行该行为的法定职权，且相对人在法定期间内既不起诉也不履行的，行政主体可以申请人民法院强制执行。行政机关申请人民法院强制执行是有条件的，而不是无条件的，根据《行诉解释》（2018）的规定，这些条件包括：①行政行为依法可以由人民法院执行；②行政行为已经生效并具有可执行内容；③申请人是作出该行政行为的行政机关或者法律、法规、规章授权的组织；④被申请人是该行政行为所确定的义务人；⑤被申请人在行政行为

---

[1] 实践中，具体是参照《民事诉讼法》第256、257、258条的规定，具体如下：第256条规定，有下列情形之一的，人民法院应当裁定中止执行：①申请人表示可以延期执行的；②案外人对执行标的提出确有理由的异议的；③作为一方当事人的公民死亡，需要等待继承人继承权利或者承担义务的；④作为一方当事人的法人或者其他组织终止，尚未确定权利义务承受人的；⑤人民法院认为应当中止执行的其他情形。中止的情形消失后，恢复执行。第257条规定，有下列情形之一的，人民法院裁定终结执行：①申请人撤销申请的；②据以执行的法律文书被撤销的；③作为被执行人的公民死亡，无遗产可供执行，又无义务承担人的；④追索赡养费、扶养费、抚育费案件的权利人死亡的；⑤作为被执行人的公民因生活困难无力偿还借款，无收入来源，又丧失劳动能力的；⑥人民法院认为应当终结执行的其他情形。第258条规定，中止和终结执行的裁定，送达当事人后立即生效。

第八章

确定的期限内或者行政机关催告期限内未履行义务；⑥申请人在法定期限内提出申请；⑦被申请执行的行政案件属于受理执行申请的人民法院管辖。人民法院对符合条件的申请，应当在5日内立案受理，并通知申请人。

人民法院受理行政机关申请执行其行政行为的案件后，应当在7日内由行政审判庭对行政行为的合法性进行审查，并作出是否准予执行的裁定。人民法院在作出裁定前发现行政行为明显违法并损害被执行人合法权益的，应当听取被执行人和行政机关的意见，并自受理之日起30日内作出是否准予执行的裁定。对于有下列情形的行政行为，人民法院应当裁定不准予执行：①实施主体不具有行政主体资格的；②明显缺乏事实根据的；③明显缺乏法律、法规依据的；④其他明显违法并损害被执行人合法权益的情形。行政机关对不准予执行的裁定有异议，可在15日内向上一级人民法院申请复议的，上一级人民法院应当在收到复议申请之日起30日内作出裁定。

第三节　行政诉讼的决定

一、行政诉讼决定的概念

行政诉讼决定，是指人民法院为了保证行政诉讼的顺利进行，对诉讼中发生的某些特殊事项依法所作出的处理。决定所要解决的事项往往是行政诉讼中的必须紧急处理的问题，如果不及时予以解决的话，就会影响正常的行政诉讼秩序，如有关审判人员的回避问题，不及时作出处理，就无法组成合议庭进行案件审理工作，从而直接导致诉讼中止。除此之外，有些问题并不属于诉讼程序上的问题，而是诉讼中发生的特定事项，如有人冲击法庭，扰乱法庭秩序，就必须由人民法院迅速作出采取一定措施的决定来处理。据此，我们可以发现，行政诉讼中的决定具有以下特征：

1. 行政诉讼决定所要解决的问题是发生在行政诉讼中的某些特殊事项，它既不同于判决所要解决的案件实体争议问题，也不同于裁定所要解决的审判程序问题。而且，这些事项本身往往具有紧迫性，需要及时解决。

2. 行政诉讼决定的作用在于保证行政诉讼的顺利进行，或者是为案件的正常审理和当事人的诉讼活动顺利开展创造必要的条件。

3. 行政诉讼决定就效力而言，不是对案件的审判行为，不能依上诉程序提起上诉。如果当事人对决定不服的话，只能申请复议。

二、行政诉讼决定的种类及适用范围

行政诉讼决定是人民法院在行政诉讼过程中，就某些特殊问题行使职权的方式，具有司法行政权力的性质。实践中，凡是没有列入判决、裁定范畴解决的问题，均可以采用决定的方式解决，主要可以分为如下几类：

第八章

（一）有关回避事项的决定

当事人认为审判人员与本案有利害关系或者有其他关系可能影响公正审判，有权申请审判人员回避，审判人员认为自己与本案有利害关系或者有其他关系，应当申请回避；书记员、翻译人员、鉴定人、勘验人的回避与审判人员相同。院长担任审判长时的回避，由审判委员会决定；而审判人员的回避，由院长决定；其他人员的回避，由审判长决定。当事人对该回避决定不服的，可以申请复议一次。

（二）对妨碍行政诉讼行为进行惩罚的决定

在行政诉讼过程中，出现妨碍诉讼正常进行的情形时，人民法院可以采取必要的惩罚措施。根据妨碍情节的不同，所采取的惩罚措施也有不同。如予以训诫、责令具结悔过的，通常由审判长当庭作出口头决定，记入笔录即可。如处罚款、拘留的，则须经院长批准，由合议庭作出书面决定。当事人不服拘留、罚款决定的，可以向上一级人民法院申请复议一次，复议期间不停止决定的执行。

（三）有关诉讼期限事项的决定

公民、法人或者其他组织因特殊情况耽误法定起诉期限的，在障碍消除后的10日内，可以申请延长起诉期限，是否准许，应当由人民法院进行审查后决定。此外，高级人民法院和最高人民法院亦可作出关于是否延长审理期限的决定。

（四）合并审理与一并审理的决定

根据《行诉解释》（2018）第73条的规定，人民法院审理行政案件，有下列情形之一的时候，可以决定合并审理：①两个以上行政机关分别对同一事实作出行政行为，公民、法人或者其他组织不服向同一人民法院起诉的；②行政机关就同一事实对若干公民、法人或者其他组织分别作出行政行为，公民、法人或者其他组织不服分别向同一人民法院起诉的；③在诉讼过程中，被告对原告作出新的行政行为，原告不服向同一人民法院起诉的；④人民法院认为可以合并审理的其他情形。

在行政诉讼过程中，当事人申请一并解决相关民事争议的，人民法院需要对是否予以一并审理作出决定。

（五）审判委员会对已生效的行政裁判再审的决定

各级人民法院院长对本院已经发生法律效力的判决、裁定，如果发现存在违反法律、法规规定的情形，或者发现调解违反自愿原则或者调解书内容违法，认为需要再审的，应当提交审判委员会讨论，由审判委员会作出决定。

（六）审判委员会对重大、疑难行政案件的处理决定

对于重大、疑难的行政案件，合议庭审理评议后，应当报告院长，由院长提交审判委员会讨论决定。然后，合议庭根据审判委员会的决定作出判决，向当事人宣告、送达。

（七）有关执行程序事项的决定

在执行程序中，也涉及需要对相关事项作出决定的情形。比如，对有执行内容的行政裁判文书，通常由第一审人民法院负责执行，第一审人民法院认为情况特殊，

需要由第二审人民法院执行的，可以报请第二审人民法院执行，第二审人民法院可以决定由其执行，也可以决定由第一审人民法院执行。

行政诉讼中的决定分为口头决定和书面决定两种形式，但不论以何种形式作出，它都是以人民法院迅速解决行政诉讼中出现的问题，保证行政诉讼顺利进行为目的。因此，在行政诉讼过程中，人民法院依法作出的决定，一经宣布或送达，即发生法律效力，当事人必须受其约束。若对该决定不服的，不得提出上诉。对于某些行政诉讼决定，如有关回避的决定和人民法院采取罚款、拘留两种惩罚措施的决定，当事人不服的，可以申请复议一次，但即便如此，在复议期间，也不停止原决定的执行。

【案例1】

方林富和庞清连系夫妻。2014 年 10 月 28 日，庞清连取得注册号为 330106600360345 的《个体工商户营业执照》，经营范围包括预包装食品、兼散装食品的零售等。原告系该《个体工商户营业执照》登记的字号。

2015 年 11 月 5 日，杭州市西湖区市场监督管理局接到消费者投诉举报后至原告所在的店铺进行现场检查，发现原告店铺西侧墙上印有两块"方林富炒货店杭州最优秀的炒货特色店铺""方林富杭州最优秀的炒货店"内容的广告牌；店铺西侧柱子上印有一块"杭州最优炒货店"字样的广告牌；店铺展示柜内放置有两块手写的商品介绍板，上面分别写了"中国最好最优品质荔枝干"和"2015 年新鲜出炉的中国最好最香最优品质燕山栗子"的内容，展示柜外侧的下部分贴有一块广告，上面写了"本店的栗子，不仅是中国最好吃的，也是世界上最高端的栗子"；对外销售栗子所使用的包装袋上印有"杭州最好吃的栗子"和"杭州最特色炒货店铺"的内容。

西湖区市场监督管理局对上述广告内容进行拍照取证并制作了现场检查笔录，于当日立案。11 月 6 日，西湖区市场监督管理局对原告委托代理人方林富制作询问笔录。2016 年 1 月 8 日，西湖区市场监督管理局向原告送达行政处罚听证告知书。1 月 12 日，原告提出听证申请。西湖区市场监督管理局于 2 月 1 日组织听证，于 3 月 22 日经集体讨论后作出 534 号处罚决定并送达原告。处罚内容为：责令停止发布使用顶级词汇的广告，并处罚款人民币 20 万元。

原告不服，于 3 月 29 日向杭州市市场监督管理局申请行政复议，杭州市市场监督管理局于 4 月 5 日受理行政复议申请，同日向西湖区市场监督管理局发送行政复议答复通知。4 月 18 日，西湖区市场监督管理局提交行政答复书及作出处罚决定的证据及依据。5 月 6 日，原告查阅了西湖区市场监督管理局提交的答复、证据及依据。5 月 25 日，杭州市市场监督管理局以所涉相关法律适用问题需向上级主管部门进行请示为由中止案件审理并通知当事人，后于 7 月 11 日恢复审理。7 月 13 日，杭州市市场监督管理局经负责人批准决定延长审理期限至 2016 年 8 月 10 日，并通知

双方当事人。8月10日，杭州市市场监督管理局作出139号复议决定并送达原告，行政复议决定维持了被告的行政决定。原告不服，向杭州市西湖区人民法院提起行政诉讼。

一审法院认为，根据《中华人民共和国广告法》（以下简称《广告法》）第6条第2款规定，被告西湖区市场监督管理局作为行使工商行政管理职能的部门，具有对本行政区域内的广告进行监督管理的法定职权。原告介绍店铺形象的宣传用语受广告法的调整。《广告法》第9条第3项规定禁止使用的广告用语，不仅包括已列举的"国家级""最高级""最佳"，还包括与这些用语表达含义相当的绝对化用语。原告发布的广告内容违反了广告法第9条第3项的规定，原告的违法事实成立。被诉行政处罚决定责令原告停止发布使用绝对化用语的广告，有相应的事实和法律依据。

关于罚款数额，法院认为，罚款是行政处罚的种类之一，对广告违法行为处以罚款，除了应适用《广告法》的规定，还应遵循《行政处罚法》的规定。《行政处罚法》第27条第1款规定了从轻、减轻的情形，其中"从轻处罚"是指在最低限以上适用较低限的处罚，"减轻处罚"是指在最低限以下处罚。具体到本案，被告西湖区市场监督管理局适用了从轻处罚，将罚款数额裁量确定为《广告法》规定的最低限即20万元。根据《行政诉讼法》第77条第1款规定，行政处罚明显不当的，人民法院可以判决变更。本案20万元罚款是否明显不当，应结合《广告法》禁止使用绝对化用语所需要保护的法益，以及案件的具体违法情形予以综合认定。

法院认为，在广告中使用绝对化用语，不仅误导消费者，不当刺激消费心理，造成广告乱象，而且贬低同行，属于不正当的商业手段，扰乱市场秩序。原告的广告违法行为既要予以惩戒，同时也应过罚相当，以起到教育作用为度。原告系个体工商户，在自己店铺和包装袋上发布了相关违法广告，广告影响力和影响范围较小，客观上对市场秩序的扰乱程度较轻微，对同行业商品的贬低危害较小。同时，广告针对的是大众比较熟悉的日常炒货，栗子等炒货的口感、功效为大众所熟悉，相较于不熟悉的商品，广告宣传虽会刺激消费心理，但不会对消费者产生太大误导。综合以上因素，法院认为原告的案涉违法行为情节较为轻微，社会危害性较小，被告对其处以20万元罚款，在处罚数额的裁量上存在明显不当。据此，法院判决：一、变更杭州市西湖区市场监督管理局于2016年3月22日作出的（杭西）市管罚处字〔2015〕534号行政处罚决定中"处以罚款20万元"为"处以罚款10万元"；二、撤销杭州市市场监督管理局于2016年8月10日作出的（杭）市管复决字〔2016〕139号行政复议决定。

一审判决之后，原告不服，提起上诉。二审法院经审理后，维持了一审

第八章

判决。[1]

问题：本案法院所作判决是什么种类的判决？该判决是否正确？理由何在？

【案例2】

2009年8月31日，湖北省荆州经济技术开发区管理委员会（以下简称"荆州市经开区管委会"）（甲方）与湖北草本工房饮料有限公司（以下简称"草本公司"）（乙方）签订《招商项目投资合同》，对乙方投资项目及产品等基本情况、乙方以出让方式获取投资项目所需土地（使用权）的坐落范围、面积和价格、甲乙双方的承诺、奖罚和违约责任予以约定。其中对违约责任的约定是："甲、乙双方必须认真履行本合同的各项承诺。如一方违约或未实现承诺，给对方造成经济损失应负赔偿责任；如因违约或不适当履行承诺可能给对方造成重大损失，或者致合同无法继续履行时，对方有权解除合同，并追究赔偿责任。"当日，甲乙双方又签订了一份《补充合同》，对其他事项作了约定。合同签订后，草本公司向荆州市经开区管委会支付了首笔土地款100万元，并通过出让方式取得了129408.07平方米（约194.11亩）的《国有建设用地使用权证》。

2010年7月4日，草本公司与华神建设集团有限公司（以下简称"华神公司"）签订了《建设工程施工合同》（补充条款），约定由华神公司承建草本公司一期（厂房、宿舍）桩基础、土建、钢结构、给排水、电气、厂区道路等。2011年元月25日，由于草本公司一期基建工程存在质量问题，荆州市建设工程质量监督站对华神公司下达了《建筑工程停工通知书》。此后，该建设工程项目一直处于停工状态，草本公司对投资项目也再无后续资金投入，呈现停滞状态。2015年3月23日，湖北省国土资源厅作出鄂土资函〔2015〕333号通知，要求下属国土资源局报送专项督查发现的闲置土地整改台账，开展闲置土地整改工作。草本公司取得的13.94公顷（约194.11亩）土地闲置四年之久，属于报送整改之列。2015年9月23日，荆州市经开区管委会对草本公司作出《合同自行终止通知书》并予以送达。草本公司不服，提起行政诉讼，请求依法撤销荆州市经开区管委会作出的合同自行终止通知书，判令荆州市经开区管委会、荆州市政府继续履行招商项目合同和补充合同约定的义务，交付土地105.88亩，为草本公司开工创设条件。荆州市中级人民法院作出（2015）鄂荆州中行初字第00056号行政判决，驳回草本公司的诉讼请求。草本公司不服，提起上诉。湖北省高级人民法院作出（2016）鄂行终684号判决，驳回上诉，维持原判。草本公司不服二审判决，向最高人民法院申请再审。最高人民法院作出

---

[1] 参见杭州市西湖区人民法院（2016）浙0106行初240号行政判决书；杭州市中级人民法院（2018）浙01行终511号行政判决书。

（2017）最高法行申 3564 号裁定，驳回草本公司的再审申请。[1]

　　问题：

　　1. 本案法院所作裁判分别属于什么种类？它们是否合法正确？

　　2. 与一般行政诉讼裁判相比，它们有什么特别之处？

---

[1]　参见荆州市中级人民法院（2015）鄂荆州中行初字第 00056 号行政判决书；湖北省高级人民法院
　　（2016）鄂行终 684 号行政判决书；最高人民法院第四巡回法庭（2017）最高法行申 3564 号行政裁
　　定书。

第九章
行政诉讼的执行

[内容提要]

　　本章内容包括行政诉讼执行和非诉行政行为的执行两大部分。行政诉讼执行是对法院判决、裁定等司法文书确定的权利义务的后续保障程序；非诉行政行为的执行是行政机关作出的行政行为在自身没有执行权的情况下，申请法院强制执行的程序，是对行政行为权威性的保障。这里需要区别行政诉讼执行和非诉行政案件执行的不同，明确他们的适用范围和具体操作程序；同时还要注意和行政实体法上的行政强制执行区分开来。本章还要了解法院执行的强制措施、适用程序；了解我国非诉行政行为执行的体制以及非诉执行的主体、范围、程序、审查标准等。

第一节　行政诉讼执行概述

一、行政诉讼执行基本概述

（一）行政诉讼执行的含义

　　行政诉讼执行，简称诉讼执行，是指行政案件当事人逾期拒不履行人民法院生效的法律文书，人民法院和有关行政机关运用国家强制力量，依法采取强制措施，促使当事人履行义务，从而使生效法律文书的内容得以实现的活动。行政诉讼的执行大多数情况下与民事诉讼的执行相同，但也有特殊性。并且，要注意把诉讼执行和非诉行政行为的执行区分开来。行政诉讼执行的主要特征有：

　　1. 执行的主体既包括法院，也包括有行政强制执行权的行政机关。我国《行政诉讼法》第95条规定："公民、法人或者其他组织拒绝履行判决、裁定、调解书的，行政机关或者第三人可以向第一审人民法院申请强制执行，或者由行政机关依法强制执行。"由此可知，我国行政判决的执行，既可以由人民法院进行，也可以在一定条件下由行政机关自己执行。

　　2. 执行申请人或被申请执行人必有一方是行政机关。这和行政诉讼的特点之一被告的恒定性是一致的。由于行政诉讼的原被告的地位的恒定性，原告是公民、法人或者其他组织，被告是具有行政职权的行政机关或者法律、法规、规章授权的组织，所以在申请执行时，必有一方是行政机关或者公权力组织。

3. 强制执行的依据是已生效的行政裁判法律文书。对此，《行诉解释》（2018）第152条第1款作了具体规定："对发生法律效力的行政判决书、行政裁定书、行政赔偿判决书和行政调解书，负有义务的一方当事人拒绝履行的，对方当事人可以依法申请人民法院强制执行。"因此，诉讼执行的依据就是这四类司法文书：行政判决书、行政裁定书、行政赔偿判决书和行政调解书。

4. 强制执行的目的是实现已生效的法律文书所确定的义务。无论是人民法院还是有一定执行权的行政机关，执行的都是已经生效的司法文书，司法文书没有生效，不存在执行的问题。执行的目的是达到司法文书确定的权利义务的应然状态，稳定各类法律关系。

（二）行政诉讼执行和相关概念的区别联系

在我国现行行政法律制度中，执行概念的应用比较混乱，其中和行政诉讼执行相似的还有几个概念，它们和行政诉讼执行存在一定的联系，但它们之间的区别也是明显的。

1. 行政诉讼执行和行政强制执行。关于行政强制执行，学界存在一定的争议，有的认为行政强制执行是行政强制的下位概念，行政强制还包括即时强制和其他行政强制；[1]有的认为行政强制执行和行政强制是同一个概念，只是界定的角度有所不同，它们都是为了实现某种法律义务并依一定程序实施的强制执行，只是由于我国特殊的行政强制执行体制[2]才和行政诉讼执行发生了某些相似性。

行政强制执行，是从行政法学角度界定的一类行政行为，是指在行政相对人不履行法定义务时，由行政机关或者行政机关申请人民法院依法采取强制手段，迫使其履行义务或达到与履行义务相同状态的行政行为。我国行政强制执行的实施以申请人民法院强制执行为原则，行政机关自力执行为例外，只有法律、法规明确规定可由行政机关强制执行的，行政机关才能自行执行，除此之外的行政行为都要申请法院执行。

行政强制执行的依据，无论执行主体是谁，都是由行政机关作出的已经生效的行政决定。行政机关强制执行的方式一般分为间接强制执行和直接强制执行，其中间接执行方式主要包含两类：即代履行和执行罚。代履行指义务人不履行义务时，由他方代替其履行，并由义务人支付执行费用的强制执行方式。执行罚指义务人不履行义务时，执行机关按日科以新的金钱给付义务，促使义务人履行义务的强制执行方式。其和行政诉讼执行的区别是明显的：

（1）二者的地位、性质不同。行政诉讼执行是从诉讼法角度界定的关于司法判

---

〔1〕　参见傅士成：《行政强制研究》，法律出版社2001年版，第36页。
〔2〕　我国的行政强制执行体制一般概括为，以申请法院强制执行为主，以行政机关自己执行为辅。

决裁定的实施问题，是行政诉讼法的一项制度；而行政强制执行是行政行为的一种，是行政实体法的组成部分。

（2）执行的依据不同。行政诉讼执行的依据是人民法院作出的行政判决书、裁定书以及行政调解书等；而行政强制执行的依据是行政机关作出的行政决定。

（3）执行的机关有所不同。行政诉讼执行的机关是各级人民法院，其内设的执行局（厅）承担强制执行的任务，在特殊情况下，作为行政案件一方当事人的行政机关也可以作为执行机关，执行人民法院生效的法律文书，但是必须满足以下两个条件：①该行政机关必须具有法律所赋予的强制执行权；②人民法院作出的是驳回原告诉讼请求的判决；而行政强制执行的机关可能是人民法院，也可能是具有强制执行权的行政机关，如公安机关作出拘留的行政决定，他自己就有强制执行的权力，无需申请人民法院执行。只有在行政机关没有强制执行权，而相对人又不主动履行的情况下，才需要申请人民法院执行。

（4）被执行人有所不同。行政诉讼执行的对象既包括行政相对人，也就是行政诉讼中的原告，也包括行政机关，也就是行政诉讼中的被告；而行政强制执行的对象仅仅包括行政相对人，当然，在行政机关作为某个行政行为的相对人时，它也可能成为被执行人，但一般意义上的被执行人仅仅包括公民、法人或者其他组织。

2. 行政诉讼执行和非诉行政行为的执行。行政诉讼执行是行政诉讼程序的最后一个阶段，是行政诉讼程序判决结果的实现程序，是审理程序的后续和保障程序。非诉行政行为的执行，是行政机关申请人民法院执行行政行为的简称，是指行政机关作出行政行为后，公民、法人或其他组织在法定期限内既不向人民法院提起行政诉讼，也不履行行政机关作出的行政行为，行政机关向人民法院提出执行申请，由人民法院采取强制措施，使行政机关的行政行为得以实现的制度。

二者的联系主要表现在：

（1）都存在一定意义上的司法审查，行政诉讼执行不用说，是司法审查的后续保障程序；非诉行政执行在程序设立之初，没有强调法院的审查义务，但是从《若干解释》（2000）开始强化法院的审查义务，规定了不予执行的"三明显错误"标准，《行诉解释》（2018）在此基础上增加了"实施主体不具有行政主体资格"，进一步丰富了审查内容和审查标准。

（2）执行法院和行政机关的权限划分标准一致。二者都存在执行权限的划分问题。行政诉讼执行中由行政机关执行的事项恰恰是非诉行政执行所排除的，也就是行政机关能自力执行的，不需申请法院执行的事项，在行政诉讼执行和非诉行政执行中的范围一致。[1]

但是二者亦有明显的区别，表现在：

（1）执行依据有所不同。行政诉讼执行的依据是人民法院作出的行政判决书、

---

〔1〕　马怀德主编：《行政诉讼原理》，法律出版社 2009 年版，第 420 页。

裁定书以及行政调解书等；而非诉行政执行的依据是行政机关作出的行政决定。

（2）执行程序有所不同。行政诉讼执行是按照行政诉讼法和民事诉讼法的相关规定进行的，有申请执行和移送执行两类；而非诉行政案件的执行有自己特殊的程序，分为申请、审查、作出裁定、实施执行等几个步骤，不是单纯的执行问题。

（3）审查强度有所不同。二者虽然都存在一定的司法审查，行政诉讼执行是在审理阶段对行政行为的合法性进行的全面审查，在执行阶段基本不需要审查实质内容；非诉行政执行需要法院行政庭审查行政行为是否符合执行的要求，司法解释确立了"明显错误"不予执行的标准。应该说二者在审查强度方面，前者较重，而后者较轻。

（三）行政诉讼执行的具体规定

1. 执行主体。执行主体指在行政诉讼执行中享有权利、义务的各方主体。包括执行机关、执行当事人、执行参与人和执行异议人。

（1）执行机关。也称执行组织，指拥有行政诉讼执行权，主持执行程序，采取强制执行措施的主体。行政诉讼的执行机关除法院外，还包括行政机关。

（2）执行当事人。指行政诉讼执行中的执行申请人和被申请执行人。一般情况下，行政诉讼执行由法院负责执行，执行当事人就是行政诉讼的当事人。但依照法律、法规规定，享有强制执行权的行政机关作执行机关时，该行政机关作为行政诉讼一方当事人，同时又成了执行机关，行政机关具有双重身份。

（3）执行参与人。指除执行当事人以外的其他参与执行过程的单位或者个人。

（4）执行异议人，也称案外异议人。指没有参与执行程序，但对执行标的主张权利，提出不同意见的个人或者组织。执行异议人提出异议时一般应采用书面形式，说明异议的理由并提供有关证据；执行人员应当及时审查异议理由，并作必要的调查核实。如果异议确有理由和事实根据，报请院长批准后中止执行；如果异议理由不成立的，驳回异议申请，继续执行程序。

2. 执行根据。执行根据，指执行申请人申请执行或者执行机关直接采取执行措施所依据的法律文书。它是执行工作得以开始的必要条件。《行政诉讼法》第95条规定："公民、法人或者其他组织拒绝履行判决、裁定、调解书的，行政机关或者第三人可以向第一审人民法院申请强制执行，或者由行政机关依法强制执行。"《行诉解释》（2018）第152条第1款规定："对发生法律效力的行政判决书、行政裁定书、行政赔偿判决书和行政调解书，负有义务的一方当事人拒绝履行的，对方当事人可以依法申请人民法院强制执行。"因此，人民法院的行政诉讼执行主要依据为：行政判决书、行政裁定书、行政赔偿判决书和行政调解书四种。

3. 执行管辖。执行管辖是指当执行案件发生时，应当由哪个执行主体负责处理的法律制度。它设立的目的是解决执行主体间的分工问题，以达到执行资源的有效配置。

当执行主体是法院的时候，《行诉解释》（2018）第 154 条有具体的规定，"发生法律效力的行政判决书、行政裁定书、行政赔偿判决书和行政调解书，由第一审人民法院执行。第一审人民法院认为情况特殊，需要由第二审人民法院执行的，可以报请第二审人民法院执行；第二审人民法院可以决定由其执行，也可以决定由第一审人民法院执行"。这条规定确立了一审法院执行为原则，二审法院执行为辅助的执行管辖原则。并且针对实践中出现的"执行难"问题，赋予了二审法院提高执行级别方面的决定权限，应该说对解决"执行难"有一定的价值。

由于我国目前没有具体的法律、法规规定行政机关的执行管辖问题，因此，不需对其进行分类讨论。实践中，遵循由有执行权的行政机关（诉讼案件中的被告）来负责执行的原则。

4. 财产保全和先予执行。在行政诉讼执行过程中，为了保障执行的顺利进行，有两项特殊的制度，即财产保全和先予执行。财产保全不仅发生在行政诉讼执行中，也发生在非诉行政执行中；先予执行只发生在诉讼执行中，非诉执行中不存在这类制度。

（1）财产保全。财产保全是指遇有有关财产可能被转移、隐匿、毁灭等情形，而可能造成对利害关系人权益的损害或可能使法院将来的判决难以执行或不能执行时，根据利害关系人或当事人的申请或人民法院的决定，而对有关财产采取的保护性措施，分为诉前保全和诉讼保全。

诉前保全是指在行政诉讼发生前，人民法院根据利害关系人的申请，而对有关的财产采取保护措施的制度。诉讼保全是指在诉讼进行过程中，为了保证人民法院的判决能顺利实施，人民法院根据当事人的申请，或在必要时依职权决定对有关财产采取保护措施的制度。

《行诉解释》（2018）第 76 条第 1 款规定："人民法院对于因一方当事人的行为或者其他原因，可能使行政行为或者人民法院生效裁判不能或者难以执行的案件，根据对方当事人的申请，可以裁定对其财产进行保全、责令其作出一定行为或者禁止其作出一定行为；当事人没有提出申请的，人民法院在必要时也可以裁定采取上述保全措施。"第 159 条规定："行政机关或者行政行为确定的权利人申请人民法院强制执行前，有充分理由认为被执行人可能逃避执行的，可以申请人民法院采取财产保全措施。后者申请强制执行的，应当提供相应的财产担保。"这两个条款确立了行政诉讼财产保全制度和非诉行政保全制度。二者的适用条件基本等同于《民事诉讼法》的具体规定，可参照《民事诉讼法》进行掌握。

（2）先予执行。先予执行是指人民法院在终局判决之前，为解决权利人生活或生产经营的急需，人民法院依法裁定义务人预先履行义务的制度。

《行政诉讼法》第 57 条第 1 款规定："人民法院对起诉行政机关没有依法支付抚恤金、最低生活保障金和工伤、医疗社会保险金的案件，权利义务关系明确、不先予执行将严重影响原告生活的，可以根据原告的申请，裁定先予执行。"该规定实际上确立了我国行政诉讼的先予执行制度。

先予执行大体经过申请、审查、裁定和实施执行等几个阶段，具体的内容可参照《民事诉讼法》的具体规定进行。

先予执行制度有自己的救济途径。《行政诉讼法》第57条第2款规定："当事人对先予执行裁定不服的，可以申请复议一次。复议期间不停止裁定的执行。"也就是说当事人对先予执行裁定没有起诉权，仅能就法院作出的裁定向原法院申请复议一次。对于先予执行错误的，应当通过审判监督程序来予以纠正。

二、行政诉讼执行的原则

行政诉讼执行的原则是在执行过程中，执行机关和相对人都应当共同遵守的基本准则，是指导行政诉讼执行的基本精神和理念。关于行政诉讼执行的基本原则，我国法律没有具体的规定，但是可以结合《行政诉讼法》和《民事诉讼法》的规定推导出来。在执行中，遵循的原则包括：

（一）依法执行原则

这个原则是从依法行政的行政法基本原则衍生出来的，是依法行政理念在诉讼执行中的具体体现。虽然执行不能完全理解为强制执行，但它是以强制执行措施为后盾的，具有较强的强制性，会对被执行人的权利、义务产生直接的、重大的不利影响。因此，执行活动必须严格依法进行，不能侵害公民、法人或其他组织的合法权益。

依法执行原则的要求体现在：

1. 执行机关必须是依法享有执行权的人民法院和行政机关，没有法律赋予的执行权，任何组织或个人都不能实施执行活动。

2. 执行机关必须在法律规定的期限内，依据法定的程序，采取法定措施实施执行。执行机关在执行程序上或采取的措施上，如违反相应法律规定，则为违法行为，应当承担法律责任。

3. 人民法院在采取措施时，不得超出被执行人应当履行义务的范围。法律文书所规定的义务人的义务是确定的，法院在采取执行措施时应以法律文书所确定的范围为限，不得随意执行。

4. 在执行中，由于执行组织违法采取执行措施、超出执行范围或违反法定执行程序执行等，给公民、法人或其他组织合法权益造成损害的，应当依法纠正，并依据《国家赔偿法》中有关司法行政赔偿[1]的具体规定进行国家赔偿。

（二）执行适当原则

执行适当原则，也有学者称之为从轻从优原则，是行政法上比例原则在执行

---

〔1〕《国家赔偿法》第38条规定：人民法院在民事诉讼、行政诉讼过程中，违法采取对妨害诉讼的强制措施、保全措施或者对判决、裁定及其他生效法律文书执行错误，造成损害的，赔偿请求人要求赔偿的程序，适用本法刑事赔偿程序的规定。

领域的具体体现，是指以最轻微的方法达到强制执行的目的。这是许多国家在强制执行上所普遍适用的原则，德国行政法上称为"不能用大炮打小鸟"。也就是要求执行措施的适用和要达到的执行目的间存在适当性、必要性和符合最低成本原则。

执行适当原则的目的在于对当事人权益的特殊保护，特别是对行政诉讼中作为一方当事人的公民、法人或其他组织等相对人的保护。根据这一原则：①无论执行机关是人民法院还是行政机关，在执行时对强制执行措施的选择，应首先选择最轻微的强制手段，只有在这种手段不能实现执行目的时，才能选择较严厉的强制措施。②执行适当原则还要求在执行中必须保障公民、法人或其他组织的基本生存权益，要根据被执行人的实际情况，为其保留必要的生产资料以及本人及其所供养家属的生活必需品，以保证被执行人维持基本的生产和生活，而不能完全剥夺被执行人的财产，应使其在基本生活能够维持的条件下全面履行义务。对此我国《民事诉讼法》有明确的规定，"被执行人未按执行通知履行法律文书确定的义务，人民法院有权扣留、提取被执行人应当履行义务部分的收入。但应当保留被执行人及其所扶养家属的生活必需费用"；"被执行人未按执行通知履行法律文书确定的义务，人民法院有权查封、扣押、冻结、拍卖、变卖被执行人应当履行义务部分的财产。但应当保留被执行人及其所扶养家属的生活必需品"。

（三）告诫执行原则

告诫执行原则是指当义务人逾期不履行义务时，执行组织将执行决定及其内容告诉义务人，督促其履行义务的一项准则。由于强制执行对相对人容易造成较大的损害，因此，应该慎重进行，在采取具体强制措施前，要多次告诫被执行人，督促其自动履行，只有在实在劝说无效的情况下，才能采取具体的强制执行措施，执行组织在这里要确立极度容忍的义务。

之所以把告诫执行作为一项执行的基本原则，是由行政诉讼执行所要达到的目的决定的。任何法律上的执行都是以义务实现为目的，只有义务得以履行，执行任务才能完成。如果执行组织通过告诫，使义务人知悉强制执行的可能性与危险性，进而自动地实现义务，就无须实行强制执行。通过这种较缓和、柔性的方式使执行目的得到实现，可以减少对义务人不必要的损失，同时也减少执行成本，符合执行的成本效益原则，对国家或个人都是有益的。因此，在执行程序中，告诫应为必经程序，非经告诫程序，甚至多次告诫，不得贸然实施强制执行措施。

这一原则在法律规定的执行程序中也有具体体现。首先法律规定了当事人自动履行生效法律文书的期限，到期不履行时，进入强制执行阶段，而即使在强制执行时，也要给被执行人提供自动履行义务的机会，告诫其在一定期限内自动履行。我国《民事诉讼法》第240条规定："执行员接到申请执行书或者移交执行书，应当向被执行人发出执行通知，并可以立即采取强制执行措施。"

第二节　行政诉讼执行的措施与程序

一、行政诉讼执行的措施

行政诉讼执行的措施是执行组织执行时需要采取的手段和方式。执行措施牵扯到被执行人的人身、财产等重大利益，因此需要法律的明确规定，而不能任意实施。并且，对行政机关的执行牵扯到司法权和行政权的关系，更应该慎重处理。因此，本章区分为对行政机关的执行措施和对相对人的执行措施两类，分别予以说明。

（一）对行政机关的执行措施

1. 强制划拨。对应当归还的罚款或者应当给付的款额，通知银行从该行政机关的账户上划拨。人民法院采取这项执行措施，需要银行等金融机构的配合和支持，一般是向行政机关的开户行发出协助执行通知书，由银行将法院确定的款项转入权利人的账户中。

2. 罚款。2014 年《行政诉讼法》取消了过去对行政机关规定期限内不履行生效判决、裁定的罚款，取而代之以行政机关在规定期限内不履行的，从期限期满之日起，由该行政机关负责人承担按日 50 元～100 元罚款的做法。需强调的是，这里的"罚款"并非行政处罚，而是执行罚。这和行政强制执行中的执行罚有相似之处，但二者属于性质不同的措施。这一措施有利于给行政机关及负责人提出经济方面的压力，促使其自动履行。

3. 公告。为 2014 年《行政诉讼法》新增的执行措施，将行政机关拒绝履行的情况通过网络、报刊、电视、电台等新闻媒体予以公告，使其不履行义务的情况在一定范围内让社会公众知晓，促使其自动自觉履行义务。行政机关自觉履行人民法院的生效判决、裁定、调解书是依法行政的题中之义。将行政机关拒绝履行的情况予以公开将会使其名誉受到一定减损，形成一定的舆论压力，实现促使其自觉履行的目的。

4. 提出司法建议。行政机关拒不履行相应义务时，人民法院可以向该行政机关的上一级行政机关或者监察机关提出司法建议。接受司法建议的机关，根据有关规定进行处理，并将处理情况告知人民法院。通过这种行政监督的方式督促行政机关履行相应义务。

5. 拘留。2014 年《行政诉讼法》新增了对拒不履行判决、裁定、调解书，社会影响恶劣的，可以对该行政机关直接负责的主管人员和其他直接责任人员予以拘留的规定。此处的拘留应该理解为司法拘留，从性质上而言是属于妨害行政诉讼的强制措施，对藐视发生效力的判决、裁定、调解书的行政机关的主管人员和其他直接责任人以震慑，促使其自觉履行义务。

6. 追究刑事责任。拒不履行判决、裁定、调解书，情节严重构成犯罪的，依法追究主管人员和直接责任人员的刑事责任。严格来说，这不是一项执行措施，但是规定在法律中，有利于发挥刑事处罚的威慑作用，给被执行人造成心理压力，促使行政机关履行相关义务。

可以看出，除了划拨和罚款，其他执行措施都是间接对行政机关发生作用，因此，其效力有一定的局限性，这也是行政诉讼"执行难"的原因之一。

（二）对公民、法人或者其他组织等相对人的执行措施

对于相对人的执行，《行政诉讼法》没有规定特殊的具体措施，一般参照《民事诉讼法》第21章规定的具体措施予以执行。主要包括以下几种措施：

1. 报告财产情况。被执行人未按执行通知履行法律文书确定的义务，应当报告当前以及收到执行通知之日前1年的财产情况。被执行人拒绝报告或者虚假报告的，人民法院可以根据情节轻重对被执行人或者其法定代理人、有关单位的主要负责人或者直接责任人员予以罚款、拘留。

2. 查询、冻结、划拨、变价被执行人的存款、债券、股票、基金份额等财产。被执行人未按执行通知履行法律文书确定的义务，人民法院有权向有关单位查询被执行人的存款、债券、股票、基金份额等财产情况，有权冻结、划拨、变价被执行人的存款，但查询、冻结、划拨存款不得超出被执行人应当履行义务的范围。人民法院决定冻结、划拨、变价被执行人的财产，应当作出裁定，并发出协助执行通知书，有关单位必须办理。人民法院查询、扣押、冻结、划拨、变价的财产不得超出被执行人应当履行义务的范围。

3. 扣留、提取被执行人的收入。被执行人未按执行通知履行法律文书确定的义务，人民法院有权扣留、提取被执行人应当履行义务部分的收入。人民法院扣留、提取收入时，应当作出裁定，并发出协助执行通知书，被执行人所在单位、银行、信用合作社和其他有储蓄业务的单位必须办理。人民法院的扣留应当给被执行人保留其所扶养家属的生活必需费用。

4. 查封、扣押、冻结、拍卖、变卖被执行人的财产。被执行人未按执行通知履行法律文书确定的义务，人民法院有权查封、扣押、冻结、拍卖、变卖被执行人应当履行义务部分的财产。采取这些措施，人民法院应当作出裁定。

人民法院查封、扣押财产时，被执行人是公民的，应当通知被执行人或者他的成年家属到场；被执行人是法人或者其他组织的，应当通知其法定代表人或者主要负责人到场。拒不到场的，不影响执行。被执行人是公民的，其工作单位或者财产所在地的基层组织应当派人参加。对被查封、扣押的财产，执行员必须造具清单，由在场人签名或者盖章后，交被执行人一份。被执行人是公民的，也可以交他的成年家属一份。被查封的财产，执行员可以指定被执行人负责保管。

财产被查封、扣押后，执行员应当责令被执行人在指定期间履行法律文书确定的义务。被执行人逾期不履行的，人民法院可以按照规定交有关单位拍卖或者变卖被查封、扣押的财产。但应当保留被执行人及其所扶养家属的生活必需品。

5. 现场搜查措施。被执行人不履行法律文书确定的义务，并隐匿财产的，人民

法院有权发出搜查令，对被执行人及其住所或者财产隐匿地进行搜查。采取搜查措施，必须由院长签发搜查令。

6. 强制被执行人迁出房屋或者退出土地。被执行的对象是相关行为者，人民法院可以采取这类措施强制被执行人迁出房屋或者强制退出土地，但是必须由院长签发公告，责令被执行人在指定期间履行。被执行人逾期不履行的，才由执行员强制执行。

强制执行时，被执行人是公民的，应当通知被执行人或其成年家属到场；被执行人是法人或者其他组织的，应当通知其法定代表人或者主要负责人到场。拒不到场的，不影响执行。被执行人是公民的，其工作单位或者房屋、土地所在地的基层组织应当派人参加。执行员应当将强制执行情况记入笔录，由在场人签名或者盖章。

强制迁出房屋被搬出的财物，由人民法院派人运至指定处所，交给被执行人。被执行人是公民的，也可以交给他的成年家属。因拒绝接收而造成的损失，由被执行人承担。

除上述措施外，还包括强制被执行人交付法律文书确定的财物或者票证等措施。对行政判决、裁定及相关法律文书指定的行为，被执行人未按执行通知履行的，人民法院可以委托有关单位或其他人完成，委托执行所需的费用由被执行人承担。总之，可以适用相关《民事诉讼法》的强制措施来保障行政判决、裁定的有效执行。

二、行政诉讼执行的程序

行政诉讼执行程序是由一系列独立的环节所组成的，主要包括：执行的提起、审查、实施、阻却、救济等。这些环节与民事诉讼执行的程序基本相同。申请执行的期限均为 2 年。申请执行的期限从法律文书规定的履行期间最后一日起计算；法律文书中没有规定履行期限的，从该法律文书送达当事人之日起计算。逾期申请的，除有正当理由外，人民法院不予受理。下面分述不同的执行阶段：

（一）执行的提起

执行程序的提起有两种途径，一为当事人申请执行，一为法院移送执行。

1. 当事人申请执行。申请执行是指享有权利的一方当事人根据生效的法律文书，在对方拒不履行义务的情况下，向有管辖权的人民法院申请强制执行。《行政诉讼法》第 95 条规定："公民、法人或者其他组织拒绝履行判决、裁定、调解书的，行政机关或第三人可以向第一审人民法院申请强制执行，或者由行政机关依法强制执行。"

2. 移送执行。移送执行是指人民法院的裁判发生法律效力后，由审理该案的审判人员将案件直接交付执行机构执行的一种程序发动方式。

《行政诉讼法》以及相关法律并没有规定哪些案件需要移送执行，一般认为，涉及国家、集体或者公民重大利益的案件或者权利人无力维护自己权益的情况下需移送执行。

（二）执行的审查

根据《最高人民法院关于人民法院执行工作若干问题的规定（试行）》第18条的规定，人民法院受理执行案件应当符合下列条件：

1. 申请或移送执行的法律文书已经生效；

2. 申请执行人是生效法律文书确定的权利人或其继承人、权利承受人；

3. 申请执行人在法定期限内提出申请；

4. 申请执行的法律文书有给付内容，且执行标的和被执行人明确；

5. 义务人在生效法律文书确定的期限内未履行义务；

6. 属于受申请执行的人民法院管辖。

行政诉讼案件的执行也要符合这些条件，人民法院对符合上述条件的申请，应当在7日内予以立案；不符合上述条件之一的，应当在7日内裁定不予受理。

（三）执行的实施

1. 实施前的准备。《最高人民法院关于人民法院执行工作若干问题的规定（试行）》第24条规定："人民法院决定受理执行案件后，应当在3日内向被执行人发出执行通知书，责令其在指定的期间内履行生效法律文书确定的义务，并承担民事诉讼法第229条规定的迟延履行期间的债务利息或迟延履行金。"第25条规定："执行通知书的送达，适用民事诉讼法关于送达的规定。"

2. 实施强制措施进行执行。经过这些准备措施，法院确定的履行期限届满，被执行人仍不履行的，人民法院采取上述强制执行措施实施强制执行。

（四）执行完毕

是指经过法院采取强制执行措施，使得法律文书确立的权利义务得以实现，从而结束执行的一个环节。执行机构结算执行费用、整理执行文书，并进行归档，从而使得整个行政诉讼归于结束。《最高人民法院关于人民法院执行工作若干问题的规定（试行）》第107条规定："人民法院执行生效法律文书，一般应当在立案之日起6个月内执行结案，但中止执行的期间应当扣除。确有特殊情况需要延长的，由本院院长批准。"

（五）执行阻却

执行阻却是指执行过程中由于出现某些事件，执行程序就要暂时中止或者永久终结的一项制度。

1. 执行中止。执行中止是指在执行过程中，由于某种特殊情况的发生而暂时停止执行程序，待该情况消除后继续按照执行程序进行下去的一项制度。

执行过程中，遇到以下情况，人民法院应当中止执行：

（1）申请人表示可以延期执行的；

（2）案外人对执行标的提出确有理由的执行异议的；

（3）作为一方当事人的公民死亡，需要等待继承人继承权利或承担义务的；

（4）作为一方当事人的法人或其他组织终止，尚未确定权利义务承受人的；

（5）人民法院认为应当中止执行的其他情形。如，司法实践中被执行人下落不明。

2. 执行终结。执行终结是指在执行过程中，由于发生法律规定的特殊情况，使得执行程序不可能或没有必要继续进行，从而结束执行程序的制度。执行终结后不需再恢复执行，这点和执行中止不同。

在执行过程中，引起执行终结的法定事由包括：

（1）申请人撤销执行申请的；

（2）据以执行的法律文书被撤销的；

（3）作为被申请执行人的公民死亡，无遗产可供执行，又无义务承担人的；

（4）追索抚恤金、社会保险金、最低生活保障费等案件的权利人死亡的；

（5）人民法院认为应当终结执行的其他情形。

执行终结须由人民法院作出书面裁定，送达当事人后即生效。

3. 执行和解。执行和解是指在执行过程中，申请执行人和被执行人自愿协商，互相谅解，达成协议，并经人民法院审查批准后，结束执行程序的行为。由于执行和解是当事人行使处分权的行为，而行政诉讼判决不适用调解，那么执行过程中，能否适用和解呢？《行政诉讼法》第60条第1款规定："人民法院审理行政案件，不适用调解。但是，行政赔偿、补偿以及行政机关行使法律、法规规定的自由裁量权的案件可以调解。"因此在执行过程中，行政赔偿、补偿及行政机关行使法律、法规规定的自由裁量权类的案件可以适用和解，而其余的判决、裁定一般不能和解。

执行和解是双方当事人的自愿行为，对双方都产生拘束力，产生终结行政诉讼执行的效果。执行和解必须满足如下条件：

（1）必须在执行过程中，尚未执行完毕；

（2）双方当事人自行和解达成协议，无需人民法院主持，属于双方的自愿行为；

（3）和解协议不得违反法律禁止性规定。

（六）执行救济

1. 执行回转。民事诉讼执行程序设立了执行的救济机制，称为执行回转，是指执行完毕后，由于法定原因使已经被执行的财产的一部分或全部返还给被执行人，恢复至执行程序开始前的状况。

执行回转作为一种纠正执行本身错误的制度，其发生的条件一般是，执行完毕后，据以执行的判决、裁定和其他法律文书确有错误，被人民法院撤销。执行回转应由人民法院作出执行回转的裁定，责令取得财产的人返还财产。

2. 再执行。在执行程序结束后，对未执行的内容再次执行，再次执行的发生是因为原执行的内容尚未完成，但在程序上被终结后，由于新的事物出现，需对原来已经终结的执行再次予以执行。它是为了保障法律权利义务最终实现而设计的一项制度，主要发生在执行结束后发现新情况、新事项等使得执行成为必要的条件下。

《行政诉讼法》对此没有具体的规定，可以参照《民事诉讼法》的规定执行。

第三节　非诉行政案件的执行

一、非诉行政案件执行概述

非诉行政案件的执行，也称为非诉行政行为的执行，简称非诉执行、非诉讼执行，是与行政诉讼执行相对应的一个概念。也是三大诉讼执行中的特色制度，民事诉讼、刑事诉讼都不存在这类制度。《行政诉讼法》第 97 条规定："公民、法人或者其他组织对行政行为在法定期限内不提起诉讼又不履行的，行政机关可以申请人民法院强制执行，或者依法强制执行。"《行诉解释》（2018）第 160 条规定："人民法院受理行政机关申请执行其行政行为的案件后，应当在 7 日内由行政审判庭对行政行为的合法性进行审查，并作出是否准予执行的裁定。人民法院在作出裁定前发现行政行为明显违法并损害被执行人合法权益的，应当听取被执行人和行政机关的意见，并自受理之日起 30 日内作出是否准予执行的裁定。需要采取强制执行措施的，由本院负责强制执行非诉行政行为的机构执行。"这些具体规定是我国非诉行政执行制度的法定依据。最高院的司法解释把"非诉行政行为的执行"这一称谓法定化了。

非诉行政行为的执行的具体含义是指，行政机关作出行政行为后，公民、法人或者其他组织既不向人民法院提起行政诉讼，又不履行行政机关作出的行政行为，行政机关申请人民法院强制执行生效行政行为的制度。[1] 非诉行政案件的执行有下列特点：

1. 非诉行政案件执行的根据是行政机关作出的行政行为，该行政行为没有进入行政诉讼，没有经过法院的裁判。

2. 非诉行政案件的执行申请人是行政机关，被执行人只能为公民、法人或者其他组织。在特定情况下，非诉行政案件的执行申请人也可以是生效行政行为确定的权利人或者其继承人，即《行诉解释》（2018）第 158 条第 1 款所规定的对行政裁决的执行。[2]

3. 非诉行政案件的执行前提是公民、法人或者其他组织在法定期限内，既不提起行政诉讼，也不履行具体行政行为所确定的义务。

4. 非诉行政案件的执行目的是保障没有行政强制执行权的行政机关所作出的行政行为内容得以实现。

---

[1] 参见黄学贤："非诉行政执行制度若干问题探讨"，载《行政法学研究》2014 年第 04 期。

[2] 该条款规定："行政机关根据法律的授权对平等主体之间民事争议作出裁决后，当事人在法定期限内不起诉又不履行，作出裁决的行政机关在申请执行的期限内未申请人民法院强制执行的，生效行政裁决确定的权利人或者其继承人、权利承受人在 6 个月内可以申请人民法院强制执行。"

非诉行政案件的执行是为行政机关无法执行有关行政行为而设计的，对保持行政机关行政决定的权威性以及保护相对人的合法权益都具有重要意义。它的设立标志着我国现有的行政行为执行体制是以申请法院强制执行为主，以行政机关自己执行为辅。

二、申请法院强制执行的行政行为的范围

非诉行政案件执行的适用范围是指，在何种情况下行政机关可以申请人民法院强制执行行政行为，在何种情况下行政机关不能申请人民法院强制执行行政行为的问题。它事实上涉及人民法院与行政机关对行政行为强制执行的分工和二者行政强制执行权的划分。根据《行政诉讼法》第 97 条的原则规定、《行政强制法》第 53 条和《行诉解释》（2018）第 155 条的具体规定，没有行政强制执行权的行政机关方可申请法院强制执行，[1] "对于行政机关自身有强制执行权的情形，即不属于'依法可以由人民法院执行'"[2]。

三、申请法院强制执行行政行为的程序

申请法院强制执行行政程序一般经过申请与受理、审查、告知履行、强制执行等几个环节。

（一）申请与受理

一般而言，非诉行政案件执行的申请人为行政机关。不过，在特定情况下，非诉行政案件执行的申请人，也可以是行政裁决行为确定的权利人或者其继承人。

根据《行政强制法》第 53 条和《行诉解释》（2018）第 156 条，没有强制执行权的行政机关申请人民法院强制执行其行政行为，应当自被执行人的法定起诉期限届满之日起三个月内提出。逾期申请的，除有正当理由外，人民法院不予受理。行政机关申请法院强制执行其行政行为时，应当提交《行政强制法》第 55 条规定的相关材料。

行政机关提出申请后，法院应当对行政机关的申请进行初步审查，以确定行政机关的申请是否符合非诉行政案件的执行条件。对于符合非诉行政案件执行条件的申请，法院应当在 5 日内立案受理，并通知申请人；对不符合条件的申请，应当裁定不予受理。行政机关对不予受理裁定有异议，在 15 日内向上一级人民法院申请复议的，上一级人民法院应当在收到复议申请之日起 15 日内作出裁定。

行政机关或行政裁决行为确定的权利人申请法院强制执行前，有充分理由认为执行人可能逃避执行的，可以申请法院采取财产保全措施。后者申请强制执行的，

---

〔1〕 早在 2013 年 3 月 25 日最高人民法院审判委员会第 1572 次会议通过的《最高人民法院关于违法的建筑物、构筑物、设施等强制拆除问题的批复》（法释〔2013〕5 号）中，最高人民法院强调："根据行政强制法和城乡规划法有关规定精神，对涉及违反城乡规划法的违法建筑、构筑物、设施等的强制拆除，法律已经授予行政机关强制执行权，人民法院不受理行政机关提出的非诉行政执行申请。"

〔2〕 最高人民法院行政审判庭编：《最高人民法院行政诉讼法司法解释理解与适用》（下），人民法院出版社 2018 年版，第 729 页。

应当提供相应的财产担保。

（二）审查

关于人民法院对行政机关申请执行的行政行为是否要进行审查的问题，理论上存在一定的争议。我国的相关司法解释也进行了较大的变更。已经废止的《若干解释》（2000）以及现行有效的《行诉解释》（2018）都确立了对行政行为进行合法性审查的原则。

1. 人民法院对被执行的行政行为是否合法进行审查的必要性。

（1）公民、法人或者其他组织在法定期间对被执行的行政行为不起诉，并不意味着该行政行为合法有效。

（2）从法院角度来看，人民法院作为法律实施的最终保障机关，它担负着保证法律正确实施和监督行政机关依法行使行政职权的职能，如果人民法院允许强制执行存在明显违法的行政行为，显然与人民法院的职能相背离。

（3）从行政强制执行主体设置角度看，由行政机关申请人民法院执行，借助人民法院的审查，多一道纠正错误的手续和环节，通过人民法院对行政机关的监督起到保护公民、法人或者其他组织合法权益的目的。

《行诉解释》（2018）第160条第1款规定：“人民法院受理行政机关申请执行其行政行为的案件后，应当在7日内由行政审判庭对行政行为的合法性进行审查，并作出是否准予执行的裁定。”对被执行的行政行为的合法性审查，由法院内设的行政审判庭负责进行，审查实行合议制。

2. 合议庭对行政行为审查的主要内容。

（1）作出该行政行为的主体是否适格，是否有作出该行政行为的法定职权；

（2）行政行为是否有事实根据：证据是否充分可靠；

（3）行政行为适用法律、法规是否正确；

（4）行政机关是否滥用了职权；

（5）行政行为的作出是否符合法定程序，等等。

人民法院对行政行为的审查一般采取书面审查，必要时人民法院可以进行一定的调查，根据《行诉解释》（2018）第160条第2款，法院在作出裁定前发现行政行为明显违法并损害被执行人合法权益的，应当听取被执行人和行政机关的意见。[1]

对于重大疑难复杂的行政案件，《行诉解释》（2018）第160条第2款将办案期限设置为30日。经合议庭审查认定行政行为合法正确，人民法院应作出准予强制执行的裁定，并送达申请人民法院强制执行的行政机关。

3. 在审查中，人民法院可以作出裁定不准予执行的情形。根据《行诉解释》（2018）第161条的规定，被申请执行的行政行为有下列情形之一的，人民法院应当

---

[1] 持该规定“不可取”的观点参见姜明安主编：《行政法与行政诉讼法》，北京大学出版社、高等教育出版社2019年版，第297页。

裁定不准予执行："①实施主体不具有行政主体资格的；②明显缺乏事实根据的；③明显缺乏法律、法规依据的；④其他明显违法并损害被执行人合法权益的情形。"

因而，从总体来看，人民法院对行政行为不予执行的原因，必须是被申请执行的行政行为存在较为明显的错误，即在行政行为有原则性错误时，人民法院才能对该行政行为不予执行。在审查中，如果没有发现原则性错误，但存在有一些欠缺和不足，如某些事项有遗漏或者有差错，某些内容含糊不清等，人民法院虽不裁定不予执行，但应当通知并建议行政机关加以解释、纠正或者作出说明。

人民法院审查完毕后，无论是准予执行还是不予执行都应以裁定形式作出，对此裁定当事人不能提出上诉。

（三）强制执行裁定的实施

人民法院作出准予强制执行裁定后，行政机关申请强制执行的案件进入到实施阶段。首先要解决的问题是，由谁负责组织裁定的具体实施。《若干解释》（2000）第 93 条曾经规定，人民法院审查行政行为合法性后就是否准予强制执行作出裁定，"需要采取强制执行措施的，由本院负责强制执行非诉行政行为的机构执行"。《行诉解释》（2018）第 160 条第 3 款亦规定"需要采取强制执行措施的，由本院负责强制执行非诉行政行为的机构执行"。最高人民法院行政审判庭认为，虽然前后文字表述完全相同，"但随着执行体制改革的推进，也应当被赋予新的内涵"。[1] 所谓"需要"，除了对应于不需要采取强制执行手段之外，还蕴含着"裁执分离"情形之下，存在不需要由法院实施强制执行的情形。

2012 年以司法解释形式出台的《最高人民法院关于办理申请人民法院强制执行国有土地上房屋征收补偿决定案件若干问题的规定》在第 9 条规定，法院审查作出准予裁定后，"一般由作出征收补偿决定的市、县级人民政府组织实施，也可以由人民法院执行"，这在制度层面上确立了法院审查、政府组织实施的"裁执分离"模式。"裁执分离"模式以《国有土地上房屋征收与补偿条例》第 28 条第 1 款的"被征收人在法定期限内不申请行政复议或者不提起行政诉讼，在补偿决定规定的期限内又不搬迁的，由作出房屋征收决定的市、县级人民政府依法申请人民法院强制执行"规定引发的问题为背景，即司法强拆的艰难性、复杂性和司法资源的有限性，据称该模式取得了良好效果。[2] 但非诉行政行为强制执行方式的问题关涉到行政权与司法权的配置问题。[3] 最高人民法院在"裁执分离"模式上的推行不仅可能缺乏

---

〔1〕　最高人民法院行政审判庭编：《最高人民法院行政诉讼法司法解释理解与适用》（下），人民法院出版社 2018 年版，第 757 页。

〔2〕　参见最高人民法院行政审判庭编：《最高人民法院行政诉讼法司法解释理解与适用》（下），人民法院出版社 2018 年版，第 759 页。

〔3〕　参见杨建顺："司法裁判、裁执分离与征收补偿——《国有土地上房屋征收与补偿条例》的权力博弈论"，载《法律适用》2011 年第 6 期。

第九章

《行政强制法》依据，也与《立法法》相抵触。[1] 实践中，"裁执分离"所涉及的行政管理领域以人民政府的征收补偿决定、国土部门"责令交出土地"的行政处罚为主，还有海洋和渔业部门的"责令退还非法占用海域"、林业部门的"将非法改变用途的林地恢复原状"、环境保护部门的"责令停止生产"和水务部门的"拆除围堤部分"。[2] 如果需要人民法院采取强制执行手段，具体的执行程序可以参照《民事诉讼法》及《最高人民法院关于适用〈中华人民共和国民事诉讼法〉执行程序若干问题的解释》的有关规定执行。

如果适用"裁执分离"原则，由行政机关组织实施，实务中有争议的是该强制执行行为是否属于行政诉讼受案范围。最高人民法院审判委员会的意见是：[3] 即使法院裁定准予执行，行政机关所实施的执行行为本身仍然是行政行为，并非司法行为。[4] 由于当事人在法定期限内没有行使诉权，在行政机关强制执行后针对征收补偿决定提起行政诉讼的，法院不应予以受理；以征收补偿决定违法为由笼统起诉执行行为违法的，法院也不应予以受理；如果以执行行为存在违法法定程序、超过法院裁定确定的范围，造成不应有损失为由起诉的，则属于行政诉讼受理范围，法院应予受理。

（四）执行结束

执行任务完成后，人民法院应将案卷材料整理归档，并结清各种手续、清单及费用，书面通知申请强制执行的行政机关，宣告执行程序结束。根据《最高人民法院关于人民法院办理执行案件若干期限的规定》第 1 条，非诉执行案件一般应当在立案之日起 3 个月内执结。

对于行政裁决相对方所申请的强制执行，《行诉解释》（2018）第 158 条第 2 款规定："享有权利的公民、法人或者其他组织申请人民法院强制执行生效行政裁决，参照行政机关申请人民法院强制执行行政行为的规定。"除了申请主体不同，强制执行行政裁决的申请条件、执行程序与行政行为强制执行基本相同。

【案例】

陕西省榆林市横山县北窑湾煤矿于 1996 年 12 月开办，属集体性质。2000 年煤矿换证期间，山东淄博人李某，通过私刻公章，涂改采矿变更申请书等手段，获取了陕西省国土厅新的《采矿许可证》，将"横山县波罗镇北窑湾煤矿"变更为"横

---

〔1〕 参见沈福俊："非诉行政执行裁执分离模式的法律规制"，载《法学》2015 年第 5 期。

〔2〕 参见泰绪栋："非诉行政执行若干问题实务问题研究——以法院审查和执行为视角"，载《行政执法与行政审判》第 73 集，中国法制出版社 2019 年版，第 156 页。

〔3〕 最高人民法院行政审判庭编：《最高人民法院行政诉讼法司法解释理解与适用》（下），人民法院出版社 2018 年版，第 760 – 761 页。

〔4〕 有研究者则对这种观点持怀疑态度，参见沈福俊："非诉行政执行裁执分离模式的法律规制"，载《法学》2015 年第 5 期。

山县波罗镇山东煤矿"，负责人由樊某某变为李某。对此，樊河村村民联名要求有关部门给予更正，横山县矿产局发现问题后立即予以更正，并通过榆林市矿产局上报省国土厅。省国土厅口头答应尽快更正，却一拖再拖。

后樊某某向法院提起行政诉讼。2005年3月5日，经过一审、二审法院审理后，村委会向榆林市中级人民法院提起再审，要求对省国土厅未经村委会同意将集体矿权变更为李某个人矿权一事进行审理。后榆林市中院作出（2005）榆中行再终字第36号《行政审判书》判决，认为省国土厅给横山县波罗镇山东煤矿批准变更《采矿许可证》的行政行为侵犯了原企业采矿权人的合法权益，属违反法定程序行为；李某擅自涂改采矿变更申请登记书，骗取省国土厅颁发《采矿许可证》，显系违法行为，所取得的6100000320008号采矿证应依法予以撤销，由省国土厅作出具体行政行为。陕西省国土厅不服，向陕西省高级人民法院提出申诉，省高院以（2007）陕行监字第1号裁定书驳回其申诉，明确指出省国土厅向山东煤矿颁发采矿许可证的行为缺乏合法性基础，榆林市中院再审判决对此予以撤销，并判令省国土厅重新作出具体行政行为并无不当，省国土厅的申诉理由不能成立。

北窑湾煤矿的权属之争经过法院一审、二审及审判监督程序的阶段审理，最终判决被告败诉。省国土厅理应履行法院裁决，纠正违法行政造成的影响，恢复原告的合法权益。然而原告樊某某多次到省国土厅反映情况，要求执行，但省国土厅拒不纠正，生效的行政判决形同废纸。

2010年3月1日，陕西省国土厅在西安市举行"山东煤矿采矿权属纠纷协调"闭门会议，会后向当事人宣布了调解结果，经有关部门相关人员及法律专家对该矿纠纷案进行解读，一致认定：①对榆林市中院和省高院的法律文书应理解为采矿权与樊某某及樊河村村民和集体无任何关系；②由山东煤矿出资800万元给樊某某作为招商引资奖励；③如不服可向最高人民法院寻求法律救济。无视法院的生效判决，公然否定法院生效判决。[1]

问题：

1. 本案反映的是行政诉讼中的何种问题？

2. 形成这种问题原因何在？如何克服？

---

[1] 案件报道参见"陕西国土厅否了法院判决 导致矿权纠纷矛盾激化"，载中国网，http://www.china.com.cn/news/txt/2010-07/20/content_20538578.htm，最后访问日期：2020年4月28日。

第十章
行政赔偿诉讼

[内容提要]

有违法即有诉讼，有损害即有赔偿。因此，违法的行政行为造成损害即可能引起行政赔偿诉讼。本章主要阐述了行政赔偿的概念与行政赔偿责任的构成要件、行政赔偿的范围、行政赔偿主体、行政赔偿程序以及行政赔偿方式和计算标准等。不同于民事赔偿，行政赔偿有其特殊规则。这些特殊规则是本章的重点所在。

第一节　行政赔偿概述

一、行政赔偿的概念

行政赔偿是指行政主体及其工作人员违法行使职权侵犯公民、法人或其他组织的合法权益并造成损害，由国家依法通过赔偿义务机关承担赔偿责任的法律制度。行政赔偿是国家赔偿的一种，与立法赔偿、司法赔偿（包括冤狱赔偿、检察赔偿、审判赔偿）、军事赔偿并列。相比较而言，行政赔偿是因行政主体及其工作人员的行政行为而引起。

国家赔偿责任的确立经历了一个从否定到肯定的过程。在资本主义制度建立初期，由于受"国王不能为非""国家豁免"等理论的影响，国家对于行政机关行使权力侵害人民合法权益的行为不承担赔偿责任。1873 年法国布朗哥案件首先确立了国家赔偿。第一次世界大战后，其他国家也开始承认国家赔偿责任的原则。第二次世界大战后，国家赔偿责任已成为各国普遍遵循的共同原则。在我国，虽然 1954 年《宪法》当中规定了国家赔偿的原则，但直到 20 世纪 80 年代后期才开始建立具体的国家赔偿制度。1989 年通过的《行政诉讼法》使行政赔偿制度得以建立，1994 年的《国家赔偿法》使国家赔偿制度得以完善，2010 年与 2012 年《国家赔偿法》两次修正，使国家赔偿制度进一步完善。目前，我国《国家赔偿法》规定的国家赔偿范围仅包括行政赔偿与司法赔偿。

行政赔偿具有以下特征：

第十章

1. 行政赔偿是一种国家赔偿。行政赔偿虽然是因行政机关及其工作人员的行为所引起，但赔偿责任主体却不是行政机关及其工作人员，而是国家。国家承担赔偿责任的表现是赔偿费用由国库支出。因为所有行政机关及其工作人员都是代表国家在履行职责，其责任最终归属国家，而不是由行政机关及其工作人员承担责任。当然，如果公民、法人或其他组织的损害是由行政机关工作人员的故意或重大过失所致，赔偿义务机关赔偿损失后，应当责令有故意或者重大过失的工作人员承担部分或者全部赔偿费用。

2. 行政赔偿是对国家行政管理活动中发生的侵权行为所造成的损害给予赔偿。也就是说，行政赔偿是行政机关及其工作人员在履行国家行政职能、完成行政任务、实施行政管理活动的过程中，侵犯了公民、法人或其他组织的合法权益而引起的赔偿。因此，行政机关非行使职权的行为所引发的是民事赔偿。只有行使职权的行为才可能引起国家赔偿。

3. 行政赔偿是对于行政机关及其工作人员违法行使行政职权而造成的损害所给予的赔偿。这是行政赔偿与民事赔偿和行政补偿的区别所在。民事赔偿并不强调造成损害的行为的违法性，其实行的原则主要是过错原则，并以无过错责任和公平责任原则作为补充。行政赔偿则强调造成损害行为的违法性，因为行政机关合法行为造成的影响，是公民享受公共利益必须付出的代价。同时，合法行为对于公民权益造成的影响，只发生行政补偿问题，而非行政赔偿问题。行政机关合法行为对特定人造成的损失，根据"公共负担平等原则"，应当给予适当的补偿。换言之，违法地行使职权造成损害，是行政赔偿与行政补偿相区别的重要特征之一。

二、行政赔偿的构成要件

（一）行政赔偿的归责原则

行政赔偿的归责原则是指国家承担赔偿责任的依据和标准，即以何种标准判断国家应承担的赔偿责任。确立归责原则有利于受害人根据法律规定行使赔偿请求权，有利于正确解决赔偿义务机关与受害人之间的赔偿纠纷。

在各国的行政赔偿制度中，有代表性的归责原则有三种：①法国采用的以公务过错为主，无过错责任为辅的归责原则；②英美等国家采用的过错与违法双重归责原则；③瑞士等国家采用的违法归责原则。我国《国家赔偿法》确定的是违法归责和有条件的结果归责相结合的多元归责原则，整体来看我国《国家赔偿法》中的行政赔偿适用的仍是违法归责原则。违法归责原则是指行政机关及其工作人员在执行职务过程中，违反法律造成他人权益损害的，国家承担赔偿责任，即以行为违法为归责标准，而不论行为人有无过错。行政赔偿采取违法归责原则的原因在于：①违法原则与《宪法》的规定相协调，与法治原则相一致；②违法原则简单明了，可操作性强；③避免过错归责原则对主观方面认定的困难；④有利于受害人行使国家赔偿请求权，因为依此原则，只要证明行政机关及其工作人员行使职权的行为违法以及合法权益遭受损害即可依法请求行政赔偿。

（二）行政赔偿责任的构成要件

行政赔偿责任的构成要件是指国家承担赔偿责任所应具备的条件。归责原则解决的是承担赔偿责任的标准，它是赔偿责任的基础和前提，而构成要件是归责原则的具体体现。只有在符合一定条件的情况下，国家才承担赔偿责任。主要有以下 4 项条件：

1. 主体要件。国家只对一定范围内的主体的侵权行为承担赔偿责任。我国《国家赔偿法》规定了三类侵权行为主体：①国家行政机关。包括国务院和地方各级人民政府，以及各级人民政府中对外行使行政职权的职能机构；②法律法规授权的组织；③受委托的组织或个人。由于现代社会分工越来越细，国家行政事务日益复杂，因而产生了法律、法规将部分职权授予其他社会组织，或者行政机关将自己的职权委托其他组织或个人行使的情况。法律、法规授权的组织或受委托的组织或个人在行使被授予的或被委托的行政权力时侵犯公民、法人或其他组织的合法权益造成损害的，同样也引起国家赔偿。

2. 侵权行为要件。国家赔偿责任的侵权行为要件所要解决的是国家侵权行为主体的哪些行为可以引起国家赔偿责任。侵权行为要件是违法行使职权，这一构成要件包含 2 项内容：①致害行为必须是执行职务的行为。国家机关及工作人员的致害行为必须是行使职权的行为，这是引起国家赔偿责任的根本条件。因为只有行使职权的行为才应当由国家承担赔偿责任，至于国家机关工作人员与执行职务、行使职权无关的个人行为所造成的损害，国家不承担赔偿责任。②执行职务的行为必须违法。违法的涵义有广义与狭义之分。狭义的违法指违反严格意义上的法律，包括宪法、法律、行政法规和规章等规范性文件。广义的违法则还包括违反法律的一般原则，如诚实信用原则、公序良俗原则等。这里应该对违法作广义的理解。

3. 损害结果要件。赔偿是针对损害而言，有损害即有赔偿，没有损害即无赔偿。行政赔偿也不例外。损害是指对受害人的合法权益造成的不利后果，只有具备某种性质的损害才引起行政赔偿：①损害必须具有现实性和确定性，即损害之事实必须是已经发生的、确实存在的事实，假想或臆造的损害不能引起国家赔偿责任。②损害必须是针对合法权益而言，违法的利益不受法律保护，不引起国家赔偿责任。如对违章建筑的拆除等一般不受法律保护。

4. 因果关系要件。行政赔偿的另一个重要构成要件是可引起行政赔偿的损害结果必须为侵权行为主体的违法执行职务行为所造成，即侵权行为与损害结果之间存在因果关系，只有两者之间存在必然的、内在的、本质的联系，国家才对其承担赔偿责任。因果关系要件所要解决的是损害结果由哪种行为所造成，以初步明确行为主体承担赔偿责任的可能。

以上 4 项要件是相互联系的统一整体，缺一不可，只有 4 个要件同时具备，国家才承担赔偿责任。

第二节　行政赔偿的范围

行政赔偿的范围是指国家对行政机关及其工作人员在行使行政职权时侵犯公民、法人或其他组织合法权益造成损害，承担赔偿责任的范围。对此可以从两个维度理解，一是国家针对行政机关及其工作人员的哪些违法侵害行为承担赔偿责任，二是公民、法人和其他组织的哪些合法权益受到的哪些侵害才可以请求国家赔偿。从我国《国家赔偿法》的规定来看，行政赔偿的范围既包括对人身权的损害赔偿和对财产权的损害赔偿，还包括行政赔偿的免责事由，以下分述之。

一、侵犯人身权的赔偿范围

人身权包括人身自由权、身体健康权和生命权，对人身权的侵害也包括对人身自由权和对生命健康权的侵害。行政机关及其工作人员在行使行政职权时，有下列侵犯人身权情形之一的，受害人有获得赔偿的权利：

（一）违法拘留或违法采取限制公民人身自由的行政强制措施的

1. 违法拘留。行政拘留是指特定的行政机关对违反行政法律规范的公民，在短期内限制或剥夺其人身自由的一种行政处罚。我国法律对实施行政拘留的机关、对象、条件、程序等作了严格规定，如果行政机关在实施拘留时违法，如超期拘留等，则构成对公民人身权的侵害，对此应给予赔偿。

2. 违法采取限制人身自由的行政强制措施。行政强制措施是指行政机关在行政管理过程中，为制止违法行为、防止证据损毁、避免危害发生、控制危险扩大等情形，依法对公民人身自由实施暂时性限制，或者对公民、法人或者其他组织的财物实施暂时性控制的行为。违法限制人身自由的行政强制措施主要有：强制治疗、强制戒毒、强制遣送、强制传唤等。行政机关及其工作人员违法采取行政强制措施造成公民人身自由被限制或剥夺的，受害人有权获得行政赔偿。

（二）非法拘禁或者以其他方法非法剥夺公民人身自由的

非法拘禁或者以其他方法非法剥夺公民人身自由是指国家行政机关及其工作人员在行使行政职权的过程中，不具有行政拘留或行政强制措施权限，或虽拥有上述权限但越权非法限制或剥夺公民的人身自由的行为。其特征在于非法，违法是针对法律之明文规定，而非法是指国家根本无法律规定，行政机关及工作人员无此职权而擅作主张，剥夺或限制公民人身自由。例如城管人员在执法过程中，将小摊贩强行带走进行关押。

（三）以殴打、虐待等行为或者唆使、放纵他人以殴打、虐待等行为造成公民身体伤害或者死亡的

行政机关及其工作人员的殴打、虐待行为是明显的严重侵犯公民人身权的行为，国家对此应承担赔偿责任。严格地讲，殴打、虐待和唆使、放纵他人殴打、虐待不是执行职务的行为，但其与职务行为有关联，无论以何种方式实施了这些行为，只

要与行使职权执行职务相关联，对公民的生命健康造成损害的，都产生行政赔偿责任。

（四）违法使用武器、警械造成公民身体伤害或者死亡的

出于维持社会秩序的需要，某些行政机关配备有武器、警械，如枪支、警棍、催泪弹等。但武器、警械的使用必须具备一定的条件。违法使用武器、警械有多种表现形式，如在不应当使用的场合使用，使用种类选择错误，使用武器、警械与被实施者的行为不相适应等，如其导致公民伤害或死亡的，国家要承担赔偿责任。

（五）造成公民身体伤害或者死亡的其他违法行为

此项属于概括规定，意在对上述列举作出补充，由此可以理解为，凡是行政机关及其工作人员违法行使职权，侵犯公民人身权造成身体伤害或死亡的，均属于职务违法行为，国家都要承担赔偿责任。

二、侵犯财产权的赔偿范围

财产权是公民的基本权利，行政机关及其工作人员行使行政职权时，有下列侵犯财产权情形之一的，受害人有获得赔偿的权利：

（一）违法实施罚款、吊销许可证和执照、责令停产停业、没收财物等行政处罚的

此类属于违法行政处罚中涉及财产损害的国家赔偿。行政机关实施的行政处罚中涉及财产损害的可分为两类：

1. 财产罚损害赔偿。财产罚是行政机关直接针对相对人的财产施加的惩戒制裁，如罚款、没收等。财产罚必须依法进行，即必须按照法定的处罚条件、种类、数额幅度等。违反法定处罚条件、种类、数额幅度等，即构成违法处罚，由此造成的财产权损害，国家应承担赔偿责任。

2. 行为罚损害赔偿。行为罚所针对的是行为者的能力，但其会间接地影响到相对人的财产，如吊销许可证和执照、责令停产停业等，虽未直接针对相对人的财产作出，但它却剥夺了相对人获得财产利益的能力，常会给相对人造成经济利益的损失。如果行政机关违法吊销许可证和执照或违法责令停产停业，造成相对人财产权损害的，国家即应负行政赔偿责任。

（二）违法对财产采取查封、扣押、冻结等行政强制措施的

行政强制措施包括限制人身自由和限制财产权的强制措施两类。对财产的行政强制措施是指行政机关采取强制手段对公民、法人或者其他组织的财产加以限制或强制处置。常见的有查封、扣押、冻结等。行政机关采取强制措施影响到公民对财产的所有权和使用权，因此必须严格依法定条件和程序实施。违法采取对财产的强制措施的主要表现有：①行政机关无强制权；②不符合法定行政强制程序；③疏于履行对财产妥善保管的义务；④强制措施的对象错误；⑤违反行政强制措施的期限规定；等等。上述违法行政强制措施造成公民、法人或者其他组织财产权损害的，受害人有权依法获得国家行政赔偿。

（三）违法征收、征用财产的

公民、法人或者其他组织除依法缴纳正常税金和履行正常征收义务外，不再负担任何缴纳义务，即行政机关不得随意向公民、法人和其他组织实施征收、征用。征收是指因公共利益的需要，将公民、法人或其他组织的财产强制收归国有的行为；征用是指因公共利益的需要，强制性地占有、使用公民、法人或其他组织的财产并在使用目的达到后归还的行为。违法征收、征用财产的表现形式主要有：①行政机关无法定的征收、征用职权；②征收、征用财物无法律上的根据；③征收、征用的程序不合法；④无法律规定的征收、征用事项和征收、征用数额而实施的；等等。对于行政机关的上述行为造成相对人财产权损害的，国家应负赔偿责任。

（四）造成财产损害的其他违法行为

上述列举的三种侵犯相对人财产权的违法行为，并不能概括行政机关违法行使职权侵犯相对人财产权的全部情形，如行政不作为行为造成的损害等。此项概括式规定意在于，凡涉及有关财产权损害的，只要符合国家赔偿责任的构成要件，受害人均可请求行政赔偿，以对公民、法人或者其他组织的合法财产权益提供充分保障。

三、国家不予赔偿的情形

有权利必有救济，有损害即有赔偿，这是法的基本原理。但在某些特殊情形下，损害虽发生在行政行为实施过程中，但由于某种原因，国家却不负赔偿责任。在以下三种情况下国家不予赔偿：

（一）行政机关工作人员与行使职权无关的个人行为

个人行为是与职权行为相对的概念，指行政机关工作人员实施的与职权无关的行为。职权行为是代表国家作出的，其行为的一切法律后果应归属于国家，因而所造成的损害由国家承担赔偿责任；个人行为与行使职权无关，其行为的法律后果应归属于个人，因而所造成的损害不会引起国家赔偿。

（二）因公民、法人和其他组织自己的行为致使损害发生的

因公民、法人和其他组织自己的过错造成损害的行为称为自己行为。在损害赔偿领域，"谁过错，谁赔偿"是基本规则。受害人因自己行为受到了某种损害，此种损害与行政机关的违法行为没有因果关系，国家不承担赔偿责任。但应注意混合过错，即如果损害的发生是受害人自己的行为与行政机关及其工作人员的职权行为共同造成的，国家则不能完全免除赔偿责任。此时应按照行政机关工作人员行使职权行为与自己行为的过错比例分担赔偿责任。

（三）法律规定的其他情形

本项是国家不承担行政赔偿责任的概括性规定，此处的法律是狭义的法律，即全国人大及其常委会制定的法律。从目前的法律规定来看，除《民法典》规定因不可抗力造成他人损害的不承担民事责任外，其他法律还未作相应的规定。如果法律明确规定国家不承担行政赔偿责任的，国家则不予赔偿。

第三节　行政赔偿请求人与行政赔偿主体

一、行政赔偿请求人

行政赔偿请求人是指因行政机关及其工作人员违法行使职权遭受损害，依法有权请求国家予以赔偿的公民、法人或其他组织。

（一）行政赔偿请求人的特征

我国行政赔偿请求人有如下特征：

1. 行政赔偿请求人是公民、法人和其他组织。行政赔偿请求人只能是行政相对人，行政机关不能成为行政赔偿请求人。享有赔偿请求权的公民死亡时，其继承人及其他有扶养关系的亲属可作为行政赔偿请求人；享有赔偿请求权的法人或非法人组织终止时，承受其权利的法人或者其他组织可以作为赔偿请求人。

2. 行政赔偿请求人是其合法权益受到行政机关及其工作人员违法行使职权行为损害的公民、法人或者其他组织。从《国家赔偿法》的规定来看，只有公民、法人或其他组织的合法权益遭受行政机关及其工作人员的违法行为侵害时，才有权请求行政赔偿。如果并非是其合法权益受到损害，或者受到的损害并非是行政机关工作人员的职务行为所致，都无权请求行政赔偿。

3. 行政赔偿请求人是依法以自己的名义请求行政赔偿的公民、法人或者其他组织。代表他人或以他人名义请求国家赔偿的，是代理人而不是行政赔偿请求人。

（二）行政赔偿请求人的范围

根据我国《国家赔偿法》第6条的规定，有权请求行政赔偿的人包括：

1. 公民。公民是具有中华人民共和国国籍的自然人。受害的公民死亡，其继承人和其他有扶养关系的亲属有权要求行政赔偿。

2. 法人。法人是具有民事权利能力和民事行为能力，依法独立享有民事权利和承担民事义务的组织。受害的法人终止的，其权利承受人有权要求行政赔偿。权利承受人可能是法人，也可能是其他组织或者个人。

3. 其他组织。其他组织指没有取得法人资格的社会组织。其他组织终止的，其权利承受人有权要求行政赔偿。

二、行政赔偿主体概述

行政赔偿发生于国家行政机关及其工作人员行使职权过程中，因而有关行政赔偿主体实际上涉及国家、行政机关和工作人员三方。由于三方之间的关系，他们在国家赔偿制度中分别有不同的定位。

（一）赔偿责任主体

赔偿责任主体即赔偿责任的最终归属者。在行政赔偿制度中，国家是赔偿责任主体，国家承担赔偿责任的表现即赔偿费用由国库支出。国家机关及其工作人员所为的职权行为之所以由国家承担赔偿责任，原因在于他们的职权来自于国家，是代表国家行使职权，其行使职权的后果，无论是积极结果，还是消极后果，都应当归属于国家。

国家承担赔偿责任的具体表现是赔偿费用由国库支出。国家赔偿费用是赔偿义务机关依法向赔偿请求人支付的费用。根据《国家赔偿法》第37条的规定，赔偿费用列入各级政府财政预算，即赔偿费用应根据侵权责任的归属分别由各级财政列支。具体而言，中央财政负责国务院及其所属部门的赔偿费用；地方财政负责相应地方各级人民政府及其所属工作部门的赔偿费用。

国家赔偿费用由赔偿义务机关先从本单位预算经费和留归本单位使用的资金中支付，支付后再向同级财政机关申请核拨。赔偿义务机关申请核拨国家赔偿费用，应当根据具体情况提供下列相应的有关文件或者文件副本：①赔偿请求人请求赔偿的申请书；②赔偿义务机关作出的赔偿决定；③复议机关的复议决定书；④人民法院的判决书、裁定书或者赔偿决定书；⑤赔偿义务机关对有故意或者重大过失的责任者依法实施追偿的意见或者决定；⑥财产已上交财政的有关凭据；⑦财政机关要求提供的其他文件或者文件副本。

财政机关对赔偿义务机关的申请进行审核后，应当分情况，按照下列规定作出处理：①财产已经上交财政，应当依法返还给赔偿请求人的，应当及时返还；②申请核拨已经依法支付的国家赔偿费用的，应当及时核拨。

（二）赔偿义务机关

赔偿义务机关即具体履行赔偿义务的国家机关。在我国实行的是赔偿义务机关与侵权行为机关一致的原则，即哪个国家机关实施的侵权行为，由哪个国家机关具体履行赔偿义务，向受害人支付赔偿费用。

国家与其所设机关之间是抽象与具体的关系。国家是一个抽象的政治实体，它通过所设立的各种国家机关表现出来。虽然所有国家机关职权行为的后果最终归属于国家，但抽象的国家不可能在具体的赔偿活动中出现，只能由作为国家的具体体现的国家机关履行赔偿义务，如到法庭应诉，向受害人支付赔偿金等。因而，侵权行为机关是赔偿义务机关。

（三）追偿权对象

追偿即国家机关向受害人支付赔偿金后所具有的要求有故意或重大过失的工作人员或受委托的组织或个人承担部分或全部赔偿费用的权力，因此，行政机关的工作人员及受委托的组织和个人在国家赔偿制度中处于追偿权对象的地位。追偿制度是国家赔偿制度的重要组成部分。

1. 追偿的性质。追偿的实质是国家要求有故意或重大过失的工作人员及受委托的组织和个人承担部分或全部赔偿费用。追偿权产生的基础是国家与其工作人员之间的职务委托关系。基于这种职务关系，行政机关的工作人员执行职务行为的后果由国家承担责任，但同样也是基于这一关系，国家在对外承担赔偿责任后，仍然保有追偿的权力。追偿具有惩戒的性质，以此维持国家职务关系的稳定与正常。

国家机关及其工作人员行使国家职权时，以国家代表的身份出现，当其违法行使职权行为对公民、法人和其他组织的合法权益造成损害时，受害者无权向行使职权的工作人员个人要求赔偿，而只能由国家承担赔偿责任。但是致害工作人员因故意或重大过失导致损害事实发生的，国家对致害人行使追偿权。追偿制度采取国家先赔偿受害人，然后再责令有故意或重大过失的工作人员赔偿国家损失的方法，既避免了因致害的工作人员资力薄弱，使受害人无法取得赔偿的问题，又可达到监督工作人员依法行使职权，恪尽职守，增强其责任心与道德感的目的。

2. 追偿的要件。追偿权的行使必须具备两个条件：①赔偿义务机关已经向赔偿请求人赔偿了损失。追偿本身的性质决定了只有在国家承担了赔偿责任的前提下才产生追偿问题，这是行使追偿权的前提条件。②行政机关的工作人员对加害行为有故意或重大过失。追偿以行政机关的工作人员执行职务行为有过错为条件，且过错必须达到一定的程度，即故意或重大过失。故意指的是致害人实施行为时，明知自己的行为违法并将造成公民、法人或者其他组织合法权益的损害，仍希望或放任这种损害结果的发生。重大过失是相对于一般过失而言，指不但没有注意到其身份或职务上的特别要求，而且未能预见和避免普通公民均能预见或避免的事情，即未达到法律对一个公民的起码要求。

3. 追偿金额和标准。赔偿义务机关在向受害的公民、法人或其他组织赔偿了损失后，有权依法责令有故意或重大过失的工作人员或受委托的组织或个人承担部分或全部赔偿费用。赔偿义务机关在追偿时应遵循以下原则：①追偿金额以赔偿义务机关支付的损害赔偿金额为限。在行政赔偿案件处理过程中，赔偿义务机关所支付的办案经费、诉讼费用等应从行政机关的行政经费中支付，不宜列入追偿范围；如果请求权人放弃部分请求权，赔偿义务机关也减少给付的，减少的部分不能追偿；如果请求权人放弃全部请求权，赔偿义务机关全部未给付的，不能追偿。②追偿金额的大小要与过错程度相适应，同时要考虑被追偿人的薪金收入。追偿具有惩戒的性质，惩戒是针对过错，因而，追偿要根据过错程度来确定。过错重的多追偿，过错轻的少追偿。在此原则下，追偿金的具体数额也应与被追偿者的薪金收入相适应，酌情考虑被追偿者的家庭生活费用，而且追偿金的执行只能涉及行政机关工作人员个人的薪金和津贴，不能涉及其他个人财产和其家庭财产和收入。

三、行政赔偿义务机关

行政赔偿义务机关，即行政赔偿义务人，指代替国家履行具体赔偿义务，支付赔偿费用，参加赔偿案件解决的行政机关或者法律、法规授权的组织。我国采取国家责任、机关赔偿的做法，但由于现代社会国家行政机关为数众多，职责交叉，关系复杂，受害者在遭受行政侵权损害后往往难以确定向谁请求赔偿，因此《国家赔偿法》对赔偿义务机关的确认作出了明确规定。

（一）实施侵害的行政机关

《国家赔偿法》第7条第1款、第2款规定：行政机关及其工作人员行使行政职权侵犯公民、法人和其他组织的合法权益造成损害的，该行政机关为赔偿义务机关。2个以上行政机关共同行使行政职权时侵犯公民、法人和其他组织的合法权益造成损害的，共同行使行政职权的行政机关为共同赔偿义务机关。这包括三种情形：

1. 行政机关违法行使行政职权侵犯公民、法人和其他组织的合法权益造成损害的，该行政机关为赔偿义务机关。

2. 行政机关的工作人员违法行使行政职权侵犯公民、法人和其他组织的合法权益造成损害的，该工作人员所在的行政机关为行政赔偿义务机关。

3. 2个以上行政机关共同行使行政职权时侵犯公民、法人和其他组织的合法权益造成损害的，共同行使行政职权的行政机关为共同赔偿义务机关。共同行使职权是指2个以上行政机关对同一事实共同签署、共同署名行使行政职权。如公安、工商、税务等几个部门联合执法，对某经营歌厅的个体户进行处罚等。如果这些行政机关共同行使行政职权违法并造成对公民、法人和其他组织的损害，共同行使职权的行政机关为共同的赔偿义务机关，他们之间负有连带责任。

（二）授权的组织

根据行政管理的需要，国家有时将行政职权通过法律、法规授予行政机关以外的社会组织行使，该组织即为法律、法规授权的组织。如《教育法》授予公立学校颁发毕业证书、学位证书等行政职权。法律、法规授权的组织运用行政职权所为的行为，造成公民、法人或其他组织权益损害的，应由国家承担赔偿责任，则该法律、法规授权的组织为赔偿义务机关。

法律、法规授权的组织作为赔偿义务机关应当具备两个条件：①必须有法律、法规明确授予的行政职权，如果没有法律、法规的授权，则只能视为委托；②必须是在行使被授予的行政职权时侵害公民、法人或其他组织合法权益并造成损害。只有同时具备这两项条件，法律、法规授权的组织才是适格的赔偿义务机关。[1]

（三）委托与赔偿义务机关

行政委托是指行政机关将自己的部分行政职权委托于另一个机关或其他组织行使。受行政机关委托的组织或者个人在行使受委托的行政权力时侵犯公民、法人和其他组织的合法权益造成损害的，不是由接受委托的组织而是由作出委托的行政机关为赔偿义务机关。因为委托的性质与法律原理是，委托者与受托者之间是代理关系，受托者无行政主体资格，受托者必须以委托者名义行使职权，职权行为的法律后果归属于委托者。因此，当受托者行使行政职权侵权时，由委托的行政机关作为赔偿义务机关。

---

〔1〕　值得注意的是，在2014年修改的《行政诉讼法》将行政行为的作出主体从1989年《行政诉讼法》规定的"法律、法规授权组织"扩大至"法律、法规、规章授权组织"，而《国家赔偿法》在制定时遵循了1989年《行政诉讼法》的立法思路，因此，宜将"法律、法规授权的组织"理解为"法律、法规、规章授权的组织"，以保持一致。

（四）机关撤销与赔偿义务机关

行政机关的撤销与合并现象在行政实践中经常发生。在机关撤销的情况下，由继续行使其职权的行政机关为赔偿义务机关。因为行政机关虽然可以撤销，但职权不能撤销，只能发生转移。按照职权与职责一致的原则，继续行使其职权的行政机关，同样也应当履行其赔偿义务。

继续行使其职权的行政机关，在实践中通常有两种情况：①有明确的继续行使其职权的行政机关。通常行政机关被撤销是通过合并、分立或新设立来取代，此时接受合并的或取代原机关的行政机关为继续行使其职权的行政机关，由其作为赔偿义务机关；②没有继续行使其职权的行政机关。此时可能就是简单地撤销，并未合并或分立，则由决定撤销的行政机关为赔偿义务机关。

（五）复议与赔偿义务机关

经复议的案件，此时存在两个行政机关：原行为机关与复议机关，究竟何者为赔偿义务机关需要确认。经过行政复议的赔偿义务机关有以下两种情况：①经过行政复议，复议机关减轻损害或者维持原状的，受害人请求赔偿，由最初作出侵权损害行为的行政机关为赔偿义务机关；②经过行政复议，复议机关的复议决定加重损害的，复议机关对加重部分履行赔偿义务。即原行为机关与复议机关作为共同赔偿义务机关，复议机关对加重的损害部分承担赔偿责任，而对没有加重的损害部分，仍由最初造成侵权损害的行政机关为赔偿义务机关。

第四节 行政赔偿程序

行政赔偿程序是赔偿请求人对行政侵权损害向有关国家行政机关请求赔偿，由有关国家机关解决行政赔偿纠纷的程序。我国行政赔偿程序包括两部分：①行政程序，即赔偿义务机关对受害人单独就损害赔偿提出请求的先行处理程序；②行政赔偿诉讼程序，即在行政赔偿请求人因行政赔偿义务机关逾期不予赔偿或赔偿请求人对赔偿数额有争议，以及提起行政诉讼时一并要求赔偿的情况下，由人民法院予以处理的程序。

一、行政赔偿的先行处理程序

行政赔偿的先行处理程序是指行政赔偿请求人请求损害赔偿时，须先向有关的赔偿义务机关提出赔偿请求，双方就有关赔偿的范围、方式、金额等事项进行自愿协商或由赔偿义务机关决定，从而解决赔偿争议的一种制度。先行处理程序适用于单独提起赔偿请求时，是行政赔偿诉讼程序的前提与基础。

（一）提出行政赔偿的要件

在行政赔偿程序中，受害人提出赔偿请求，赔偿义务机关受理请求均须符合一定条件。这些要件包括：

1. 实质要件。具体包括：①赔偿请求人必须具有请求权。请求权是我国《国家赔偿法》赋予受害人主张赔偿的权利，只有符合法定条件的主体才能行使请求权。

请求权人原则上是因行政机关及其工作人员违法行使职权行为而直接遭受损害的人。赔偿请求人不是受害人本人的，应当说明与受害人的关系，并提供相应证明。②被请求人是赔偿义务机关。也就是说，请求人的赔偿请求必须是向赔偿义务机关提出，其他任何机关均无权直接受理。③赔偿请求事项必须符合法律规定的范围。赔偿请求人所提出的赔偿请求事项，必须属于《国家赔偿法》规定的行政赔偿范围，或者其他法律明确规定的行政赔偿事项。④赔偿请求必须在法律规定的期限内提起。赔偿请求人请求赔偿义务机关给以行政赔偿，必须在法定期限内提起。如果向赔偿义务机关提出赔偿请求，必须在规定的 2 年时限内提出，期间自其知道或者应当知道国家机关及其工作人员行使职权的行为侵犯其人身权、财产权之日起计算，但被羁押等限制人身自由期间不计算在内。超过法定期限，请求权即消灭。

2. 形式要件。请求人向赔偿义务机关提出行政赔偿请求，应以书面形式申请。赔偿请求人书写申请书确有困难的，可以委托他人代书，也可以口头申请，由赔偿义务机关记入笔录。申请书必须记载下列事项：①受害人的姓名、性别、年龄、工作单位和住所，法人或者其他组织的名称、住所和法定代表人或者主要负责人的姓名、职务；②具体的要求、事实根据和理由；③申请的年、月、日。

（二）行政赔偿先行处理程序的提起方式

赔偿请求人向行政赔偿义务机关提出赔偿请求的方式一般有两种：①单独提出赔偿请求。即不涉及其他要求仅要求赔偿。赔偿义务机关接受这类请求，通常对行政行为的违法性没有争议，只需就侵权事实成立与否、赔偿数额等问题与受害人协商，达成一致意见。②附带提出赔偿请求。即请求人提出行政复议或行政诉讼时，在提出审查行政行为合法性要求的同时请求对其所受损害予以赔偿。

（三）行政赔偿义务机关的处理

赔偿请求人当面递交申请书的，赔偿义务机关应当当场出具加盖本行政机关专用印章并注明收讫日期的书面凭证。申请材料不齐全的，赔偿义务机关应当当场或者在 5 日内一次性告知赔偿请求人需要补正的全部内容。赔偿义务机关应当自收到申请之日起 2 个月内，作出是否赔偿的决定。赔偿义务机关作出赔偿决定，应当充分听取赔偿请求人的意见，并可以与赔偿请求人就赔偿方式、赔偿项目和赔偿数额进行协商。行政赔偿义务机关的处理方式有两种：①协议式处理，即请求人向赔偿义务机关提出赔偿，由双方互相协商，达成协议，解决赔偿。②决定式处理，即请求人要求国家赔偿，向赔偿义务机关提出请求，由赔偿义务机关直接作出是否予以赔偿的决定。请求人对决定不服的，再向法院起诉。

行政赔偿义务机关对于已经受理的行政赔偿，一般有如下处理结果：①给予赔偿。可以以决定书形式作出，也可以以协议书形式作出。赔偿义务机关决定赔偿的，应当制作赔偿决定书，并自作出决定之日起 10 日内送达赔偿请求人。协商或决定的内容主要是：赔偿方式、金额以及计算数额的依据和理由、履行期限等。②不予赔偿。赔偿义务机关认为赔偿请求人的申请不符合法律规定的赔偿条件的，应予以拒绝，不予赔偿。赔偿义务机关决定不予赔偿的，应当自作出决定之日起 10 日内书面通知赔偿请求人，并说明不予赔偿的理由。

二、行政赔偿诉讼程序

行政赔偿诉讼程序是指公民、法人和其他组织认为其合法权益受到行政机关及其工作人员违法行使职权的侵害，受害人向人民法院提起的要求赔偿义务机关给予行政赔偿的程序。《国家赔偿法》第 14 条规定，赔偿义务机关在规定期限内未作出是否赔偿的决定，赔偿请求人可以自期限届满之日起 3 个月内，向人民法院提起诉讼。赔偿请求人对赔偿的方式、项目、数额有异议的，或者赔偿义务机关作出不予赔偿决定的，赔偿请求人可以自赔偿义务机关作出赔偿或者不予赔偿决定之日起 3 个月内，向人民法院提起诉讼。行政赔偿诉讼程序完全适用行政诉讼程序，但行政赔偿诉讼亦具有自身的一些特征：

1. 行政赔偿诉讼可以适用调解。《行政诉讼法》第 60 条第 1 款规定："人民法院审理行政案件，不适用调解。但是，行政赔偿、补偿以及行政机关行使法律、法规规定的自由裁量权的案件可以调解。"行政赔偿诉讼所要解决的是公民的人身权、财产权的损害赔偿问题，而权利是可以自由处分的，因而，围绕着赔偿问题则适用调解。人民法院在坚持合法自愿原则的前提下，可以就赔偿范围、赔偿方式和赔偿数额进行调解。人民法院主持调解，达成协议的应当制作调解书，调解书应当写明赔偿请求、案件事实和调解结果。调解书经双方当事人签收后即具有法律效力，并可作为执行根据。

2. 行政赔偿诉讼中原告负初步证明责任。行政诉讼中证据规则的突出特征是由被告行政机关负担举证责任，然而在行政赔偿、补偿的案件中，根据《行政诉讼法》第 38 条第 2 款规定，原告应当对行政行为造成的损害提供证据。因被告的原因导致原告无法举证的，由被告承担举证责任。《行诉解释》（2018）第 47 条第 1 款式再次规定，在行政赔偿、补偿案件中，因被告的原因导致原告无法就损害情况举证的，应当由被告就该损害情况承担举证责任。这里应该理解为一种举证责任倒置。[1]《国家赔偿法》第 15 条也规定："人民法院审理行政赔偿案件，赔偿请求人和赔偿义务机关对自己提出的主张，应当提供证据。赔偿义务机关采取行政拘留或者限制人身自由的强制措施期间，被限制人身自由的人死亡或者丧失行为能力的，赔偿义务机关的行为与被限制人身自由的人的死亡或者丧失行为能力是否存在因果关系，赔偿义务机关应当提供证据。"

第五节　行政赔偿方式与计算标准

一、行政赔偿方式概述

行政赔偿的方式是承担赔偿责任的各种形式。根据侵权行为的性质、情节以及

---

〔1〕　参见罗智敏："行政赔偿案件中原被告举证责任辨析"，载《中国法学》2019 年第 6 期。

程度的不同，赔偿的方式也有所区别。一般来说，行政赔偿方式主要有金钱赔偿、恢复原状、返还原物等。但在我国，行政赔偿在方式上有其特殊性。

（一）以金钱赔偿为主，以其他方式为辅

《国家赔偿法》第32条规定：国家赔偿以支付赔偿金为主要方式，能够返还财产或者恢复原状的，予以返还财产或者恢复原状。由此确立了国家赔偿方式以金钱赔偿为主，以返还财产、恢复原状为辅的赔偿方式格局。

国家赔偿的方式与民事赔偿方式有所不同。民事赔偿所采取的是"同等损害，同等赔偿"的原则，即赔偿方式应使受害者得到与所受损害同等数量、相应程度、同等类型的赔偿。国家赔偿之所以以金钱赔偿为主，以恢复原状、返还原物等其他方式为辅，主要是为了解决这样一个矛盾：既要对公民的损害予以赔偿，同时又不至于因为赔偿而给国家活动带来消极影响。这就要求国家采取的赔偿方式应简便易行。金钱赔偿便捷易行，可以避免国家机关陷入个案纠缠而贻误公务，因而作为主要的赔偿方式。至于返还财产、恢复原状方式只在必要和可能的时候采用。所谓"必要"是指损害不可用其他物代替，如被违法扣押的物品属于不可替代的特定物，就要求返还原物；而所谓"可能"是指原物存在，存在归还的可能性，如果原物已经灭失，则根本不可能恢复原状或返还原物。

（二）赔偿方式

《国家赔偿法》确立了金钱赔偿、返还财产和恢复原状等赔偿方式，同时第35条还规定，行政机关及其工作人员在行使行政职权时有侵犯人身权致人精神损害的，应当在侵权行为影响的范围内，为受害人消除影响，恢复名誉，赔礼道歉；造成严重后果的，应当支付相应的精神损害抚慰金。根据《国家赔偿法》第35条及第3条的规定，侵犯人身权致人精神损害的侵权责任形式适用于下列侵权行为：①违法拘留或者违法采取限制公民人身自由的行政强制措施的；②非法拘禁或者以其他方法非法剥夺公民人身自由的；③以殴打、虐待等行为或者唆使、放纵他人以殴打、虐待等行为造成公民身体伤害或者死亡的；④违法使用武器、警械造成公民身体伤害或者死亡的；⑤造成公民身体伤害或者死亡的其他违法行为。

二、国家赔偿的方式

（一）金钱赔偿

金钱赔偿是指以货币支付的形式，在计算或估算损害程度后，给予受害者适当额度的赔偿。货币作为一般等价物，是最常用、最普遍的支付手段，无论是对财产损害的赔偿，还是对人身损害的赔偿，都可以用金钱支付。因而金钱赔偿成为国家赔偿中的主要赔偿方式。

采用金钱赔偿方式，主要适用于下列情况：

1. 人身损害的金钱赔偿。一般而言，对人身造成的损害是无法用金钱来赔偿的，因为人身损害不能用金钱来衡量，但是如果侵权行为既已发生，侵权结果既已产生，除了将仍在继续的损害停止外，没有比金钱赔偿更为恰当的方式。因为在人身不受侵害的情况下，人可以获得一定的财产，一旦发生人身侵害，则必将给受害人带来一系列的财产损失，如因劳动能力的丧失而减少或失去的劳动报酬等，支付赔偿金可以填补受害人因不法侵害而造成的物质损失。从这个意义上讲，人身损害是可以适用金钱赔偿的。

2. 财产损害的金钱赔偿。对于财产损害的金钱赔偿，一般都可将被损害的财产折算成一定的金额，再予以相应的赔偿。如查封财产造成财产损坏或灭失的，可以在计算损坏或灭失财产的金额后支付相应的赔偿金。

（二）返还财产

返还财产又称返还原物，是指赔偿义务机关将非法占有的财产归还所有人、经营管理人或者其他合法占有人，以回复到合法占有状态。返还财产只能适用于物质损害，如行政机关违法收缴的罚款、违法没收的财物、摊派的费用等。

返还财产是一种比较便捷易行的赔偿方式，当事人双方均易接受，但返还财产只能在一定条件下适用：①原财产仍然存在。如果原财产已经毁损或者灭失，则无法返还，只能采用其他赔偿方式，如支付赔偿金。②返还财产比金钱赔偿更为便捷。返还财产在赔偿方式中只是作为一种辅助性赔偿方式而存在，因此只有在比金钱赔偿更便捷时才适用。③不影响公务的实施。如果原财产已经用于公务活动，返还财产将会影响到公务的实施，则不应以返还财产方式赔偿，而应采用金钱赔偿的方式。

（三）恢复原状

恢复原状是指国家机关的行为侵害他人财产，对受到损害的财产进行修复，使之恢复到受损害前的形状和性能的赔偿方式。同返还财产方式一样，恢复原状也是作为一种辅助赔偿方式存在，而且是作为返还财产的附加方式存在。按照《国家赔偿法》的规定，被查封、扣押的财产，应当予以返还；应予返还的财产受到损害，能够恢复原状的，应恢复原状后返还。

恢复原状要求赔偿义务机关必须尽可能地以恢复到原有水平的方式加以救济，但恢复原状的操作比较复杂，并且须具备一定条件，加之某些损害结果已确实无法或难以恢复到原有状态，如坚持采用恢复原状则既不利于保护受害人一方权益，也给赔偿义务机关造成人力、物力和财力上的负担，因此恢复原状方式只有在比金钱赔偿更便捷的情况下才采用。采用恢复原状方式必须具备下列条件：①受到损害的财产能够恢复原状；②恢复原状比金钱赔偿更便捷易行；③排除了其他赔偿方式的采用。恢复原状是一个十分灵活的概念，其适用的范围较广，如恢复自由、排除妨碍、消除危险、修理、重作、更换、不动产的拆除等，都是恢复原状的内容。

（四）精神损害赔偿

精神损害赔偿是因人身权受到行政机关及其工作人员不法侵害而遭受精神痛苦而要求给予的赔偿。《国家赔偿法》规定了两种精神损害赔偿方式，即消除影响，恢复名誉，赔礼道歉及精神抚慰金。

消除影响，恢复名誉，赔礼道歉适用于侵权行为致人精神损害但未造成严重后果的情况，作为非财产责任方式，既可以单独适用，也可以合并适用。其中，消除影响、恢复名誉应当公开进行。人民法院可以根据赔偿义务机关与赔偿请求人协商的情况，或者根据侵权行为直接影响所及地、受害人住所地、经常居住地等因素确定履行范围，决定由赔偿义务机关以适当方式公开为受害人消除影响、恢复名誉、公开赔礼道歉。

侵权行为致人精神损害且造成严重后果的，赔偿义务机关除了为受害人消除影响、恢复名誉或者向其赔礼道歉外，还应当支付相应的精神损害抚慰金。受害人因侵权行为而死亡、残疾（含精神残疾）或者所受伤害经有合法资质的机构鉴定为重伤或者诊断、鉴定为严重精神障碍的，应当认定侵权行为致人精神损害并且造成严重后果。

三、行政赔偿的计算标准

行政赔偿的计算标准是指法律所规定的受害人人身权、财产权或者其他合法权益受到国家机关及其工作人员违法侵权行为侵害并造成损害的，国家进行赔偿时据以计算赔偿金数额大小的尺度。我国《国家赔偿法》在规定赔偿标准时的立法原则是，既要使受害人所受到的损失能够得到适当弥补，又要考虑国家的经济和财力的负担状况。我国《国家赔偿法》对于不同程度的侵权损害，给予不同标准的赔偿。

（一）侵犯人身权的赔偿标准

人身权是公民最基本的权利，其具体内容包括人身自由权、身体健康权、生命权。对不同的权利造成损害，赔偿标准亦有所不同。

1. 侵犯人身自由的赔偿标准。人身自由权是《宪法》规定的公民最基本的权利之一。人身自由权是指公民在法律规定范围内人身和行为完全受自己支配，任何组织和个人不得非法侵犯的权利。行政机关及其工作人员行使职权时，违法拘留、非法拘禁以及以其他方法非法剥夺公民人身自由的行为，侵犯了公民的人身自由权，受害人有获得赔偿的权利。

侵犯人身自由的赔偿标准是采取支付日赔偿金的方式，《国家赔偿法》第33条规定："侵犯公民人身自由的，每日赔偿金按照国家上年度职工日平均工资计算。"适用此标准需要注意以下问题：①该项标准所指的是侵犯公民的人身自由，不包括因侵犯公民人身自由造成公民身体伤害、劳动能力丧失或者死亡的；②侵犯公民人身自由的赔偿金是按日计算，标准为国家上年度职工日平均工资，即限制人身自由的时间乘以日平均工资；③日平均工资以国家统计局公布的数字为准。

2. 侵犯公民身体健康权的赔偿标准。身体健康权是公民依法享有的其肉体不受非法伤害的权利。身体伤害可以分为一般伤害、部分丧失劳动能力和全部丧失劳动能力三种，不同程度的伤害，赔偿标准亦有所不同。

（1）造成身体伤害的，应当支付医疗费、护理费，以及赔偿因误工减少的收入。减少的收入每日的赔偿金按照国家上年度职工日平均工资计算，最高额为国家上年度职工年平均工资的5倍。

医疗费一般包括：①因直接治疗伤情而支出的全部必要的医疗费，包括诊查费、医药费、治疗费、住院费、手术费等。医药治疗费的赔偿一般应以所在地治疗医院的诊断证明和单据为凭。应经医务部门批准而未获准擅自另找医院治疗的费用，一般不予赔偿；擅自购买与损害无关的药品或者治疗其他疾病的，其费用不予赔偿。②必要的交通费和住宿费。对于需要送医院抢救或转院治疗的受害人，其本人和护理人必要的交通费和住宿费，可根据实际情况计入医疗费中。③必要的伙食补助费和营养费。

护理费是指受害人生活无法自理时须专人护理所需的费用。

误工费是指受害人因受伤不能参加工作或劳动而损失的收入。受害人误工工期，应当按其实际损害程度、恢复状况并参照治疗医院出具的证明或法医鉴定等认定。误工收入的计算仍以国家上年度职工日平均工资为标准，而不是受害人实际收入情况计算。误工费最高额为上年度职工年平均工资的5倍。

（2）造成部分或者全部丧失劳动能力的，应当支付医疗费、护理费、残疾生活辅助具费、康复费等因残疾而增加的必要支出和继续治疗所必需的费用，以及残疾赔偿金。残疾赔偿金根据丧失劳动能力的程度，按照国家规定的伤残等级确定，最高不超过国家上年度职工年平均工资的20倍。造成全部丧失劳动能力的，对其扶养的无劳动能力的人，还应当支付生活费。受害人扶养的无劳动能力的人一般是指依照《民法典》的规定，其有法定义务扶养而不具有劳动能力的对象，包括未成年子女、无劳动能力的父母、父母已经死亡的未成年的孙子女和外孙子女、子女已经死亡的无劳动能力的祖父母和外祖父母以及无劳动能力的配偶。凡被扶养的人是未成年人的，生活费给付至18周岁止；其他无劳动能力的人，生活费给付至死亡时止。生活费的发放标准参照当地最低生活保障标准执行。

3. 侵犯生命权的赔偿标准。侵犯生命权即意味着造成死亡。造成死亡的，应当支付死亡赔偿金、丧葬费，总额为国家上年度职工年平均工资的20倍。对死者生前扶养的无劳动能力的人，还应当支付生活费。适用此标准应注意以下问题：①国家对死亡公民的家属支付死亡赔偿金及丧葬费，两者的总额不得超过国家上年度职工年平均工资的20倍。法律规定的"总额"即意味着不论受害人的家属在丧葬上花费多少，丧葬费与死亡赔偿金之和不得超过国家上年度职工年平均工资的20倍。②国家除支付死亡赔偿金、丧葬费外，还应对死者生前扶养的无劳动能力的人支付生活费和提供以保证死者生前有法定义务扶养的亲属的生活费和生存所必需的基本物质条件。

（二）侵犯财产权的赔偿标准

国家侵犯财产权的损害方式主要有以下几种：没收、扣押、查封、变卖财物；罚款、罚金、冻结财物；吊销许可证、执照，责令停产、停业；损坏财物等；而就财产权受到损害的状态而言，有物之失去控制、物之灭失、物之功能或性能减弱等几种状态。针对不同的损害方式所造成的不同的损害状态，应当采取不同的赔偿方式和不同的标准。

1. 罚款、罚金、追缴、没收财产或者违反国家规定征收、征用财物的赔偿。此种损害属于物之失去控制，相应的赔偿方式是返还财产，包括对金钱和其他财产的返还。返还执行的罚款或者罚金、追缴或者没收的金钱，应当支付银行同期存款利息。

2. 查封、扣押、冻结财产造成损失的赔偿。这三种侵权行为造成的后果比较复杂，赔偿的计算标准也有所不同：①如未造成财产损坏、灭失的，解除对财产的查封、扣押、冻结。此时只解除查封、扣押、冻结等强制措施，恢复受害人对该财产的控制，不赔偿因采取查封、扣押、冻结措施对受害人造成的其他损害。②查封、扣押、冻结的财产遭受损坏的，能够恢复原状的恢复原状，不能恢复原状的，按照损害程度给付相应的赔偿金。赔偿金的给付一般按市场价格结合被损物品新旧程度进行估价予以赔偿。③应当返还的财产灭失的，给付相应的赔偿金。④解除冻结的存款或者汇款的，应当支付银行同期存款利息。

3. 财产已经拍卖的赔偿。拍卖是公开处置财产的一种方式，由专业拍卖机构、临时从事拍卖活动的企业或者人民法院以公平竞争的方式将财产出卖给竞价最高的出价者。国家机关对财产违法采取强制措施后，如果对财产已经进行了拍卖，原物已经不存在或已为他人所有，恢复原状已不可能，对已拍卖财产的赔偿是给付拍卖所得价款。对于财产已经变卖的，给付变卖所得的价款；变卖的价款明显低于财产价值的，应当支付相应的赔偿金。

4. 吊销许可证和执照、责令停产停业的损害赔偿。吊销许可证和执照、责令停产停业的，赔偿停产停业期间必要的经常性费用开支。所谓"必要的经常性费用开支"是指企业、商店等停产停业期间用于维持其生存的基本开支，如房租、水电费、职工基本工资、仓储费用等，而不赔偿可能取得的收益或者营业利润等。职工基本工资是按国家统一规定的劳保工资的平均数来计算的。

5. 财产权其他损害赔偿。对财产权造成其他损害的，按照直接损失进行赔偿。这里包括两层涵义：①这条概括性条款表明我国的国家赔偿对于财产权损害原则上都给予救济；②在赔偿财产权损害方面以赔偿直接损失为原则。"直接损失"是指因遭受不法侵害而使现有财产直接减少或消灭。其中并不包括间接损失，即不考虑受害人的可得利益或可期待性利益。

（三）精神损害赔偿标准

《国家赔偿法》第35条规定："有本法第3条或者第17条规定情形之一，致人精神损害的，应当在侵权行为影响的范围内，为受害人消除影响，恢复名誉，赔礼道歉；造成严重后果的，应当支付相应的精神损害抚慰金。"法律并没有对精神损害的赔偿标准作出统一规定。2014年《最高人民法院关于人民法院赔偿委员会审理国家赔偿案件适用精神损害赔偿若干问题的意见》中指出，人民法院应当综合考虑以下因素确定精神损害抚慰金的具体数额：精神损害事实和严重后果的具体情况；侵权机关及其工作人员的违法、过错程度；侵权的手段、方式等具体情节；罪名、刑罚的轻重；纠错的环节及过程；赔偿请求人住所地或者经常居住地平均生活水平；赔偿义务机关所在地平均生活水平；其他应当考虑的因素。在确定精神损害抚慰金的具体数额时，还应当注意体现法律规定的"抚慰"性质，原则上不超过依照《国家赔偿法》所确定的人身自由赔偿金、生命健康赔偿金总额的35%，最低不少于1000元。但是，如果受害人对精神损害事实和严重后果的产生或者扩大有过错的，可以根据其过错程度减少或者不予支付精神损害抚慰金。

【案例1】

2011年12月5日，安徽省人民政府作出皖政地〔2011〕769号《关于马鞍山市2011年第35批次城市建设用地的批复》，批准征收马鞍山市花山区霍里街道范围内农民集体建设用地10.04公顷，用于城市建设。2011年12月23日，马鞍山市人民政府作出2011年37号《马鞍山市人民政府征收土地方案公告》，将安徽省人民政府的批复内容予以公告，并载明征地方案由花山区人民政府实施。苏月华名下的花山区霍里镇丰收村丰收村民B11-3房屋在本次征收范围内。苏月华于2011年9月13日去世，其生前将该房屋处置给四原告所有。原告古宏英系苏月华的女儿，原告沙明保、沙明虎、沙明莉系苏月华的外孙。在实施征迁过程中，征地单位分别制作了《马鞍山市国家建设用地征迁费用补偿表》《马鞍山市征迁住房货币化安置（产权调换）备案表》，对苏月华户房屋及地上附着物予以登记补偿，原告古宏英的丈夫领取了安置补偿款。2012年年初，被告组织相关部门将苏月华户房屋及地上附着物拆除。原告沙明保等四人认为马鞍山市花山区人民政府非法将上述房屋拆除，侵犯了其合法财产权，故提起诉讼，请求人民法院判令马鞍山市花山区人民政府赔偿房屋损失、装潢损失、房租损失共计282.768万元；房屋内物品损失共计10万元，主要包括衣物、家具、家电、手机等5万元，实木雕花床5万元。

问题：

1. 沙明保、沙明虎、沙明莉、古宏英是否有权提起行政赔偿请求？

2. 马鞍山市花山区人民政府是否应该承担行政赔偿责任？

3. 对于被拆除房屋内损失10万元，由谁承担举证责任？

【案例2】

2006年3月3日凌晨3时许，被害人刘伟洲路过甘肃省天水市麦积区桥南伯阳路农行储蓄所门前时，遭到罪犯苏福堂、吴利强、佟彬的拦路抢劫。刘伟洲被刺伤后喊叫求救，个体司机胡某、美容中心经理梁某听到呼救后，先后用手机于4时02分、4时13分、4时20分三次拨打"110"电话报警，"110"值班人员让给"120"打电话，"120"让给"110"打电话。梁某于4时24分20秒（时长79秒）再次给"110"打电话报警，"110"值班接警人员于6时23分35秒电话指令桥南派出所出警。此时被害人刘伟洲因失血过多已经死亡。经法医鉴定：被害人刘伟洲系被他人持锐器刺破股动脉，致失血性休克死亡。天水市麦积区人民法院于 2007 年 3 月 23 日作出（2007）麦刑初字第 4 号刑事判决，认定麦积分局"110"值班民警高某犯玩忽职守罪，免予刑事处罚。高某上诉后，二审维持原判。

天水市中级人民法院作出（2006）天刑一初字第 24 号刑事附带民事判决，判决被告人苏福堂、吴得强、佟彬赔偿刘伟洲相应的死亡赔偿金等。在民事判决执行中，因被告人苏福堂已被执行死刑，无财产可供执行；被告人吴利强、佟彬服刑前靠父母养活，暂无财产可供执行，天水市中级人民法院于 2008 年 6 月 3 日以（2008）天执字第 29 号民事裁定终结执行。被害人刘伟洲的近亲属张美华、刘宇、刘沛、刘忠议、张凤仙五人于 2009 年 1 月 16 日以公安机关行政不作为为由向天水市公安局麦积分局提出行政赔偿申请，该局作出不予行政赔偿的决定。张美华等五人遂以该局为被告，向法院提起行政赔偿诉讼，请求判令被告赔偿刘伟洲死亡赔偿金和丧葬费 498 640 元，被扶养人生活费 26 959.95 元。

问题：

1. 针对公安机关的不作为是否有权申请行政赔偿？
2. 本案中如何计算赔偿金额？
3. 行政赔偿诉讼是否可以调解？

附录一
中华人民共和国行政诉讼法

(1989 年 4 月 4 日第七届全国人民代表大会第二次会议通过 根据 2014 年 11 月 1 日第十二届全国人民代表大会常务委员会第十一次会议《关于修改〈中华人民共和国行政诉讼法〉的决定》第一次修正 根据 2017 年 6 月 27 日第十二届全国人民代表大会常务委员会第二十八次会议《关于修改〈中华人民共和国民事诉讼法〉和〈中华人民共和国行政诉讼法〉的决定》第二次修正)

第一章 总 则

第一条 为保证人民法院公正、及时审理行政案件,解决行政争议,保护公民、法人和其他组织的合法权益,监督行政机关依法行使职权,根据宪法,制定本法。

第二条 公民、法人或者其他组织认为行政机关和行政机关工作人员的行政行为侵犯其合法权益,有权依照本法向人民法院提起诉讼。

前款所称行政行为,包括法律、法规、规章授权的组织作出的行政行为。

第三条 人民法院应当保障公民、法人和其他组织的起诉权利,对应当受理的行政案件依法受理。

行政机关及其工作人员不得干预、阻碍人民法院受理行政案件。

被诉行政机关负责人应当出庭应诉。不能出庭的,应当委托行政机关相应的工作人员出庭。

第四条 人民法院依法对行政案件独立行使审判权,不受行政机关、社会团体和个人的干涉。

人民法院设行政审判庭,审理行政案件。

第五条 人民法院审理行政案件,以事实为根据,以法律为准绳。

第六条 人民法院审理行政案件,对行政行为是否合法进行审查。

第七条 人民法院审理行政案件,依法实行合议、回避、公开审判和两审终审制度。

第八条 当事人在行政诉讼中的法律地位平等。

第九条 各民族公民都有用本民族语言、文字进行行政诉讼的权利。

在少数民族聚居或者多民族共同居住的地区,人民法院应当用当地民族通用的语言、文字进行审理和发布法律文书。

人民法院应当对不通晓当地民族通用的语言、文字的诉讼参与人提供翻译。

第十条　当事人在行政诉讼中有权进行辩论。

第十一条　人民检察院有权对行政诉讼实行法律监督。

第二章　受案范围

第十二条　人民法院受理公民、法人或者其他组织提起的下列诉讼：

（一）对行政拘留、暂扣或者吊销许可证和执照、责令停产停业、没收违法所得、没收非法财物、罚款、警告等行政处罚不服的；

（二）对限制人身自由或者对财产的查封、扣押、冻结等行政强制措施和行政强制执行不服的；

（三）申请行政许可，行政机关拒绝或者在法定期限内不予答复，或者对行政机关作出的有关行政许可的其他决定不服的；

（四）对行政机关作出的关于确认土地、矿藏、水流、森林、山岭、草原、荒地、滩涂、海域等自然资源的所有权或者使用权的决定不服的；

（五）对征收、征用决定及其补偿决定不服的；

（六）申请行政机关履行保护人身权、财产权等合法权益的法定职责，行政机关拒绝履行或者不予答复的；

（七）认为行政机关侵犯其经营自主权或者农村土地承包经营权、农村土地经营权的；

（八）认为行政机关滥用行政权力排除或者限制竞争的；

（九）认为行政机关违法集资、摊派费用或者违法要求履行其他义务的；

（十）认为行政机关没有依法支付抚恤金、最低生活保障待遇或者社会保险待遇的；

（十一）认为行政机关不依法履行、未按照约定履行或者违法变更、解除政府特许经营协议、土地房屋征收补偿协议等协议的；

（十二）认为行政机关侵犯其他人身权、财产权等合法权益的。

除前款规定外，人民法院受理法律、法规规定可以提起诉讼的其他行政案件。

第十三条　人民法院不受理公民、法人或者其他组织对下列事项提起的诉讼：

（一）国防、外交等国家行为；

（二）行政法规、规章或者行政机关制定、发布的具有普遍约束力的决定、命令；

（三）行政机关对行政机关工作人员的奖惩、任免等决定；

（四）法律规定由行政机关最终裁决的行政行为。

第三章　管　辖

第十四条　基层人民法院管辖第一审行政案件。

第十五条　中级人民法院管辖下列第一审行政案件：

（一）对国务院部门或者县级以上地方人民政府所作的行政行为提起诉讼的案件；

（二）海关处理的案件；

（三）本辖区内重大、复杂的案件；

（四）其他法律规定由中级人民法院管辖的案件。

第十六条 高级人民法院管辖本辖区内重大、复杂的第一审行政案件。

第十七条 最高人民法院管辖全国范围内重大、复杂的第一审行政案件。

第十八条 行政案件由最初作出行政行为的行政机关所在地人民法院管辖。经复议的案件，也可以由复议机关所在地人民法院管辖。

经最高人民法院批准，高级人民法院可以根据审判工作的实际情况，确定若干人民法院跨行政区域管辖行政案件。

第十九条 对限制人身自由的行政强制措施不服提起的诉讼，由被告所在地或者原告所在地人民法院管辖。

第二十条 因不动产提起的行政诉讼，由不动产所在地人民法院管辖。

第二十一条 两个以上人民法院都有管辖权的案件，原告可以选择其中一个人民法院提起诉讼。原告向两个以上有管辖权的人民法院提起诉讼的，由最先立案的人民法院管辖。

第二十二条 人民法院发现受理的案件不属于本院管辖的，应当移送有管辖权的人民法院，受移送的人民法院应当受理。受移送的人民法院认为受移送的案件按照规定不属于本院管辖的，应当报请上级人民法院指定管辖，不得再自行移送。

第二十三条 有管辖权的人民法院由于特殊原因不能行使管辖权的，由上级人民法院指定管辖。

人民法院对管辖权发生争议，由争议双方协商解决。协商不成的，报它们的共同上级人民法院指定管辖。

第二十四条 上级人民法院有权审理下级人民法院管辖的第一审行政案件。

下级人民法院对其管辖的第一审行政案件，认为需要由上级人民法院审理或者指定管辖的，可以报请上级人民法院决定。

第四章 诉讼参加人

第二十五条 行政行为的相对人以及其他与行政行为有利害关系的公民、法人或者其他组织，有权提起诉讼。

有权提起诉讼的公民死亡，其近亲属可以提起诉讼。

有权提起诉讼的法人或者其他组织终止，承受其权利的法人或者其他组织可以提起诉讼。

人民检察院在履行职责中发现生态环境和资源保护、食品药品安全、国有财产保护、国有土地使用权出让等领域负有监督管理职责的行政机关违法行使职权或者不作为，致使国家利益或者社会公共利益受到侵害的，应当向行政机关提出检察建议，督促其依法履行职责。行政机关不依法履行职责的，人民检察院依法向人民法院提起诉讼。

第二十六条 公民、法人或者其他组织直接向人民法院提起诉讼的，作出行政行为的行政机关是被告。

经复议的案件，复议机关决定维持原行政行为的，作出原行政行为的行政机关和复议机关是共同被告；复议机关改变原行政行为的，复议机关是被告。

复议机关在法定期限内未作出复议决定，公民、法人或者其他组织起诉原行政行为的，作出原行政行为的行政机关是被告；起诉复议机关不作为的，复议机关是被告。

两个以上行政机关作出同一行政行为的，共同作出行政行为的行政机关是共同被告。

行政机关委托的组织所作的行政行为，委托的行政机关是被告。

行政机关被撤销或者职权变更的，继续行使其职权的行政机关是被告。

第二十七条　当事人一方或者双方为二人以上，因同一行政行为发生的行政案件，或者因同类行政行为发生的行政案件、人民法院认为可以合并审理并经当事人同意的，为共同诉讼。

第二十八条　当事人一方人数众多的共同诉讼，可以由当事人推选代表人进行诉讼。代表人的诉讼行为对其所代表的当事人发生效力，但代表人变更、放弃诉讼请求或者承认对方当事人的诉讼请求，应当经被代表的当事人同意。

第二十九条　公民、法人或者其他组织同被诉行政行为有利害关系但没有提起诉讼，或者同案件处理结果有利害关系的，可以作为第三人申请参加诉讼，或者由人民法院通知参加诉讼。

人民法院判决第三人承担义务或者减损第三人权益的，第三人有权依法提起上诉。

第三十条　没有诉讼行为能力的公民，由其法定代理人代为诉讼。法定代理人互相推诿代理责任的，由人民法院指定其中一人代为诉讼。

第三十一条　当事人、法定代理人，可以委托一至二人作为诉讼代理人。

下列人员可以被委托为诉讼代理人：

（一）律师、基层法律服务工作者；

（二）当事人的近亲属或者工作人员；

（三）当事人所在社区、单位以及有关社会团体推荐的公民。

第三十二条　代理诉讼的律师，有权按照规定查阅、复制本案有关材料，有权向有关组织和公民调查，收集与本案有关的证据。对涉及国家秘密、商业秘密和个人隐私的材料，应当依照法律规定保密。

当事人和其他诉讼代理人有权按照规定查阅、复制本案庭审材料，但涉及国家秘密、商业秘密和个人隐私的内容除外。

第五章　证　据

第三十三条　证据包括：

（一）书证；

（二）物证；

（三）视听资料；

（四）电子数据；

（五）证人证言；

（六）当事人的陈述；

（七）鉴定意见；

（八）勘验笔录、现场笔录。

以上证据经法庭审查属实，才能作为认定案件事实的根据。

第三十四条　被告对作出的行政行为负有举证责任，应当提供作出该行政行为的证据和所依据的规范性文件。

被告不提供或者无正当理由逾期提供证据，视为没有相应证据。但是，被诉行政行为涉及第三人合法权益，第三人提供证据的除外。

第三十五条　在诉讼过程中，被告及其诉讼代理人不得自行向原告、第三人和证人收集证据。

第三十六条　被告在作出行政行为时已经收集了证据，但因不可抗力等正当事由不能提供的，经人民法院准许，可以延期提供。

原告或者第三人提出了其在行政处理程序中没有提出的理由或者证据的，经人民法院准许，被告可以补充证据。

第三十七条　原告可以提供证明行政行为违法的证据。原告提供的证据不成立的，不免除被告的举证责任。

第三十八条　在起诉被告不履行法定职责的案件中，原告应当提供其向被告提出申请的证据。但有下列情形之一的除外：

（一）被告应当依职权主动履行法定职责的；

（二）原告因正当理由不能提供证据的。

在行政赔偿、补偿的案件中，原告应当对行政行为造成的损害提供证据。因被告的原因导致原告无法举证的，由被告承担举证责任。

第三十九条　人民法院有权要求当事人提供或者补充证据。

第四十条　人民法院有权向有关行政机关以及其他组织、公民调取证据。但是，不得为证明行政行为的合法性调取被告作出行政行为时未收集的证据。

第四十一条　与本案有关的下列证据，原告或者第三人不能自行收集的，可以申请人民法院调取：

（一）由国家机关保存而须由人民法院调取的证据；

（二）涉及国家秘密、商业秘密和个人隐私的证据；

（三）确因客观原因不能自行收集的其他证据。

第四十二条　在证据可能灭失或者以后难以取得的情况下，诉讼参加人可以向人民法院申请保全证据，人民法院也可以主动采取保全措施。

第四十三条　证据应当在法庭上出示，并由当事人互相质证。对涉及国家秘密、商业秘密和个人隐私的证据，不得在公开开庭时出示。

人民法院应当按照法定程序，全面、客观地审查核实证据。对未采纳的证据应当在裁判文书中说明理由。

以非法手段取得的证据，不得作为认定案件事实的根据。

第六章　起诉和受理

第四十四条　对属于人民法院受案范围的行政案件，公民、法人或者其他组织可以先向行政机关申请复议，对复议决定不服的，再向人民法院提起诉讼；也可以直接向人民法院提起诉讼。

法律、法规规定应当先向行政机关申请复议，对复议决定不服再向人民法院提起诉讼的，依照法律、法规的规定。

第四十五条 公民、法人或者其他组织不服复议决定的，可以在收到复议决定书之日起十五日内向人民法院提起诉讼。复议机关逾期不作决定的，申请人可以在复议期满之日起十五日内向人民法院提起诉讼。法律另有规定的除外。

第四十六条 公民、法人或者其他组织直接向人民法院提起诉讼的，应当自知道或者应当知道作出行政行为之日起六个月内提出。法律另有规定的除外。

因不动产提起诉讼的案件自行政行为作出之日起超过二十年，其他案件自行政行为作出之日起超过五年提起诉讼的，人民法院不予受理。

第四十七条 公民、法人或者其他组织申请行政机关履行保护其人身权、财产权等合法权益的法定职责，行政机关在接到申请之日起两个月内不履行的，公民、法人或者其他组织可以向人民法院提起诉讼。法律、法规对行政机关履行职责的期限另有规定的，从其规定。

公民、法人或者其他组织在紧急情况下请求行政机关履行保护其人身权、财产权等合法权益的法定职责，行政机关不履行的，提起诉讼不受前款规定期限的限制。

第四十八条 公民、法人或者其他组织因不可抗力或者其他不属于其自身的原因耽误起诉期限的，被耽误的时间不计算在起诉期限内。

公民、法人或者其他组织因前款规定以外的其他特殊情况耽误起诉期限的，在障碍消除后十日内，可以申请延长期限，是否准许由人民法院决定。

第四十九条 提起诉讼应当符合下列条件：

（一）原告是符合本法第二十五条规定的公民、法人或者其他组织；

（二）有明确的被告；

（三）有具体的诉讼请求和事实根据；

（四）属于人民法院受案范围和受诉人民法院管辖。

第五十条 起诉应当向人民法院递交起诉状，并按照被告人数提出副本。

书写起诉状确有困难的，可以口头起诉，由人民法院记入笔录，出具注明日期的书面凭证，并告知对方当事人。

第五十一条 人民法院在接到起诉状时对符合本法规定的起诉条件的，应当登记立案。

对当场不能判定是否符合本法规定的起诉条件的，应当接收起诉状，出具注明收到日期的书面凭证，并在七日内决定是否立案。不符合起诉条件的，作出不予立案的裁定。裁定书应当载明不予立案的理由。原告对裁定不服的，可以提起上诉。

起诉状内容欠缺或者有其他错误的，应当给予指导和释明，并一次性告知当事人需要补正的内容。不得未经指导和释明即以起诉不符合条件为由不接收起诉状。

对于不接收起诉状、接收起诉状后不出具书面凭证，以及不一次性告知当事人需要补正的起诉状内容的，当事人可以向上级人民法院投诉，上级人民法院应当责令改正，并对直接负责的主管人员和其他直接责任人员依法给予处分。

第五十二条 人民法院既不立案，又不作出不予立案裁定的，当事人可以向上一级人民法院起诉。上一级人民法院认为符合起诉条件的，应当立案、审理，也可以指定其他下级人民法院立案、审理。

第五十三条 公民、法人或者其他组织认为行政行为所依据的国务院部门和地方人民政府及其部门制定的规范性文件不合法，在对行政行为提起诉讼时，可以一并请求对该规范性文件进行审查。

前款规定的规范性文件不含规章。

第七章 审理和判决

第一节 一般规定

第五十四条 人民法院公开审理行政案件，但涉及国家秘密、个人隐私和法律另有规定的除外。

涉及商业秘密的案件，当事人申请不公开审理的，可以不公开审理。

第五十五条 当事人认为审判人员与本案有利害关系或者有其他关系可能影响公正审判，有权申请审判人员回避。

审判人员认为自己与本案有利害关系或者有其他关系，应当申请回避。

前两款规定，适用于书记员、翻译人员、鉴定人、勘验人。

院长担任审判长时的回避，由审判委员会决定；审判人员的回避，由院长决定；其他人员的回避，由审判长决定。当事人对决定不服的，可以申请复议一次。

第五十六条 诉讼期间，不停止行政行为的执行。但有下列情形之一的，裁定停止执行：

（一）被告认为需要停止执行的；

（二）原告或者利害关系人申请停止执行，人民法院认为该行政行为的执行会造成难以弥补的损失，并且停止执行不损害国家利益、社会公共利益的；

（三）人民法院认为该行政行为的执行会给国家利益、社会公共利益造成重大损害的；

（四）法律、法规规定停止执行的。

当事人对停止执行或者不停止执行的裁定不服的，可以申请复议一次。

第五十七条 人民法院对起诉行政机关没有依法支付抚恤金、最低生活保障金和工伤、医疗社会保险金的案件，权利义务关系明确、不先予执行将严重影响原告生活的，可以根据原告的申请，裁定先予执行。

当事人对先予执行裁定不服的，可以申请复议一次。复议期间不停止裁定的执行。

第五十八条 经人民法院传票传唤，原告无正当理由拒不到庭，或者未经法庭许可中途退庭的，可以按照撤诉处理；被告无正当理由拒不到庭，或者未经法庭许可中途退庭的，可以缺席判决。

第五十九条 诉讼参与人或者其他人有下列行为之一的，人民法院可以根据情节轻重，予以训诫、责令具结悔过或者处一万元以下的罚款、十五日以下的拘留；构成犯罪的，依法追究刑事责任：

（一）有义务协助调查、执行的人，对人民法院的协助调查决定、协助执行通知书，无故推拖、拒绝或者妨碍调查、执行的；

（二）伪造、隐藏、毁灭证据或者提供虚假证明材料，妨碍人民法院审理案件的；

（三）指使、贿买、胁迫他人作伪证或者威胁、阻止证人作证的；

（四）隐藏、转移、变卖、毁损已被查封、扣押、冻结的财产的；

（五）以欺骗、胁迫等非法手段使原告撤诉的；

（六）以暴力、威胁或者其他方法阻碍人民法院工作人员执行职务，或者以哄闹、冲击法庭等方法扰乱人民法院工作秩序的；

（七）对人民法院审判人员或者其他工作人员、诉讼参与人、协助调查和执行的人员恐吓、侮辱、诽谤、诬陷、殴打、围攻或者打击报复的。

人民法院对有前款规定的行为之一的单位，可以对其主要负责人或者直接责任人员依照前款规定予以罚款、拘留；构成犯罪的，依法追究刑事责任。

罚款、拘留须经人民法院院长批准。当事人不服的，可以向上一级人民法院申请复议一次。复议期间不停止执行。

第六十条 人民法院审理行政案件，不适用调解。但是，行政赔偿、补偿以及行政机关行使法律、法规规定的自由裁量权的案件可以调解。

调解应当遵循自愿、合法原则，不得损害国家利益、社会公共利益和他人合法权益。

第六十一条 在涉及行政许可、登记、征收、征用和行政机关对民事争议所作的裁决的行政诉讼中，当事人申请一并解决相关民事争议的，人民法院可以一并审理。

在行政诉讼中，人民法院认为行政案件的审理需以民事诉讼的裁判为依据的，可以裁定中止行政诉讼。

第六十二条 人民法院对行政案件宣告判决或者裁定前，原告申请撤诉的，或者被告改变其所作的行政行为，原告同意并申请撤诉的，是否准许，由人民法院裁定。

第六十三条 人民法院审理行政案件，以法律和行政法规、地方性法规为依据。地方性法规适用于本行政区域内发生的行政案件。

人民法院审理民族自治地方的行政案件，并以该民族自治地方的自治条例和单行条例为依据。

人民法院审理行政案件，参照规章。

第六十四条 人民法院在审理行政案件中，经审查认为本法第五十三条规定的规范性文件不合法的，不作为认定行政行为合法的依据，并向制定机关提出处理建议。

第六十五条 人民法院应当公开发生法律效力的判决书、裁定书，供公众查阅，但涉及国家秘密、商业秘密和个人隐私的内容除外。

第六十六条 人民法院在审理行政案件中，认为行政机关的主管人员、直接责任人员违法违纪的，应当将有关材料移送监察机关、该行政机关或者其上一级行政机关；认为有犯罪行为的，应当将有关材料移送公安、检察机关。

人民法院对被告经传票传唤无正当理由拒不到庭，或者未经法庭许可中途退庭的，可以将被告拒不到庭或者中途退庭的情况予以公告，并可以向监察机关或者被告的上一级行政机关提出依法给予其主要负责人或者直接责任人员处分的司法建议。

第二节 第一审普通程序

第六十七条 人民法院应当在立案之日起五日内,将起诉状副本发送被告。被告应当在收到起诉状副本之日起十五日内向人民法院提交作出行政行为的证据和所依据的规范性文件,并提出答辩状。人民法院应当在收到答辩状之日起五日内,将答辩状副本发送原告。

被告不提出答辩状的,不影响人民法院审理。

第六十八条 人民法院审理行政案件,由审判员组成合议庭,或者由审判员、陪审员组成合议庭。合议庭的成员,应当是三人以上的单数。

第六十九条 行政行为证据确凿,适用法律、法规正确,符合法定程序的,或者原告申请被告履行法定职责或者给付义务理由不成立的,人民法院判决驳回原告的诉讼请求。

第七十条 行政行为有下列情形之一的,人民法院判决撤销或者部分撤销,并可以判决被告重新作出行政行为:

(一)主要证据不足的;

(二)适用法律、法规错误的;

(三)违反法定程序的;

(四)超越职权的;

(五)滥用职权的;

(六)明显不当的。

第七十一条 人民法院判决被告重新作出行政行为的,被告不得以同一的事实和理由作出与原行政行为基本相同的行政行为。

第七十二条 人民法院经过审理,查明被告不履行法定职责的,判决被告在一定期限内履行。

第七十三条 人民法院经过审理,查明被告依法负有给付义务的,判决被告履行给付义务。

第七十四条 行政行为有下列情形之一的,人民法院判决确认违法,但不撤销行政行为:

(一)行政行为依法应当撤销,但撤销会给国家利益、社会公共利益造成重大损害的;

(二)行政行为程序轻微违法,但对原告权利不产生实际影响的。

行政行为有下列情形之一,不需要撤销或者判决履行的,人民法院判决确认违法:

(一)行政行为违法,但不具有可撤销内容的;

(二)被告改变原违法行政行为,原告仍要求确认原行政行为违法的;

(三)被告不履行或者拖延履行法定职责,判决履行没有意义的。

第七十五条 行政行为有实施主体不具有行政主体资格或者没有依据等重大且明显违法情形,原告申请确认行政行为无效的,人民法院判决确认无效。

第七十六条 人民法院判决确认违法或者无效的,可以同时判决责令被告采取补救措施;给原告造成损失的,依法判决被告承担赔偿责任。

第七十七条 行政处罚明显不当,或者其他行政行为涉及对款额的确定、认定确有错误的,人民法院可以判决变更。

人民法院判决变更,不得加重原告的义务或者减损原告的权益。但利害关系人同为原告,且诉讼请求相反的除外。

第七十八条　被告不依法履行、未按照约定履行或者违法变更、解除本法第十二条第一款第十一项规定的协议的，人民法院判决被告承担继续履行、采取补救措施或者赔偿损失等责任。

被告变更、解除本法第十二条第一款第十一项规定的协议合法，但未依法给予补偿的，人民法院判决给予补偿。

第七十九条　复议机关与作出原行政行为的行政机关为共同被告的案件，人民法院应当对复议决定和原行政行为一并作出裁判。

第八十条　人民法院对公开审理和不公开审理的案件，一律公开宣告判决。

当庭宣判的，应当在十日内发送判决书；定期宣判的，宣判后立即发给判决书。

宣告判决时，必须告知当事人上诉权利、上诉期限和上诉的人民法院。

第八十一条　人民法院应当在立案之日起六个月内作出第一审判决。有特殊情况需要延长的，由高级人民法院批准，高级人民法院审理第一审案件需要延长的，由最高人民法院批准。

第三节　简易程序

第八十二条　人民法院审理下列第一审行政案件，认为事实清楚、权利义务关系明确、争议不大的，可以适用简易程序：

（一）被诉行政行为是依法当场作出的；

（二）案件涉及款额二千元以下的；

（三）属于政府信息公开案件的。

除前款规定以外的第一审行政案件，当事人各方同意适用简易程序的，可以适用简易程序。

发回重审、按照审判监督程序再审的案件不适用简易程序。

第八十三条　适用简易程序审理的行政案件，由审判员一人独任审理，并应当在立案之日起四十五日内审结。

第八十四条　人民法院在审理过程中，发现案件不宜适用简易程序的，裁定转为普通程序。

第四节　第二审程序

第八十五条　当事人不服人民法院第一审判决的，有权在判决书送达之日起十五日内向上一级人民法院提起上诉。当事人不服人民法院第一审裁定的，有权在裁定书送达之日起十日内向上一级人民法院提起上诉。逾期不提起上诉的，人民法院的第一审判决或者裁定发生法律效力。

第八十六条　人民法院对上诉案件，应当组成合议庭，开庭审理。经过阅卷、调查和询问当事人，对没有提出新的事实、证据或者理由，合议庭认为不需要开庭审理的，也可以不开庭审理。

第八十七条　人民法院审理上诉案件，应当对原审人民法院的判决、裁定和被诉行政行为进行全面审查。

第八十八条 人民法院审理上诉案件，应当在收到上诉状之日起三个月内作出终审判决。有特殊情况需要延长的，由高级人民法院批准，高级人民法院审理上诉案件需要延长的，由最高人民法院批准。

第八十九条 人民法院审理上诉案件，按照下列情形，分别处理：

（一）原判决、裁定认定事实清楚，适用法律、法规正确的，判决或者裁定驳回上诉，维持原判决、裁定；

（二）原判决、裁定认定事实错误或者适用法律、法规错误的，依法改判、撤销或者变更；

（三）原判决认定基本事实不清、证据不足的，发回原审人民法院重审，或者查清事实后改判；

（四）原判决遗漏当事人或者违法缺席判决等严重违反法定程序的，裁定撤销原判决，发回原审人民法院重审。

原审人民法院对发回重审的案件作出判决后，当事人提起上诉的，第二审人民法院不得再次发回重审。

人民法院审理上诉案件，需要改变原审判决的，应当同时对被诉行政行为作出判决。

第五节　审判监督程序

第九十条 当事人对已经发生法律效力的判决、裁定，认为确有错误的，可以向上一级人民法院申请再审，但判决、裁定不停止执行。

第九十一条 当事人的申请符合下列情形之一的，人民法院应当再审：

（一）不予立案或者驳回起诉确有错误的；

（二）有新的证据，足以推翻原判决、裁定的；

（三）原判决、裁定认定事实的主要证据不足、未经质证或者系伪造的；

（四）原判决、裁定适用法律、法规确有错误的；

（五）违反法律规定的诉讼程序，可能影响公正审判的；

（六）原判决、裁定遗漏诉讼请求的；

（七）据以作出原判决、裁定的法律文书被撤销或者变更的；

（八）审判人员在审理该案件时有贪污受贿、徇私舞弊、枉法裁判行为的。

第九十二条 各级人民法院院长对本院已经发生法律效力的判决、裁定，发现有本法第九十一条规定情形之一，或者发现调解违反自愿原则或者调解书内容违法，认为需要再审的，应当提交审判委员会讨论决定。

最高人民法院对地方各级人民法院已经发生法律效力的判决、裁定，上级人民法院对下级人民法院已经发生法律效力的判决、裁定，发现有本法第九十一条规定情形之一，或者发现调解违反自愿原则或者调解书内容违法的，有权提审或者指令下级人民法院再审。

第九十三条 最高人民检察院对各级人民法院已经发生法律效力的判决、裁定，上级人民检察院对下级人民法院已经发生法律效力的判决、裁定，发现有本法第九十一条规定情形之一，或者发现调解书损害国家利益、社会公共利益的，应当提出抗诉。

　　地方各级人民检察院对同级人民法院已经发生法律效力的判决、裁定，发现有本法第九十一条规定情形之一，或者发现调解书损害国家利益、社会公共利益的，可以向同级人民法院提出检察建议，并报上级人民检察院备案；也可以提请上级人民检察院向同级人民法院提出抗诉。

　　各级人民检察院对审判监督程序以外的其他审判程序中审判人员的违法行为，有权向同级人民法院提出检察建议。

第八章　执　行

　　第九十四条　当事人必须履行人民法院发生法律效力的判决、裁定、调解书。

　　第九十五条　公民、法人或者其他组织拒绝履行判决、裁定、调解书的，行政机关或者第三人可以向第一审人民法院申请强制执行，或者由行政机关依法强制执行。

　　第九十六条　行政机关拒绝履行判决、裁定、调解书的，第一审人民法院可以采取下列措施：

　　（一）对应当归还的罚款或者应当给付的款额，通知银行从该行政机关的账户内划拨；

　　（二）在规定期限内不履行的，从期满之日起，对该行政机关负责人按日处五十元至一百元的罚款；

　　（三）将行政机关拒绝履行的情况予以公告；

　　（四）向监察机关或者该行政机关的上一级行政机关提出司法建议。接受司法建议的机关，根据有关规定进行处理，并将处理情况告知人民法院；

　　（五）拒不履行判决、裁定、调解书，社会影响恶劣的，可以对该行政机关直接负责的主管人员和其他直接责任人员予以拘留；情节严重，构成犯罪的，依法追究刑事责任。

　　第九十七条　公民、法人或者其他组织对行政行为在法定期限内不提起诉讼又不履行的，行政机关可以申请人民法院强制执行，或者依法强制执行。

第九章　涉外行政诉讼

　　第九十八条　外国人、无国籍人、外国组织在中华人民共和国进行行政诉讼，适用本法。法律另有规定的除外。

　　第九十九条　外国人、无国籍人、外国组织在中华人民共和国进行行政诉讼，同中华人民共和国公民、组织有同等的诉讼权利和义务。

　　外国法院对中华人民共和国公民、组织的行政诉讼权利加以限制的，人民法院对该国公民、组织的行政诉讼权利，实行对等原则。

　　第一百条　外国人、无国籍人、外国组织在中华人民共和国进行行政诉讼，委托律师代理诉讼的，应当委托中华人民共和国律师机构的律师。

第十章　附　则

　　第一百零一条　人民法院审理行政案件，关于期间、送达、财产保全、开庭审理、调解、中止诉讼、终结诉讼、简易程序、执行等，以及人民检察院对行政案件受理、审理、裁判、执行的监督，本法没有规定的，适用《中华人民共和国民事诉讼法》的相关规定。

第一百零二条 人民法院审理行政案件，应当收取诉讼费用。诉讼费用由败诉方承担，双方都有责任的由双方分担。收取诉讼费用的具体办法另行规定。

第一百零三条 本法自 1990 年 10 月 1 日起施行。

附录二

最高人民法院关于适用《中华人民共和国 行政诉讼法》的解释

（2017 年 11 月 13 日最高人民法院审判委员会第 1726 次会议通过，
自 2018 年 2 月 8 日起施行　法释〔2018〕1 号）

为正确适用《中华人民共和国行政诉讼法》（以下简称行政诉讼法），结合人民法院行政审判工作实际，制定本解释。

一、受案范围

第一条　公民、法人或者其他组织对行政机关及其工作人员的行政行为不服，依法提起诉讼的，属于人民法院行政诉讼的受案范围。

下列行为不属于人民法院行政诉讼的受案范围：

（一）公安、国家安全等机关依照刑事诉讼法的明确授权实施的行为；

（二）调解行为以及法律规定的仲裁行为；

（三）行政指导行为；

（四）驳回当事人对行政行为提起申诉的重复处理行为；

（五）行政机关作出的不产生外部法律效力的行为；

（六）行政机关为作出行政行为而实施的准备、论证、研究、层报、咨询等过程性行为；

（七）行政机关根据人民法院的生效裁判、协助执行通知书作出的执行行为，但行政机关扩大执行范围或者采取违法方式实施的除外；

（八）上级行政机关基于内部层级监督关系对下级行政机关作出的听取报告、执法检查、督促履责等行为；

（九）行政机关针对信访事项作出的登记、受理、交办、转送、复查、复核意见等行为；

（十）对公民、法人或者其他组织权利义务不产生实际影响的行为。

第二条　行政诉讼法第十三条第一项规定的"国家行为"，是指国务院、中央军事委员会、国防部、外交部等根据宪法和法律的授权，以国家的名义实施的有关国防和外交事务的行为，以及经宪法和法律授权的国家机关宣布紧急状态等行为。

行政诉讼法第十三条第二项规定的"具有普遍约束力的决定、命令"，是指行政机关针对不特定对象发布的能反复适用的规范性文件。

行政诉讼法第十三条第三项规定的"对行政机关工作人员的奖惩、任免等决定",是指行政机关作出的涉及行政机关工作人员公务员权利义务的决定。

行政诉讼法第十三条第四项规定的"法律规定由行政机关最终裁决的行政行为"中的"法律",是指全国人民代表大会及其常务委员会制定、通过的规范性文件。

二、管辖

第三条 各级人民法院行政审判庭审理行政案件和审查行政机关申请执行其行政行为的案件。

专门人民法院、人民法庭不审理行政案件,也不审查和执行行政机关申请执行其行政行为的案件。铁路运输法院等专门人民法院审理行政案件,应当执行行政诉讼法第十八条第二款的规定。

第四条 立案后,受诉人民法院的管辖权不受当事人住所地改变、追加被告等事实和法律状态变更的影响。

第五条 有下列情形之一的,属于行政诉讼法第十五条第三项规定的"本辖区内重大、复杂的案件":

(一)社会影响重大的共同诉讼案件;

(二)涉外或者涉及香港特别行政区、澳门特别行政区、台湾地区的案件;

(三)其他重大、复杂案件。

第六条 当事人以案件重大复杂为由,认为有管辖权的基层人民法院不宜行使管辖权或者根据行政诉讼法第五十二条的规定,向中级人民法院起诉,中级人民法院应当根据不同情况在七日内分别作出以下处理:

(一)决定自行审理;

(二)指定本辖区其他基层人民法院管辖;

(三)书面告知当事人向有管辖权的基层人民法院起诉。

第七条 基层人民法院对其管辖的第一审行政案件,认为需要由中级人民法院审理或者指定管辖的,可以报请中级人民法院决定。中级人民法院应当根据不同情况在七日内分别作出以下处理:

(一)决定自行审理;

(二)指定本辖区其他基层人民法院管辖;

(三)决定由报请的人民法院审理。

第八条 行政诉讼法第十九条规定的"原告所在地",包括原告的户籍所在地、经常居住地和被限制人身自由地。

对行政机关基于同一事实,既采取限制公民人身自由的行政强制措施,又采取其他行政强制措施或者行政处罚不服的,由被告所在地或者原告所在地的人民法院管辖。

第九条 行政诉讼法第二十条规定的"因不动产提起的行政诉讼"是指因行政行为导致不动产物权变动而提起的诉讼。

不动产已登记的，以不动产登记簿记载的所在地为不动产所在地；不动产未登记的，以不动产实际所在地为不动产所在地。

第十条　人民法院受理案件后，被告提出管辖异议的，应当在收到起诉状副本之日起十五日内提出。

对当事人提出的管辖异议，人民法院应当进行审查。异议成立的，裁定将案件移送有管辖权的人民法院；异议不成立的，裁定驳回。

人民法院对管辖异议审查后确定有管辖权的，不因当事人增加或者变更诉讼请求等改变管辖，但违反级别管辖、专属管辖规定的除外。

第十一条　有下列情形之一的，人民法院不予审查：

（一）人民法院发回重审或者按第一审程序再审的案件，当事人提出管辖异议的；

（二）当事人在第一审程序中未按照法律规定的期限和形式提出管辖异议，在第二审程序中提出的。

三、诉讼参加人

第十二条　有下列情形之一的，属于行政诉讼法第二十五条第一款规定的"与行政行为有利害关系"：

（一）被诉的行政行为涉及其相邻权或者公平竞争权的；

（二）在行政复议等行政程序中被追加为第三人的；

（三）要求行政机关依法追究加害人法律责任的；

（四）撤销或者变更行政行为涉及其合法权益的；

（五）为维护自身合法权益向行政机关投诉，具有处理投诉职责的行政机关作出或者未作出处理的；

（六）其他与行政行为有利害关系的情形。

第十三条　债权人以行政机关对债务人所作的行政行为损害债权实现为由提起行政诉讼的，人民法院应当告知其就民事争议提起民事诉讼，但行政机关作出行政行为时依法应予保护或者应予考虑的除外。

第十四条　行政诉讼法第二十五条第二款规定的"近亲属"，包括配偶、父母、子女、兄弟姐妹、祖父母、外祖父母、孙子女、外孙子女和其他具有扶养、赡养关系的亲属。

公民因被限制人身自由而不能提起诉讼的，其近亲属可以依其口头或者书面委托以该公民的名义提起诉讼。近亲属起诉时无法与被限制人身自由的公民取得联系，近亲属可以先行起诉，并在诉讼中补充提交委托证明。

第十五条　合伙企业向人民法院提起诉讼的，应当以核准登记的字号为原告。未依法登记领取营业执照的个人合伙的全体合伙人为共同原告；全体合伙人可以推选代表人，被推选的代表人，应当由全体合伙人出具推选书。

个体工商户向人民法院提起诉讼的，以营业执照上登记的经营者为原告。有字号的，以营业执照上登记的字号为原告，并应当注明该字号经营者的基本信息。

第十六条　股份制企业的股东大会、股东会、董事会等认为行政机关作出的行政行为侵犯企业经营自主权的，可以企业名义提起诉讼。

联营企业、中外合资或者合作企业的联营、合资、合作各方，认为联营、合资、合作企业权益或者自己一方合法权益受行政行为侵害的，可以自己的名义提起诉讼。

非国有企业被行政机关注销、撤销、合并、强令兼并、出售、分立或者改变企业隶属关系的，该企业或者其法定代表人可以提起诉讼。

第十七条　事业单位、社会团体、基金会、社会服务机构等非营利法人的出资人、设立人认为行政行为损害法人合法权益的，可以自己的名义提起诉讼。

第十八条　业主委员会对于行政机关作出的涉及业主共有利益的行政行为，可以自己的名义提起诉讼。

业主委员会不起诉的，专有部分占建筑物总面积过半数或者占总户数过半数的业主可以提起诉讼。

第十九条　当事人不服经上级行政机关批准的行政行为，向人民法院提起诉讼的，以对外发生法律效力的文书上署名的机关为被告。

第二十条　行政机关组建并赋予行政管理职能但不具有独立承担法律责任能力的机构，以自己的名义作出行政行为，当事人不服提起诉讼的，应当以组建该机构的行政机关为被告。

法律、法规或者规章授权行使行政职权的行政机关内设机构、派出机构或者其他组织，超出法定授权范围实施行政行为，当事人不服提起诉讼的，应当以实施该行为的机构或者组织为被告。

没有法律、法规或者规章规定，行政机关授权其内设机构、派出机构或者其他组织行使行政职权的，属于行政诉讼法第二十六条规定的委托。当事人不服提起诉讼的，应当以该行政机关为被告。

第二十一条　当事人对由国务院、省级人民政府批准设立的开发区管理机构作出的行政行为不服提起诉讼的，以该开发区管理机构为被告；对由国务院、省级人民政府批准设立的开发区管理机构所属职能部门作出的行政行为不服提起诉讼的，以其职能部门为被告；对其他开发区管理机构所属职能部门作出的行政行为不服提起诉讼的，以开发区管理机构为被告；开发区管理机构没有行政主体资格的，以设立该机构的地方人民政府为被告。

第二十二条　行政诉讼法第二十六条第二款规定的"复议机关改变原行政行为"，是指复议机关改变原行政行为的处理结果。复议机关改变原行政行为所认定的主要事实和证据、改变原行政行为所适用的规范依据，但未改变原行政行为处理结果的，视为复议机关维持原行政行为。

复议机关确认原行政行为无效，属于改变原行政行为。

复议机关确认原行政行为违法，属于改变原行政行为，但复议机关以违反法定程序为由确认原行政行为违法的除外。

第二十三条　行政机关被撤销或者职权变更，没有继续行使其职权的行政机关的，以其所属的人民政府为被告；实行垂直领导的，以垂直领导的上一级行政机关为被告。

第二十四条　当事人对村民委员会或者居民委员会依据法律、法规、规章的授权履行行政管理职责的行为不服提起诉讼的，以村民委员会或者居民委员会为被告。

当事人对村民委员会、居民委员会受行政机关委托作出的行为不服提起诉讼的，以委托的行政机关为被告。

当事人对高等学校等事业单位以及律师协会、注册会计师协会等行业协会依据法律、法规、规章的授权实施的行政行为不服提起诉讼的，以该事业单位、行业协会为被告。

当事人对高等学校等事业单位以及律师协会、注册会计师协会等行业协会受行政机关委托作出的行为不服提起诉讼的，以委托的行政机关为被告。

第二十五条　市、县级人民政府确定的房屋征收部门组织实施房屋征收与补偿工作过程中作出行政行为，被征收人不服提起诉讼的，以房屋征收部门为被告。

征收实施单位受房屋征收部门委托，在委托范围内从事的行为，被征收人不服提起诉讼的，应当以房屋征收部门为被告。

第二十六条　原告所起诉的被告不适格，人民法院应当告知原告变更被告；原告不同意变更的，裁定驳回起诉。

应当追加被告而原告不同意追加的，人民法院应当通知其以第三人的身份参加诉讼，但行政复议机关作共同被告的除外。

第二十七条　必须共同进行诉讼的当事人没有参加诉讼的，人民法院应当依法通知其参加；当事人也可以向人民法院申请参加。

人民法院应当对当事人提出的申请进行审查，申请理由不成立的，裁定驳回；申请理由成立的，书面通知其参加诉讼。

前款所称的必须共同进行诉讼，是指按照行政诉讼法第二十七条的规定，当事人一方或者双方为两人以上，因同一行政行为发生行政争议，人民法院必须合并审理的诉讼。

第二十八条　人民法院追加共同诉讼的当事人时，应当通知其他当事人。应当追加的原告，已明确表示放弃实体权利的，可不予追加；既不愿意参加诉讼，又不放弃实体权利的，应追加为第三人，其不参加诉讼，不能阻碍人民法院对案件的审理和裁判。

第二十九条　行政诉讼法第二十八条规定的"人数众多"，一般指十人以上。

根据行政诉讼法第二十八条的规定，当事人一方人数众多的，由当事人推选代表人。当事人推选不出的，可以由人民法院在起诉的当事人中指定代表人。

行政诉讼法第二十八条规定的代表人为二至五人。代表人可以委托一至二人作为诉讼代理人。

第三十条　行政机关的同一行政行为涉及两个以上利害关系人，其中一部分利害关系人对行政行为不服提起诉讼，人民法院应当通知没有起诉的其他利害关系人作为第三人参加诉讼。

与行政案件处理结果有利害关系的第三人，可以申请参加诉讼，或者由人民法院通知其参加诉讼。人民法院判决其承担义务或者减损其权益的第三人，有权提出上诉或者申请再审。

行政诉讼法第二十九条规定的第三人，因不能归责于本人的事由未参加诉讼，但有证据证明发生法律效力的判决、裁定、调解书损害其合法权益的，可以依照行政诉讼法第九十条的规定，自知道或者应当知道其合法权益受到损害之日起六个月内，向上一级人民法院申请再审。

第三十一条　当事人委托诉讼代理人，应当向人民法院提交由委托人签名或者盖章的授权委托书。委托书应当载明委托事项和具体权限。公民在特殊情况下无法书面委托的，也可以由他人代书，并由自己捺印等方式确认，人民法院应当核实并记录在卷；被诉行政机关或者其他有义务协助的机关拒绝人民法院向被限制人身自由的公民核实的，视为委托成立。当事人解除或者变更委托的，应当书面报告人民法院。

第三十二条　依照行政诉讼法第三十一条第二款第二项规定，与当事人有合法劳动人事关系的职工，可以当事人工作人员的名义作为诉讼代理人。以当事人的工作人员身份参加诉讼活动，应当提交以下证据之一加以证明：

（一）缴纳社会保险记录凭证；

（二）领取工资凭证；

（三）其他能够证明其为当事人工作人员身份的证据。

第三十三条　根据行政诉讼法第三十一条第二款第三项规定，有关社会团体推荐公民担任诉讼代理人的，应当符合下列条件：

（一）社会团体属于依法登记设立或者依法免予登记设立的非营利性法人组织；

（二）被代理人属于该社会团体的成员，或者当事人一方住所地位于该社会团体的活动地域；

（三）代理事务属于该社会团体章程载明的业务范围；

（四）被推荐的公民是该社会团体的负责人或者与该社会团体有合法劳动人事关系的工作人员。

专利代理人经中华全国专利代理人协会推荐，可以在专利行政案件中担任诉讼代理人。

四、证据

第三十四条　根据行政诉讼法第三十六条第一款的规定，被告申请延期提供证据的，应当在收到起诉状副本之日起十五日内以书面方式向人民法院提出。人民法院准许延期提供的，被告应当在正当事由消除后十五日内提供证据。逾期提供的，视为被诉行政行为没有相应的证据。

第三十五条　原告或者第三人应当在开庭审理前或者人民法院指定的交换证据清单之日提供证据。因正当事由申请延期提供证据的，经人民法院准许，可以在法庭调查中提供。逾期提供证据的，人民法院应当责令其说明理由；拒不说明理由或者理由不成立的，视为放弃举证权利。

原告或者第三人在第一审程序中无正当事由未提供而在第二审程序中提供的证据，人民法院不予接纳。

第三十六条　当事人申请延长举证期限，应当在举证期限届满前向人民法院提出书面申请。

申请理由成立的，人民法院应当准许，适当延长举证期限，并通知其他当事人。申请理由不成立的，人民法院不予准许，并通知申请人。

第三十七条　根据行政诉讼法第三十九条的规定，对当事人无争议，但涉及国家利益、公共利益或者他人合法权益的事实，人民法院可以责令当事人提供或者补充有关证据。

第三十八条　对于案情比较复杂或者证据数量较多的案件，人民法院可以组织当事人在开庭前向对方出示或者交换证据，并将交换证据清单的情况记录在卷。

当事人在庭前证据交换过程中没有争议并记录在卷的证据，经审判人员在庭审中说明后，可以作为认定案件事实的依据。

第三十九条　当事人申请调查收集证据，但该证据与待证事实无关联、对证明待证事实无意义或者其他无调查收集必要的，人民法院不予准许。

第四十条　人民法院在证人出庭作证前应当告知其如实作证的义务以及作伪证的法律后果。

证人因履行出庭作证义务而支出的交通、住宿、就餐等必要费用以及误工损失，由败诉一方当事人承担。

第四十一条　有下列情形之一，原告或者第三人要求相关行政执法人员出庭说明的，人民法院可以准许：

（一）对现场笔录的合法性或者真实性有异议的；

（二）对扣押财产的品种或者数量有异议的；

（三）对检验的物品取样或者保管有异议的；

（四）对行政执法人员身份的合法性有异议的；

（五）需要出庭说明的其他情形。

第四十二条　能够反映案件真实情况、与待证事实相关联、来源和形式符合法律规定的证据，应当作为认定案件事实的根据。

第四十三条　有下列情形之一的，属于行政诉讼法第四十三条第三款规定的"以非法手段取得的证据"：

（一）严重违反法定程序收集的证据材料；

（二）以违反法律强制性规定的手段获取且侵害他人合法权益的证据材料；

（三）以利诱、欺诈、胁迫、暴力等手段获取的证据材料。

第四十四条　人民法院认为有必要的，可以要求当事人本人或者行政机关执法人员到庭，就案件有关事实接受询问。在询问之前，可以要求其签署保证书。

保证书应当载明据实陈述、如有虚假陈述愿意接受处罚等内容。当事人或者行政机关执法人员应当在保证书上签名或者捺印。

负有举证责任的当事人拒绝到庭、拒绝接受询问或者拒绝签署保证书，待证事实又欠缺其他证据加以佐证的，人民法院对其主张的事实不予认定。

第四十五条　被告有证据证明其在行政程序中依照法定程序要求原告或者第三人提供证据，原告或者第三人依法应当提供而没有提供，在诉讼程序中提供的证据，人民法院一般不予采纳。

第四十六条　原告或者第三人确有证据证明被告持有的证据对原告或者第三人有利的，可以在开庭审理前书面申请人民法院责令行政机关提交。

申请理由成立的，人民法院应当责令行政机关提交，因提交证据所产生的费用，由申请人预付。行政机关无正当理由拒不提交的，人民法院可以推定原告或者第三人基于该证据主张的事实成立。

持有证据的当事人以妨碍对方当事人使用为目的，毁灭有关证据或者实施其他致使证据不能使用行为的，人民法院可以推定对方当事人基于该证据主张的事实成立，并可依照行政诉讼法第五十九条规定处理。

第四十七条　根据行政诉讼法第三十八条第二款的规定，在行政赔偿、补偿案件中，因被告的原因导致原告无法就损害情况举证的，应当由被告就该损害情况承担举证责任。

对于各方主张损失的价值无法认定的，应当由负有举证责任的一方当事人申请鉴定，但法律、法规、规章规定行政机关在作出行政行为时依法应当评估或者鉴定的除外；负有举证责任的当事人拒绝申请鉴定的，由其承担不利的法律后果。

当事人的损失因客观原因无法鉴定的，人民法院应当结合当事人的主张和在案证据，遵循法官职业道德，运用逻辑推理和生活经验、生活常识等，酌情确定赔偿数额。

五、期间、送达

第四十八条　期间包括法定期间和人民法院指定的期间。

期间以时、日、月、年计算。期间开始的时和日，不计算在期间内。

期间届满的最后一日是节假日的，以节假日后的第一日为期间届满的日期。

期间不包括在途时间，诉讼文书在期满前交邮的，视为在期限内发送。

第四十九条　行政诉讼法第五十一条第二款规定的立案期限，因起诉状内容欠缺或者有其他错误通知原告限期补正的，从补正后递交人民法院的次日起算。由上级人民法院转交下级人民法院立案的案件，从受诉人民法院收到起诉状的次日起算。

第五十条　行政诉讼法第八十一条、第八十三条、第八十八条规定的审理期限，是指从立案之日起至裁判宣告、调解书送达之日止的期间，但公告期间、鉴定期间、调解期间、中止诉讼期间、审理当事人提出的管辖异议以及处理人民法院之间的管辖争议期间不应计算在内。

再审案件按照第一审程序或者第二审程序审理的，适用行政诉讼法第八十一条、第八十八条规定的审理期限。审理期限自再审立案的次日起算。

基层人民法院申请延长审理期限，应当直接报请高级人民法院批准，同时报中级人民法院备案。

第五十一条　人民法院可以要求当事人签署送达地址确认书，当事人确认的送达地址为人民法院法律文书的送达地址。

当事人同意电子送达的，应当提供并确认传真号、电子信箱等电子送达地址。

当事人送达地址发生变更的，应当及时书面告知受理案件的人民法院；未及时告知的，人民法院按原地址送达，视为依法送达。

人民法院可以通过国家邮政机构以法院专递方式进行送达。

第五十二条　人民法院可以在当事人住所地以外向当事人直接送达诉讼文书。当事人拒绝签署送达回证的，采用拍照、录像等方式记录送达过程即视为送达。审判人员、书记员应当在送达回证上注明送达情况并签名。

六、起诉与受理

第五十三条 人民法院对符合起诉条件的案件应当立案，依法保障当事人行使诉讼权利。

对当事人依法提起的诉讼，人民法院应当根据行政诉讼法第五十一条的规定接收起诉状。能够判断符合起诉条件的，应当当场登记立案；当场不能判断是否符合起诉条件的，应当在接收起诉状后七日内决定是否立案；七日内仍不能作出判断的，应当先予立案。

第五十四条 依照行政诉讼法第四十九条的规定，公民、法人或者其他组织提起诉讼时应当提交以下起诉材料：

（一）原告的身份证明材料以及有效联系方式；

（二）被诉行政行为或者不作为存在的材料；

（三）原告与被诉行政行为具有利害关系的材料；

（四）人民法院认为需要提交的其他材料。

由法定代理人或者委托代理人代为起诉的，还应当在起诉状中写明或者在口头起诉时向人民法院说明法定代理人或者委托代理人的基本情况，并提交法定代理人或者委托代理人的身份证明和代理权限证明等材料。

第五十五条 依照行政诉讼法第五十一条的规定，人民法院应当就起诉状内容和材料是否完备以及是否符合行政诉讼法规定的起诉条件进行审查。

起诉状内容或者材料欠缺的，人民法院应当给予指导和释明，并一次性全面告知当事人需要补正的内容、补充的材料及期限。在指定期限内补正并符合起诉条件的，应当登记立案。当事人拒绝补正或者经补正仍不符合起诉条件的，退回诉状并记录在册；坚持起诉的，裁定不予立案，并载明不予立案的理由。

第五十六条 法律、法规规定应当先申请复议，公民、法人或者其他组织未申请复议直接提起诉讼的，人民法院裁定不予立案。

依照行政诉讼法第四十五条的规定，复议机关不受理复议申请或者在法定期限内不作出复议决定，公民、法人或者其他组织不服，依法向人民法院提起诉讼的，人民法院应当依法立案。

第五十七条 法律、法规未规定行政复议为提起行政诉讼必经程序，公民、法人或者其他组织既提起诉讼又申请行政复议的，由先立案的机关管辖；同时立案的，由公民、法人或者其他组织选择。公民、法人或者其他组织已经申请行政复议，在法定复议期间内又向人民法院提起诉讼的，人民法院裁定不予立案。

第五十八条 法律、法规未规定行政复议为提起行政诉讼必经程序，公民、法人或者其他组织向复议机关申请行政复议后，又经复议机关同意撤回复议申请，在法定起诉期限内对原行政行为提起诉讼的，人民法院应当依法立案。

第五十九条 公民、法人或者其他组织向复议机关申请行政复议后，复议机关作出维持决定的，应当以复议机关和原行为机关为共同被告，并以复议决定送达时间确定起诉期限。

第六十条 人民法院裁定准许原告撤诉后，原告以同一事实和理由重新起诉的，人民法院不予立案。

准予撤诉的裁定确有错误，原告申请再审的，人民法院应当通过审判监督程序撤销原准予撤诉的裁定，重新对案件进行审理。

第六十一条 原告或者上诉人未按规定的期限预交案件受理费，又不提出缓交、减交、免交申请，或者提出申请未获批准的，按自动撤诉处理。在按撤诉处理后，原告或者上诉人在法定期限内再次起诉或者上诉，并依法解决诉讼费预交问题的，人民法院应予立案。

第六十二条 人民法院判决撤销行政机关的行政行为后，公民、法人或者其他组织对行政机关重新作出的行政行为不服向人民法院起诉的，人民法院应当依法立案。

第六十三条 行政机关作出行政行为时，没有制作或者没有送达法律文书，公民、法人或者其他组织只要能证明行政行为存在，并在法定期限内起诉的，人民法院应当依法立案。

第六十四条 行政机关作出行政行为时，未告知公民、法人或者其他组织起诉期限的，起诉期限从公民、法人或者其他组织知道或者应当知道起诉期限之日起计算，但从知道或者应当知道行政行为内容之日起最长不得超过一年。

复议决定未告知公民、法人或者其他组织起诉期限的，适用前款规定。

第六十五条 公民、法人或者其他组织不知道行政机关作出的行政行为内容的，其起诉期限从知道或者应当知道该行政行为内容之日起计算，但最长不得超过行政诉讼法第四十六条第二款规定的起诉期限。

第六十六条 公民、法人或者其他组织依照行政诉讼法第四十七条第一款的规定，对行政机关不履行法定职责提起诉讼的，应当在行政机关履行法定职责期限届满之日起六个月内提出。

第六十七条 原告提供被告的名称等信息足以使被告与其他行政机关相区别的，可以认定为行政诉讼法第四十九条第二项规定的"有明确的被告"。

起诉状列写被告信息不足以认定明确的被告的，人民法院可以告知原告补正；原告补正后仍不能确定明确的被告的，人民法院裁定不予立案。

第六十八条 行政诉讼法第四十九条第三项规定的"有具体的诉讼请求"是指：

（一）请求判决撤销或者变更行政行为；

（二）请求判决行政机关履行特定法定职责或者给付义务；

（三）请求判决确认行政行为违法；

（四）请求判决确认行政行为无效；

（五）请求判决行政机关予以赔偿或者补偿；

（六）请求解决行政协议争议；

（七）请求一并审查规章以下规范性文件；

（八）请求一并解决相关民事争议；

（九）其他诉讼请求。

当事人单独或者一并提起行政赔偿、补偿诉讼的，应当有具体的赔偿、补偿事项以及数额；请求一并审查规章以下规范性文件的，应当提供明确的文件名称或者审查对象；请求一并解决相关民事争议的，应当有具体的民事诉讼请求。

当事人未能正确表达诉讼请求的，人民法院应当要求其明确诉讼请求。

第六十九条 有下列情形之一，已经立案的，应当裁定驳回起诉：

附录二

（一）不符合行政诉讼法第四十九条规定的；

（二）超过法定起诉期限且无行政诉讼法第四十八条规定情形的；

（三）错列被告且拒绝变更的；

（四）未按照法律规定由法定代理人、指定代理人、代表人为诉讼行为的；

（五）未按照法律、法规规定先向行政机关申请复议的；

（六）重复起诉的；

（七）撤回起诉后无正当理由再行起诉的；

（八）行政行为对其合法权益明显不产生实际影响的；

（九）诉讼标的已为生效裁判或者调解书所羁束的；

（十）其他不符合法定起诉条件的情形。

前款所列情形可以补正或者更正的，人民法院应当指定期间责令补正或者更正；在指定期间已经补正或者更正的，应当依法审理。

人民法院经过阅卷、调查或者询问当事人，认为不需要开庭审理的，可以迳行裁定驳回起诉。

第七十条　起诉状副本送达被告后，原告提出新的诉讼请求的，人民法院不予准许，但有正当理由的除外。

七、审理与判决

第七十一条　人民法院适用普通程序审理案件，应当在开庭三日前用传票传唤当事人。对证人、鉴定人、勘验人、翻译人员，应当用通知书通知其到庭。当事人或者其他诉讼参与人在外地的，应当留有必要的在途时间。

第七十二条　有下列情形之一的，可以延期开庭审理：

（一）应当到庭的当事人和其他诉讼参与人有正当理由没有到庭的；

（二）当事人临时提出回避申请且无法及时作出决定的；

（三）需要通知新的证人到庭，调取新的证据，重新鉴定、勘验，或者需要补充调查的；

（四）其他应当延期的情形。

第七十三条　根据行政诉讼法第二十七条的规定，有下列情形之一的，人民法院可以决定合并审理：

（一）两个以上行政机关分别对同一事实作出行政行为，公民、法人或者其他组织不服向同一人民法院起诉的；

（二）行政机关就同一事实对若干公民、法人或者其他组织分别作出行政行为，公民、法人或者其他组织不服分别向同一人民法院起诉的；

（三）在诉讼过程中，被告对原告作出新的行政行为，原告不服向同一人民法院起诉的；

（四）人民法院认为可以合并审理的其他情形。

第七十四条　当事人申请回避，应当说明理由，在案件开始审理时提出；回避事由在案件开始审理后知道的，应当在法庭辩论终结前提出。

被申请回避的人员，在人民法院作出是否回避的决定前，应当暂停参与本案的工作，但案件需要采取紧急措施的除外。

对当事人提出的回避申请,人民法院应当在三日内以口头或者书面形式作出决定。对当事人提出的明显不属于法定回避事由的申请,法庭可以依法当庭驳回。

申请人对驳回回避申请决定不服的,可以向作出决定的人民法院申请复议一次。复议期间,被申请回避的人员不停止参与本案的工作。对申请人的复议申请,人民法院应当在三日内作出复议决定,并通知复议申请人。

第七十五条 在一个审判程序中参与过本案审判工作的审判人员,不得再参与该案其他程序的审判。

发回重审的案件,在一审法院作出裁判后又进入第二审程序的,原第二审程序中合议庭组成人员不受前款规定的限制。

第七十六条 人民法院对于因一方当事人的行为或者其他原因,可能使行政行为或者人民法院生效裁判不能或者难以执行的案件,根据对方当事人的申请,可以裁定对其财产进行保全、责令其作出一定行为或者禁止其作出一定行为;当事人没有提出申请的,人民法院在必要时也可以裁定采取上述保全措施。

人民法院采取保全措施,可以责令申请人提供担保;申请人不提供担保的,裁定驳回申请。

人民法院接受申请后,对情况紧急的,必须在四十八小时内作出裁定;裁定采取保全措施的,应当立即开始执行。

当事人对保全的裁定不服的,可以申请复议;复议期间不停止裁定的执行。

第七十七条 利害关系人因情况紧急,不立即申请保全将会使其合法权益受到难以弥补的损害的,可以在提起诉讼前向被保全财产所在地、被申请人住所地或者对案件有管辖权的人民法院申请采取保全措施。申请人应当提供担保,不提供担保的,裁定驳回申请。

人民法院接受申请后,必须在四十八小时内作出裁定;裁定采取保全措施的,应当立即开始执行。

申请人在人民法院采取保全措施后三十日内不依法提起诉讼的,人民法院应当解除保全。

当事人对保全的裁定不服的,可以申请复议;复议期间不停止裁定的执行。

第七十八条 保全限于请求的范围,或者与本案有关的财物。

财产保全采取查封、扣押、冻结或者法律规定的其他方法。人民法院保全财产后,应当立即通知被保全人。

财产已被查封、冻结的,不得重复查封、冻结。

涉及财产的案件,被申请人提供担保的,人民法院应当裁定解除保全。

申请有错误的,申请人应当赔偿被申请人因保全所遭受的损失。

第七十九条 原告或者上诉人申请撤诉,人民法院裁定不予准许的,原告或者上诉人经传票传唤无正当理由拒不到庭,或者未经法庭许可中途退庭的,人民法院可以缺席判决。

第三人经传票传唤无正当理由拒不到庭,或者未经法庭许可中途退庭的,不发生阻止案件审理的效果。

根据行政诉讼法第五十八条的规定,被告经传票传唤无正当理由拒不到庭,或者未经法庭许可中途退庭的,人民法院可以按期开庭或者继续开庭审理,对到庭的当事人诉讼请求、双方的诉辩理由以及已经提交的证据及其他诉讼材料进行审理后，依法缺席判决。

第八十条　原告或者上诉人在庭审中明确拒绝陈述或者以其他方式拒绝陈述，导致庭审无法进行，经法庭释明法律后果后仍不陈述意见的，视为放弃陈述权利，由其承担不利的法律后果。

当事人申请撤诉或者依法可以按撤诉处理的案件，当事人有违反法律的行为需要依法处理的，人民法院可以不准许撤诉或者不按撤诉处理。

法庭辩论终结后原告申请撤诉，人民法院可以准许，但涉及到国家利益和社会公共利益的除外。

第八十一条　被告在一审期间改变被诉行政行为的，应当书面告知人民法院。

原告或者第三人对改变后的行政行为不服提起诉讼的，人民法院应当就改变后的行政行为进行审理。

被告改变原违法行政行为，原告仍要求确认原行政行为违法的，人民法院应当依法作出确认判决。

原告起诉被告不作为，在诉讼中被告作出行政行为，原告不撤诉的，人民法院应当就不作为依法作出确认判决。

第八十二条　当事人之间恶意串通，企图通过诉讼等方式侵害国家利益、社会公共利益或者他人合法权益的，人民法院应当裁定驳回起诉或者判决驳回其请求，并根据情节轻重予以罚款、拘留；构成犯罪的，依法追究刑事责任。

第八十三条　行政诉讼法第五十九条规定的罚款、拘留可以单独适用，也可以合并适用。

对同一妨害行政诉讼行为的罚款、拘留不得连续适用。发生新的妨害行政诉讼行为的，人民法院可以重新予以罚款、拘留。

第八十四条　人民法院审理行政诉讼法第六十条第一款规定的行政案件，认为法律关系明确、事实清楚，在征得当事人双方同意后，可以进行调解。

第八十五条　调解达成协议，人民法院应当制作调解书。调解书应当写明诉讼请求、案件的事实和调解结果。

调解书由审判人员、书记员署名，加盖人民法院印章，送达双方当事人。

调解书经双方当事人签收后，即具有法律效力。调解书生效日期根据最后收到调解书的当事人签收的日期确定。

第八十六条　人民法院审理行政案件，调解过程不公开，但当事人同意公开的除外。

经人民法院准许，第三人可以参加调解。人民法院认为有必要的，可以通知第三人参加调解。

调解协议内容不公开，但为保护国家利益、社会公共利益、他人合法权益，人民法院认为确有必要公开的除外。

当事人一方或者双方不愿调解、调解未达成协议的，人民法院应当及时判决。

当事人自行和解或者调解达成协议后，请求人民法院按照和解协议或者调解协议的内容制作判决书的，人民法院不予准许。

第八十七条　在诉讼过程中，有下列情形之一的，中止诉讼：

（一）原告死亡，须等待其近亲属表明是否参加诉讼的；

（二）原告丧失诉讼行为能力，尚未确定法定代理人的；

（三）作为一方当事人的行政机关、法人或者其他组织终止，尚未确定权利义务承受人的；

（四）一方当事人因不可抗力的事由不能参加诉讼的；

（五）案件涉及法律适用问题，需要送请有权机关作出解释或者确认的；

（六）案件的审判须以相关民事、刑事或者其他行政案件的审理结果为依据，而相关案件尚未审结的；

（七）其他应当中止诉讼的情形。

中止诉讼的原因消除后，恢复诉讼。

第八十八条　在诉讼过程中，有下列情形之一的，终结诉讼：

（一）原告死亡，没有近亲属或者近亲属放弃诉讼权利的；

（二）作为原告的法人或者其他组织终止后，其权利义务的承受人放弃诉讼权利的。

因本解释第八十七条第一款第一、二、三项原因中止诉讼满九十日仍无人继续诉讼的，裁定终结诉讼，但有特殊情况的除外。

第八十九条　复议决定改变原行政行为错误，人民法院判决撤销复议决定时，可以一并责令复议机关重新作出复议决定或者判决恢复原行政行为的法律效力。

第九十条　人民法院判决被告重新作出行政行为，被告重新作出的行政行为与原行政行为的结果相同，但主要事实或者主要理由有改变的，不属于行政诉讼法第七十一条规定的情形。

人民法院以违反法定程序为由，判决撤销被诉行政行为的，行政机关重新作出行政行为不受行政诉讼法第七十一条规定的限制。

行政机关以同一事实和理由重新作出与原行政行为基本相同的行政行为，人民法院应当根据行政诉讼法第七十条、第七十一条的规定判决撤销或者部分撤销，并根据行政诉讼法第九十六条的规定处理。

第九十一条　原告请求被告履行法定职责的理由成立，被告违法拒绝履行或者无正当理由逾期不予答复的，人民法院可以根据行政诉讼法第七十二条的规定，判决被告在一定期限内依法履行原告请求的法定职责；尚需被告调查或者裁量的，应当判决被告针对原告的请求重新作出处理。

第九十二条　原告申请被告依法履行支付抚恤金、最低生活保障待遇或者社会保险待遇等给付义务的理由成立，被告依法负有给付义务而拒绝或者拖延履行义务的，人民法院可以根据行政诉讼法第七十三条的规定，判决被告在一定期限内履行相应的给付义务。

第九十三条　原告请求被告履行法定职责或者依法履行支付抚恤金、最低生活保障待遇或者社会保险待遇等给付义务，原告未先向行政机关提出申请的，人民法院裁定驳回起诉。

人民法院经审理认为原告所请求履行的法定职责或者给付义务明显不属于行政机关权限范围的，可以裁定驳回起诉。

第九十四条　公民、法人或者其他组织起诉请求撤销行政行为，人民法院经审查认为行政行为无效的，应当作出确认无效的判决。

公民、法人或者其他组织起诉请求确认行政行为无效，人民法院审查认为行政行为不属于无效情形，经释明，原告请求撤销行政行为的，应当继续审理并依法作出相应判决；原告请求撤销行政行为但超过法定起诉期限的，裁定驳回起诉；原告拒绝变更诉讼请求的，判决驳回其诉讼请求。

第九十五条　人民法院经审理认为被诉行政行为违法或者无效，可能给原告造成损失，经释明，原告请求一并解决行政赔偿争议的，人民法院可以就赔偿事项进行调解；调解不成的，应当一并判决。人民法院也可以告知其就赔偿事项另行提起诉讼。

第九十六条　有下列情形之一，且对原告依法享有的听证、陈述、申辩等重要程序性权利不产生实质损害的，属于行政诉讼法第七十四条第一款第二项规定的"程序轻微违法"：

（一）处理期限轻微违法；

（二）通知、送达等程序轻微违法；

（三）其他程序轻微违法的情形。

第九十七条　原告或者第三人的损失系由其自身过错和行政机关的违法行政行为共同造成的，人民法院应当依据各方行为与损害结果之间有无因果关系以及在损害发生和结果中作用力的大小，确定行政机关相应的赔偿责任。

第九十八条　因行政机关不履行、拖延履行法定职责，致使公民、法人或者其他组织的合法权益遭受损害的，人民法院应当判决行政机关承担行政赔偿责任。在确定赔偿数额时，应当考虑该不履行、拖延履行法定职责的行为在损害发生过程和结果中所起的作用等因素。

第九十九条　有下列情形之一的，属于行政诉讼法第七十五条规定的"重大且明显违法"：

（一）行政行为实施主体不具有行政主体资格；

（二）减损权利或者增加义务的行政行为没有法律规范依据；

（三）行政行为的内容客观上不可能实施；

（四）其他重大且明显违法的情形。

第一百条　人民法院审理行政案件，适用最高人民法院司法解释的，应当在裁判文书中援引。

人民法院审理行政案件，可以在裁判文书中引用合法有效的规章及其他规范性文件。

第一百零一条　裁定适用于下列范围：

（一）不予立案；

（二）驳回起诉；

（三）管辖异议；

（四）终结诉讼；

（五）中止诉讼；

（六）移送或者指定管辖；

（七）诉讼期间停止行政行为的执行或者驳回停止执行的申请；

（八）财产保全；

（九）先予执行；

（十）准许或者不准许撤诉；

（十一）补正裁判文书中的笔误；

（十二）中止或者终结执行；

（十三）提审、指令再审或者发回重审；

（十四）准许或者不准许执行行政机关的行政行为；

（十五）其他需要裁定的事项。

对第一、二、三项裁定，当事人可以上诉。

裁定书应当写明裁定结果和作出该裁定的理由。裁定书由审判人员、书记员署名，加盖人民法院印章。口头裁定的，记入笔录。

第一百零二条　行政诉讼法第八十二条规定的行政案件中的"事实清楚"，是指当事人对争议的事实陈述基本一致，并能提供相应的证据，无须人民法院调查收集证据即可查明事实；"权利义务关系明确"，是指行政法律关系中权利和义务能够明确区分；"争议不大"，是指当事人对行政行为的合法性、责任承担等没有实质分歧。

第一百零三条　适用简易程序审理的行政案件，人民法院可以用口头通知、电话、短信、传真、电子邮件等简便方式传唤当事人、通知证人、送达裁判文书以外的诉讼文书。

以简便方式送达的开庭通知，未经当事人确认或者没有其他证据证明当事人已经收到的，人民法院不得缺席判决。

第一百零四条　适用简易程序案件的举证期限由人民法院确定，也可以由当事人协商一致并经人民法院准许，但不得超过十五日。被告要求书面答辩的，人民法院可以确定合理的答辩期间。

人民法院应当将举证期限和开庭日期告知双方当事人，并向当事人说明逾期举证以及拒不到庭的法律后果，由双方当事人在笔录和开庭传票的送达回证上签名或者捺印。

当事人双方均表示同意立即开庭或者缩短举证期限、答辩期间的，人民法院可以立即开庭审理或者确定近期开庭。

第一百零五条　人民法院发现案情复杂，需要转为普通程序审理的，应当在审理期限届满前作出裁定并将合议庭组成人员及相关事项书面通知双方当事人。

案件转为普通程序审理的，审理期限自人民法院立案之日起计算。

第一百零六条　当事人就已经提起诉讼的事项在诉讼过程中或者裁判生效后再次起诉，同时具有下列情形的，构成重复起诉：

（一）后诉与前诉的当事人相同；

（二）后诉与前诉的诉讼标的相同；

（三）后诉与前诉的诉讼请求相同，或者后诉的诉讼请求被前诉裁判所包含。

第一百零七条　第一审人民法院作出判决和裁定后，当事人均提起上诉的，上诉各方均为上诉人。

诉讼当事人中的一部分人提出上诉，没有提出上诉的对方当事人为被上诉人，其他当事人依原审诉讼地位列明。

第一百零八条　当事人提出上诉，应当按照其他当事人或者诉讼代表人的人数提出上诉状副本。

原审人民法院收到上诉状，应当在五日内将上诉状副本发送其他当事人，对方当事人应当在收到上诉状副本之日起十五日内提出答辩状。

原审人民法院应当在收到答辩状之日起五日内将副本发送上诉人。对方当事人不提出答辩状的，不影响人民法院审理。

原审人民法院收到上诉状、答辩状，应当在五日内连同全部案卷和证据，报送第二审人民法院；已经预收的诉讼费用，一并报送。

第一百零九条　第二审人民法院经审理认为原审人民法院不予立案或者驳回起诉的裁定确有错误且当事人的起诉符合起诉条件的，应当裁定撤销原审人民法院的裁定，指令原审人民法院依法立案或者继续审理。

第二审人民法院裁定发回原审人民法院重新审理的行政案件，原审人民法院应当另行组成合议庭进行审理。

原审判决遗漏了必须参加诉讼的当事人或者诉讼请求的，第二审人民法院应当裁定撤销原审判决，发回重审。

原审判决遗漏行政赔偿请求，第二审人民法院经审查认为依法不应当予以赔偿的，应当判决驳回行政赔偿请求。

原审判决遗漏行政赔偿请求，第二审人民法院经审理认为依法应当予以赔偿的，在确认被诉行政行为违法的同时，可以就行政赔偿问题进行调解；调解不成的，应当就行政赔偿部分发回重审。

当事人在第二审期间提出行政赔偿请求的，第二审人民法院可以进行调解；调解不成的，应当告知当事人另行起诉。

第一百一十条　当事人向上一级人民法院申请再审，应当在判决、裁定或者调解书发生法律效力后六个月内提出。有下列情形之一的，自知道或者应当知道之日起六个月内提出：

（一）有新的证据，足以推翻原判决、裁定的；

（二）原判决、裁定认定事实的主要证据是伪造的；

（三）据以作出原判决、裁定的法律文书被撤销或者变更的；

（四）审判人员审理该案件时有贪污受贿、徇私舞弊、枉法裁判行为的。

第一百一十一条　当事人申请再审的，应当提交再审申请书等材料。人民法院认为有必要的，可以自收到再审申请书之日起五日内将再审申请书副本发送对方当事人。对方当事人应当自收到再审申请书副本之日起十五日内提交书面意见。人民法院可以要求申请人和对方当事人补充有关材料，询问有关事项。

第一百一十二条　人民法院应当自再审申请案件立案之日起六个月内审查，有特殊情况需要延长的，由本院院长批准。

第一百一十三条　人民法院根据审查再审申请案件的需要决定是否询问当事人；新的证据可能推翻原判决、裁定的，人民法院应当询问当事人。

第一百一十四条　审查再审申请期间，被申请人及原审其他当事人依法提出再审申请的，人民法院应当将其列为再审申请人，对其再审事由一并审查，审查期限重新计算。经审查，其中一方再审申请人主张的再审事由成立的，应当裁定再审。各方再审申请人主张的再审事由均不成立的，一并裁定驳回再审申请。

第一百一十五条　审查再审申请期间，再审申请人申请人民法院委托鉴定、勘验的，人民法院不予准许。

审查再审申请期间，再审申请人撤回再审申请的，是否准许，由人民法院裁定。

再审申请人经传票传唤，无正当理由拒不接受询问的，按撤回再审申请处理。

人民法院准许撤回再审申请或者按撤回再审申请处理后，再审申请人再次申请再审的，不予立案，但有行政诉讼法第九十一条第二项、第三项、第七项、第八项规定情形，自知道或者应当知道之日起六个月内提出的除外。

第一百一十六条　当事人主张的再审事由成立，且符合行政诉讼法和本解释规定的申请再审条件的，人民法院应当裁定再审。

当事人主张的再审事由不成立，或者当事人申请再审超过法定申请再审期限、超出法定再审事由范围等不符合行政诉讼法和本解释规定的申请再审条件的，人民法院应当裁定驳回再审申请。

第一百一十七条　有下列情形之一的，当事人可以向人民检察院申请抗诉或者检察建议：

（一）人民法院驳回再审申请的；

（二）人民法院逾期未对再审申请作出裁定的；

（三）再审判决、裁定有明显错误的。

人民法院基于抗诉或者检察建议作出再审判决、裁定后，当事人申请再审的，人民法院不予立案。

第一百一十八条　按照审判监督程序决定再审的案件，裁定中止原判决、裁定、调解书的执行，但支付抚恤金、最低生活保障费或者社会保险待遇的案件，可以不中止执行。

上级人民法院决定提审或者指令下级人民法院再审的，应当作出裁定，裁定应当写明中止原判决的执行；情况紧急的，可以将中止执行的裁定口头通知负责执行的人民法院或者作出生效判决、裁定的人民法院，但应当在口头通知后十日内发出裁定书。

第一百一十九条　人民法院按照审判监督程序再审的案件，发生法律效力的判决、裁定是由第一审法院作出的，按照第一审程序审理，所作的判决、裁定，当事人可以上诉；发生法律效力的判决、裁定是由第二审法院作出的，按照第二审程序审理，所作的判决、裁定，是发生法律效力的判决、裁定；上级人民法院按照审判监督程序提审的，按照第二审程序审理，所作的判决、裁定是发生法律效力的判决、裁定。

人民法院审理再审案件，应当另行组成合议庭。

第一百二十条　人民法院审理再审案件应当围绕再审请求和被诉行政行为合法性进行。当事人的再审请求超出原审诉讼请求，符合另案诉讼条件的，告知当事人可以另行起诉。

被申请人及原审其他当事人在庭审辩论结束前提出的再审请求，符合本解释规定的申请期限的，人民法院应当一并审理。

人民法院经再审，发现已经发生法律效力的判决、裁定损害国家利益、社会公共利益、他人合法权益的，应当一并审理。

第一百二十一条　再审审理期间，有下列情形之一的，裁定终结再审程序：

（一）再审申请人在再审期间撤回再审请求，人民法院准许的；

（二）再审申请人经传票传唤，无正当理由拒不到庭的，或者未经法庭许可中途退庭，按撤回再审请求处理的；

（三）人民检察院撤回抗诉的；

（四）其他应当终结再审程序的情形。

因人民检察院提出抗诉裁定再审的案件，申请抗诉的当事人有前款规定的情形，且不损害国家利益、社会公共利益或者他人合法权益的，人民法院裁定终结再审程序。

再审程序终结后，人民法院裁定中止执行的原生效判决自动恢复执行。

第一百二十二条　人民法院审理再审案件，认为原生效判决、裁定确有错误，在撤销原生效判决或者裁定的同时，可以对生效判决、裁定的内容作出相应裁判，也可以裁定撤销生效判决或者裁定，发回作出生效判决、裁定的人民法院重新审理。

第一百二十三条　人民法院审理二审案件和再审案件，对原审法院立案、不予立案或者驳回起诉错误的，应当分别情况作如下处理：

（一）第一审人民法院作出实体判决后，第二审人民法院认为不应当立案的，在撤销第一审人民法院判决的同时，可以迳行驳回起诉；

（二）第二审人民法院维持第一审人民法院不予立案裁定错误的，再审法院应当撤销第一审、第二审人民法院裁定，指令第一审人民法院受理；

（三）第二审人民法院维持第一审人民法院驳回起诉裁定错误的，再审法院应当撤销第一审、第二审人民法院裁定，指令第一审人民法院审理。

第一百二十四条　人民检察院提出抗诉的案件，接受抗诉的人民法院应当自收到抗诉书之日起三十日内作出再审的裁定；有行政诉讼法第九十一条第二、三项规定情形之一的，可以指令下一级人民法院再审，但经该下一级人民法院再审过的除外。

人民法院在审查抗诉材料期间，当事人之间已经达成和解协议的，人民法院可以建议人民检察院撤回抗诉。

第一百二十五条　人民检察院提出抗诉的案件，人民法院再审开庭时，应当在开庭三日前通知人民检察院派员出庭。

第一百二十六条　人民法院收到再审检察建议后，应当组成合议庭，在三个月内进行审查，发现原判决、裁定、调解书确有错误，需要再审的，依照行政诉讼法第九十二条规定裁定再审，并通知当事人；经审查，决定不予再审的，应当书面回复人民检察院。

第一百二十七条　人民法院审理因人民检察院抗诉或者检察建议裁定再审的案件，不受此前已经作出的驳回当事人再审申请裁定的限制。

八、行政机关负责人出庭应诉

第一百二十八条　行政诉讼法第三条第三款规定的行政机关负责人，包括行政机关的正职、副职负责人以及其他参与分管的负责人。

行政机关负责人出庭应诉的，可以另行委托一至二名诉讼代理人。行政机关负责人不能出庭的，应当委托行政机关相应的工作人员出庭，不得仅委托律师出庭。

第一百二十九条　涉及重大公共利益、社会高度关注或者可能引发群体性事件等案件以及人民法院书面建议行政机关负责人出庭的案件，被诉行政机关负责人应当出庭。

被诉行政机关负责人出庭应诉的，应当在当事人及其诉讼代理人基本情况、案件由来部分予以列明。

　　行政机关负责人有正当理由不能出庭应诉的，应当向人民法院提交情况说明，并加盖行政机关印章或者由该机关主要负责人签字认可。

　　行政机关拒绝说明理由的，不发生阻止案件审理的效果，人民法院可以向监察机关、上一级行政机关提出司法建议。

　　第一百三十条　行政诉讼法第三条第三款规定的"行政机关相应的工作人员"，包括该行政机关具有国家行政编制身份的工作人员以及其他依法履行公职的人员。

　　被诉行政行为是地方人民政府作出的，地方人民政府法制工作机构的工作人员，以及被诉行政行为具体承办机关工作人员，可以视为被诉人民政府相应的工作人员。

　　第一百三十一条　行政机关负责人出庭应诉的，应当向人民法院提交能够证明该行政机关负责人职务的材料。

　　行政机关委托相应的工作人员出庭应诉的，应当向人民法院提交加盖行政机关印章的授权委托书，并载明工作人员的姓名、职务和代理权限。

　　第一百三十二条　行政机关负责人和行政机关相应的工作人员均不出庭，仅委托律师出庭的或者人民法院书面建议行政机关负责人出庭应诉，行政机关负责人不出庭应诉的，人民法院应当记录在案和在裁判文书中载明，并可以建议有关机关依法作出处理。

九、复议机关作共同被告

　　第一百三十三条　行政诉讼法第二十六条第二款规定的"复议机关决定维持原行政行为"，包括复议机关驳回复议申请或者复议请求的情形，但以复议申请不符合受理条件为由驳回的除外。

　　第一百三十四条　复议机关决定维持原行政行为的，作出原行政行为的行政机关和复议机关是共同被告。原告只起诉作出原行政行为的行政机关或者复议机关的，人民法院应当告知原告追加被告。原告不同意追加的，人民法院应当将另一机关列为共同被告。

　　行政复议决定既有维持原行政行为内容，又有改变原行政行为内容或者不予受理申请内容的，作出原行政行为的行政机关和复议机关为共同被告。

　　复议机关作共同被告的案件，以作出原行政行为的行政机关确定案件的级别管辖。

　　第一百三十五条　复议机关决定维持原行政行为的，人民法院应当在审查原行政行为合法性的同时，一并审查复议决定的合法性。

　　作出原行政行为的行政机关和复议机关对原行政行为合法性共同承担举证责任，可以由其中一个机关实施举证行为。复议机关对复议决定的合法性承担举证责任。

　　复议机关作共同被告的案件，复议机关在复议程序中依法收集和补充的证据，可以作为人民法院认定复议决定和原行政行为合法的依据。

　　第一百三十六条　人民法院对原行政行为作出判决的同时，应当对复议决定一并作出相应判决。

　　人民法院依职权追加作出原行政行为的行政机关或者复议机关为共同被告的，对原行政行为或者复议决定可以作出相应判决。

　　人民法院判决撤销原行政行为和复议决定的，可以判决作出原行政行为的行政机关重新作出行政行为。

人民法院判决作出原行政行为的行政机关履行法定职责或者给付义务的，应当同时判决撤销复议决定。

原行政行为合法、复议决定违法的，人民法院可以判决撤销复议决定或者确认复议决定违法，同时判决驳回原告针对原行政行为的诉讼请求。

原行政行为被撤销、确认违法或者无效，给原告造成损失的，应当由作出原行政行为的行政机关承担赔偿责任；因复议决定加重损害的，由复议机关对加重部分承担赔偿责任。

原行政行为不符合复议或者诉讼受案范围等受理条件，复议机关作出维持决定的，人民法院应当裁定一并驳回对原行政行为和复议决定的起诉。

十、相关民事争议的一并审理

第一百三十七条 公民、法人或者其他组织请求一并审理行政诉讼法第六十一条规定的相关民事争议，应当在第一审开庭审理前提出；有正当理由的，也可以在法庭调查中提出。

第一百三十八条 人民法院决定在行政诉讼中一并审理相关民事争议，或者案件当事人一致同意相关民事争议在行政诉讼中一并解决，人民法院准许的，由受理行政案件的人民法院管辖。

公民、法人或者其他组织请求一并审理相关民事争议，人民法院经审查发现行政案件已经超过起诉期限，民事案件尚未立案的，告知当事人另行提起民事诉讼；民事案件已经立案的，由原审判组织继续审理。

人民法院在审理行政案件中发现民事争议为解决行政争议的基础，当事人没有请求人民法院一并审理相关民事争议的，人民法院应当告知当事人依法申请一并解决民事争议。当事人就民事争议另行提起民事诉讼并已立案的，人民法院应当中止行政诉讼的审理。民事争议处理期间不计算在行政诉讼审理期限内。

第一百三十九条 有下列情形之一的，人民法院应当作出不予准许一并审理民事争议的决定，并告知当事人可以依法通过其他渠道主张权利：

（一）法律规定应当由行政机关先行处理的；

（二）违反民事诉讼法专属管辖规定或者协议管辖约定的；

（三）约定仲裁或者已经提起民事诉讼的；

（四）其他不宜一并审理民事争议的情形。

对不予准许的决定可以申请复议一次。

第一百四十条 人民法院在行政诉讼中一并审理相关民事争议的，民事争议应当单独立案，由同一审判组织审理。

人民法院审理行政机关对民事争议所作裁决的案件，一并审理民事争议的，不另行立案。

第一百四十一条 人民法院一并审理相关民事争议，适用民事法律规范的相关规定，法律另有规定的除外。

当事人在调解中对民事权益的处分，不能作为审查被诉行政行为合法性的根据。

第一百四十二条 对行政争议和民事争议应当分别裁判。

当事人仅对行政裁判或者民事裁判提出上诉的，未上诉的裁判在上诉期满后即发生法律效力。第一审人民法院应当将全部案卷一并移送第二审人民法院，由行政审判庭审理。第二审人民法院发现未上诉的生效裁判确有错误的，应当按照审判监督程序再审。

第一百四十三条　行政诉讼原告在宣判前申请撤诉的，是否准许由人民法院裁定。人民法院裁定准许行政诉讼原告撤诉，但其对已经提起的一并审理相关民事争议不撤诉的，人民法院应当继续审理。

第一百四十四条　人民法院一并审理相关民事争议，应当按行政案件、民事案件的标准分别收取诉讼费用。

十一、规范性文件的一并审查

第一百四十五条　公民、法人或者其他组织在对行政行为提起诉讼时一并请求对所依据的规范性文件审查的，由行政行为案件管辖法院一并审查。

第一百四十六条　公民、法人或者其他组织请求人民法院一并审查行政诉讼法第五十三条规定的规范性文件，应当在第一审开庭审理前提出；有正当理由的，也可以在法庭调查中提出。

第一百四十七条　人民法院在对规范性文件审查过程中，发现规范性文件可能不合法的，应当听取规范性文件制定机关的意见。

制定机关申请出庭陈述意见的，人民法院应当准许。

行政机关未陈述意见或者未提供相关证明材料的，不能阻止人民法院对规范性文件进行审查。

第一百四十八条　人民法院对规范性文件进行一并审查时，可以从规范性文件制定机关是否超越权限或者违反法定程序、作出行政行为所依据的条款以及相关条款等方面进行。

有下列情形之一的，属于行政诉讼法第六十四条规定的"规范性文件不合法"：

（一）超越制定机关的法定职权或者超越法律、法规、规章的授权范围的；

（二）与法律、法规、规章等上位法的规定相抵触的；

（三）没有法律、法规、规章依据，违法增加公民、法人和其他组织义务或者减损公民、法人和其他组织合法权益的；

（四）未履行法定批准程序、公开发布程序，严重违反制定程序的；

（五）其他违反法律、法规以及规章规定的情形。

第一百四十九条　人民法院经审查认为行政行为所依据的规范性文件合法的，应当作为认定行政行为合法的依据；经审查认为规范性文件不合法的，不作为人民法院认定行政行为合法的依据，并在裁判理由中予以阐明。作出生效裁判的人民法院应当向规范性文件的制定机关提出处理建议，并可以抄送制定机关的同级人民政府、上一级行政机关、监察机关以及规范性文件的备案机关。

规范性文件不合法的，人民法院可以在裁判生效之日起三个月内，向规范性文件制定机关提出修改或者废止该规范性文件的司法建议。

规范性文件由多个部门联合制定的，人民法院可以向该规范性文件的主办机关或者共同上一级行政机关发送司法建议。

接收司法建议的行政机关应当在收到司法建议之日起六十日内予以书面答复。情况紧急的，人民法院可以建议制定机关或者其上一级行政机关立即停止执行该规范性文件。

第一百五十条 人民法院认为规范性文件不合法的，应当在裁判生效后报送上一级人民法院进行备案。涉及国务院部门、省级行政机关制定的规范性文件，司法建议还应当分别层报最高人民法院、高级人民法院备案。

第一百五十一条 各级人民法院院长对本院已经发生法律效力的判决、裁定，发现规范性文件合法性认定错误，认为需要再审的，应当提交审判委员会讨论。

最高人民法院对地方各级人民法院已经发生法律效力的判决、裁定，上级人民法院对下级人民法院已经发生法律效力的判决、裁定，发现规范性文件合法性认定错误的，有权提审或者指令下级人民法院再审。

十二、执行

第一百五十二条 对发生法律效力的行政判决书、行政裁定书、行政赔偿判决书和行政调解书，负有义务的一方当事人拒绝履行的，对方当事人可以依法申请人民法院强制执行。

人民法院判决行政机关履行行政赔偿、行政补偿或者其他行政给付义务，行政机关拒不履行的，对方当事人可以依法向法院申请强制执行。

第一百五十三条 申请执行的期限为二年。申请执行时效的中止、中断，适用法律有关规定。

申请执行的期限从法律文书规定的履行期间最后一日起计算；法律文书规定分期履行的，从规定的每次履行期间的最后一日起计算；法律文书中没有规定履行期限的，从该法律文书送达当事人之日起计算。

逾期申请的，除有正当理由外，人民法院不予受理。

第一百五十四条 发生法律效力的行政判决书、行政裁定书、行政赔偿判决书和行政调解书，由第一审人民法院执行。

第一审人民法院认为情况特殊，需要由第二审人民法院执行的，可以报请第二审人民法院执行；第二审人民法院可以决定由其执行，也可以决定由第一审人民法院执行。

第一百五十五条 行政机关根据行政诉讼法第九十七条的规定申请执行其行政行为，应当具备以下条件：

（一）行政行为依法可以由人民法院执行；

（二）行政行为已经生效并具有可执行内容；

（三）申请人是作出该行政行为的行政机关或者法律、法规、规章授权的组织；

（四）被申请人是该行政行为所确定的义务人；

（五）被申请人在行政行为确定的期限内或者行政机关催告期限内未履行义务；

（六）申请人在法定期限内提出申请；

（七）被申请执行的行政案件属于受理执行申请的人民法院管辖。

行政机关申请人民法院执行，应当提交行政强制法第五十五条规定的相关材料。

人民法院对符合条件的申请，应当在五日内立案受理，并通知申请人；对不符合条件的申请，应当裁定不予受理。行政机关对不予受理裁定有异议，在十五日内向上一级人民法院申请复议的，上一级人民法院应当在收到复议申请之日起十五日内作出裁定。

第一百五十六条 没有强制执行权的行政机关申请人民法院强制执行其行政行为，应当自被执行人的法定起诉期限届满之日起三个月内提出。逾期申请的，除有正当理由外，人民法院不予受理。

第一百五十七条 行政机关申请人民法院强制执行其行政行为的，由申请人所在地的基层人民法院受理；执行对象为不动产的，由不动产所在地的基层人民法院受理。

基层人民法院认为执行确有困难的，可以报请上级人民法院执行；上级人民法院可以决定由其执行，也可以决定由下级人民法院执行。

第一百五十八条 行政机关根据法律的授权对平等主体之间民事争议作出裁决后，当事人在法定期限内不起诉又不履行，作出裁决的行政机关在申请执行的期限内未申请人民法院强制执行的，生效行政裁决确定的权利人或者其继承人、权利承受人在六个月内可以申请人民法院强制执行。

享有权利的公民、法人或者其他组织申请人民法院强制执行生效行政裁决，参照行政机关申请人民法院强制执行行政行为的规定。

第一百五十九条 行政机关或者行政行为确定的权利人申请人民法院强制执行前，有充分理由认为被执行人可能逃避执行的，可以申请人民法院采取财产保全措施。后者申请强制执行的，应当提供相应的财产担保。

第一百六十条 人民法院受理行政机关申请执行其行政行为的案件后，应当在七日内由行政审判庭对行政行为的合法性进行审查，并作出是否准予执行的裁定。

人民法院在作出裁定前发现行政行为明显违法并损害被执行人合法权益的，应当听取被执行人和行政机关的意见，并自受理之日起三十日内作出是否准予执行的裁定。

需要采取强制执行措施的，由本院负责强制执行非诉行政行为的机构执行。

第一百六十一条 被申请执行的行政行为有下列情形之一的，人民法院应当裁定不准予执行：

（一）实施主体不具有行政主体资格的；
（二）明显缺乏事实根据的；
（三）明显缺乏法律、法规依据的；
（四）其他明显违法并损害被执行人合法权益的情形。

行政机关对不准予执行的裁定有异议，在十五日内向上一级人民法院申请复议的，上一级人民法院应当在收到复议申请之日起三十日内作出裁定。

十三、附则

第一百六十二条 公民、法人或者其他组织对 2015 年 5 月 1 日之前作出的行政行为提起诉讼，请求确认行政行为无效的，人民法院不予立案。

第一百六十三条 本解释自 2018 年 2 月 8 日起施行。

　　本解释施行后,《最高人民法院关于执行〈中华人民共和国行政诉讼法〉若干问题的解释》(法释〔2000〕8 号)、《最高人民法院关于适用〈中华人民共和国行政诉讼法〉若干问题的解释》(法释〔2015〕9 号)同时废止。最高人民法院以前发布的司法解释与本解释不一致的,不再适用。

附录二

附录三
最高人民法院关于行政诉讼证据
若干问题的规定

(2002 年 6 月 4 日最高人民法院审判委员会第 1224 次会议通过
法释〔2002〕21 号)

为准确认定案件事实，公正、及时地审理行政案件，根据《中华人民共和国行政诉讼法》(以下简称行政诉讼法) 等有关法律规定，结合行政审判实际，制定本规定。

一、举证责任分配和举证期限

第一条　根据行政诉讼法第三十二条和第四十三条的规定，被告对作出的具体行政行为负有举证责任，应当在收到起诉状副本之日起十日内，提供据以作出被诉具体行政行为的全部证据和所依据的规范性文件。被告不提供或者无正当理由逾期提供证据的，视为被诉具体行政行为没有相应的证据。

被告因不可抗力或者客观上不能控制的其他正当事由，不能在前款规定的期限内提供证据的，应当在收到起诉状副本之日起十日内向人民法院提出延期提供证据的书面申请。人民法院准许延期提供的，被告应当在正当事由消除后十日内提供证据。逾期提供的，视为被诉具体行政行为没有相应的证据。

第二条　原告或者第三人提出其在行政程序中没有提出的反驳理由或者证据的，经人民法院准许，被告可以在第一审程序中补充相应的证据。

第三条　根据行政诉讼法第三十三条的规定，在诉讼过程中，被告及其诉讼代理人不得自行向原告和证人收集证据。

第四条　公民、法人或者其他组织向人民法院起诉时，应当提供其符合起诉条件的相应的证据材料。

在起诉被告不作为的案件中，原告应当提供其在行政程序中曾经提出申请的证据材料。但有下列情形的除外：

(一) 被告应当依职权主动履行法定职责的；

(二) 原告因被告受理申请的登记制度不完备等正当事由不能提供相关证据材料并能够作出合理说明的。

被告认为原告起诉超过法定期限的，由被告承担举证责任。

第五条 在行政赔偿诉讼中，原告应当对被诉具体行政行为造成损害的事实提供证据。

第六条 原告可以提供证明被诉具体行政行为违法的证据。原告提供的证据不成立的，不免除被告对被诉具体行政行为合法性的举证责任。

第七条 原告或者第三人应当在开庭审理前或者人民法院指定的交换证据之日提供证据。因正当事由申请延期提供证据的，经人民法院准许，可以在法庭调查中提供。逾期提供证据的，视为放弃举证权利。

原告或者第三人在第一审程序中无正当事由未提供而在第二审程序中提供的证据，人民法院不予接纳。

第八条 人民法院向当事人送达受理案件通知书或者应诉通知书时，应当告知其举证范围、举证期限和逾期提供证据的法律后果，并告知因正当事由不能按期提供证据时应当提出延期提供证据的申请。

第九条 根据行政诉讼法第三十四条第一款的规定，人民法院有权要求当事人提供或者补充证据。

对当事人无争议，但涉及国家利益、公共利益或者他人合法权益的事实，人民法院可以责令当事人提供或者补充有关证据。

二、提供证据的要求

第十条 根据行政诉讼法第三十一条第一款第一项的规定，当事人向人民法院提供书证的，应当符合下列要求：

（一）提供书证的原件，原本、正本和副本均属于书证的原件。提供原件确有困难的，可以提供与原件核对无误的复印件、照片、节录本；

（二）提供由有关部门保管的书证原件的复制件、影印件或者抄录件的，应当注明出处，经该部门核对无异后加盖其印章；

（三）提供报表、图纸、会计帐册、专业技术资料、科技文献等书证的，应当附有说明材料；

（四）被告提供的被诉具体行政行为所依据的询问、陈述、谈话类笔录，应当有行政执法人员、被询问人、陈述人、谈话人签名或者盖章。

法律、法规、司法解释和规章对书证的制作形式另有规定的，从其规定。

第十一条 根据行政诉讼法第三十一条第一款第（二）项的规定，当事人向人民法院提供物证的，应当符合下列要求：

（一）提供原物。提供原物确有困难的，可以提供与原物核对无误的复制件或者证明该物证的照片、录像等其他证据；

（二）原物为数量较多的种类物的，提供其中的一部分。

第十二条 根据行政诉讼法第三十一条第一款第（三）项的规定，当事人向人民法院提供计算机数据或者录音、录像等视听资料的，应当符合下列要求：

（一）提供有关资料的原始载体。提供原始载体确有困难的，可以提供复制件；

（二）注明制作方法、制作时间、制作人和证明对象等；

（三）声音资料应当附有该声音内容的文字记录。

第十三条 根据行政诉讼法第三十一条第一款第（四）项的规定，当事人向人民法院提供证人证言的，应当符合下列要求：

（一）写明证人的姓名、年龄、性别、职业、住址等基本情况；

（二）有证人的签名，不能签名的，应当以盖章等方式证明；

（三）注明出具日期；

（四）附有居民身份证复印件等证明证人身份的文件。

第十四条 根据行政诉讼法第三十一条第一款第（六）项的规定，被告向人民法院提供的在行政程序中采用的鉴定结论，应当载明委托人和委托鉴定的事项、向鉴定部门提交的相关材料、鉴定的依据和使用的科学技术手段、鉴定部门和鉴定人鉴定资格的说明，并应有鉴定人的签名和鉴定部门的盖章。通过分析获得的鉴定结论，应当说明分析过程。

第十五条 根据行政诉讼法第三十一条第一款第（七）项的规定，被告向人民法院提供的现场笔录，应当载明时间、地点和事件等内容，并由执法人员和当事人签名。当事人拒绝签名或者不能签名的，应当注明原因。有其他人在现场的，可由其他人签名。法律、法规和规章对现场笔录的制作形式另有规定的，从其规定。

第十六条 当事人向人民法院提供的在中华人民共和国领域外形成的证据，应当说明来源，经所在国公证机关证明，并经中华人民共和国驻该国使领馆认证，或者履行中华人民共和国与证据所在国订立的有关条约中规定的证明手续。

当事人提供的在中华人民共和国香港特别行政区、澳门特别行政区和台湾地区内形成的证据，应当具有按照有关规定办理的证明手续。

第十七条 当事人向人民法院提供外文书证或者外国语视听资料的，应当附有由具有翻译资质的机构翻译的或者其他翻译准确的中文译本，由翻译机构盖章或者翻译人员签名。

第十八条 证据涉及国家秘密、商业秘密或者个人隐私的，提供人应当作出明确标注，并向法庭说明，法庭予以审查确认。

第十九条 当事人应当对其提交的证据材料分类编号，对证据材料的来源、证明对象和内容作简要说明，签名或者盖章，注明提交日期。

第二十条 人民法院收到当事人提交的证据材料，应当出具收据，注明证据的名称、份数、页数、件数、种类等以及收到的时间，由经办人员签名或者盖章。

第二十一条 对于案情比较复杂或者证据数量较多的案件，人民法院可以组织当事人在开庭前向对方出示或者交换证据，并将交换证据的情况记录在卷。

三、调取和保全证据

第二十二条 根据行政诉讼法第三十四条第二款的规定，有下列情形之一的，人民法院有权向有关行政机关以及其他组织、公民调取证据：

（一）涉及国家利益、公共利益或者他人合法权益的事实认定的；

（二）涉及依职权追加当事人、中止诉讼、终结诉讼、回避等程序性事项的。

第二十三条 原告或者第三人不能自行收集，但能够提供确切线索的，可以申请人民法院调取下列证据材料：

（一）由国家有关部门保存而须由人民法院调取的证据材料；

（二）涉及国家秘密、商业秘密、个人隐私的证据材料；

（三）确因客观原因不能自行收集的其他证据材料。

人民法院不得为证明被诉具体行政行为的合法性，调取被告在作出具体行政行为时未收集的证据。

第二十四条 当事人申请人民法院调取证据的，应当在举证期限内提交调取证据申请书。

调取证据申请书应当写明下列内容：

（一）证据持有人的姓名或者名称、住址等基本情况；

（二）拟调取证据的内容；

（三）申请调取证据的原因及其要证明的案件事实。

第二十五条 人民法院对当事人调取证据的申请，经审查符合调取证据条件的，应当及时决定调取；不符合调取证据条件的，应当向当事人或者其诉讼代理人送达通知书，说明不准许调取的理由。当事人及其诉讼代理人可以在收到通知书之日起三日内向受理申请的人民法院书面申请复议一次。

人民法院应当在收到复议申请之日起五日内作出答复。人民法院根据当事人申请，经调取未能取得相应证据的，应当告知申请人并说明原因。

第二十六条 人民法院需要调取的证据在异地，可以书面委托证据所在地人民法院调取。受托人民法院应当在收到委托书后，按照委托要求及时完成调取证据工作，送交委托人民法院。受托人民法院不能完成委托内容的，应当告知委托的人民法院并说明原因。

第二十七条 当事人根据行政诉讼法第三十六条的规定向人民法院申请保全证据的，应当在举证期限届满前以书面形式提出，并说明证据的名称和地点、保全的内容和范围、申请保全的理由等事项。

当事人申请保全证据的，人民法院可以要求其提供相应的担保。

法律、司法解释规定诉前保全证据的，依照其规定办理。

第二十八条 人民法院依照行政诉讼法第三十六条规定保全证据的，可以根据具体情况，采取查封、扣押、拍照、录音、录像、复制、鉴定、勘验、制作询问笔录等保全措施。

人民法院保全证据时，可以要求当事人或者其诉讼代理人到场。

第二十九条 原告或者第三人有证据或者有正当理由表明被告据以认定案件事实的鉴定结论可能有错误，在举证期限内书面申请重新鉴定的，人民法院应予准许。

第三十条 当事人对人民法院委托的鉴定部门作出的鉴定结论有异议申请重新鉴定，提出证据证明存在下列情形之一的，人民法院应予准许：

（一）鉴定部门或者鉴定人不具有相应的鉴定资格的；

（二）鉴定程序严重违法的；

（三）鉴定结论明显依据不足的；

（四）经过质证不能作为证据使用的其他情形。

对有缺陷的鉴定结论，可以通过补充鉴定、重新质证或者补充质证等方式解决。

第三十一条 对需要鉴定的事项负有举证责任的当事人，在举证期限内无正当理由不提出鉴定申请、不预交鉴定费用或者拒不提供相关材料，致使对案件争议的事实无法通过鉴定结论予以认定的，应当对该事实承担举证不能的法律后果。

第三十二条 人民法院对委托或者指定的鉴定部门出具的鉴定书，应当审查是否具有下列内容：

（一）鉴定的内容；

（二）鉴定时提交的相关材料；

（三）鉴定的依据和使用的科学技术手段；

（四）鉴定的过程；

（五）明确的鉴定结论；

（六）鉴定部门和鉴定人鉴定资格的说明；

（七）鉴定人及鉴定部门签名盖章。

前款内容欠缺或者鉴定结论不明确的，人民法院可以要求鉴定部门予以说明、补充鉴定或者重新鉴定。

第三十三条 人民法院可以依当事人申请或者依职权勘验现场。

勘验现场时，勘验人必须出示人民法院的证件，并邀请当地基层组织或者当事人所在单位派人参加。当事人或其成年亲属应当到场，拒不到场的，不影响勘验的进行，但应当在勘验笔录中说明情况。

第三十四条 审判人员应当制作勘验笔录，记载勘验的时间、地点、勘验人、在场人、勘验的经过和结果，由勘验人、当事人、在场人签名。

勘验现场时绘制的现场图，应当注明绘制的时间、方位、绘制人姓名和身份等内容。

当事人对勘验结论有异议的，可以在举证期限内申请重新勘验，是否准许由人民法院决定。

四、证据的对质辨认和核实

第三十五条 证据应当在法庭上出示，并经庭审质证。未经庭审质证的证据，不能作为定案的依据。

当事人在庭前证据交换过程中没有争议并记录在卷的证据，经审判人员在庭审中说明后，可以作为认定案件事实的依据。

第三十六条 经合法传唤，因被告无正当理由拒不到庭而需要依法缺席判决的，被告提供的证据不能作为定案的依据，但当事人在庭前交换证据中没有争议的证据除外。

第三十七条 涉及国家秘密、商业秘密和个人隐私或者法律规定的其他应当保密的证据，不得在开庭时公开质证。

第三十八条 当事人申请人民法院调取的证据，由申请调取证据的当事人在庭审中出示，并由当事人质证。

人民法院依职权调取的证据，由法庭出示，并可就调取该证据的情况进行说明，听取当事人意见。

第三十九条　当事人应当围绕证据的关联性、合法性和真实性，针对证据有无证明效力以及证明效力大小，进行质证。

经法庭准许，当事人及其代理人可以就证据问题相互发问，也可以向证人、鉴定人或者勘验人发问。

当事人及其代理人相互发问，或者向证人、鉴定人、勘验人发问时，发问的内容应当与案件事实有关联，不得采用引诱、威胁、侮辱等语言或者方式。

第四十条　对书证、物证和视听资料进行质证时，当事人应当出示证据的原件或者原物。但有下列情况之一的除外：

（一）出示原件或者原物确有困难并经法庭准许可以出示复制件或者复制品；

（二）原件或者原物已不存在，可以出示证明复制件、复制品与原件、原物一致的其他证据。

视听资料应当当庭播放或者显示，并由当事人进行质证。

第四十一条　凡是知道案件事实的人，都有出庭作证的义务。有下列情形之一的，经人民法院准许，当事人可以提交书面证言：

（一）当事人在行政程序或者庭前证据交换中对证人证言无异议的；

（二）证人因年迈体弱或者行动不便无法出庭的；

（三）证人因路途遥远、交通不便无法出庭的；

（四）证人因自然灾害等不可抗力或者其他意外事件无法出庭的；

（五）证人因其他特殊原因确实无法出庭的。

第四十二条　不能正确表达意志的人不能作证。

根据当事人申请，人民法院可以就证人能否正确表达意志进行审查或者交由有关部门鉴定。必要时，人民法院也可以依职权交由有关部门鉴定。

第四十三条　当事人申请证人出庭作证的，应当在举证期限届满前提出，并经人民法院许可。人民法院准许证人出庭作证的，应当在开庭审理前通知证人出庭作证。

当事人在庭审过程中要求证人出庭作证的，法庭可以根据审理案件的具体情况，决定是否准许以及是否延期审理。

第四十四条　有下列情形之一，原告或者第三人可以要求相关行政执法人员作为证人出庭作证：

（一）对现场笔录的合法性或者真实性有异议的；

（二）对扣押财产的品种或者数量有异议的；

（三）对检验的物品取样或者保管有异议的；

（四）对行政执法人员的身份的合法性有异议的；

（五）需要出庭作证的其他情形。

第四十五条　证人出庭作证时，应当出示证明其身份的证件。法庭应当告知其诚实作证的法律义务和作伪证的法律责任。

出庭作证的证人不得旁听案件的审理。法庭询问证人时，其他证人不得在场，但组织证人对质的除外。

第四十六条　证人应当陈述其亲历的具体事实。证人根据其经历所作的判断、推测或者评论，不能作为定案的依据。

第四十七条　当事人要求鉴定人出庭接受询问的，鉴定人应当出庭。鉴定人因正当事由不能出庭的，经法庭准许，可以不出庭，由当事人对其书面鉴定结论进行质证。

鉴定人不能出庭的正当事由，参照本规定第四十一条的规定。

对于出庭接受询问的鉴定人，法庭应当核实其身份、与当事人及案件的关系，并告知鉴定人如实说明鉴定情况的法律义务和故意作虚假说明的法律责任。

第四十八条　对被诉具体行政行为涉及的专门性问题，当事人可以向法庭申请由专业人员出庭进行说明，法庭也可以通知专业人员出庭说明。必要时，法庭可以组织专业人员进行对质。

当事人对出庭的专业人员是否具备相应专业知识、学历、资历等专业资格等有异议的，可以进行询问。由法庭决定其是否可以作为专业人员出庭。

专业人员可以对鉴定人进行询问。

第四十九条　法庭在质证过程中，对与案件没有关联的证据材料，应予排除并说明理由。

法庭在质证过程中，准许当事人补充证据的，对补充的证据仍应进行质证。

法庭对经过庭审质证的证据，除确有必要外，一般不再进行质证。

第五十条　在第二审程序中，对当事人依法提供的新的证据，法庭应当进行质证；当事人对第一审认定的证据仍有争议的，法庭也应当进行质证。

第五十一条　按照审判监督程序审理的案件，对当事人依法提供的新的证据，法庭应当进行质证；因原判决、裁定认定事实的证据不足而提起再审所涉及的主要证据，法庭也应当进行质证。

第五十二条　本规定第五十条和第五十一条中的"新的证据"是指以下证据：

（一）在一审程序中应当准予延期提供而未获准许的证据；

（二）当事人在一审程序中依法申请调取而未获准许或者未取得，人民法院在第二审程序中调取的证据；

（三）原告或者第三人提供的在举证期限届满后发现的证据。

五、证据的审核认定

第五十三条　人民法院裁判行政案件，应当以证据证明的案件事实为依据。

第五十四条　法庭应当对经过庭审质证的证据和无需质证的证据进行逐一审查和对全部证据综合审查，遵循法官职业道德，运用逻辑推理和生活经验，进行全面、客观和公正地分析判断，确定证据材料与案件事实之间的证明关系，排除不具有关联性的证据材料，准确认定案件事实。

第五十五条　法庭应当根据案件的具体情况，从以下方面审查证据的合法性：

（一）证据是否符合法定形式；

（二）证据的取得是否符合法律、法规、司法解释和规章的要求；

（三）是否有影响证据效力的其他违法情形。

第五十六条　法庭应当根据案件的具体情况，从以下方面审查证据的真实性：

（一）证据形成的原因；

（二）发现证据时的客观环境；

（三）证据是否为原件、原物，复制件、复制品与原件、原物是否相符；

（四）提供证据的人或者证人与当事人是否具有利害关系；

（五）影响证据真实性的其他因素。

第五十七条　下列证据材料不能作为定案依据：

（一）严重违反法定程序收集的证据材料；

（二）以偷拍、偷录、窃听等手段获取侵害他人合法权益的证据材料；

（三）以利诱、欺诈、胁迫、暴力等不正当手段获取的证据材料；

（四）当事人无正当事由超出举证期限提供的证据材料；

（五）在中华人民共和国领域以外或者在中华人民共和国香港特别行政区、澳门特别行政区和台湾地区形成的未办理法定证明手续的证据材料；

（六）当事人无正当理由拒不提供原件、原物，又无其他证据印证，且对方当事人不予认可的证据的复制件或者复制品；

（七）被当事人或者他人进行技术处理而无法辨明真伪的证据材料；

（八）不能正确表达意志的证人提供的证言；

（九）不具备合法性和真实性的其他证据材料。

第五十八条　以违反法律禁止性规定或者侵犯他人合法权益的方法取得的证据，不能作为认定案件事实的依据。

第五十九条　被告在行政程序中依照法定程序要求原告提供证据，原告依法应当提供而拒不提供，在诉讼程序中提供的证据，人民法院一般不予采纳。

第六十条　下列证据不能作为认定被诉具体行政行为合法的依据：

（一）被告及其诉讼代理人在作出具体行政行为后或者在诉讼程序中自行收集的证据；

（二）被告在行政程序中非法剥夺公民、法人或者其他组织依法享有的陈述、申辩或者听证权利所采用的证据；

（三）原告或者第三人在诉讼程序中提供的、被告在行政程序中未作为具体行政行为依据的证据。

第六十一条　复议机关在复议程序中收集和补充的证据，或者作出原具体行政行为的行政机关在复议程序中未向复议机关提交的证据，不能作为人民法院认定原具体行政行为合法的依据。

第六十二条　对被告在行政程序中采纳的鉴定结论，原告或者第三人提出证据证明有下列情形之一的，人民法院不予采纳：

（一）鉴定人不具备鉴定资格；

（二）鉴定程序严重违法；

（三）鉴定结论错误、不明确或者内容不完整。

第六十三条　证明同一事实的数个证据，其证明效力一般可以按照下列情形分别认定：

（一）国家机关以及其他职能部门依职权制作的公文文书优于其他书证；

（二）鉴定结论、现场笔录、勘验笔录、档案材料以及经过公证或者登记的书证优于其他书证、视听资料和证人证言；

（三）原件、原物优于复制件、复制品；

（四）法定鉴定部门的鉴定结论优于其他鉴定部门的鉴定结论；

（五）法庭主持勘验所制作的勘验笔录优于其他部门主持勘验所制作的勘验笔录；

（六）原始证据优于传来证据；

（七）其他证人证言优于与当事人有亲属关系或者其他密切关系的证人提供的对该当事人有利的证言；

（八）出庭作证的证人证言优于未出庭作证的证人证言；

（九）数个种类不同、内容一致的证据优于一个孤立的证据。

第六十四条　以有形载体固定或者显示的电子数据交换、电子邮件以及其他数据资料，其制作情况和真实性经对方当事人确认，或者以公证等其他有效方式予以证明的，与原件具有同等的证明效力。

第六十五条　在庭审中一方当事人或者其代理人在代理权限范围内对另一方当事人陈述的案件事实明确表示认可的，人民法院可以对该事实予以认定。但有相反证据足以推翻的除外。

第六十六条　在行政赔偿诉讼中，人民法院主持调解时当事人为达成调解协议而对案件事实的认可，不得在其后的诉讼中作为对其不利的证据。

第六十七条　在不受外力影响的情况下，一方当事人提供的证据，对方当事人明确表示认可的，可以认定该证据的证明效力；对方当事人予以否认，但不能提供充分的证据进行反驳的，可以综合全案情况审查认定该证据的证明效力。

第六十八条　下列事实法庭可以直接认定：

（一）众所周知的事实；

（二）自然规律及定理；

（三）按照法律规定推定的事实；

（四）已经依法证明的事实；

（五）根据日常生活经验法则推定的事实。

前款第（一）、（三）、（四）、（五）项，当事人有相反证据足以推翻的除外。

第六十九条　原告确有证据证明被告持有的证据对原告有利，被告无正当事由拒不提供的，可以推定原告的主张成立。

第七十条　生效的人民法院裁判文书或者仲裁机构裁决文书确认的事实，可以作为定案依据。但是如果发现裁判文书或者裁决文书认定的事实有重大问题的，应当中止诉讼，通过法定程序予以纠正后恢复诉讼。

第七十一条　下列证据不能单独作为定案依据：

（一）未成年人所作的与其年龄和智力状况不相适应的证言；

（二）与一方当事人有亲属关系或者其他密切关系的证人所作的对该当事人有利的证言，或者与一方当事人有不利关系的证人所作的对该当事人不利的证言；

（三）应当出庭作证而无正当理由不出庭作证的证人证言；

（四）难以识别是否经过修改的视听资料；

（五）无法与原件、原物核对的复制件或者复制品；

（六）经一方当事人或者他人改动，对方当事人不予认可的证据材料；

（七）其他不能单独作为定案依据的证据材料。

第七十二条 庭审中经过质证的证据，能够当庭认定的，应当当庭认定的，应当在合议庭合议时认定。

人民法院应当在裁判文书中阐明证据是否采纳的理由。

第七十三条 法庭发现当庭认定的证据有误，可以按照下列方式纠正：

（一）庭审结束前发现错误的，应当重新进行认定；

（二）庭审结束后宣判前发现错误的，在裁判文书中予以更正并说明理由，也可以再次开庭予以认定；

（三）有新的证据材料可能推翻已认定的证据的，应当再次开庭予以认定。

六、附　则

第七十四条 证人、鉴定人及其近亲属的人身和财产安全受法律保护。

人民法院应当对证人、鉴定人的住址和联系方式予以保密。

第七十五条 证人、鉴定人因出庭作证或者接受询问而支出的合理费用，由提供证人、鉴定人的一方当事人先行支付，由败诉一方当事人承担。

第七十六条 证人、鉴定人作伪证的，依照行政诉讼法第四十九条第一款第（二）项的规定追究其法律责任。

第七十七条 诉讼参与人或者其他人有对审判人员或者证人、鉴定人、勘验人及其近亲属实施威胁、侮辱、殴打、骚扰或者打击报复等妨碍行政诉讼行为的，依照行政诉讼法第四十九条第一款第（三）项、第（五）项或者第（六）项的规定追究其法律责任。

第七十八条 对应当协助调取证据的单位和个人，无正当理由拒不履行协助义务的，依照行政诉讼法第四十九条第一款第（五）项的规定追究其法律责任。

第七十九条 本院以前有关行政诉讼的司法解释与本规定不一致的，以本规定为准。

第八十条 本规定自 2002 年 10 月 1 日起施行。2002 年 10 月 1 日尚未审结的一审、二审和再审行政案件不适用本规定。

本规定施行前已经审结的行政案件，当事人以违反本规定为由申请再审的，人民法院不予支持。

本规定施行后按照审判监督程序决定再审的行政案件，适用本规定。

附录四

最高人民法院关于审理行政协议
案件若干问题的规定

(2019 年 11 月 12 日最高人民法院审判委员会第 1781 次
会议通过，自 2020 年 1 月 1 日起施行　法释〔2019〕17 号)

为依法公正、及时审理行政协议案件，根据《中华人民共和国行政诉讼法》等法律的规定，结合行政审判工作实际，制定本规定。

第一条　行政机关为了实现行政管理或者公共服务目标，与公民、法人或者其他组织协商订立的具有行政法上权利义务内容的协议，属于行政诉讼法第十二条第一款第十一项规定的行政协议。

第二条　公民、法人或者其他组织就下列行政协议提起行政诉讼的，人民法院应当依法受理：

（一）政府特许经营协议；

（二）土地、房屋等征收征用补偿协议；

（三）矿业权等国有自然资源使用权出让协议；

（四）政府投资的保障性住房的租赁、买卖等协议；

（五）符合本规定第一条规定的政府与社会资本合作协议；

（六）其他行政协议。

第三条　因行政机关订立的下列协议提起诉讼的，不属于人民法院行政诉讼的受案范围：

（一）行政机关之间因公务协助等事由而订立的协议；

（二）行政机关与其工作人员订立的劳动人事协议。

第四条　因行政协议的订立、履行、变更、终止等发生纠纷，公民、法人或者其他组织作为原告，以行政机关为被告提起行政诉讼的，人民法院应当依法受理。

因行政机关委托的组织订立的行政协议发生纠纷的，委托的行政机关是被告。

第五条　下列与行政协议有利害关系的公民、法人或者其他组织提起行政诉讼的，人民法院应当依法受理：

（一）参与招标、拍卖、挂牌等竞争性活动，认为行政机关应当依法与其订立行政协议但行政机关拒绝订立，或者认为行政机关与他人订立行政协议损害其合法权益的公民、法人或者其他组织；

附录四

（二）认为征收征用补偿协议损害其合法权益的被征收征用土地、房屋等不动产的用益物权人、公房承租人；

（三）其他认为行政协议的订立、履行、变更、终止等行为损害其合法权益的公民、法人或者其他组织。

第六条 人民法院受理行政协议案件后，被告就该协议的订立、履行、变更、终止等提起反诉的，人民法院不予准许。

第七条 当事人书面协议约定选择被告所在地、原告所在地、协议履行地、协议订立地、标的物所在地等与争议有实际联系地点的人民法院管辖的，人民法院从其约定，但违反级别管辖和专属管辖的除外。

第八条 公民、法人或者其他组织向人民法院提起民事诉讼，生效法律文书以涉案协议属于行政协议为由裁定不予立案或者驳回起诉，当事人又提起行政诉讼的，人民法院应当依法受理。

第九条 在行政协议案件中，行政诉讼法第四十九条第三项规定的"有具体的诉讼请求"是指：

（一）请求判决撤销行政机关变更、解除行政协议的行政行为，或者确认该行政行为违法；

（二）请求判决行政机关依法履行或者按照行政协议约定履行义务；

（三）请求判决确认行政协议的效力；

（四）请求判决行政机关依法或者按照约定订立行政协议；

（五）请求判决撤销、解除行政协议；

（六）请求判决行政机关赔偿或者补偿；

（七）其他有关行政协议的订立、履行、变更、终止等诉讼请求。

第十条 被告对于自己具有法定职权、履行法定程序、履行相应法定职责以及订立、履行、变更、解除行政协议等行为的合法性承担举证责任。

原告主张撤销、解除行政协议的，对撤销、解除行政协议的事由承担举证责任。

对行政协议是否履行发生争议的，由负有履行义务的当事人承担举证责任。

第十一条 人民法院审理行政协议案件，应当对被告订立、履行、变更、解除行政协议的行为是否具有法定职权、是否滥用职权、适用法律法规是否正确、是否遵守法定程序、是否明显不当、是否履行相应法定职责进行合法性审查。

原告认为被告未依法或者未按照约定履行行政协议的，人民法院应当针对其诉讼请求，对被告是否具有相应义务或者履行相应义务等进行审查。

第十二条 行政协议存在行政诉讼法第七十五条规定的重大且明显违法情形的，人民法院应当确认行政协议无效。

人民法院可以适用民事法律规范确认行政协议无效。

行政协议无效的原因在一审法庭辩论终结前消除的，人民法院可以确认行政协议有效。

第十三条 法律、行政法规规定应当经过其他机关批准等程序后生效的行政协议，在一审法庭辩论终结前未获得批准的，人民法院应当确认该协议未生效。

行政协议约定被告负有履行批准程序等义务而被告未履行，原告要求被告承担赔偿责任的，人民法院应予支持。

第十四条　原告认为行政协议存在胁迫、欺诈、重大误解、显失公平等情形而请求撤销，人民法院经审理认为符合法律规定可撤销情形的，可以依法判决撤销该协议。

第十五条　行政协议无效、被撤销或者确定不发生效力后，当事人因行政协议取得的财产，人民法院应当判决予以返还；不能返还的，判决折价补偿。

因被告的原因导致行政协议被确认无效或者被撤销，可以同时判决责令被告采取补救措施；给原告造成损失的，人民法院应当判决被告予以赔偿。

第十六条　在履行行政协议过程中，可能出现严重损害国家利益、社会公共利益的情形，被告作出变更、解除协议的行政行为后，原告请求撤销该行为，人民法院经审理认为该行为合法的，判决驳回原告诉讼请求；给原告造成损失的，判决被告予以补偿。

被告变更、解除行政协议的行政行为存在行政诉讼法第七十条规定情形的，人民法院判决撤销或者部分撤销，并可以责令被告重新作出行政行为。

被告变更、解除行政协议的行政行为违法，人民法院可以依据行政诉讼法第七十八条的规定判决被告继续履行协议、采取补救措施；给原告造成损失的，判决被告予以赔偿。

第十七条　原告请求解除行政协议，人民法院认为符合约定或者法定解除情形且不损害国家利益、社会公共利益和他人合法权益的，可以判决解除该协议。

第十八条　当事人依据民事法律规范的规定行使履行抗辩权的，人民法院应予支持。

第十九条　被告未依法履行、未按照约定履行行政协议，人民法院可以依据行政诉讼法第七十八条的规定，结合原告诉讼请求，判决被告继续履行，并明确继续履行的具体内容；被告无法履行或者继续履行无实际意义的，人民法院可以判决被告采取相应的补救措施；给原告造成损失的，判决被告予以赔偿。

原告要求按照约定的违约金条款或者定金条款予以赔偿的，人民法院应予支持。

第二十条　被告明确表示或者以自己的行为表明不履行行政协议，原告在履行期限届满之前向人民法院起诉请求其承担违约责任的，人民法院应予支持。

第二十一条　被告或者其他行政机关因国家利益、社会公共利益的需要依法行使行政职权，导致原告履行不能、履行费用明显增加或者遭受损失，原告请求判令被告给予补偿的，人民法院应予支持。

第二十二条　原告以被告违约为由请求人民法院判令其承担违约责任，人民法院经审理认为行政协议无效的，应当向原告释明，并根据原告变更后的诉讼请求判决确认行政协议无效；因被告的行为造成行政协议无效的，人民法院可以依法判决被告承担赔偿责任。原告经释明后拒绝变更诉讼请求的，人民法院可以判决驳回其诉讼请求。

第二十三条　人民法院审理行政协议案件，可以依法进行调解。

人民法院进行调解时，应当遵循自愿、合法原则，不得损害国家利益、社会公共利益和他人合法权益。

第二十四条　公民、法人或者其他组织未按照行政协议约定履行义务，经催告后不履行，行政机关可以作出要求其履行协议的书面决定。公民、法人或者其他组织收到书面决定后在法定期限内未申请行政复议或者提起行政诉讼，且仍不履行，协议内容具有可执行性的，行政机关可以向人民法院申请强制执行。

法律、行政法规规定行政机关对行政协议享有监督协议履行的职权，公民、法人或者其他组织未按照约定履行义务，经催告后不履行，行政机关可以依法作出处理决定。公民、法人或者其他组织在收到该处理决定后在法定期限内未申请行政复议或者提起行政诉讼，且仍不履行，协议内容具有可执行性的，行政机关可以向人民法院申请强制执行。

第二十五条 公民、法人或者其他组织对行政机关不依法履行、未按照约定履行行政协议提起诉讼的，诉讼时效参照民事法律规范确定；对行政机关变更、解除行政协议等行政行为提起诉讼的，起诉期限依照行政诉讼法及其司法解释确定。

第二十六条 行政协议约定仲裁条款的，人民法院应当确认该条款无效，但法律、行政法规或者我国缔结、参加的国际条约另有规定的除外。

第二十七条 人民法院审理行政协议案件，应当适用行政诉讼法的规定；行政诉讼法没有规定的，参照适用民事诉讼法的规定。

人民法院审理行政协议案件，可以参照适用民事法律规范关于民事合同的相关规定。

第二十八条 2015年5月1日后订立的行政协议发生纠纷的，适用行政诉讼法及本规定。2015年5月1日前订立的行政协议发生纠纷的，适用当时的法律、行政法规及司法解释。

第二十九条 本规定自2020年1月1日起施行。最高人民法院以前发布的司法解释与本规定不一致的，适用本规定。

附录四

参考书目

1. 王名扬：《法国行政法》，北京大学出版社 2016 年版。

2. 王名扬：《美国行政法》，北京大学出版社 2016 年版。

3. ［英］马丁·洛克林：《公法与政治理论》，郑戈译，商务印书馆 2002 年版。

4. 姜明安主编：《行政法与行政诉讼法》，北京大学出版社、高等教育出版社 2019 年版。

5. 应松年主编：《行政诉讼法学》，中国政法大学出版社 2002 年版。

6. 翁岳生主编：《行政法》，中国法制出版社 2002 年版。

7. 张树义主编：《寻求行政诉讼制度发展的良性循环》，中国政法大学出版社 2000 年版。

8. 张树义：《冲突与选择——行政诉讼的理论与实践》，时事出版社 1992 年版。

9. 张树义主编：《行政诉讼证据判例与理论分析》，法律出版社 2002 年版。

10. 江必新主编：《新行政诉讼法专题讲座》，中国法制出版社 2015 年版。

11. 江必新、邵长茂：《新行政诉讼法修改条文理解与适用》，中国法制出版社 2015 年版。

12. 江必新主编：《中国行政诉讼制度的完善——行政诉讼法修改问题实务研究》，法律出版社 2005 年版。

13. 马怀德主编：《新编中华人民共和国行政诉讼法释义》，中国法制出版社 2014 年版。

14. 马怀德主编：《司法改革与行政诉讼制度的完善——〈行政诉讼法〉修改建议稿及理由说明书》，中国政法大学出版社 2004 年版。

15. 马怀德主编：《行政诉讼原理》，法律出版社 2009 年版。

16. 马怀德、周兰领：《行政诉讼案例教程》，中国政法大学出版社 2005 年版。

17. 彭万林主编：《民法学》，中国政法大学出版社 2002 年版。

18. 谭兵主编：《民事诉讼法学》，法律出版社 2004 年版。

19. 胡建淼主编：《行政诉讼法学》，法律出版社 2004 年版。

20. 方世荣、徐银华、丁丽红编著：《行政诉讼法学》，清华大学出版社 2006 年版。

21. 章剑生主编：《行政诉讼法学》，高等教育出版社 2006 年版。

22. 傅士成：《行政强制研究》，法律出版社 2001 年版。

23. 何海波：《行政诉讼法》，法律出版社 2016 年版。

24. 袁杰主编：《中华人民共和国行政诉讼法解读》，中国法制出版社 2014 年版。

25. 最高人民法院行政审判庭编：《最高人民法院行政诉讼法司法解释理解与适用》，人民法院出版社 2018 年版。